과학 교사 PCK 재개념화: 개선된 합의 모델(RCM)의 이해와 적용

Repositioning Pedagogical
Content Knowledge in
Teachers' Knowledge for
Teaching Science

Anne Hume · Rebecca Cooper · Andreas Borowski 지음
이기영, 박재용, 김현주, 채유정 옮김

교육과학사

First published in English under the title
Repositioning Pedagogical Content Knowledge in Teachers' Knowledge for Teaching Science
edited by Anne Hume, Rebecca Cooper and Andreas Borowski, edition:1

***오래된 세 개의 질문**

교사 교육자인 필자를 오랫동안 괴롭혀 온 세 개의 질문이 있다.

질문 1. 교사(교직)는 전문가(전문직)인가?

이 질문에 대해 선뜻 '그렇다'라고 답을 하기가 쉽지 않다. 교사 전문성의 실체가 명확하게 잡히지 않기 때문일 것이다.

질문 2. 교사의 전문성은 무엇을 말하는 것인가?

이 질문에 대한 교사 교육자들의 의견은 분분하다. 그러나 공통적으로 받아들여지는 교사의 전문성으로 '수업 전문성'을 꼽을 수 있다. 왜냐하면 교사가 수행하는 직무 중 가장 핵심적인 영역이 수업이기 때문이다.

질문 3. 교사의 수업 전문성은 무엇이며, 어떻게 개발(또는 발달)되는가?

이 질문은 두 번째 질문에서 파생된 것이다. 수업 전문성이 높다고 하는 것을 일상적 용어로 풀어서 말하면 '수업을 잘한다.'는 의미이다. 그런데 수업을 잘한다는 것이 무엇을 의미하는지 규정하기가 매우 어려우며, 합의된 공통된 의견도 존재하지 않는다. 또한, 수업 전문성은 교과마다 다를 수 있는 교과-특수적인 본성(subject-specific nature)을 가진다. 교실에서 이루어지는 수업은 예술적인 관점에서 총체적(holistic)으로만 볼 수도 없고, 과학적 관점에서 분석적(analytic)으로만 볼 수도 없는 복잡성과 역동성을 가진다. 과학적 분석틀로 수업을 해석하면 추상적이었던 수업의 모습이 구체화되고 수업에서 나타난 요소들을 명명하여 명확히 분류할 수 있으나, 이 과정에서 교사의 가치나 태도 같은 지식 외적인 부분이 축소되거나 간과될 수 있기 때문이다. 한마디로, 교사의 수업은 예술(art)과 과학(science)이 통합된 '그 무엇'이라 할 수 있다.

필자는 교사의 수업 전문성의 핵심적인 지표가 PCK(pedagogical content knowledge)라고 간주하고, 과학교육 분야에서 나름 오랜 기간 동안 PCK의 속성을 규명하기 위한 연구에 천착하여 왔다. 하지만 지금도 여전히 그 실체가 명확하게 잡히지 않는다. 1986년 슐만에 의해 교사의 전문직화를 위한 목적으로 PCK라는 개념이 제기된 이후 그 개념이 채택되고 적용되는 과정에서 수많은 연구자들은 각자 나름대로의 방식으로 PCK를 해석하고 개념화하였다. 이 과정에서 여러 연구자들의 작업과 의견들 중에서 몇 가지 다른 점이 발견되었고, 여러 가지 새로운 형태의 PCK가 발견되었으며, PCK의 성격과 사용의 불일치가 보고되었다. 이러한 백화제방(百花齊放) 식의 PCK의 개념화는 그동안 연구자들에게 많은 혼란을 초래해 왔다. 이러한 혼란에 대한 해결책을 모색하기 위해 주로 과학 교육 분야에서 세계적으로 저명한 PCK 연구자들이 모여 2012년과 2016년에 'PCK 정상회의(summit)'라는 국제회의를 두 차례 개최하였다. 과학 PCK 개념화에 관한 과학 교사 교육 연구의 잘못된 정보를 막기 위해서는 그러한 차이와 불일치를 해결함으로써 공통의 합의가 필요하기 때문이라고 판단했기 때문이다.

2012년 미국 콜로라도에서 개최된 제1차 PCK 정상회의를 통해 PCK '합의 모델(consensus model)'이 만들어졌고, 2016년 네덜란드 라이덴에서 개최된 제2차 PCK 정상회의를 통해 2012년 합의 모델의 미진한 점을 보강하여 '개선된 합의 모델(refined consensus model)'을 도출하였다. 개선된 합의 모델에 의하면, PCK는 과학교사가 수업을 계획하고, 가르치고, 성찰하는 동안 교수적 추론(pedagogical reasoning)을 통해 발휘하는 교사의 고유한 전문 지식이다. 여기서 교수적 추론이란 교사가 PCK를 발휘하는 데 필요한 사고 과정으로서, 교사가 가르치는 내용을 학생들이 이해할 수 있도록 의미 있는 교수-학습 활동을 제공하기 위한 일종의 사고방식이라고 할 수 있다.

이 책은 PCK의 개선된 합의 모델의 이해와 적용에 관한 것으로, 많은 사람이 사용하는 모델로 발전할 수 있도록 이 복잡한 모델을 계속해서 명확히 표현하고, 여러 맥락에서 어떻게 사용되고 적용될 수 있는지를 보여주는 것을 목표로 한다. 이 책은 총 4부로 구성되어 있는데, 제1부에서는 과학 교사 교육 및 연구에서 개선된 합의 모델을 소개하며, 제2부에서는 기존 PCK 연구를 회고적 관점에서 바라보고 개선된 합의 모델의 관점에서 어떻게 재해석될 수 있는지 살펴본다. 제3부에서는 개선된 합의 모델에 기반하여 과학 PCK에 관한 더 넓은 관점을 제공하기 위한 새로운 방법론과 도구, 그리고 PCK 측정 방법을 제시한다. 마지막으로 제4부에서는 과거를 통해 미래를 내다보면서 PCK 연구의 비전과 전망에 대해 얘기한다.

이 책은 필자가 '오래된 세 개의 질문'에 대한 답을 찾아가는 데 실마리가 되어주었다.

PCK 연구 분야의 가장 최신 저작이라 할 수 있는 이 책을 번역하는 1년여 동안 역자들은 십여 차례의 정기적 세미나를 통해 공부와 번역 작업을 병행하였다. 올바른 번역을 위해서 공부가 선행되어야 한다고 판단했기 때문이다. 하지만 그럼에도 불구하고 번역상 미흡한 부분이나 오류가 있을 줄 안다. 이 모든 것은 역자들의 역량 부족 때문이니 널리 혜량해 주길 바란다. 끝으로, 우리의 이러한 노력의 결실이 후속 세대 연구자들에게 마중물이 되길 염원한다.

대표 역자 이기영

2024년 1월 봄내(春川) 연구실에서

저자 서문

배경

리 슐만Lee Shulman은 1980년대 중반에 Education Researcher와 같은 저널의 논문을 통해 PCK의 구인을 소개했다(예: Shulman, 1987). PCK를 통해 슐만Shulman은 교사들이 가지고 있는 전문적인 지식의 전문화된 형태를 인정하고 표현하려고 노력했고, 교사들을 다른 전문가들과 구별되게 했다. 이 지식은 전형적으로 교실 경험과 함께 성장하고, 교사들이 그들의 교과를 학생 이해를 지원하는 방식으로 얼마나 효과적으로 가르칠 수 있는지를 뒷받침한다.

수업 전문성이 필수적 지식의 전문화된 형태라는 생각은 학자들에게 큰 반향을 일으켰고, 그래서 PCK는 다양한 분야, 특히 과학과 수학 분야의 연구자들에 의해 다양한 방식으로 빠르게 탐색되고 채택되었으며 적용되었다. 많은 연구자들은 어떻게 그러한 지식이 발달하고 어떻게 그것의 발달이 성공적으로 지지될 수 있는지에 대한 이해에 집중했다. PCK에 관한 첫 번째 책은 게스-뉴섬Gess-Newsome과 레더만Leaderman(1999)의 Examining Pedagogical Content Knowledge (Springer)였다.

놀랄 것도 없이, 급성장하는 PCK 연구는 원래 개념에 대한 과도한 해석과 사용을 낳았고, 이는 PCK 개념의 불일치 및/또는 모호한 적용이 문헌에 나타나기 시작하면서 문제가 되었다. 아벨Abell(2007)은 주로 과학 교육 분야에서 PCK 연구 검토를 통해 이 문제를 확인하고, 연구자들에게 그들의 연구에서 PCK를 보다 더 명확하고 엄격하게 사용할 것을 촉구했다(p. 1407). 그러나, 명확하고 일관된 연구 수행을 위해, 과학 및 수학 교육 연구자들은 먼저 PCK 구인 자체의 의미와 이해에 대한 현장의 합의가 필요하다는 것을 깨달았다.

제1차 PCK 정상회의

2012년, PCK를 재조명하기 위한 도전은 5개 대륙에서 온 30명 이상의 선도적 연구자(대부분 과학 교육 및 일부 수학 교육 출신)에 의해 제기되었다. 그들은 연구를 공유하고 PCK 연구의 쟁점과 과제, 정책 및 실천에 대한 시사점을 논의하기 위해 포럼 형식으로 모였다. 'PCK 정상회의(Summit)'이라고 알려진 일주일 간의 워크숍에서 연구자들은 세 가지 광범위한 질문을 다루었다:

(1) PCK의 속성은 무엇인가?
(2) PCK 측정 및 분석 도구는 무엇인가?
(3) PCK 연구 결과의 상호보완적이고 모순적인 본질은 무엇이며 어떻게 설명할 수 있는가?

정상회의의 많은 결과 중에는 PCK의 '합의 모델'(CM)이 있는데, 교사의 보다 폭넓은 전문적인 지식 내에서 PCK의 모습을 보여주는 이 일반적인 모델과 정상회의의 여러 결과들이 다양한 국제(국내) 학술 회의에서 발표되었으며, 2015년 봄, Routledge에 의해 Re-examining Pedagogical Content Knowledge(Berry, Friedricsen, & Loughran, 2015)라는 제목의 책이 출판되었다. 이 책은 2012년 콜로라도에서 열린 PCK 정상회의의 작업 성과를 보여주고, 회의 참가자들이 쓴 17개의 장으로 구성되어 있다. 이 책은 특히 과학 교육 PCK 커뮤니티에서 좋은 평가를 받았다. CM은 빠르게 과학교육 PCK 연구에서 국제적 수사(rhetoric)의 일부가 되었고 과학 교사 교육에서 연구 의제(agenda)에 대한 잠재적인 개념적 틀이 되었다.

그러나 2016년 초까지 과학 교사 교육 연구 커뮤니티 내에서 정상회의에 참여한 사람들을 포함한 PCK 연구자들이 CM을 다르게 해석하고 운용하는 것으로 보인다는 것이 명백해졌다. 예를 들어, PCK의 많은 변형 (동적 PCK, 표준 PCK, 정적 PCK, 실행된 PCK, 행위 중 PCK, 주제-특수적 PCK 및 영역 PCK 등)이 PCK의 다양한 구성요소와 함께 여전히 인용되고 있었다. 결과적으로, 과학 교육에서의 PCK는 PCK를 측정하거나 포착하려고 시도한 광범위한 도구 사용을 포함하여 매우 다양한 방식으로 계속 평가되었으며, 이는 다시 다양한 종류의 질적 및 양적 데이터를 생성했다. 부분적으로 이러한 차이는 연구자들의 다른 목표에 기인할 수 있다. 예를 들어, 일부 과학 교육 연구는 특정 맥락에서 PCK의 내용과 구조를 설명하는 것을 목표로 하는 반면, 다른 연구는 종종 다른 변수와 관련하여 과학 교사의 PCK의 질(수준)을 평가하려고 했다. 그래서 PCK의 국제 선도 연구자 그룹(첫 번째 PCK 정상회의의 많은 사람들로 구성됨)이 2016년에 모여 공동의 목적과 초점과 관련된 실용적인 이유로 과학 교육을 중심으로 PCK가 이렇게 다양하고 때로는 암묵적으로 해석되고 운용되는 것을 다루기 위해 네덜란드 라이덴의 로렌츠 워크숍(@Snellius)으로 조직된 두 번째 PCK 정상회의를 다시 한번 개최하게 되었다.

제2차 PCK 정상회의

제2차 PCK 정상회의 조직위원회는 초청을 통해 24명의 연구원을 모아 로렌츠 워크숍을 개최하였다. 조직위원회를 포함한 그룹 구성원들은 과학교육 PCK 분야의 연구자들로서 전문성과 잠재성을 모두 검증받았으며, 과학교육 PCK에 대한 국제적 연구 문헌에서 특별한 전문적인 기여와 가용성이 인정된 연구자들이었다. 그 결과, 2차 정상회의에 참석한 연구자들은 초, 중, 고등 교육 수준에 걸쳐 생물학, 화학, 물리학 및 과학 분야에서 PCK를 파악하고 포착하기 위해 다양한 연구 렌즈(관점) 및 도구를 사용한 경험자들이었다. 2차 정상회의 그룹의 절반 이상이 제1차 정상회의 멤버로 구성되었기 때문에 이 복합적 전문가 그룹은 새로 참석한 멤버들의 '신선한 시선'과 더불어 해당 분야의 진보를 평가할 수 있는 '사고의 연속성'이라는 두 가지 이점이 있었다.

이 워크숍에서, 연구자들은 그들 연구의 뿌리, 그들이 수집한 데이터, 이 데이터를 수집하는 데 사용된 도구, 그리고 이 데이터로부터 과학 교육에서 PCK를 추론하는 데 사용된 절차를 다시 검토하도록 요청받았다. 데이터 수집 및 분석의 다양한 도구와 절차의 장단점이 논의되었고, 과학 교육에서 PCK를 연구하는 목적과 관련하여 다중 방법(multi-method) 연구 설계의 잠재력이 고려되었다. 다양한 종류의 도구와 관련 데이터가 제시되고 논의됨에 따라, 참가자들은 서로의 데이터(그리고 데이터 분석)에 대한 통찰력을 얻었고 과학 교육에서 PCK에 대한 더 공유된 이해에 도달했다. 이러한 논의는 과학 교육에서 PCK에 대한 더 연마된 이해를 발전시켰으며, 2차 정상회의 막바지에 이 전문가 그룹이 과학 교육에서 PCK의 개선된 합의 모델(RCM)의 형태로 PCK의 진보된 정의에 도달할 수 있게 했다.

이 책에서는

이 책은 2016년 제2차 PCK 정상회의에 참여한 연구자들이 과학교육 분야의 2012년 제1차 PCK 정상회의에서 신속하고 열정적으로 발전시킨 아이디어와 연구 의제를 추구하는 과정에서 발견한 내용을 담고 있다. 제1차 PCK 정상회의의 PCK 합의 모델에 대한 평가를 담고 있으며, 이 모델을 개선한 것으로 과학교육에서 PCK의 RCM(Refined Consensus Model)으로 알려진 새로운 모델을 소개한다. 이 책은 RCM의 소개뿐만 아니라 연구 및 교사 교육과 실천에서의 사용을 명확히 하고 입증하고자 한다. 지난 10년간 과학교육에서의 PCK 연구에 대한 문헌 고찰을 통해 새로운 모델에 대한 근거를 제시하는 첫 번째 장을 마친 후, 전체 장을 RCM에 할애하여 다이어그램 형식과 설명 텍스트로 제공한다.

우리는 이 책의 모든 독자가 3-14장을 읽기 전에 2장을 주의 깊게 읽고 소화하는 시간을 가질 것을 강력히 권장한다. RCM에 친숙하면 독자들이 이 책에 기여한 저자들의 연구를 더 충분히 이해할 수 있다. 후속 장들은 과학 교육에서 PCK의 새로운 합의 모델이 다양한 본성의 경험적 데이터와 어떻게 강하게 연결되는지 보여주며, 과학 교육에서 PCK의 본성을 설명하기 위한 맞춤형 언어를 포함하고 있으며, 과거 연구를 조명하고 과학 교육에서 미래의 PCK 연구의 설계를 위한 프레임워크로 사용될 수 있다. 구체적으로 이 책은 과학 교사들의 전문적인 지식(표준과 다른 측정들이 교사들의 지식, 기술, 능력을 '정의'하기 위해 사용되고 있는 이 시대에 특히 중요함)에 대한 우리의 지식을 향상시킨다. 과학 교육에서 PCK 연구 의제가 과학 교사들의 실천과 학생들의 과학 학습에 어떻게 변화를 가져올 수 있는지를 보여준다. 또한, PCK 구인에 대한 연구와 지식이 RCM을 통해 교사들의 직무에 더 유용하고 적용 가능하도록 만든다. 이 책은 분명 과학 교육에서 이용 가능한 PCK에 대한 가장 적절하면서도 최신의, 그리고 국제적으로 강력한 연구 모음을 포함하고 있다.

이 책은 지난 주요 PCK 저작 이후 3년 만에 출간되었지만, PCK에 대한 이해를 심화시키는 데 있어 필요와 관심이 국제적으로 모멘텀(동력)을 받고 있기 때문에 연구자와 과학 교육자 모두에게 큰 매력을 가질 것으로 믿는다. PCK가 전 세계적으로 매력적인 연구 분야로 성장함에 따라, 이 책은 과학 교육에서 PCK의 진화하는 본성과 과학 교육 연구 의제를 어떻게 형성하는지, 또한 과학 교수 및 학습에 어떤 영향을 줄 수 있는지에 대한 최신의 국제적인 관점을 제공하는 위치에 있다.

마지막으로, 이 책은 이미 존재하는 것에 대한 재진술이 아니다. 과학 교육에서 PCK 구인이 더 잘 이해되고, 사용되고, 측정되는 방법에 대한 것이다. 교사의 전문적인 지식 내에서 PCK를 재배치하고, 과학 교육에서 PCK의 공유 언어를 제공하며, 과학 교육을 위해 PCK의 여러 측면을 더 효과적으로 포착, 측정 및 표현하기 위한 새로운 방법론을 보여줌으로써 과학 교육에서 미래의 PCK 연구를 발전시키기 위한 지렛대를 제공한다.

우리 모두가 이 책을 구상하고 쓰는 것을 즐긴 만큼 여러분들도 이 책을 읽는 것을 즐기기를 바란다! (편집팀은 제2차 PCK 정상회의에 참여한 동료들을 대표하여 이 책을 편찬하는 영광을 누렸다.)

해밀턴, 뉴질랜드	앤 흄
멜버른, 호주	레베카 쿠퍼
포츠담, 독일	안드레아스 보로프스키

차 례

제2부 기존 연구의 재해석

제4부 PCK 연구의 미래

제1부

과학교육에서 PCK의 개선된 합의 모델(RCM) 소개

자넷 칼슨Janet Carlson

개요

제1부에서는 과학 교사 교육 및 연구에서 RCM(Refined Consensus Model)을 소개한다. RCM의 소개는 1장에서 과학 교사 PCK 모델과 연구의 기초가 되는 문헌들을 검토하는 것으로 시작하여 2장에서는 RCM에 대해 배울 수 있는 발판을 마련한다. 그런 다음 3장에서는 RCM의 핵심을 자세히 살펴본다. 제1부를 포함한 이 책 전체의 목표는 RCM이 많은 사람이 사용하는 모델로 발전하도록 이 복잡한 모델을 계속해서 명확히 표현하고, 여러 맥락에서 어떻게 사용되고 적용될 수 있는지를 보여주는 것이다.

여기서 설명하는 아이디어들은 2016년 네덜란드 라이덴에서 열린 PCK 정상회의에서 시작되었다. 이 회의에서는 24명의 과학 교육 연구자들이 다양한 도구와 렌즈를 사용한 PCK 연구를 공유하며 과학 교사의 PCK를 파악하고 포착했다. 자료 수집과 분석의 다양한 도구 및 절차의 장단점이 논의되고 다중 방법 연구 설계의 가능성이 고려되면서, PCK를 연구하는 목적과 관련하여 과학 교사 교육에서 업데이트된 PCK 모델의 필요성이 분명해졌다.

앞서 언급했듯이, 1장 [합의 모델을 향하여: 과학 교사 PCK에 관한 실증적 연구 문헌 고찰]에서는 과학 교사의 PCK 연구와 관련된 문헌들에 대한 정교한 분석을 다룬다. 특히, 이 장에서는 PCK를 조사하기 위해 사용된 방법론을 체계적으로 검토한 결과를 제시한다. 저자들은 문헌 검토를 통해 각 연구의 (1) 연구 표본; (2) 주요 목적; (3) PCK의 개념화; (3) 교사의 PCK 측정을 위해 사용한 접근법을 확인했다. 예상대로, 검토 결과에 따르면 연구자들은 서로 다르게 PCK를 개념화하고, 조작하고, 조사하고 있었다. 이 장에서는 PCK에 관한 기존의 문헌들 사이의 격차를 밝히고, 과학교육 분야의 PCK 연구 커뮤니티 내에서 PCK의 개념을 둘러싼 몇 가지 의견 차이를 강조한다.

다음으로 2장 [과학교육에서 PCK의 개선된 합의 모델(RCM)]에서는 과학 교사 교육과 연구에서 RCM의 개발 과정을 시간순으로 정리하고, RCM을 이루는 여러 구성 요소를 글과 도식의 형태로 설명함으로써 이 새로운 모델을 소개하고자 한다. 이 모델에는 전 세계의 과학교육 연구자들과 실천자(교사)들의 기여가 담겨 있다. 이로써 여러 국가에서의 엄밀한 검토를 거치고, 서로 다른 정책 환경에 걸쳐 관련이 있으며, 서로 다른 연구 패러다임에 유용하며, 교사 교육 및 전문적 학습 프로그램에 광범위한 정보를 제공한다. RCM 도식의 가장 중앙에는 이 모델의 특히 복잡한 측면인 실행된 PCK(ePCK)가 위치하고 있다.

마지막으로 3장 [실천자와 연구자의 RCM 적용을 보여주는 비네트(vignettes)]에서는 RCM이 추상적 시각화(도식)에서 교육자와 연구자 모두가 사용하는 도구로 어떻게 발전하는지에 대한 예를 제공한다. 이 장은 다양한 과학교육 조건과 관점에서 짧은 비네트 모음을 제공한다. 각 비네트는 RCM이 교사 교육이나 연구에서 사용되는 방식을 설명함으로써 RCM에 활기를 불어넣는다. 첫 번째와 두 번째 비네트는 두 국가의 예비교사의 관점을 제공한다. 세 번째 비네트는 교사 전문적 학습 과정에서의 RCM 사용에 관한 고찰을 공유하고, 네 번째와 다섯 번째 비네트는 대규모 연구의 사례들과 함께 연구자의 관점을 제공한다. 각 비네트는 맥락에 대한 설명, RCM과의 명시적 연결, RCM의 역할에 대한 저자의 성찰 등을 제시하며 유사한 구조를 따른다.

제1장

합의 모델을 향하여: 과학 교사 PCK에 관한 실증적 연구 문헌 고찰

케네디 캄 호 찬Kennedy Kam Ho Chan, 앤 흄Anne Hume

이 장에서는 과학교육 문헌을 체계적으로 검토함으로써 연구자들이 그동안 과학교사의 PCK를 어떻게 조사했는지 알아보았다. 구체적으로, 2008년 이후 과학교육 및 교사 교육 학술지에 게재된 과학교사의 PCK[1]에 관한 실증적 연구에 중점을 두어 문헌 검토하였다. 저자들은 문헌 검토를 통해 각 연구의 (1) 연구 표본; (2) 주요 목적; (3) PCK의 개념화; (4) 교사의 PCK 측정을 위해 사용한 접근법을 확인했다. 본 연구에서는 수집된 내용을 토대로 과학교육 커뮤니티 내에서 PCK 개념이 어떻게 사용되고, 해석되고, 연구되는지에 대한 개관을 제공하고자 했다. 문헌 고찰을 통해 연구자들이 PCK를 각자 다르게 개념화하고 활용함을 알 수 있었는데, 그들은 아주 다양한 방식으로 PCK를 연구하고 광범위한 출처로부터 얻은 자료와 여러 접근법으로 교사의 PCK를 조사하고 측정하였으며, 이는 다시 여러 종류의 질적 및 양적 자료를 생성하였다. 정리하면, 이 연구의 결과는 PCK 관련 문헌 간의 격차를 드러내고 과학교육 PCK 관련 연구 커뮤니티 내에서 PCK 개념을 둘러싼 몇 가지 견해차를 드러낸다. 또한 본 연구 결과는 2012년 제1차 PCK 정상회의(summit)[2]의 결과인 합의 모델(Consensus Model, 이하 CM)을 토대로 더욱 정교화된 과학 교육 연구를 진행할 필요성을 뒷받침하는 문헌 증거를 제공한다.

1) 역자 주: PCK(Pedagogical Content Knowledge)는 '교육학적 내용 지식', '내용 교수 지식', '교과 교육학 지식' 등 다양하게 번역되어 사용되고 있으나, 이 책에서는 별도의 번역 없이 PCK로 사용함
2) 역자 주: 원문에서는 국가수반들의 정상회담이라는 서밋(summit)으로 표현을 사용하였지만, 전 세계에서 PCK 전문가들이 모여 논의하는 상황을 고려하여 '정상회의'로 번역함

1. 도입

수십 년 동안 교육 연구자, 교사 교육자 및 교육 정책 입안자들은 교사가 무엇을 알고 있으며, 자신의 지식을 어떻게 활용하여 가르치는지 관심을 가졌다(Guerriero, 2017). 이에 슐만Shulman(1986, 1987)은 교사 지식의 내용에 대한 새로운 사고방식을 소개했다. 슐만Shulman(1987)은 교사의 지식 기반이 적어도 7가지 범주의 지식으로 구성된다고 하였다. 내용 지식, 교육학 지식, 교육과정 지식, 학생에 대한 지식, 맥락에 대한 지식, 교육의 목적과 가치에 대한 지식, 그리고 PCK. 위 범주 중, PCK는 교사와 내용학 전문가를 구별하며 교육을 위한 지식의 고유한 영역을 대표하기 때문에 특별한 관심을 불러일으켰다. 이에 따라 특히 과학과 수학 영역에서 교사의 지식에 대한 PCK 관련 실증적 연구가 많이 수행되었다. 그러나 PCK 관련 연구는 더 진전될 수 있는 잠재력이 있었음에도, PCK의 등장 이후 PCK를 둘러싼 다양한 이해와 해석으로 인해 연구, 교사 교육 및 정책에서의 활용성이 크게 제한되었다(Settlage, 2013).

이 장에서는 PCK 연구자들이 과학교사의 PCK를 어떻게 연구했는지 구체적으로 확인하고자 실증적 문헌을 고찰하고 그 결과를 종합하는 것을 목적으로 했다. 이와 관련된 선행연구로 과학교사의 PCK(예: Berry, Depaepe, & van Driel, 2016; Kind, 2009; Miller, 2007; Schneider & Plasman, 2011; Van Driel & Berry, 2010, 2017) 및 과학교사의 전문 지식(예: Abell, 2007; Fischer, Borowski, & Te, 2012, Driel, 2014)에 대한 문헌 연구가 이루어졌지만, 각 연구물에서 어떤 연구 방법을 사용했는지에 대해서는 깊이 있게 분석하지 않았다. 최근 선행연구(Abbbitt, 2011; Matthew, Tae Seob, & Punya, 2012; Willermark, 2017)에서 연구자들이 수학 교사의 PCK를 어떻게 연구했는지(Depaepe, Verschaffel, & Kelchtermans, 2013)와 교사의 테크놀로지 PCK(TPACK)[3]에 대한 최근의 검토는 찾을 수 있지만, 과학 PCK를 실증적으로 어떻게 연구하는지에 관해 중점적으로 검토한 연구는 약 20년 전에 출판된 것이 가장 최근의 것이다(Baxter & Lederman, 1999). 이에 이 장에서는 선행된 문헌 연구를 보완할 뿐만 아니라, PCK 개념화와 연구 방법에만 초점을 맞춘 현재의 PCK 연구 흐름에서부터 벗어나고자 한

3) 역자 주: Technological Pedagogical Content Knowledge

다. 본 연구는 체계적인 고찰을 통해 과학교육 커뮤니티에서 PCK 개념을 사용하고, 분석하며 연구하는 다양한 방식을 보여주고자 한다. 이는 PCK 개념에 대한 생각의 발산과 수렴을 밝히고 과학교사의 PCK 연구에 대한 현재 연구자들 간의 견해차를 조명함으로써 연구 분야를 발전시키는 데 중요한 역할을 할 것이다.

2. 문헌 고찰

1) PCK의 개념

슐만Shulman(1986)은 미국 교육 연구 학회 학회장 연설에서 자신과 동료 연구자들이 '잃어버린 패러다임', 또는 '사각지대'라고 부르는 것(pp.7-8)에 대한 이목을 집중시키기 위해 PCK라는 학문적 구인(construct)을 처음으로 도입했다. 이로 인해 교수 절차에만 초점을 두던 연구자들의 관심을 교과 내용 지식으로 돌리긴 했지만, 슐만Shulman은 PCK가 '내용 지식 그 자체를 넘어서 교과 내용 교수의 차원으로 가야 한다.'라고 주장하였다(p.9). 슐만Shulman이 제안한 PCK는 교사들이 지닌 다음과 같은 고유한(unique) 지식을 아우르는 것이다:

> 자신의 교과 영역에서 가장 규칙적으로 가르친 주제, 그것을 가장 잘 표현할 수 있는 방법, 가장 효과적인 비유법, 삽화, 예시, 설명 및 묘사 - 한 마디로 학생들이 교과 내용을 쉽게 이해할 수 있게 하는 방법. … [그리고] 학생들을 어렵거나 쉽게 만드는 특정 주제에 대한 이해: 교사가 가장 자주 가르치는 주제에 대해 다양한 연령과 배경의 학생들이 가진 개념과 선개념

위와 같이 교사만이 가진 지식의 영역은 과학 교사 교육자와 연구자들에게 특히나 흥미로운 부분이다(Driver, Asoko, Leach, Scott, & Mortimer, 1994). 학생이 가진 (선)개념은 과학 학습에 큰 영향을 미치므로, 학생이 가진 개념을 잘 파악하여 효과적인 교육 방법과 표현을 사용하는 것이 교사에게 요구되기 때문이다. 1980년대 이후, PCK

의 개념이 과학교육 관련 문헌에 널리 퍼져서 과학 교사의 전문 지식을 연구하기 위한 이론적 렌즈로 사용(Abell, 2007)되는 등 광범위하게 사용되었다. 정책 문서(예: National Research Council, 1996), 전문적 과학 표준(예: National Council for Accreditation of Teacher Education, 2008) 및 국제적인 문헌(Kind, 2009; van Driel & Abell, 2010)은 PCK를 잘 이해하는 것이 과학교육의 질을 높이는 데 필수적이라고 여겼다.

2) PCK 개념에 대한 학문적 논쟁

과학교육 커뮤니티에서 PCK라는 개념을 받아들인 후, 연구자들과 교육자들이 PCK를 연구하는 과정에서 PCK의 특성과 요소에 대해 다양한 논쟁을 벌였다. 주요 논쟁은 다음과 같은 질문을 중심으로 전개된다:

(1) PCK는 '독립적으로' 구분되는 지식인가? 그렇다면 PCK는 교수를 위한 전문적인 지식 기반과 어떻게 관련되는가?

슐만Shulman(1987)은 PCK를 교사 지식 기반의 7가지 범주 중 하나로 간주하고, PCK는 '교사가 수업을 위해 자신의 내용 지식을 바꿔감에 따라 생기고 발전한다.'고 믿었다(Wilson, Shulman, & Richert, 1987, p. 118). 그러나 그의 주장에 반대하던 이들은 PCK가 내용 지식과 같은 다른 지식 범주들과 어떻게 다른지 의문을 가졌다(Marks, 1990). 또 다른 이들은 슐만Shulman의 본래 주장에 동의하며 PCK를 별개의 지식 범주로 보고, PCK를 구성하는 지식 범주의 합보다 PCK가 크다는 것을 강조했다(Magnusson, Krajcik, & Borko, 1999). 압-델-칼릭Abd-El-Khalick(2006)은 이러한 입장을 취하면 교사가 PCK를 개발하는 변혁적 매커니즘(즉, 교사들이 자신의 내용 지식을 PCK로 '변환하는 방법')을 명확히 알 수 있을 것이라고 덧붙였다.

(2) PCK는 지식의 한 형태인가, 기능인가, 성향인가 아니면 이들의 조합인가?

슐만Shulman(1986)은 원래 PCK를 특정한 학생들에게 특정 내용을 효과적으로 가르치는 데 필요한 전문적 지식의 한 형태로 간주했다. 그는 주제에 따라 적절한 교육 전략이 무엇인지 아는 지식과 학생들이 학습에 있어 어려워하는 부분과 그들의 (선)개념에 대해 아는 지식이 PCK를 함께 구성한다고 생각했다. 그러나, 무엇을 '지식'으로 볼 것이냐에 따른 인식론적 관점이 나타나기 시작했고, 다양한 관점으로부터 시작된 논쟁들은 PCK의 특성을 복잡하게 만들었다. 예를 들어, PCK가 비인지적인 속성도 포함해야 한다는 일부 연구자들의 주장에 따라, 교사가 교과의 내용 목표를 이해하는 것(Grossman, 1990), 교사의 효능감(Park & Oliver, 2008b)과 감정(Zembylas, 2007), 그리고 과학 교수를 위한 지향(Magnusson et al., 1999)과 같은 정의적 요소들이 PCK에 추가되었다. 이와 유사하게, 지식에 대한 고정관념이 있는 연구자들은 지식을 흔히 알려진 것처럼 '사람이 가진 생각'으로 간주했지만, 좀 더 유연한 관점을 가진 다른 연구자들은 지식을 행동의 한 부분으로 여겼다(Cook & Brown, 1999). 후자에 속한 연구자들은 교사가 특정 내용을 가르치는 행동에서 PCK를 포착하고 묘사하기 위해 노력했다(Loughran, Milroy, Berry, Gunstone, & Mulhall, 2001).

(3) PCK가 독립적인 지식이라면 PCK 구성 요소에는 어떤 것들이 포함되는가?
전부는 아니지만, 대부분의 연구자들은 슐만Shulman(1986)의 PCK 모델에서 두 가지 구성 요소를 확장했다. 정의적 요소 외에도, 연구자들은 흔히 교육과정에 대한 지식(교육과정 목표와 영역에 대한 지식)과 평가에 대한 지식(무엇을 어떻게 평가해야 하는지에 대한 지식)을 PCK의 구성 요소로 포함했다(Tamir, 1988). PCK의 구성 요소나 범위에 대해 좁은 관점을 가진 연구자들은 PCK의 구성 요소의 개수를 적게 보지만, PCK의 구성 요소나 범위에 대해 넓은 관점을 갖고 있는 연구자들도 있다{키르슈너Kirschner, 보로프스키Borowski, 피셔Fischer, 게스-뉴섬Gess-Newsome과 폰 아우프슈나이터von Aufschnaiter(2016)는 여러 PCK 모델의 각기 다른 PCK 구성 요소를 비교했다}.

(4) PCK는 맥락 특수적인가? 교실 맥락에서 벗어나 PCK를 조사할 수 있나?
일부 연구자들은 PCK가 교실 맥락과는 관계없이, 표준화된 검사지로 측정될 수 있다고 주장하는 반면, 다른 연구자들은 교사의 PCK는 진공 속에 존재하는 것이 아니기에 특정한 교실 맥락 속에 있다고 주장한다. 드파페Depaepe 등(2013)은 PCK를 연구하는 두 가지 관점을 인지적 관점과 맥락적 관점으로 구분했다. 인지적 관점을 가진 연구자들은 일반적으로 교실 맥락과 관계없이 탈맥락적으로 PCK를 연구하는 반면, 맥락적 관점을 가진 연구자들은 특정 교실 맥락에서 PCK가 어떻게 발현되는지를 연구한다. 일반적으로, 전자의 연구자들은 지식을 교사의 '머릿속에 있는 것'으로 보지만, 후자의 연구자들은 지식을 맥락 속에서 활용될 때 의미가 있는 '사회적 자산'으로 본다(p.22). 또한, 반 드리엘van Driel 등(2014)은 사실상 전자의 연구자들은 PCK를 '교사를 위한 지식(다소 정적이고 규범적인 것)'으로 간주했으며, 후자의 연구자들은 PCK를 교사들이 공식적인 학습 경험과 자신의 전문적 실천을 통해 발전시킨 '교사의 지식'으로 봤다.

(5) PCK는 개인적인가, 집단적인가?

PCK가 개인적 차원에서 존재하는지, 집단의 차원에서 존재하는지에 대해서는 약간의 논쟁이 있다. 일부 연구자들은 PCK의 개인적, 사적인 성격을 강조한다(Hashweh, 2005). 다른 연구자들은 개인의 PCK에는 저마다 독특한 특성이 있지만, 교사 집단의 PCK에서 교사들 간의 공통점을 찾는다면 보다 일반적인 형태의 PCK를 개발할 수 있다고 주장한다(van Driel, Verloop, & de Vos, 1998). 또 어떤 연구자들은 필수(indispensable) PCK(Park, Suh, & Seo, 2017)와 표준(canonical) PCK(Smith & Banilower, 2015)라는 개념을 도입하여 PCK의 개념을 발전시키기도 했다. 예를 들어, 표준 PCK는 '전문가 집단의 실천과 연구를 통해 널리 합의되고 형성된 PCK'를 의미한다(Smith & Banilower, 2015, p. 90). 이러한 관점은 PCK가 연구자와 전문가에 의해 규범적으로 정의될 수 있음을 나타낸다.

(6) PCK의 적절한 수준 또는 입자 크기(grain size)는 무엇인가?

일부 연구자들은 PCK의 주제 일반성을 강조하는 반면(Fernandez-Balboa & Stihl, 1995), 다른 연구자들은 PCK의 가치는 주제 특수성에 있다고 주장한다(van Driel et al., 1998). 또 다른 연구자들은 PCK의 주제 특수성 이외에도 학생들이 교과의 실제 활동을 이해하는 데 도움을 줄 수 있는 교사 지식과 특정 분야의 지식이 발전되는 방법, 특정 분야가 작동하는 방법에 대한 교사의 정교한 이해를 모두 아우르는 교과적 실천을 위해 PCK가 필요하다고 주장한다(Davis & Krajcik, 2005, p 5). 또한 빌Veal과 마킨스터MaKinster(1999)는 PCK가 교과 특수적 PCK, 영역 특수적 PCK, 주제-특수적 PCK로 세 수준에서 존재한다고 주장했다.

이러한 PCK에 대한 다양한 관점은 아벨Abell(2007)이 과학 교사 지식에 대한 선행연구들을 종합적으로 검토하면서 PCK 연구를 '전과학(pre-science)[4]'으로 명명하도록 했다. 그녀는 PCK 분야 내에서 일관되지 않고, 앞뒤가 다르게 사용되는 용어와 연구 방법의 사용을 개탄하고 연구자들이 다른 연구자들의 연구 결과를 기반으로 그들의 발견을 발전시킬 수 있고 학문적 공동체가 되도록, 보다 일관성 있는(정합적인) 개념화를 요구했다.

3) 과학 PCK에 관한 합의된 관점을 향한 진전

PCK 관련 연구의 발전을 위해, 아벨Abell(2008)은 국제 과학교육 학회지의 특별 호에 실린 논문을 비판적으로 분석하여 PCK의 특성에 대해 연구자들이 합의한 부분을 확인하고자 했다. 그녀는 PCK의 네 가지 주요 측면에 대한 연구자들 간의 공통점을 확인했다.

- PCK는 '다른 유형의 지식을 변환하는 것'을 포함하는 지식의 범주 중 하나(p.1407)이며 다른 지식 범주(예: 내용 지식, 교육학 지식 및 맥락에 대한 지식)와 밀접한 관계를 맺고 있다.
- PCK는 여러 요소들로 구성된다. 그러나, 교육 현장에서는 이러한 구성 요소들이 섞이고 합쳐진다.
- 교사의 PCK는 교사 양성(준비) 과정과 교사 *자신의* 교수 및 학습 경험과 같은 다양한 경험을 통해 시간이 갈수록 발전할 수 있다. 이 관점에서 중요한 것은 교사가 *교사 개인의* 교실 경험을 자신의 맥락에서 발전할 수 있는 자원(기회)으로 간주한다

4) 역자 주: 쿤(Kuhn)의 과학 철학적 관점에서 정상과학(normal science)의 패러다임이 만들어지기 이전 단계

는 것이다.

- 교과 내용은 PCK의 핵심으로 간주된다. 교사들은 특정 과학 내용을 가르치기 위해 PCK를 개발하고 사용한다.

2012년 콜로라도에서 개최된 수학교육과 과학교육 PCK 정상회의(Berry, Friedrichsen, & Loughran, 2015)에서 PCK에 대한 관점이 합의에 도달하는 약진이 있었다. 중요한 것은, 이 모임을 통해 PCK(Gess-Newsome, 2015)를 포함한 전문적 교수 지식과 기능에 대한 '합의' 모델(CM)이 만들어졌다는 것이다. 이 모델에서 명확하게 설명되는 PCK의 특성은 다음과 같다:

- PCK는 교사 전문성과 관련된 전반적인 지식 기반에서 '독립된' 지식 범주이다. CM의 도식 내에 있는 많은 화살표는 PCK와 다른 지식 범주 간의 긴밀한 연결을 강조한다. 이 모델은 또한 PCK의 여러 요소와 PCK와 관련된 다른 유형의 전문적 지식과의 상호적 관계 및 피드백의 순환을 통한 발전의 반복적 특성을 강조한다.
- PCK는 지식과 기술 둘 다로 정의된다.
  - CM 내에서 정의적 요소(예: 교사의 교수 지향 및 신념)는 PCK 구인(construct) 자체에서 제외되지만 증폭기와 여과기로서 포함된다. 그들의 위치가 조정됨으로써 정의적 요소가 교사의 PCK의 요소와 특성에 영향을 미치는 요인으로 인식되었다.
  - 이 모델은 개인적 PCK와 개인적 PCK와 기술(PCK&S) 두 가지 변형을 추가로 설명한다. 전자는 '교사의 지식, 이면의 추론, 계획'과 관련이 있는 반면, 후자는 '학생의 성취 향상을 위해 특정 목적을 갖고, 특정 학생에게 특정한 주제를 특정한 방법으로 가르치는 행위'와 관련이 있다(Gess-Newsome, 2015, p.36). 인식론적으로 PCK는 *knowledge*(교사가 특정한 내용을 가르치는 것에 대해 알고 있고 아는 것을 계획에 적용하는 것)와 *knowing*(교사가 수업 *중* 하는 행동과 그 행동의 의미)을 모두 포함한다. 다시 말해, 교사들이 기존에 가진 개인적 PCK가 수업의 계획, 수행 및 성찰에 영향을 주고, 교사의 교수학적 결정에 따른 표현과 행동

을 통해 그들의 개인적 PCK&S는 명백해진다.

- 교사의 추론은 교사 PCK의 일부로 간주된다. 이러한 관점은 'PCK는 교사가 무엇을 알고 있으며, 무엇을 하고, 그러한 행동을 하는 이유로 구성된다.'라는 주장을 강화한다(Baxter & Leadmann, 1999, p.158).

- PCK는 교과 특수적이다. PCK는 *주제-특수적* 교사 지식으로 간주된다.
- PCK는 매우 개인적이고 고유한 것으로 여겨진다. 이러한 관점에 따라 PCK의 이름은 CM에서 개인적 PCK로 바뀌었으며, 보다 표준적인 성격을 띠는 교육 현장의 주제-특수적 전문 지식(TSPK)과 구별되었다. 또한 CM은 교사의 PCK의 요소와 특성에 영향을 미치는 맥락의 역할을 강조한다.
- 마지막으로, CM은 또한 교사 PCK와 학생의 성취(예: 학생 성취도, 학습 동기) 사이의 상호 연관성을 명시적으로 설명한다.

CM은 과학 및 수학 교육 분야에서 광범위하게 PCK 연구를 수행한 선진 연구자들의 집단적 아이디어와 노력으로 만들어졌지만, 이 모델이 경험적 자료에 기반한 것은 아니었다. 이 모델에 나타난 아이디어가 PCK 개념을 둘러싼 과학교육 연구자들의 일반적인 생각들을 정확하게 나타내는지는 여전히 불분명하다.

4) 과학교육 연구에서 PCK에 관한 상반되는 연구 결과

CM은 교사의 PCK와 학생 성취 사이의 관계를 설명하지만, 이 관계는 보통 경험적 자료보다는 이론적으로 가정한 것이다. 이 관계를 조사한 실증적 연구의 연구 결과는 서로 다르거나 심지어 상반되기도 한다(예: Alonzo, Kobarg, & Seidel, 2012; Davidowitz & Potgieter, 2016; Förtsch, Werner, von Kotzebue, & Neuhaus, 2016; Gess-Newsome et al., 2017; Kanter & Konstantopoulos, 2010; Keller, Neumann, & Fischer, 2017; Mahler, Großschedl, & Harms, 2017; Sadler, Sonnert, Coyle, Cook-Smith, & Miller, 2013). 예를 들어, 어떤 연구는 과학교사의 PCK와 학생 성취도

사이에 긍정적인 관계가 있다고 했지만(Sadler et al., 2013), 어떤 연구는 PCK가 학생의 성취도를 예측할 수 없다고 했다(Gess-Newsome et al., 2017). 이는 각 연구에서 PCK를 다르게 개념화했기 때문일 수도 있고, 과학교사의 PCK를 평가하는 방법이 상이했기 때문일 수도 있다. 어떤 연구자는 지필 검사를 통해 교사의 PCK를 평가하였고(Keller et al., 2017), 또 다른 연구자는 동영상에 대한 교사들의 의견(서면)을 분석하거나(Kanter & Constantopoulos, 2010; Roth et al., 2011), 어떤 연구자는 교사의 수업 영상과 교사의 성찰(구두 및 서면)을 분석하기 위해 평가 루브릭을 사용하여 PCK를 평가했다(Gess-Newsome et al., 2017). 일부 연구자들은 PCK의 구성 요소를 특정하는 데 중점을 두었고(Sadler et al., 2013), 다른 연구들은 PCK가 그 자체로서 어떻게 수업에 적용되어 교수 행동으로 나타나는지 평가했다(Gess-Newsome et al., 2017). 선행연구 고찰을 통해, 연구자들이 교사의 PCK 평가라는 동일한 목표를 공유한 듯하지만, 그들이 실제로 측정한 것은 매우 다르다는 것을 알 수 있었다. 이러한 연구 결과를 본 독자들은 선행연구들의 상이한 연구 결과들을 비판적으로 비교 대조하게 되는데, 선행연구의 연구자들이 과학교사의 PCK를 어떻게 개념화했는지, 그들이 연구 데이터를 어떻게 수집했는지, 그들이 어떤 접근법을 취했는지에 집중하여 자세히 들여다보면 과학교사의 PCK를 연구하는 방법이 아주 다양함을 알 수 있다.

5) 요약

위 내용들을 요약하자면, 과학교육에서 PCK에 관한 연구가 많이 이루어졌지만, PCK의 개념에 대한 연구자들의 서로 다른 해석 때문에 후속 연구나 교사 교육 프로그램과 관련 정책이 만들어지는 것이 어려웠다. '합의' 모델(CM)이 선진 연구자들에 의해 만들어졌지만, CM에 명시된 아이디어가 과학 PCK 연구자들의 일반적인 견해를 정확하게 반영하는지는 현재 알려지지 않았다. 따라서 이 장에서는 과학교사의 PCK에 관한 실증적 연구를 정리, 통합 및 종합함으로써 과학교사 커뮤니티 내에서 PCK 개념이 어떻게 사용되고 해석되고 조사되고 있는지에 대한 개관을 제공하고자 한다. 본 연구에서 개별 과학교사의 PCK를 조사하는 연구에 중점을 둔 까닭은, 개별 과학교사의 PCK는 분명 교실에서 학생의 학습 경험과 가장 직접적으로 관련이 있기 때문이다. 이러한 관점은 이 장에서 검토한 PCK 연구에 반영되어 대부분의 연구자는 개별 교사의 PCK를 조사하였고, 드물지만 교사의 집단적 PCK를 조사하는 연구(예: Dahler & Shinohara, 2001; Falk, 2012)도 있었다. 이러한 관점으로 선행연구에 대해 체계적으로 검토하는 것은 그 분야를 한걸음 나아가게 하는 가장 효과적인 방법이라고 본다. 선행연구는 다음과 같은 연구 질문 및 하위 질문을 통해 검토되었다:

- 실증적(경험적) 과학교육 연구에서 개별 과학교사의 PCK는 어떻게 조사되는가?
  1. 연구의 맥락은 무엇인가?
  2. 연구의 주된 초점은 무엇인가?
  3. 연구에서 개별 과학교사의 PCK를 어떻게 개념화하는가?
  4. 개별 과학교사의 PCK를 조사하기 위해 어떤 유형의 자료가 수집되었는가?
  5. 어떤 접근법을 통해 개별 과학교사의 PCK를 측정하였는가?

3. 연구 방법

아벨Abell(2007)은 과학교사의 지식에 관한 연구를 광범위하게 검토한 결과, 과학교사의 PCK를 연구하는 데 있어 PCK의 개념과 연구 방법에 대한 제대로 된 합의의 필요성을 주장했다. 이러한 요구에 응답하여, 본 연구는 2008년부터 현재까지 이루어진 문헌들을 광범위하게 검토하였다.

본 연구는 아벨Abell(2007)의 검토 이후 과학교사의 PCK가 어떻게 연구되어 왔는지를 포괄적으로 고찰하고자 했다. 이에 베넷Bennett, 루벤Lubben 및 호가스Hogarth(2007)에 의해 개발된 체계적 검토 과정을 따랐는데, 이는 (1) 검토할 주제의 범위를 정하기, (2) 연구 질문 정하기, (3) 선정 기준을 정해 포함 또는 제외하기, (5) 전자 데이터베이스에 체계적으로 검색하기, (6) 검색된 연구를 코딩하기, (6) 연구의 개관/체계적 지도 작성하기, (7) 심도 있는 연구 검토하기이다. 먼저 검토의 초점이 되는 것(즉, 개별 과학교사의 PCK를 조사하는 방법)을 확인한 후 연구 질문을 공식화했다(위 참조).

다음은 3-7단계의 체계적 검토 과정을 자세히 설명한 것이다.

3단계에서는 다음과 같은 선정 기준을 수립했다. 첫째, 모든 논문은 과학교사의 PCK를 경험적으로 연구한 것이어야 한다(즉, 이론적으로만 연구된 것은 아니어야 한다). 둘째, 본 연구는 개별 과학교사의 PCK에 중점을 두기 때문에 (1) 과학교사의 TPACK와 수학교사, 과학교사 교육자, 대학의 과학교육 조교, 대학의 과학교육자, 유아교사의 PCK, (2) 과학교사의 집단적 PCK, (3) PCK가 특정 교과 주제를 가르치는 것에 대한 교사의 지식과 관련되어있기에, 분야별(disciplinary) 실천 또는 논증과 관련된 PCK를 조사한 연구는 제외하였다. 더욱이, (4) 기존 PCK 모델에서 자주 포함된 구성 요소이지만(Magnusson et al., 1999; Park & Oliver, 2008b), 과학교사들의 과학 교수 지향에만 초점을 맞춘 연구(Friedricsen, van Driel, & Abell, 2011)도 제외했다. 위 연구들이 제외된 까닭은, 제1차 PCK 정상회의(Gess-Newsome, 2015)에서 개발한 CM에서는 교사의 교수 지향이 PCK의 요소로서 고려되지 않고 PCK에 영향을 미치는 증폭기와 여과기로 간주되었기 때문이다. 마지막으로, 문헌을 분석할 때는 연구자가 교사의 PCK를 조사한 방법을 충분히 설명했는지 확인했다. 예컨대 연구 방법이 기술된 부분에서 교사의 PCK를 조사하기 위해 선행연구에서 사용된 특정 방법을 참고하여 사용했다고 했다면, 언급된 그 방법을 분석에 포함시켰다. 이렇게 문헌을 검토하는데 사용한 제외 기준은 〈표 1.1〉에 나타내었다.

그다음 이러한 기준에 따라, 과학교육 및 교사교육 분야 14개의 ISI[5] 상위권 학술지에 'pedagogical content knowledge'이라는 키워드로 검색하였다. 학술지는 다음과 같다: Journal of Research in Science Teaching; Science Education; International Journal of Science Education; Research in Science Education; Journal of Science Teacher Education; Science & Education; International Journal of Science and Mathematics Education; Chemistry Education Research and Practice; Eurasia Journal of Mathematics, Science and Technology Education; Research in Science and Technological Education; Teaching and Teacher Education; Journal of Teacher Education; and Teaching and Teachers: Theory and Practice. 초기 검색 결과 1261개

5) 역자 주: International Scientific Indexing (ISI)

의 논문(2017년 12월 31일 기준)[6)]이 나왔다(〈표 1.2〉 참조). 그런 다음 제1저자는 검색된 기사들을 훑어보며 선정 기준에 따라 검토에 포함할 연구인지를 판단했다. 이후 99개의 논문(부록 참조)을 자세히 읽고 분석하였다. 다음은 검토된 선행연구를 코딩하기 위해 사용한 분석 틀의 구성 요인이다.

(1) ***연구의 맥락.*** 표본의 크기, PCK 연구가 이루어진 장소, 과목 영역, 교사의 학교급 및 연구 주제가 분석에 포함되었다.

(2) ***연구에서 초점을 두고 있는 것.*** 선행연구를 분석하는 과정에서 해당 연구가 무엇에 초점을 두었는지 파악하기 위해 드파페Depaepe 등(2013)이 수학 PCK에 관한 선행연구(예: PCK의 본질과 교사의 PCK 개발 탐구)를 검토하고 보고한 분야 또는 범주를 참조하여 분석했다. 이러한 연역적 분석에 더해, 귀납적 분석 방법을 사용하여 PCK 측정 도구의 개발을 보고하는 선행연구와 연구자의 개입 이후 또는 개입 중에 PCK의 변화를 탐구한 선행연구와 같은 PCK 연구의 새로운 범주에도 주목하였다. 그런 다음, 연역적 또는 귀납적 방법으로 도출한 범주에 따라 분류한 뒤 각각의 연구에서 사용한 연구 방법(즉, 질적, 양적 또는 혼합 연구 방법)에 기초하여 다시 분류하였다. 둘 이상의 연구 분야를 다룬 연구들은 여러 개의 PCK 선행연구 범주에 포함되었다.

(3) ***연구에서 PCK의 개념화.*** 과학교육 연구자들이 연구에서 PCK를 어떻게 개념화했는지 알아보기 위해, 연구자들이 연구의 기틀을 잡는 데 사용한 PCK 모델과 그들이 조사한 PCK 구성 요소/지식 범주들[7)]을 확인했다. 각기 다른 지식 범주의 정의는 주로 CM(Gess Newsome, 2015)과 그로스만Grossman(1990)의 지식 범주의 정의(약간의 수정은 있었다)에서 도출되었다. CM에서 개인적 PCK의 구성(즉, PCK 구성 요소)에 대해 분석한 부분이 없었기 때문에, 자주 인용되는 마그누손Magnusson 등(1999)의 PCK 모델을 사용했다. 또한 분석할 데이터(선행연구)에 더 잘 맞도록 PCK 구성 요소의 원래 정의를 약간 수정했다(〈표 1.3〉 참조).

6) 2017년 12월 31일 이후에 발행되었더라도, 그 전에 투고되어 온라인으로 출판된 논문들 포함
7) 슐만(1987)에 따라, 별개의 지식 영역을 지칭하기 위해 '범주'라는 용어를 사용했다. PCK 구성 요소는 PCK의 지식 구성 요소를 의미한다.

(4) ***개별 과학교사의 PCK를 조사하기 위해 수집된 자료의 유형.*** 선행연구에서 연구자들이 PCK를 어떻게 조사했고 측정했는지 정확하게 분석하기 위해, 연구에서 수집된 PCK 관련 자료의 유형들을 분석했다. 분석 결과, 매튜Matthew 등(2012)이 교사의 TPACK 측정을 분석한 것에 착안하여 범주화한 뒤 본 연구의 실정에 맞게 약간 수정했다. 간단히 말해서, 범주에는 (1) 질문지, 설문지 또는 시험지 작성과 같은 지필 검사, (2) 인터뷰, (3) 수업 관련 자료 및 (4) 수업 관찰이 포함되었다. 〈표 1.4〉에 자료 유형의 정의와 대표적인 예를 나타내었다.

(5) ***연구자들이 과학교사의 PCK를 측정하기 위해 활용한 접근법.*** 연구 질문 #4의 결과를 바탕으로, 각 연구를 하나 또는 하나 이상의 범주에 넣었다. (1) 자기 보고법을 통한 PCK 탐구, (2) *수업 수행*을 통한 PCK 조사. 첫 번째 범주의 연구는 교사의 PCK를 알아보기 위해 교사의 자기 보고서를 활용했으며, 이러한 논문은 다음과 같은 세 가지 하위 범주로 더 세분화되었다. (1) 교사의 응답이 정량적으로 평가된 PCK 검사, (2) 질문지와 설문조사, (3) 현장에서의 실제 경험이 담긴 자기 보고서. 두 번째 범주의 연구는 *수업 수행*을 통해 PCK를 조사하였으며, 일련의 수업 과정 {즉, 사전 활동 단계(계획), 상호작용 단계(수행) 및 사후 활동 단계(성찰) 또는 수업 관찰}에서 얻어진 자료의 사용 또는 수집을 포함하였다. 이 또한 두 가지 하위 범주로 세분화되었는데, (1) 수업 관련 자료와 교사 행동만을 조사한 연구와 (2) 교사의 교육 활동을 둘러싼 교수적 결정과 추론도 조사한 연구로 나뉘었다. 두 하위 범주 중 후자는 대부분 개방적 질문이 제시된 인터뷰 또는 지필 검사로, 교사가 어떤 결정과 행동을 하느냐를 뒷받침하는 교사의 의사 결정 과정을 조사하였다. 위 연구는 (1) 모의 수업 과제를 활용한 연구와 (2) 교실에서의 실제 수업을 조사한 연구와 같이 두 개의 하위 그룹으로 세분화되었다. 모의 수업 과제는 실제 과학 수업과 비슷하게 표현되었다. 예를 들어, 교사들에게 단원, 주제 또는 수업 계획과 같은 CoRe[8]를 작성하도록 하거나, 실제 학생 반응에 대한 교사의 의견을 제시하도록 하였다. 교실에서의 실제 수업을 조사한 연구는 교사의

8) 역자 주: CoRe(Content Representation)는 Loughran(2001)에 의해 개발된 교사의 PCK를 문서화하여 표현하기 위한 도구로, 교사가 특정 영역이나 주제를 가르치는 방법, 특정 내용을 활용하는 이유를 진술문의 형태로 제시하도록 한다.

수업 과정을 탐구하였다. 각 하위 그룹에 대해, 선행 연구가 수업 과정 중 어떤 단계에 중점을 두고 연구했는지에 따라 다음의 하위 범주(Jackson, 1986)에 맞게 추가로 분류했다. (1) 사전 활동 단계(이전 수업에 대한 성찰을 포함하는 계획 단계); (2) 상호작용 단계(성찰을 포함하는 수업 수행 단계); (3) 사후 활동 단계[9] (수업에 대한 성찰을 포함하는 고찰 단계) 및 (4) 전체 수업 과정. 상호작용 단계를 포함하는 (2), (4) 범주에 해당하는 연구를 분류하는데 다소 엄격한 기준이 적용되었는데, 수업 현장을 관찰한 것을 보고했거나 실제 수업 현장을 녹화한 것에 대한 교사의 의견을 조사한 경우에만 위 범주에 해당하도록 분류하였다.

〈표 1.1〉 검토에 포함할 또는 제외할 연구의 선정 기준

기준		제외된 이유	제외된 연구들의 예
1	실증적 연구	본질적으로 실증적 연구가 아님 (즉, 이론적 연구)	van Dijk (2014), van Driel and Berry (2012)
2	과학교사의 개인적 PCK	수학 교사의 PCK 또는 수학 교수 지식(MKT)	Charalambous (2016), Kaiser et al.(2017)
		과학교사의 TPACK	Cetin-Dindar, Boz, Yildiran Sonmez, and Demirci Celep (2018), Wang, Tsai, and Wei (2015)
		과학 교사교육자의 PCK	Abell, Rogers, Hanuscin, Lee, and Gagnon (2008), Faikhamta and Clarke (2012)
		대학의 과학교육 조교의 PCK/ 대학의 과학교육자의 PCK	Fraser (2016), Seung (2013)
		유아 교사의 PCK	Nilsson and Elm (2017)
		교사의 집단적 PCK	Akerson, Pongsanon, Park Rogers, Carter, and Galindo (2017), Nilsson (2014)
3	특정 교과 교수에 대한 PCK	과학교사의 분야/영역 특이적 PCK(예: 논증을 위한 PCK, 과학 실천을 위한 PCK)	Avraamidou and Zembal-Saul (2005), McNeill, González-Howard, Katsh-Singer, and Loper (2016)
4	교사의 지향만을 조사하지 않은 것	과학 교수를 위한 교사의 지향(예: 과학교육의 목적에 대한 교사의 관점)	Boesdorfer and Lorsbach (2014), Mellado, Bermejo, Blanco, and Ruiz (2007)
5	PCK 분석 방법에 대한 충분한 설명	방법에 대한 불충분한 설명	Khourey-Bowers and Fenk (2009)

9) 교수 과정의 주기적 특성에도 불구하고 특정 활동이 수업 주기의 사전 활동 단계에 속하는지 또는 사후 활동 단계에 속하는지 판단하기 어려울 수 있다. 따라서 학생 과제 분석, 평가 과제에서 학생의 반응 예측, 평가 문항 분류, 자신의 교수 행동에 대한 성찰은 교수의 사후 활동 단계으로 분류했다.

〈표 1.2〉 전자 데이터베이스에 'pedagogical content knowledge'을 키워드로 검색했을 때 검색된 연구 수 및 검토 대상으로 선정된 연구 수

<table>
<tr><th colspan="2">학술지 이름</th><th>검색된 연구 수 (2008년 이후)</th><th>검토 대상으로 선정된 연구 수</th></tr>
<tr><td rowspan="10">과학 교육 학술지</td><td>화학 교육 연구 및 실천
(Chemistry Education Research and Practice)</td><td>52</td><td>11</td></tr>
<tr><td>유라시아 수학, 과학 및 기술 교육 학술지
(Eurasia Journal of Mathematics, Science and Technology Education)</td><td>37</td><td>3</td></tr>
<tr><td>과학 교육 연구 학술지
(Journal of Research in Science Teaching)</td><td>97</td><td>12</td></tr>
<tr><td>과학 교사 교육 학술지
(Journal of Science Teacher Education)</td><td>161</td><td>7</td></tr>
<tr><td>과학과 교육
(Science & Education)</td><td>44</td><td>0</td></tr>
<tr><td>과학 교육
(Science Education)</td><td>65</td><td>3</td></tr>
<tr><td>국제 과학 교육 학술지
(International Journal of Science Education)</td><td>153</td><td>28</td></tr>
<tr><td>국제 과학과 수학 교육 학술지
(International Journal of Science and Mathematics Education)</td><td>141</td><td>6</td></tr>
<tr><td>과학 교육 연구
(Research in Science Education)</td><td>101</td><td>17</td></tr>
<tr><td>과학과 기술 교육 학술지
(Research in Science and Technological Education)</td><td>27</td><td>3</td></tr>
<tr><td rowspan="4">교사 교육 학술지</td><td>교육 연구원
(Educational Researcher)</td><td>27</td><td>0</td></tr>
<tr><td>교사 교육 학술지
(Journal of Teacher Education)</td><td>75</td><td>1</td></tr>
<tr><td>교수 및 교사 교육
(Teaching and Teacher Education)</td><td>226</td><td>7</td></tr>
<tr><td>교사와 교수: 이론과 실천
(Teachers and Teaching: Theory and Practice)</td><td>55</td><td>1</td></tr>
<tr><td colspan="2">합계</td><td>1261</td><td>99</td></tr>
</table>

〈표 1.3〉 다양한 지식의 범주 / PCK의 구성 요소의 정의

		설명
지식의 범주	평가 지식 (AK)	형성 평가 및 총괄 평가를 설계하는 방법에 대한 교사의 지식과 평가 자료에 대한 교사의 해석 및 조치 방법에 대한 지식을 포함(Gess-Newsome, 2015).
	내용 지식 (CK)	교사의 교과 지식 중 수업과 관련된 부분(Cochran & Jones, 1998)으로서, 수업의 주요 아이디어와 개념, 그리고 그들의 관계에 대한 교사들의 지식을 의미(Cochran & Jones, 1998; Grossman, 1990)
	맥락에 대한 지식 (CxK)	특정 교육 환경에 대한 교사들의 지식으로서, 학교 환경과 그들이 일하는 지역에 대한 지식이 포함됨(예: 요구사항, 제한점 그리고 '문화') (Grossman, 1990)
	교육과정 지식 (CuK)	교육과정의 목표, 구조, 범위 및 순서에 대한 교사의 지식(Gess-Newsome, 2015)
	학생에 대한 지식 (KS)	학생의 인지 발달과 학습에 대한 접근법의 개인차, 일반적인 특성의 개인차와 관련된 교사의 지식(Gess-Newsome, 2015)
	교육학 지식 (PK)	교과 특수적이지 않은 교사의 일반적인 지식과 수업 관련 기술. 예컨대 학습 이론, 교육 원리 및 교실 관리에 대한 교사의 지식과 기술 (Grossman, 1990)과 이와 관련한 수업 전략(Gess-Newsome, 2015)을 포함
PCK의 구성 요소	평가에 대한 지식 (KA)	평가에 중요한 과학 학습 관점과(무엇을 평가할 것인지) 평가 방법(어떻게 평가할 것인지)과 관련된 교사의 지식 (Magnusson et al., 1999)
	교육과정에 대한 지식 (KC)	교사가 가르치고 있는 교과의 학습 목표에 대한 지식, 학생이 도달해야 할 교과 목표와 관련 교육 자료 및 자원에 대한 지식, 교육과정에 대한 수평적이고 수직적인 지식(Magnusson et al., 1999) 또한 핵심 개념과 주요 아이디어를 파악하고 사소한 것은 제외할 수 있는, 전체 교육과정과 관련된 주제가 중요하다는 것을 아는 교사의 지식을 포함(Park & Oliver, 2008b). 이러한 측면을 일부 PCK 모델(예: Mavhunga & Rollnick, 2013)에서는 교육과정의 핵심(Geddis, Onslow, Beynon, & Oesch, 1993)이라고 함
	수업 전략과 표상에 대한 지식 (KISR)	학생이 과학 학습 주제를 이해할 수 있게 하는 활동 및 표상을 포함한 특정 전략에 대한 교사들의 지식 (Magnusson et al., 1999)
	학생의 이해에 대한 지식 (KSU)	학생이 학습하는 데 어려움을 겪을 것으로 예상되는 과학 개념이나 주제에 대한 교사의 지식, 특정 과학 지식을 배우기 위해 전제되는 배경지식, 특정 과학 주제 영역 내의 지식 개발과 관련된 학생들의 학습 접근법의 개인차를 다룸 (Magnusson et al., 1999)
	과학 교수 지향(OTS)	(1) 교사의 목표와 과학 수업의 목적, (2) 과학에 대한 교사의 관점, (3) 과학교육과 학습에 대한 교사의 신념을 포함하는 일련의 생각을 다룸 (Friedrichsen et al., 2011)

〈표 1.4〉 교사의 PCK를 조사하는데 사용된 자료의 유형

유형	설명	대표적인 문헌
질문지, 설문지 또는 시험지 작성과 같은 지필 검사	연구 참여자는 연구자가 작성한 일련의 수업 과정 지도안(예: 교수학적 시나리오) 또는 질문지, 설문지 및 시험지에 응답	Schmelzing et al.(2013), Sorge, Kröger, Petersen, and Neumann (2017)
수업 관련 자료	교사의 수업 과정(즉, 수업 계획, 수행 및 성찰)과 관련된 자료 수집 자료의 예로는 단원/주제/수업 계획, 수업 관찰 영상[a], 학생 활동, 교수 자료(예: 활동지, 유인물) 그리고 수업 실행에 대한 교사의 성찰지[b]가 있음	Cohen and Yarden (2009), Friedrichsen et al.(2009), Roth et al.(2011)
인터뷰	녹화된 영상이나 녹취록 또는 노트, 분석을 위해 전사한 자료에 대한 연구 참여자와의 구술 인터뷰	Henze, van Driel, and Verloop (2008), Luft et al.(2011)
수업 관찰	관찰된 연구 참여자의 수업 또는 현장 노트, 수업을 녹음 또는 녹취한 자료 (기록의 전부 또는 일부는 분석을 위해 전사함)	Alonzo et al.(2012), Marshall, Smart, and Alston (2016)

[a] 연구에서 분석을 위해 수업을 녹화했다면, 수집된 자료는 수업 관찰 영상으로 분류되었음. 단, 수업 영상이 회상을 자극하기 위한 목적으로만 활용된 경우엔 수업 관련 자료로 분류되었음
[b] 특정 수업을 실행한 뒤 작성한 성찰지만 이 범주로 분류되었음

이 분류 체계를 통해 다양한 형태의 PCK 문헌을 분류할 수 있다. 샤벨슨[Shavelson], 루이즈-프리모[Ruiz-Primo] 및 와일리[Wiley](2005)는 교수-학습 목표로서 네 가지 유형의 지식을 구분했다. (1) 서술적 지식(사실적, 개념적 지식) 또는 '~임을 아는 것', (2) 절차적 지식(단계적 또는 조건-행동 지식) 또는 '방법을 아는 것', (3) 도식적 지식 또는 '왜 그런지 아는 것', 그리고 (4) 전략적 지식(지식이 적용되는 시기, 장소 및 방법에 대해 아는 것). 자기 보고법을 통해 교사의 PCK를 조사하여 교사의 추론 과정이 도출될 경우 '교사가 알고 있는 것'(즉, '~임을 아는 것')과 '교사의 결정/행동에 대한 이유'(즉, '왜'를 아는 것)를 알 수 있다. 교사의 수업 수행을 조사하면 '교사가 무엇을 알고 있는지'와 '교사가 무엇을 하는지'를 알 수 있다. 이를 통해 교사가 수업을 수행할 때 자신의 지식을 어떻게 적용하는지(즉, 실행된 지식과 기술)와 교실에서 수업 관찰이 진행되었을 때 교사의 실제 교수활동(즉, 실천/기술에 내재된 지식)을 알 수 있다. 또한, 수업

관련 자료나 교수 행동을 조사하는 것은 교사의 절차적 지식과 전략적 지식을 알 수 있게 해준다. 수업에 대한 교사의 교수적 결정과 추론도 조사한다면, 연구자들은 교사의 추론 능력(즉, '왜'를 아는 것)과 수업에서 활용하지 않은 서술적 지식도 알 수 있을 것이다. 마지막으로 모의 수업과 실제 수업을 구분하는 것은 '수행 과제'와 '실제 교수'에서의 수행을 구분하는 것이다. 요약은 [그림 1.1] 참조

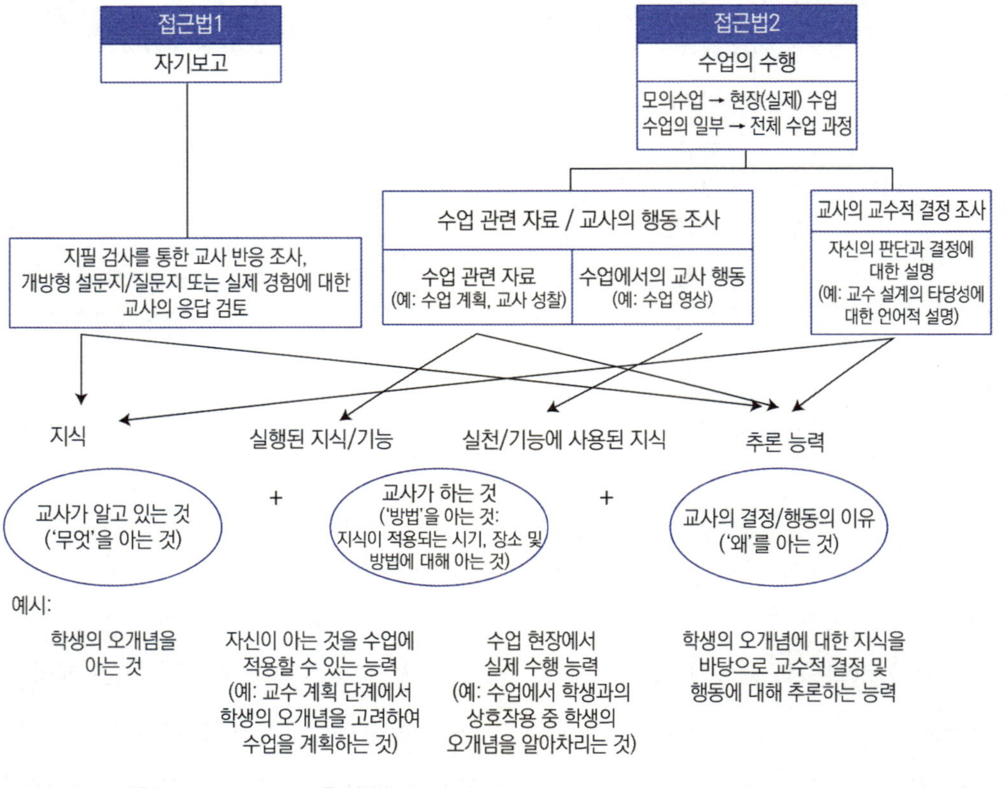

[그림 1.1] 과학교사의 PCK를 측정하기 위한 서로 다른 접근법 및 여러 형태의 PCK와의 관계

체계적인 코딩과 분석을 거쳐 각 분석의 초점에 대해 요약하는 표와 차트를 작성했다(〈표 1.5〉, 〈표 1.6〉, 〈표 1.7〉, 〈표 1.8〉, 〈표 1.9〉, [그림 1.2] 참조). 이후, 보다 자세한 검토를 위해 각 범주를 대표하는 문헌들을 선정했다.

본 장은 삼각검증(Denzin, 1989)을 통해 조사 결과의 신뢰도를 높였으며, 제1저자는 모든 문헌들을 코딩(분류)하고 분석했다. 이후 제2저자와 함께 코딩(분류)에 대한

합의가 이루어질 때까지 논의했다. 저자들은 또한 10번 이상의 온라인 미팅과 많은 이메일 교환을 통해 새로운 발견을 공유하고 논의하였다.

4. 연구 결과

연구 결과를 정리하기 전에 연구의 맥락과 주요 연구 분야를 설명하고자 한다. 그런 다음 PCK의 다양한 개념화에 대해 논의한 후 PCK를 조사하는 데 사용된 다양한 자료와 접근법에 대해 논의하고자 한다. 99개의 문헌에 대한 간략한 개관은 이 장의 끝에 있는 부록에서 확인할 수 있다.

1) 연구의 맥락

PCK 연구 지역. 〈표 1.5〉에 나타난 바와 같이 PCK 연구는 6개 대륙에 걸쳐 다양한 위치에서 수행되었으며, 이는 PCK가 전 세계 과학교사의 지식을 연구하는데 널리 사용되는 이론적 렌즈임을 시사한다. 대부분의 연구는 유럽(35개; 전체 연구의 35.4%)에서 수행되었고, 그 다음으로는 북미(28개; 28.3%)와 아시아(26개; 26.3%)가 뒤를 이었다. 교사의 PCK 조사연구는 미국이 가장 많이 수행하였다(27개). 두 개 이상의 유럽 국가 교사들을 대상으로 한 연구는 3건뿐이며(〈표 1.5〉 참조), 다른 대륙 교사들의 PCK를 비교한 연구는 거의 발견되지 않았다. 이는 수학 교육에서 대규모(예: Blömeke, Suhl, Kaiser, 2011)와 소규모(예: An, Kulm, Wu, 2004)로 진행된 각기 다른 대륙 교사들의 PCK를 비교하는 연구가 진행되었다는 점을 감안한다면, 다소 놀라운 결과이다.

〈표 1.5〉 PCK 연구가 수행된 국가들

대륙	국가	연구 수	비율	연구
아프리카	레소토	1	8.1	Qhobela and Kolitsoe Moru (2014)
	남아프리카 공화국	6		Davidowitz and Potgieter (2016), Mavhunga (2016), Mavhunga and Rollnick (2016), Moodley and Gaigher (2017), Rollnick (2017), Rollnick, Bennett, Rhemtula, Dharsey, and Ndlovu (2008)
	스와질란드	1		Mthethwa-Kunene, Onwu, and de Villiers (2015)
아시아	캄보디아	2	26.3	Melo-Niño, Cañada, and Mellado (2017a, 2017b)
	중국	2		Chen and Wei (2015), Zhou, Wang, and Zhang (2016)
	홍콩	2		Chan and Yung (2015, 2017)
	이스라엘	1		Cohen and Yarden (2009)
	한국	1		Oh and Kim (2013)
	레바논	1		Salloum and BouJaoude (2008)
	싱가폴	1		Tay and Yeo (2017)
	대만	3		Lin (2016, 2017), Lin and Chiu (2010)
	태국	1		Supprakob, Faikhamta, and Suwanruji (2016)
	튀르키예	12		Adadan and Oner (2014), Akin and Uzuntiryaki-Kondakçı (2018), Aydin and Boz (2013), Aydin, Demirdöğen, Akin, Uzuntiryaki-Kondakçı, and Tarkin (2015), Aydin et al.(2013, 2014), Bektas et al.(2013), Demirdöğen (2016), Demirdöğen, Hanuscin, Uzuntiryaki-Kondakçı, and Köseoğlu (2016), Demirdöğen and Uzuntiryaki-Kondakçı (2016), Kaya (2009), Uzuntiryaki-Kondakçı, Demirdöğen, Akin, Tarkin, and Aydın (2017)
오세아니아	뉴질랜드	1	1.0	Donnelly and Hume (2015)
유럽	핀란드	1	35.4	Käpylä, Heikkinen, and Asunta (2009)
	독일	17		Alonzo et al.(2012), Bindernagel and Eilks (2009), Förtsch et al.(2016), Großschedl, Harms, Kleickmann, and Glowinski (2015), Großschedl,

대륙	국가	연구 수	비율	연구
				Mahler, Kleickmann, and Harms (2014), Jüttner and Neuhaus (2012), Kirschner et al.(2016), Krepf et al.(2017), Mahler et al.(2017), Meschede, Fiebranz, Möller, and Steffensky (2017), Paulick, Großschedl, Harms, and Möller (2016), Rosenkränzer, Hörsch, Schuler, and Riess (2017), Scharfenberg and Bogner (2016), Schmelzing et al.(2013), Sorge et al.(2017), Stender, Brückmann, and Neumann (2017), van Dijk (2009)
	그리스	2		Piliouras, Plakitsi, Seroglou, and Papantoniou (2017), Stasinakis and Athanasiou (2016)
	네덜란드	3		Barendsen and Henze (2017), Henze et al.(2008), Wongsopawiro, Zwart, and van Driel (2017)
	스코틀랜드	1		Findlay and Bryce (2012)
	스웨덴	7		Bergqvist and Chang Rundgren (2017), Bergqvist, Drechsler, and Chang Rundgren (2016), Kellner, Gullberg, Attorps, Thorén, and Tärneberg (2011), Nilsson and Loughran (2012), Nilsson and van Driel (2010), Nilsson and Vikström (2015), Walan, Nilsson, and Ewen (2017)
	영국	1		Kind (2017)
	유럽의 복수 국가	3		Keller et al.(2017), Smit, Rietz, and Kreis (2017), Smit, Weitzel et al.(2017)
북아메리카	미국	27	28.3	Alonzo and Kim (2016), Barnett and Friedrichsen (2015), Boesdorfer and Lorsbach (2014), Brown, Friedrichsen, and Abell (2013), Burton (2013), Diezmann and Watters (2015), Friedrichsen et al.(2009), Gess-Newsome et al.(2017), Hallman-Thrasher, Connor, and Sturgill (2017), Hanuscin (2013), Hanuscin, Lee, and Akerson (2011), Heller et al.(2012), Jin, Shin, Johnson, Kim, and Anderson (2015), Kanter and Konstantopoulos (2010), Lucero, Petrosino, and Delgado (2017), Luft (2009), Luft et al.(2011), Marshall et al.(2016), Monet and Etkina (2008), Park and Chen (2012),

대륙	국가	연구 수	비율	연구
				Park, Jang, Chen, and Jung (2011), Park and Oliver (2008a, 2008b), Park et al.(2017), Roth et al.(2011), Sickel and Friedrichsen (2017), Suh and Park (2017)
	멕시코	1		Alvarado, Cañada, Garritz, and Mellado (2015)
남아메리카	칠레	1	1.0	Bravo and Cofré (2016)

연구 참여자와 표본 크기. PCK 연구의 연구 참여자는 예비교사(예: Kind, 2017), 현직 초임 교사(예: Luft et al., 2011), 5년 이상의 교육경력을 가진 숙련된 교사(예: Chan & Yung, 2015)와 과학자(예: Schmelzing et al., 2013)를 포함한다(부록 참조). 대부분의 연구(73개)[10)]는 현직 교사가 연구 참여자였다. 일부 연구(7개)는 초임 교사와 조금 더 숙련된 교사, 또는 전문가와 교사(예: Krepf, Plöger, Scholl, & Seifert, 2017) 그리고 멘토 교사(예: Nilsson & van Driel, 2010)의 PCK를 조사했다. 또 다른 연구(2개)는 교사의 첫 번째 근무 해와 마지막 근무 해의 PCK를 비교했다(예: Findlay & Bryce, 2012).

[그림 1.2]는 PCK 연구의 표본 크기와 연구에 참여한 교사의 학교급을 나타낸다. 초등교사(23개)보다는 중고등교사(86개)를 대상으로 한 연구가 더 많았다.[11)] 이 중 10개의 연구에서는 초등교사와 중고등교사를 대상으로 하였다. 과목에 따라 나누면, 중고등 화학교사를 대상으로 한 연구(27개)가 가장 많았으며, 중고등 생물교사를 대상으로 한 연구(25개)가 그 뒤를 이었다([그림 1.2]). 검토된 연구의 표본 크기는 1명(예: Barendsen & Henze, 2017)에서부터 631명(Paulick et al., 2016)까지 다양했다(부록 참조). 대부분의 연구(99개 중 73개)는 50명 미만의 교사를 대상으로 하였으며(부록과 [그림 1.2] 참조), 이 중 54개의 연구는 10명 미만의 교사를 대상으로 하였다. 표본 크기가 500보다 큰 연구는 한 개였다.

10) 이중 9개의 연구에는 예비 교사와 현직 교사가 모두 참여했기 때문에 총 연구 수는 99개가 아니라 108개이다.

11) 이중 10개의 연구가 초등 및 중고등교사를 대상으로 하기 때문에 총 연구 수는 109개가 아니라 99개이다.

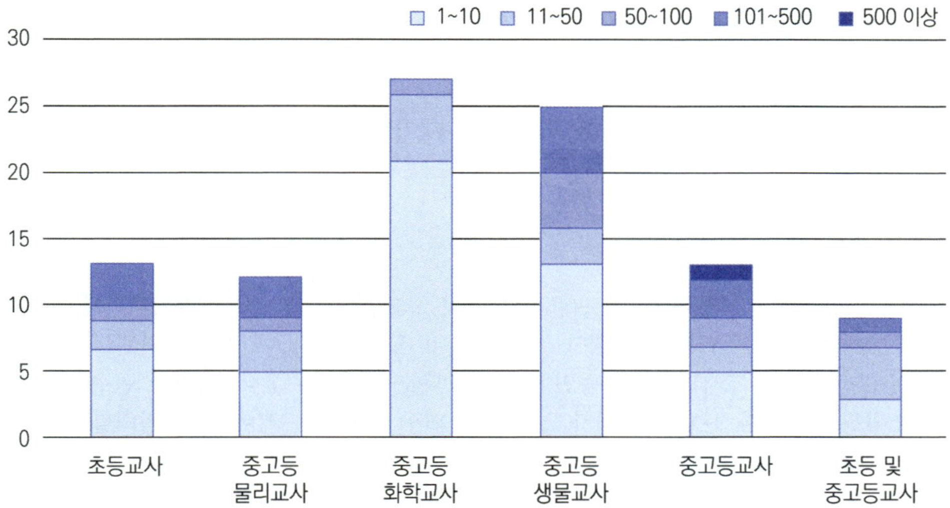

주석

1. 1에서 6학년을 가르치는 교사는 초등교사로 분류했으며, 7에서 12학년을 가르치는 교사는 중고등교사로 분류했다.
   이에 따라 중학교 교사는 '초등 및 중고등 교사'으로 분류했다(부록 참조).
2. 한 교과 이상을 가르치는 교사를 대상으로 한 경우, '과학' 교사로 분류하였다. 중고등교사를 대상으로 한 연구는 과학 교사만을 대상으로 한 연구('과학')와 과학 교사와 과학을 가르치지 않는 교사('과학 및 비과학')를 대상으로 한 연구로 분류했다.

[그림 1.2] PCK 연구의 표본 크기 및 학교급에 따른 교사(N=99)

연구에서 조사된 주제. 일부 연구(예: Friedrichsen et al., 2009)는 같은 주제를 가르치는 각기 다른 교사들의 PCK를 조사했다. 또 다른 연구(예: Aydin, Friedrichsen, Boz, & Hanuscin, 2014)는 여러 주제를 가르치는 한 선생님의 PCK를 조사했다. 그러나 어떤 연구(예: Nilsson & Vikström, 2015)는 다른 주제를 가르치는 각기 다른 교사들의 PCK를 조사하기도 했다. 조사된 주제들은 화학에서의 화학적 평형(예: Mavhunga & Rollnick, 2016), 생물학에서의 광합성(예: Park & Chen, 2012), 물리학에서의 전기(예: Moodley & Gaigher, 2017)와 같이 대체로 도전적이고 어려웠다. 전기 회로는 초등교사의 PCK 연구에서 일반적으로 연구된 주제였다(예: Heller, Daehler, Wong, Shinohara, & Miratrix, 2012). 어떤 연구에서는 주제의 범위가 좁은 것처럼 보였으나(예: 화학에 대한 생각), 어떤 연구에서는 넓은 범위의 주제를 다루기도 했다(예: 유기화학). 또한 일부 주제는 본질적으로, 보다 일반적이었다(예: 과학의 본성, 시스템 사

고). 일부 연구에서는 전문 개발자가 제공한 교육과정 자료에 의해 초점 주제가 정해졌다(예: Kanter & Konstantopoulos, 2010). 전체적으로, '주제'가 어떻게 정의되는지와 초점 교과의 범위가 연구마다 명확하게 달랐다.

〈요약〉

PCK는 지난 10년 동안 전 세계 많은 국가에서 학교급과 교육 경력에 따른 과학교사의 내용 특수적 지식을 이해하기 위한 이론적 틀로 활용되었다. 대부분의 연구는 소규모 표본(50명 미만의 교사)과 재직 중인 중고등교사를 대상으로 했다. 각각의 연구마다 주제의 범위와 수준에 분명한 차이가 있었으며, 연구자마다 '주제'에 대해 정의를 다르게 하는 것으로 나타났다.

2) 주요 연구 분야

〈표 1.6〉은 검토된 과학교과 PCK 연구의 주요 목적과 연구 방법(즉, 질적, 양적, 또는 혼합 연구 방법)을 보여준다. 대부분의 PCK 연구(65개)는 질적 연구 방법을 사용했다. 흥미로운 것은 최근 양적 연구와 혼합 연구 방법이 많이 사용된다는 것인데, 두 연구 방법이 사용된 연구의 약 3분의 2(34개 중 20개)가 2016년 이후에 발표되었다. 또한 이러한 연구의 약 50%는 표본의 크기가 100보다 컸다. 이에, 파악한 주요한 연구 분야들을 이 장에서 검토하고자 한다.

〈표 1.6〉 과학 PCK 연구의 초점과 방법

연구의 초점	연구 수[a]	연구 방법		
		질적 연구	양적 연구	혼합 연구
		65	21	13
과학 교사의 PCK 특성	42	*현직 교사(N=29):* Akin and Uzuntiryaki-Kondakçı (2018), Alonzo and Kim (2016), Alonzo et al.(2012), Alvarado et al.(2015), Aydin and Boz (2013), Aydin et al.(2014), Barendsen and Henze (2017), Bergqvist and Chang Rundgren (2017), Bergqvist et al.(2016), Bindernagel and Eilks (2009), Boesdorfer and Lorsbach (2014), Chen and Wei (2015), Cohen and Yarden (2009), Diezmann and Watters (2015), Hanuscin et al.(2011), Lin (2016), Lin and Chiu (2010), Melo-Niño et al.(2017b), Moodley and Gaigher (2017), Mthethwa-Kunene et al.(2015), Oh and Kim (2013), Park and Chen (2012), Park and Oliver (2008b), Qhobela and Kolitsoe Moru (2014), Salloum and BouJaoude (2008), Supprakob et al.(2016), Tay and Yeo (2017), van Dijk (2009), Walan et al.(2017) *예비 교사(N=4):* Demirdöğen (2016), Kellner et al.(2011), Kind (2017), Zhou et al.(2016) *예비 교사와 현직 교사(N=2):* Friedrichsen et al.(2009), Lin (2017) *예비 교사 교육부터 교직 첫해까지 연구(N=1):* Hallman-Thrasher et al.(2017)	*예비 교사(N=4):* Groβschedl et al.(2014, 2015), Sorge et al.(2017) *현직 교사(N=1):* Stasinakis and Athanasiou (2016)	*예비 교사(N=1):* Kaya (2009) *예비 교사(N=1):* Krepf et al.(2017)

연구의 초점	연구 수[a]	연구 방법		
		질적 연구	양적 연구	혼합 연구
		65	21	13
과학 교사의 PCK 발달	14	*예비 교사(N=5):* Adadan and Oner (2014), Barnett and Friedrichsen (2015), Bektas et al.(2013), Brown et al.(2013), Hanuscin (2013) *현직 교사(N=6):* Chan and Yung (2015, 2017), Henze et al.(2008), Melo-Niño et al.(2017a), Park and Oliver (2008a), Sickel and Friedrichsen (2017) *예비 교사와 현직 교사(N=1):* Nilsson and van Driel (2010) *예비 교사 교육부터 교직 첫해까지 연구(N=1):* Findlay and Bryce (2012)	*예비 교사(N=1):* Sorge et al.(2017)	/
PCK와 다른 변인(예: 내용 지식, 수업의 질)과의 관계	20	*예비 교사(N=2):* Käpylä et al.(2009), Uzuntiryaki-Kondakçı et al.(2017) *현직 교사(N=5):* Lucero et al.(2017), Melo-Niño et al.(2017a), Rollnick (2017), Rollnick et al.(2008), Suh and Park (2017)	*예비 교사(N=2):* Paulick et al.(2016), Smit, Weitzel, et al.(2017) *현직 교사(N=5):* Davidowitz and Potgieter (2016), Förtsch et al.(2016), Kanter and Konstantopoulos (2010), Keller et al.(2017), Mahler et al.(2017), Park et al.(2011), Stender et al.(2017) *예비 교사와 현직 교사(N=1):* Meschede et al.(2017)	*예비 교사(N=2):* Kaya (2009), Mavhunga and Rollnick (2016) *현직 교사(N=1):* Gess-Newsome et al.(2017)
전문성 개발 프로그램/개입 동안 또는 이후 과학 교사의 PCK 변화	23	*예비 교사(N=6):* Aydin et al.(2015), Aydin et al.(2013), Demirdöğen et al.(2016), Demirdöğen and Uzuntiryaki-Kondakçı (2016), Donnelly and Hume (2015), Nilsson and Loughran (2012) *현직 교사(N=4):* Bravo and Cofré (2016), Nilsson and Vikström (2015), Piliouras et al.(2017), Wongsopawiro et al.(2017)	*예비 교사(N=1):* Smit, Rietz, et al.(2017) *현직 교사(N=3):* Heller et al.(2012), Kanter and Konstantopoulos (2010), Roth et al.(2011)	*예비 교사(N=4):* Mavhunga (2016), Mavhunga and Rollnick (2016), Rosenkränzer et al.(2017), Scharfenberg and Bogner (2016) *현직 교사(N=5):* Burton (2013), Gess-Newsome et al.(2017), Luft (2009), Luft et al.(2011), Monet and Etkina (2008)

연구의 초점	연구 수[a]	연구 방법		
		질적 연구	양적 연구	혼합 연구
		65	21	13
PCK 측정 도구의 개발	6	-	*현직 교사(N=2):* Jin et al.(2015), Marshall et al.(2016) *예비 교사와 현직 교사(N=2):* Kirschner et al.(2016), Schmelzing et al.(2013)	현직 교사(N=1): Park et al.(2017) *예비 교사와 현직 교사(N=1):* Jüttner and Neuhaus (2012)

[a] 6개의 연구(Gess-Newsome et al., 2017; Kanter & Konstantopoulos, 2010; Kaya, 2009; Mavhunga & Rollnick, 2016; Melo-Niño et al., 2017a; Sorge et al., 2017)가 하나 이상의 행에 할당되었으므로 이 열의 총 연구 수는 99개가 아니라, 105개다.

첫 번째 분야는 과학교사의 PCK 특성에 초점을 맞춘 연구였는데, 대다수의 연구가 과학교사 PCK 특성에 대한 내용을 포함했다. 대부분이 소규모를 대상으로 한 질적 연구였으며, 대체로 사전에 정해진 PCK 구성 요소와 관련된 교사 PCK의 특성과 요소를 기술했다(예: Bergqvist et al., 2016; Kellner et al., 2011). 일부 연구에서는 전문가와 초임 교사(예: Krepf et al., 2017) 또는 초등교사와 중고등교사(예: Lin, 2017)와 같이 여러 교사 그룹 간의 PCK를 비교함으로써, 그룹별 PCK 특성의 차이를 밝혔다. 또한, 많은 연구자들이 PCK 구성 요소 간의 통합성을 강조했다(예: Aydin & Boz, 2013; Park & Chen, 2012). 또 다른 연구자들은 경험적 발견을 통해 PCK 개념을 개선하거나 PCK의 새로운 측면을 발견하고자 했다. 예를 들어, 알론조[Alonzo]와 김[Kim](2016)은 교실 상황에서 예상치 못한 학생의 생각에 교사들이 어떻게 반응하는지 엄선된 수업 영상을 통해 포착함으로써 교사의 자발적인 교육적 의사결정을 뒷받침하는 보다 역동적이고 유연한 형태의 PCK가 존재함을 주장했다. 이 범주에 포함된 일부 연구는 특정 요인들이 교사 PCK의 특성과 요소에 어떤 영향을 미치는지 탐구했다. 예를 들어, 베르크비스트[Bergqvist]와 창 룬드그렌[Chang Rundgren](2017)은 교과서가 화학교사의 PCK에 미치는 영향을 조사했으며, 프리드리히센[Friedrichsen] 등(2009)은 교사의 PCK에 영향을 미치는 교수 경험의 역할을 탐구했다.

두 번째 분야는 실제적인 환경이나 초임 교사 준비 과정의 맥락에서 과학교사의 PCK 발달을 탐구한 것이다. 위 연구 중 하나를 제외한 나머지는 모두 질적 연구였으며 표본의 수가 적었다(10명보다 적은 수의 교사). 이러한 PCK 연구는 일반적으로 특정 기간 전후에 동일한 도구를 사용하여 측정한 교사의 PCK에 대한 단편을 제공했다. 연구의 기간은 일회적 수업 사례(예: Chan & Yung, 2015)에서 4년 반의 종단 연구(예: Findlay & Bryce, 2012)까지 다양했다. 그중 2년 넘게 진행된 종단 연구는 2개(Findlay & Bryce, 2012; Henze et al., 2008)뿐이었으며, 표본의 수가 많으면서 수년에 걸쳐 진행한 종단 연구는 아직 수행되지 않았다. 조르게Sorge 등(2017)의 연구는 표본 크기가 크면서 양적 연구 방법을 활용한 드문 예인데, 예비교사의 PCK와 경력이 많은 교사의 PCK를 비교하는 횡단 연구법을 수행하여 예비 물리교사의 PCK 개발을 조사하였다.

세 번째 분야는 PCK와 다른 변인과의 관계를 탐구한 것이다: 교사의 인지적 특성(예: 수업 지도안; Stender et al., 2017), 태도와 자아 개념 및 신념과 같은 정서적 특성(Mavhunga & Rollnick, 2016; Paulick et al., 2016; Smit, Weitzel, et al., 2017), 지식(예: 내용 지식; Davidowitz & Potgieter, 2016; Käpylä et al., 2009; Lucero et al., 2017; Rollnick et al., 2008), 수업 실행(예: 혁신적 과학 교수; Park et al., 2011), 인지 활성(Förtsch et al., 2016), 학생 성취(Gess-Newsome et al., 2017; Kanter & Konstantopoulos, 2010; Keller et al., 2017). 이러한 연구는 두 개의 그룹으로 묶일 수 있다. 첫 번째 그룹은 PCK와 (연구자) 관심 변인 사이의 관계를 탐구한 소규모 양적 연구이다. 두 번째 그룹은 많은 교사들의 PCK를 조사하기 위해 표준화된 지필 검사를 사용한 연구이다. 이러한 연구는 PCK와 관심 변인 사이의 관계를 탐색하고 검증하기 위해 이중 잠재 다층 분석(예: Mahler et al., 2017), 다수준 구조 방정식 모형(예: Keller et al., 2017) 및 기타 유사한 분석 방법 등 다양한 통계 분석 방법을 사용했다.

네 번째 분야는 개입에 의한 과학교사 PCK의 변화를 조사한 것이다. 이러한 연구는 수업 방법 강좌 맥락(11개) 또는 재직 중인 교사들을 대상으로 한 전문성 개발 프로그램(13개) 맥락에서 수행되었으며 두 개의 하위 그룹으로 나뉜다. 첫 번째 하위 그룹은 개입 전후에 교사 PCK의 요소 또는 교사 PCK 특성의 질적 변화를 본 것이다. 다른 하위 그룹은 개입의 효과를 조사하기 위해 정량적 방법에 의존했으며 대체로 준실험 설계로 수행하였다(예: Rosenkränzer et al., 2017; Roth et al., 2011).

마지막 연구 분야는 과학교사의 PCK를 측정하기 위한 도구의 개발과 검증을 보고한 것이다. 마샬[Marshall] 등(2016)의 연구를 제외하고 모든 연구가 교사의 PCK 측정을 위한 서면 질문지, 설문지 또는 검사지의 개발을 보고하였다. 마샬[Marshall] 등(2016)은 교사 PCK 측정을 위한 관찰 프로토콜을 개발했다. 이 분야에 속하는 연구는 대개 통계적 분석을 통해 도구를 검증했다. 또한 일부 연구는 정성적 데이터를 사용하여 도구를 검증했다(예: 숙련된 교사들의 사고 구술 인터뷰; Park et al., 2017).

〈요약〉

본 연구에서 검토한 과학교사 PCK 연구들은 5가지 주요 연구 분야로 나뉘었다. 소수의 교사들을 대상으로 하여 PCK의 특성과 요소를 포착하고 묘사하기 위한 소규모의 서술적 연구가 오랫동안 많이 수행되었다. 시간이 지남에 따라 연구의 동향은 서술을 넘어 PCK와 다른 변인 사이의 관계를 탐색하기 위해 더 큰 표본을 사용하는 연구로 넘어가고 있다. 이러한 추세와 함께, 타당하고 신뢰할 수 있는 측정 도구를 만드는 방법을 논의하는 최근의 문헌들이 보여주듯, PCK 측정에 대한 관심이 급증하고 있다. 본 검토를 통해 PCK 관련 연구의 몇 가지 결함을 확인했는데, 3년 이상 장기간의 대규모 표본(50명 이상)을 대상으로 한 확장된 종단 연구가 부족하다는 것이다.

3) PCK의 개념화

검토된 연구는 크게 두 그룹으로 분류될 수 있다(〈표 1.7〉). 첫 번째 그룹(9개; 약 9.1%)은 PCK를 개념화할 때 통합적 입장(integrative stance)을 취했으며(Gess-Newsome, 1999), PCK를 별개의 지식 범주로 생각하지 않았으며, PCK와 관련된 몇몇의 지식 범주를 조사하였다. 두 번째 그룹(88개; 88.9%)은 PCK의 개념화에 변환적 입장(transformative stance)을 취하여 PCK를 별개의 지식 범주로 간주하였다(Gess-Newsome, 1999). 이러한 연구에서 PCK는 대개 다양한 PCK 요소로 구성된 것으로 개념화되었다.

(통합적 입장인) 첫 번째 그룹(〈표 1.7〉) 내의 9개 연구 모두 과학교사의 내용 지식을 조사하였다. 조사된 다른 지식 범주에는 교육학 지식(8개), 맥락에 대한 지식(5개), 학생에 대한 지식(2개) 및 교육과정 지식(1개)이 있었다. CM(Gess-Newsome, 2015)에서 교사의 전문성을 이루는 구성 요소 중 하나인 평가 지식은 어떠한 연구에서도 조사되지 않았다.

변환적 입장을 채택한 88건의 연구 중 약 3분의 1(26개)이 자신의 연구에 적용한 PCK 모델을 특정하지 않았다는 점이 주목할 만하다. 이 중 일부는 연구에서 조사한 PCK 구성 요소에 대한 명확한 정의조차 내리지 않았다. 이 저자들은 대체로 여러 PCK 모델을 참고했고, 이 분야의 연구자들이 공통적으로 합의하는 과학 PCK의 구성 요소를 참조했다고 주장했다. 그리고선 해당 구성 요소를 정의하지 않은 채 구성 요소의 이름을 지었다. 어떤 경우에는, 새로운 용어들을 도입하기도 했다. 예를 들어, 로스Roth 등(2011)은 (1) 일관성 있는 과학 내용 줄거리 구상에 대한 지식과 (2) 학생들의 생각을 이끌어내고, 지지하고, 도전하는 것에 대한 지식이라는 PCK의 두 가지 구성 요소를 도입했다. 이와 유사하게, 로젠크뢴져Rosenkränzer 등(2017)은 PCK 구성 요소로 '교육과정과 교육 목적에 대한 지식'이라는 새로운 용어를 만들었다. 일부 다른 연구자들은 슐만Shulman의 PCK에 대한 본래의 정의를 활용했지만, 새로운 용어들도 도입하였다.

예를 들어, 오Oh와 김Kim(2013)은 '과학적 사고를 단순화하고, 그 사고의 본질적 특징을 왜곡하지 않고 학생들이 쉽게 접근하고 이해할 수 있는 것으로 재구성하는 교육 원리'를 설명하기 위해 '교수적 변환'이라는 용어를 도입하였다(p.1593).

검토된 논문에서 가장 일반적으로 사용된 PCK 모델은 마그누손Magnusson 등(1999)의 변환적 모델과 그것을 변형한(Hanuscin et al., 2011; Park & Chen, 2012; Park & Oliver, 2008a, 2008b; Park et al., 2017) 모델이었다(41개). 이는 아시아(예: Chan & Yung, 2015), 오세아니아(예: Donnely & Hume, 2015), 유럽(예: Sharfenberg & Bogner, 2016), 북미(예: Sickel & Friedrichsen, 2017), 남미(예: Bravo & Fré, 2016) 등 다양한 지역의 과학교육 연구진이 활용했으며, 마분가Mavhunga와 롤닉Rollnick(2013)

이 제안한 PCK 모델은 남아프리카 과학 PCK 연구에서 많이 사용되었다. 테프너Tepner 등(2012)의 모델은 독일의 과학 PCK 연구자들에게 많이 알려졌다. 또한 과학 교과 PCK 학계에서는 수학 교과 PCK 학계의 연구를 상호 참조하기 시작했다. 최근 일부 연구(Diezmann & Waters, 2015; Moodley & Gaigher, 2017)는 수학 교육의 PCK 모델{즉, 힐Hill 등(2008)의 교수 모델을 위한 수학적 지식(MKT)} 개념을 기반으로 수행되었다. 보다 최근 PCK 연구에서는 교사의 전문 지식과 기술을 위한 CM의 사용이 증가하고 있는 추세이다(Gess-Newsome, 2015). 그러나 연구자들은 일반적으로 연구의 이론적 틀을 CM과 연관시키지만, 논문을 자세히 살펴보면 PCK에 대한 합의된 생각이 잘 드러나 있지 않음을 알 수 있다. 예를 들어, 많은 연구자들은 PCK와 CM의 TSPK를 동일시했다. 예를 들어 스미트Smit와 리츠Rietz 등(2017), 스미트Smit와 바이첼Weitzel 등(2017)은 PCK의 요소들이 CM의 두 가지 중요한 구성 요소(즉, TSPK 내의 두 가지 구성 요소)를 지향한다고 주장했다. 마찬가지로, 카인드Kind(2017)는 CM에서 개인적 PCK가 개인적이고 고유한 특성이 있다고 한 것과는 달리, PCK를 맥락이 없고 일반화할 수 있는 TSPK와 내용 지식(CK)의 혼합물로 정의했다.

마그누손Magnusson 등(1999)의 모델은 선행연구 검토를 통해 PCK 구성 요소를 분석하는 데 유용한 틀임이 입증되었다. 이 모델에는 교사의 자기효능감(Park & Oliver, 2008b), 가르치는 과제와 내용(Keller et al., 2017) 및 교과의 어려움에 대한 지식(van Dijk, 2009)과 같은 아주 낮은 빈도로 연구된 PCK 요소들은 포함되어 있지 않다. 그리고 PCK 구성 요소를 설명할 때 용어 및 의미 사용의 차이와 편차가 뚜렷하게 나타났다. 비록 많은 연구자들이 마그누손Magnusson 등(1999)의 모델을 사용했지만, 그들은 다소 다른 아이디어에 대해 같은 용어를 사용하는 경향이 있었고, 이는 원래의 정의를 미묘하게 바꾸었다. 그 대표적인 예가 PCK 구성 요소 중 '교육과정 지식'으로, 마그누손Magnusson 등(1999)은 원래 학습 목표와 교육 자료에 대한 교사의 지식, 특정 주제를 교육하기 위한 일련의 순서(수평적 교육과정) 및 수직적 교육과정 지식으로 구성되었다고 개념화했다.

박Park과 올리버Oliver(2008b)의 펜타곤 모델은 PCK 구성 요소를 교육과정의 핵심(curricular saliency) 개념에 맞추었다(Geddis et al., 1993). 프리드리히센Friedrichsen

등(2009)도 PCK 구성 요소를 정의함에 있어 이와 유사한 연결을 만들었다. 그와 동시에, 다른 연구자들은 때때로 ***같은*** 아이디어를 묘사할 때 서로 ***다른*** 용어를 사용했다. 예를 들어, 마분가[Mavhunga]와 롤닉[Rollnick](2013)은 마그누손[Magnusson] 등(1999) 모델의 '교육과정에 대한 지식'과 연결하지 않고, 그들의 PCK 모델에서 '교육과정의 핵심'이라는 용어를 사용했다.

〈표 1.7〉과 같이 두 번째 그룹의 거의 모든 연구(88개 연구 중 86개)는 PCK 요소 중 학생의 과학 이해에 대한 지식을 조사하였다. 대부분의 연구(86개 중 80개)는 과학 교사의 수업 전략과 표상에 대한 지식을 연구했다. 이것들은 가장 흔하게 합의된 두 개의 PCK 구성 요소인 것으로 보인다. 선행연구의 약 3분의 1(88개 중 30개)은 연구의 한 부분에 교사의 과학 교수의 지향과 같은 정의적 속성을 포함했다. 이 중 대부분의 연구는 마그누손[Magnusson] 등(1999)에 의해 고안된 원래의 PCK 모델 또는 그 변형을 이론적 중추로 사용했다. 또한 이 모델을 사용한 연구 중 거의 절반(31개 중 13개)이 교사의 지향과 같은 요소를 무시했다는 점도 주목할 필요가 있다. 대부분의 연구(58개)는 PCK의 일부로 정의적 속성을 포함하지 않았다.

〈표 1.7〉 PCK의 개념화

통합적 입장: *대략 10개 중 1개의 연구에서, PCK는 개별적으로 존재하는 지식이 아닌 다양한 지식 범주의 통합으로 개념화된다.*

저자	모델	N	CK	PK	CxK	KS	CuK
Krepf et al.(2017)	Shulman (1986)	1	X	X			
Findlay and Bryce (2012)	Grossman (1990)	1	X	X	X		X
Kind (2017)	Gess-Newsome (2015)	1	X	X			
Piliouras et al.(2017)	특정하지 않음	1	X	X			
Qhobela and Kolitsoe Moru (2014)		1	X		X		
Gess-Newsome et al.(2017), Stasinakis and Athanasiou (2016)		2	X	X	X		
Mthethwa-Kunene et al.(2015)		1	X	X		X	
Tay and Yeo (2017)	Cochran, DeRuiter, and King (1993)	1	X	X	X	X	
	합계	9	9	8	5	2	1

***변환적 입장:** 대부분의 연구에서, PCK는 개별적으로 존재하는 지식으로 개념화된다.*

저자	모델	N	KSU	KISR	KA	KC	OTS	기타
Lucero et al.(2017), Zhou et al.(2016)	Shulman (1986)	2	X					
Oh and Kim (2013)		1		X				
Alonzo and Kim (2016)		1	X	X				
Großschedl et al.(2015)	Tamir (1988)	1	X	X	X	X		
van Dijk (2009)	van Dijk and Kattmann (2007)	1	X	X				X
Moodley and Gaigher (2017)	Hill, Ball, and Schilling (2008)	1	X	X				
Diezmann and Watters (2015)		1	X	X		X		
Jüttner and Neuhaus (2012)	Tepner et al.(2012)	1	X					
Förtsch et al.(2016), Kirschner et al.(2016)		2	X	X				
Rollnick et al.(2008)	Rollnick et al.(2008)	1		X	X	X		
Davidowitz and Potgieter (2016), Mavhunga (2016), Mavhunga and Rollnick (2016)	Mavhunga and Rollnick (2013)	3	X	X		X		
Mahler et al.(2017)	Magnusson et al.(1999)	1	X	X				
Brown et al.(2013), Scharfenberg and Bogner (2016)		2	X	X			X	
Aydin et al.(2013), Barendsen and Henze (2017), Boesdorfer and Lorsbach (2014), Bravo and Cofré (2016), Chan and Yung (2015, 2017), Chen and Wei (2015), Donnelly and Hume (2015), Henze et al.(2008), Kanter and Konstantopoulos (2010), Kaya (2009), Melo-Niño et al.(2017a)		12	X	X	X	X		
Bektas et al.(2013), Käpylä et al.(2009)		2	X	X	X		X	
Adadan and Oner (2014), Alvarado et al.(2015), Aydin et al.(2014), Barnett and Friedrichsen (2015), Cohen and Yarden (2009), Demirdöğen (2016),		14	X	X	X	X	X	

변환적 입장: 대부분의 연구에서, PCK는 개별적으로 존재하는 지식으로 개념화된다.								
저자	모델	N	KSU	KISR	KA	KC	OTS	기타
Demirdöğen et al.(2016), Demirdöğen and Uzuntiryaki-Kondakçı (2016), Friedrichsen et al.(2009), Hanuscin (2013), Hanuscin et al.(2011), Melo-Niño et al.(2017b), Sickel and Friedrichsen (2017), Wongsopawiro et al.(2017)								
Supprakob et al.(2016)	Hanuscin et al.(2011)	1	X	X	X	X	X	
Park et al.(2017)	Park and Oliver (2008a)	1	X	X			X	
Akin and Uzuntiryaki-Kondakçı (2018), Aydin and Boz (2013), Aydin et al.(2015), Park and Chen (2012), Park et al.(2011), Park and Oliver (2008a)		6	X	X	X	X	X	
Park and Oliver (2008b)	Park and Oliver (2008b)	1	X	X	X	X	X	X
Suh and Park (2017)	Park and Chen (2012)	1	X	X	X	X	X	
Bergqvist et al.(2016), Smit, Rietz, et al.(2017), Smit, Weitzel, et al.(2017)	Gess-Newsome (2015)	3	X	X				
Rollnick (2017), Sorge et al.(2017), Stender et al.(2017)		3	X	X	X	X		
Kellner et al.(2011), Lin (2016, 2017), Lin and Chiu (2010)	특정하지 않음	4	X					
Alonzo et al.(2012), Bergqvist and Chang Rundgren (2017), Großschedl et al.(2014), Heller et al.(2012), Jin et al.(2015), Luft (2009), Luft et al.(2011), Mahler et al.(2017), Meschede et al.(2017), Nilsson and van Driel (2010), Paulick et al.(2016), Roth et al.(2011), Salloum and BouJaoude (2008), Schmelzing et		14	X	X				

변환적 입장: 대부분의 연구에서, PCK는 개별적으로 존재하는 지식으로 개념화된다.								
저자	모델	N	KSU	KISR	KA	KC	OTS	기타
al.(2013)								
Bindernagel and Eilks (2009), Monet and Etkina (2008), Nilsson and Vikström (2015), Rosenkränzer et al.(2017), Walan et al.(2017)		5	X	X		X		
Keller et al.(2017)		1	X			X		X
Nilsson and Loughran (2012)		1	X	X	X	X	X	
Hallman-Thrasher et al.(2017)		1	X	X		X	X	
	합계	88	86	80	43	52	30	3

주석

1. CK 내용 지식; PK 교수학적 지식; CxK 맥락에 대한 지식; CuK 교육과정 지식; KS 학생에 대한 지식; KSU 학생의 이해에 대한 지식; KISR 수업 전략과 표상에 대한 지식; KA 평가에 대한 지식; KC 교육과정에 대한 지식(〈표 1.3〉 참고); OTS 과학 교수 지향
2. 2개의 논문(Burton, 2013; Marshall et al., 2016)에서 조사한 PCK 구성 요소는 위 분석적 틀로 분류되지 않았으므로 해당 연구들은 표에서 제외되었다.

분석 과정에서, PCK 요소 중 두 개 이상의 요소 사이의 연관성을 탐구하는 연구가 점점 더 많아지는 것을 알 수 있었다. 최근, 박[Park]과 그녀의 동료들은(Park & Chen, 2012; Suh & Park, 2017) PCK 구성 요소 간의 통합을 탐구하기 위해 PCK 매핑 접근법(이 책의 9장 참조)을 개발하였다. 이에 많은 연구에서 교사의 PCK 프로파일(profile)을 조사하기 위해 이 접근법을 채택했다(Aydin & Boz, 2013; Aydin et al., 2015). PCK 구성 요소 간의 통합에 대한 이러한 관점은 PCK가 별개의 요소로 구성되어 있지만 실제 문제 해결을 위해 적용될 때 PCK가 요소가 함께 혼합되고 시너지를 발휘하며 기능한다는 합의된 관점을 강화한다(Abell, 2008).

〈요약〉

과학교사의 PCK에 대한 선행연구 검토를 통해, 연구자들이 PCK를 어떻게 개념화했는지에 대한 몇 가지 일반적인 견해를 확인할 수 있다. (1) 대부분의 연구자들은 PCK를 다양한 요소로 구성된 지식의 개별적 범주로 보았다; (2) 가장 일반적으로 합의되었고 연구된 두 가지 PCK 구성 요소는 학생의 과학 이해에 대한 지식과 슐만Shulman의 원래 제안과 일치하는 수업 전략과 표상에 대한 지식이었다; (3) 마그누손Magnusson 등(1999)의 모델을 활용한 연구를 제외하고, 대부분의 연구는 교사의 정의적 속성을 PCK의 일부로 고려하지 않았다. (4) PCK 구성 요소 간 통합의 중요성에 대한 합의가 어느 정도 이루어졌다.

합의된 영역과 별개로, 선행연구 검토는 과학 PCK 연구의 문제점들을 돋보이게 하기도 했다. 첫째, 많은 수의 연구자가 연구에서 조사한 PCK 구성 요소를 명시적으로 정의하지 않았다. 둘째, PCK 구성 요소에 대한 공유된 용어가 부족하며 용어를 일관성 없이 사용하는 것이 두드러졌다. 셋째, CM에 대한 연결은 실제적이라기보다는 표면적인 것에 불과했으며, 이는 현재의 연구 분야에서 CM과의 통합이 필요함을 나타낸다.

4) PCK를 조사하기 위해 사용된 자료의 유형

검토된 연구에서 과학교사의 PCK를 조사하기 위해 사용된 자료 유형은 크게 4가지로 나뉜다. (1) 지필 검사지, 질문지 및 설문조사, (2) 인터뷰, (3) 수업 관련 자료(산출물), 그리고 (4) 수업 관찰. PCK 연구에 사용된 자료 유형은 〈표 1.8〉에 나타내었다. 약 37.4%(37개)의 연구는 하나의 자료만을 사용했으며, 연구의 절반 정도는(43개; 43.3%) 교사의 PCK를 조사하기 위해 3개 이상의 자료를 사용했다. 다음은 각 연구에서 자료가 어떻게 사용되었는지 그 예를 나타낸 것이다.

(1) ***지필 검사지/질문지/설문조사.*** 지필 검사는 다양한 형태로 수행되었다. 예를 들어, 교사들은 특정 과학 주제를 가르치는 것에 대한 서술로 구성된 검사지에 자신이 동의하는 정도를 체크하였다(Stasinakis & Athanasou, 2016); 일부는 선다형

질문(MC)에 대해 하나의 답을 선택하는 것이었으며(예: Stender et al., 2017); 일부는 진위형, 선다형, 선택형 및 개방형(단답형 또는 서술형)(예: Sorge et al., 2017)과 시나리오 기반 교육적 비네트에 개방형 서술을 하는 항목(예: Kind, 2017)이 포함되었다. 또한 특정 과학 내용을 학습하는 데 있어 학생들이 어떤 어려움을 겪을지 예측하는 설문 조사도 있었다(예: Zhou et al., 2016). 이러한 검사지, 설문지 및 질문지는 웹 기반 플랫폼(예: Lin, 2017) 또는 지필 검사로(시간 제한을 둠)(예: Sorge 등, 2017) 수행되었다.

(2) ***인터뷰.*** 인터뷰는 종종 반구조화된 형식으로 이루어졌고 개별 교사를 대상으로 수행되었다. 대부분의 연구자들은 PCK 모델의 구성 요소(예: Henze et al., 2008) 또는 내용 표상(CoRe)의 질문 프롬프트(예: Walan et al., 2017)를 중심으로 인터뷰 프로토콜을 설계했다. 또한 인터뷰에서 교사들은 자신이 수행한 특정 과학 수업에 대한 질문에 답하거나(예: Chan & Yung, 2017), 자신이 수행한 '최고의' 과학 수업에 대해 말하였다(예: Luft et al., 2011). 이러한 인터뷰의 대안으로서 초점 집단(focus group) 인터뷰(예: Donnely & Hume, 2015)를 하거나 교사 인터뷰에 교생과 같은 초심자를 참여시키기도 했다(예: Bindernagel & Eilks, 2009). 일부 연구에서는 멘토 교사(예: Hallman-Thrasher et al., 2017) 또는 연구 참여자 교사(예: Diezmann & Watters, 2015)가 가르친 학생을 대상으로 인터뷰하기도 했다.

(3) ***수업 관련 자료.*** 자료들은 다양한 수업 단계에서 얻었는데, 사전 활동 단계에서는 수업 계획서(예: Bergqvist et al., 2016), 상호작용 단계에서는 수업 영상(예: Chan & Yung, 2015), 사후 활동 단계에서는 학생의 작업물 및 수업에 대한 교사의 성찰지(예: Park & Oliver, 2008a)와 같은 자료를 수집했다.

(4) ***수업 관찰.*** 연구자들은 교사의 수업을 실시간으로 관찰하였으며, 대개 분석을 위해 비디오로 녹화하였다(예: Chan & Yung, 2017).

(5) ***기타 자료.*** 기타 자료에는 멘토와 멘티가 나눈 대화 녹취록(Barnett & Friedrichsen, 2015), 수업 활동의 음성 녹취록과 수업 관련 자료들(Mavhunga & Rollnick, 2016), 연구자의 성찰일지(Park & Oliver, 2008b), 교생의 성찰지(Demirdögen et

al., 2016), 교사의 프로젝트 보고서(Rollnick, 2017), 학생들의 질문지에 대한 응답(Walan et al., 2017), 교사 가이드(Chen & Wei, 2015), 교사 워크숍 토론(Cohen & Yarden, 2009) 및 교과서(Melo-Nino et al., 2017b)가 포함되었다. 이러한 자료들의 목적은 대개 맥락에 대한 추가적인 정보 제공 또는 삼각 검증을 위한 것이었다. 그러나 대부분의 연구자들은 과학교사의 PCK를 이해하기 위해 얻은 자료를 사용한 방법과 분석한 방법을 명백하게 밝히지 않았다.

〈표 1.8〉 과학 교사의 PCK를 조사하기 위해 사용된 다양한 자료의 유형

연구	N	자료 유형				
		지필 검사지/질문지/설문조사	수업 관련 자료	인터뷰	수업 관찰	기타 자료
한 가지 유형의 자료원 (N=37)						
Davidowitz and Potgieter (2016), Förtsch et al.(2016), Großschedl et al.(2015), Großschedl et al.(2014), Heller et al.(2012), Jin et al.(2015), Jüttner and Neuhaus(2012), Keller et al.(2017), Kind (2017), Kirschner et al.(2016), Lin (2016, 2017), Mahler et al.(2017), Meschede et al.(2017), Monet and Etkina (2008), Park et al.(2017), Paulick et al.(2016), Rosenkränzer et al.(2017), Scharfenberg and Bogner (2016), Schmelzing et al.(2013), Smit, Rietz, et al.(2017), Smit, Weitzel, et al.(2017), Sorge et al.(2017), Stasinakis and Athanasiou (2016), Stender et al.(2017)	25	X				
Bindernagel and Eilks (2009), Findlay and Bryce (2012), Hallman-Thrasher et al.(2017), Henze et al.(2008), Kaya (2009), Luft (2009), Luft et al.(2011), Salloum and BouJaoude (2008)	8			X		
Alonzo et al.(2012), Marshall et al.(2016), Oh and Kim (2013), Tay and Yeo (2017)	4				X	

연구	N	자료 유형				
		지필 검사지/질문지/설문조사	수업 관련 자료	인터뷰	수업 관찰	기타 자료
두 가지 유형의 자료원 (N=19)						
Kanter and Konstantopoulos (2010)	1	X	X			
Qhobela and Kolitsoe Moru (2014), Zhou et al.(2016)	2	X		X		
Adadan and Oner (2014), Alonzo and Kim (2016), Alvarado et al.(2015), Aydin et al.(2015), Demirdöğen (2016), Friedrichsen et al.(2009), Krepf et al.(2017), Lin and Chiu (2010), Moodley and Gaigher (2017), van Dijk (2009)	10		X	X		
Akin and Uzuntiryaki-Kondakçı (2018), Aydin and Boz (2013), Aydin et al.(2014), Barendsen and Henze (2017), Park et al.(2011)	5			X	X	
Piliouras et al.(2017)	1				X	X
세 가지 유형 이상의 자료원 (N=43)						
Käpylä et al.(2009), Kellner et al.(2011), Melo-Niño et al.(2017a)	3	X	X	X		
Mavhunga (2016), Mavhunga and Rollnick (2016)	2	X	X			X
Boesdorfer and Lorsbach (2014), Bravo and Cofré (2016), Brown et al.(2013), Chan and Yung (2015, 2017), Diezmann and Watters (2015), Gess-Newsome et al.(2017), Lucero et al.(2017), Nilsson and Vikström (2015), Park and Chen (2012), Rollnick et al.(2008), Sickel and Friedrichsen (2017), Suh and Park (2017), Supprakob et al.(2016), Uzuntiryaki-Kondakçı et al.(2017)	15		X	X	X	
Barnett and Friedrichsen (2015), Bergqvist and Chang Rundgren (2017), Bergqvist et al.(2016), Donnelly and Hume (2015), Hanuscin (2013), Walan et al.(2017), Wongsopawiro et al.(2017)	7		X	X		X

연구	N	자료 유형				
		지필 검사지/질문지/설문조사	수업 관련 자료	인터뷰	수업 관찰	기타 자료
Roth et al.(2011)	1	X	X		X	
Chen and Wei (2015)	1			X	X	X
Aydin et al.(2013), Cohen and Yarden (2009), Demirdöğen et al.(2016), Demirdöğen and Uzuntiryaki-Kondakçı (2016), Melo-Niño et al.(2017b), Nilsson and Loughran (2012)	6	X	X	X		X
Hanuscin et al.(2011), Nilsson and van Driel (2010), Park and Oliver (2008a, 2008b), Rollnick (2017)	5		X	X	X	X
Bektas et al.(2013), Burton (2013), Mthethwa-Kunene et al.(2015)	3	X	X	X	X	X

주석

1. 만약 CoRe를 면담 질문 구성을 위한 탬플릿으로만 사용하고 연구에서 교사로부터 CoRe 단원/수업 계획서를 수집하지 않았다면, 수업 관련 자료로 할당하지 않았다(예: Akin and Uzuntiryaki-Kondakcı, 2018).
2. 교사의 과학 교수 지향을 탐색하고자 특별히 사용된 자료원은 위 표에 포함하지 않았다. 예를 들어, 드미르되겐Demirdöğen(2016)은 교사의 과학 교수 지향을 알아보기 위해 질문지를 작성하도록 하였다. 또한 아이딘Aydin, 보즈Boz(2013)와 아이딘Aydin 등(2014)은 교사의 과학 교수 지향을 알아보기 위해 카드 정렬 과제를 제시하였다.
3. 만약 자료가 수집만 되고 분석되지 않은 경우, 위 표에서 집계하지 않았다. 예를 들어, 오Oh 와 김Kim(2013)은 인터뷰를 수행했음을 언급하였으나, 해당 연구에서 인터뷰 녹취록이 분석되지 않았음을 명시했다.
4. PCK 측정 도구 개발과 관련된 연구들은 개발된 최종 도구를 자료원으로 간주했다. 즉, 도구를 타당화하는 과정에서 이루어진 면담(예: Park et al., 2017)이나 수집된 학생 작업물(Jüttner & Neuhaus, 2012)은 위 표에서 집계하지 않았다.
5. 영상 녹화한 수업을 분석한 연구는 '수업 관찰'에 할당하였다. 만약 영상을 추후에 편집하여 사용한 경우(예: 회상 자극을 위해; Chan & Yung, 2015)에는 '수업 관련 자료'에 할당하였다.

〈요약〉

과학교사의 PCK를 파악하기 위해 사용한 자료는 크게 4가지로 나뉜다. 중요한 것은, 다수의 연구(37개; 33.4%)가 교사의 PCK를 조사하기 위해 한 가지 유형의 자료만 사용했다는 것인데, 이는 교사 PCK의 제한된 측면만을 제공한다. 또 다른 문제점은 연구자들이 연구 방법을 설명할 때 다양한 자료를 활용했음을 밝혔지만(예: 수업 관련 자료, 연구자 성찰일지) 교사의 PCK를 파악하는 데 연구 자료가 각각 어떻게 사용되었는지 거의 밝히지 않았다는 것이다. 연구 자료가 맥락적 정보를 제공하기 위해 수집된 것인지, 아니면 교사의 PCK를 파악하기 위한 삼각 검증을 목적으로 수집되었는지 논문에서 명백하게 설명되지 않았다.

5) 과학교사의 PCK를 측정하기 위해 활용한 접근법

선행연구에서 PCK를 측정하는데 활용한 접근법은 크게 두 가지로 나뉜다. 교사의 PCK를 파악하는 데 *자기보고*를 활용하는 첫 번째 접근법은 교사의 수업 *수행*을 통해 PCK를 파악하는 두 번째 접근법에 비해 정확성이 떨어지고 실제 교수 맥락과 거리가 먼 것으로 여겨진다. 두 접근법은 조사하는 PCK의 형태도 다르다. {즉, 교사가 알고 있는 것, 교사가 하는 일, 그리고 교사의 판단과 행동에 대한 이유([그림 1.1] 참조)}

〈표 1.9〉는 검토된 각 연구에서 사용한 접근법을 보여준다. 연구의 약 절반(48개)이 교사의 PCK를 측정하기 위해 자기보고 접근법을 채택했지만, 약 3분의 2(64개)[12]는 교사의 PCK를 수업 수행에 따라 측정했음을 알 수 있다.

접근법 1 : 자기 보고법을 활용한 세 가지 하위 그룹 (1) PCK 검사지, (2) 질문지, 설문지 및 인터뷰, (3) 실제 수업에 대한 자기 보고 등. 다음은 PCK가 어떻게 측정되었는지 대표적인 PCK 연구 사례를 통해 간략하게 설명한 것이다.

(1) *PCK **검사지.*** 교사들은 '검사'에 응하였으며, 연구자들은 '정답'을 갖고 그들의 응답을 평가하였다. 연구자 또는 전문가(예: Rosenkänzer et al., 2017; Smit, Rietz, etz et al., 2017)에 의해 선정된 '정답'을 기준으로 교사의 응답은 이분법 점수(0점

12) 일부 연구에서는 두 가지 접근법을 모두 사용했기 때문에 총 연구 수는 99개가 아니다.

또는 1점) 또는 다분법 점수(0점, '부분 정답'에 대해 1점, '정답'에 대해 2점)로 평가되었다. 다른 방법으로는 교사의 응답을 학생의 응답(예: 교사가 예측한 학생의 오개념과 학생 인터뷰 또는 시험을 통해 얻은 학생의 실제 오개념이 일치하는지 여부)과 비교하거나 학생의 오개념 또는 학습 과정에서 겪는 어려움에 대한 기존 문헌을 참고하여 평가하였다(예: Schmelzing et al., 2013).

(2) ***질문지/설문지/인터뷰.*** 대부분의 연구에서는 교사의 PCK를 끌어내기 위해 개방형 질문으로 구성된 지필 형식의 검사(예: Kellner et al., 2011) 또는 구두 인터뷰(예: Salloum & BouJaoude, 2008)를 주로 활용하였다. 이어 교사의 응답은 PCK의 내용과 특성을 밝히기 위해 분석되었다. 일부 연구에서는 사전에 수집된 자료를 통해 선정된 PCK 요소 또는 범주를 기준으로 교사의 응답을 분류한 후 그 응답의 빈도를 기록하여 질적 자료를 정량화하였다(Sharfenberg & Bogner, 2016). 일부 연구에서는 드물게, 질문지를 통해 교사의 자기 인식이 도출되기도 했다. 예를 들어 닐슨[Nilsson]과 라우란[Loughran](2012)은 교생들에게 특정 과학 주제 교육에 대해 생각하게 하고 CoRe 프롬프트가 얼마나 중요하다고 생각하는지와, CoRe 프롬프트를 사용하는 것에 얼마나 자신감이 있는지를 질문하여 PCK 구성 요소에 대한 자신의 개발 정도를 자기 평가하도록 했다.

(3) ***실제 수업에 대한 자기 보고.*** 연구자들은 교사들은 인터뷰나 지필로 자신의 실제 수업에 관해 설명하도록 요청하였다. 예를 들어, 헨체[Henze] 등(2008)은 숙련된 과학교사들에게 '태양계와 우주'라는 주제를 어떻게 가르칠 것인지 설명하도록 했다. 그런 다음 미리 결정된 PCK 구성 요소로 인터뷰 전사록을 분석하였다. 드물게는, 특정 주제를 가르치는 서술문을 교사에게 제공한 뒤 그것에 대해 자신이 얼마나 동의하는지 스스로 평가하도록 요청하는 방법도 있었다. 예를 들어 스타시나키스[Stasinakis]와 아타나시우[Athanasiou](2016)의 연구에서 181명의 그리스 생물 교사들에게 진화라는 주제를 어떻게 가르쳤는지를 Likert 응답 척도로 구성된 자기 보고 질문지에 응답하도록 요청했다.

접근법 2 : 수업 수행 접근법을 사용한 64개의 연구 중, 6개는 수업 관련 자료/교사 행동*만*을 평가했지만, 60개는 과학교사의 교수적 결정도 평가했다;[13] 27개의 연구는 모의 수업 과제를 사용했고, 37개는 교사의 실제 교수 수행을 연구했다.[14] 다음은 선행 연구에서 PCK가 어떻게 측정되었는지 간략하게 검토한 것이다.

(1) 수업 관련 자료/교사 행동만을 평가한 연구

어떤 연구도 계획(즉, 수업 계획)과 관련된 교수 자료만 조사하진 않았다. 이 그룹의 모든 연구는 *교사의 행동도* 조사했다. 일반적으로 연구자들은 관찰 프로토콜(예: Marshall et al., 2016) 또는 지도안(예: Oh & Kim, 2013)을 통해 교사의 교수 행위를 분석하였다.

(2) 교사의 교수적 결정과 추론도 평가한 연구

(a) 모의 수업 과제 활용

대부분의 연구(18개 연구)는 수업 계획 단계를 대상으로 하였으며, 오직 4개만이 수업의 실행 단계와 관련된 PCK를 조사하였다. 다음은 몇 가지 사례다.

사전 활동 단계:

(i) *수업 준비 과제* (예: Bergqvist & Chang Rundgren, 2017; Bergqvist et al., 2016; Friedrichsen et al., 2009; Käpylä et al., 2009; Kellner et al., 2011). 이 방법을 사용한 연구에서는 교사들에게 과학 수업 계획을 완성하도록 요청한 후, 그들이 그러한 결정을 내린 근거를 묻는 인터뷰도 했다. 또는 교사들에게 수업/단원 계획을 나타내기 위한 수단으로 내용 표상(CoRe; CoRe에 대한 전체 설명은 Loughran et al., 2004 참조)을 작성하도록 요청하기도 했다(예: Adadan & Oner, 2014; Aydin et al., 2013). 그런 다음 교사의 PCK를 밝히기 위해 수업 계획/CoRe 및 인터뷰 내용을 분석했다.

13) 두 연구에서 과제를 따로 평가(한 과제에서 수업 관련 자료/행동을 평가하고, 다른 과제에선 교사의 결정과 추론을 평가)했기 때문에 총 연구 수는 64개가 아니다.

14) 4개의 연구에서 모의 수업 과제와 현장에서의 실제 교수 수행을 모두 조사했기 때문에 총 연구 수는 60개가 아니다.

상호작용 단계:

(ii) *(다른 교사의 수업) 영상 분석 과제.* 로스Roth 등(2011)은 교사들에게 그들이 알지 못하는 초등교사들의 과학 수업 영상을 분석하고 영상에 사용된 전략을 찾도록 요청하였다. 크레프Krepf 등(2017)은 문제가 있는 수업 영상 사례를 분석하는 데 초임 교사와 숙련된 교사 모두를 참여시켰다. 연구자들이 사용한 영상의 길이는 연구마다 다양했는데, 짧은 것은 1-5분 미만부터(Alonzo & Kim, 2016) 긴 것은 수업의 한 부분을 편집한 것(예: 15분)까지 다양했다(Krepf et al., 2017). 수업 영상에 대한 교사들의 의견은 PCK를 밝히기 위해 추가로 분석되었다.

사후 활동 단계:

(iii) *연구자가 만든 PCK 탐색 도구와 관련된 과제.* 코헨Cohen 과 야든Yarden(2009)은 마그누손Magnusson 등(1999)의 모델을 기반으로 교사의 PCK를 탐색하기 위한 도구를 설계하였다. 교사들은 교육과정에서 '세포'라는 주제를 어떻게 가르쳐야 하는지 나타내는 삽화에 코멘트를 달았다. 그 삽화는 과학 교육과정에 대한 교사들의 지식을 끌어내는 역할을 했다. 또한 연구자는 연구에 참여한 교사들의 평가에 대한 지식을 도출하기 위해 여러 학년 수준의 평가를 위한 질문을 분류하고 부적절한 질문을 식별하도록 요청했다. 이러한 과제에 대한 교사들의 응답은 그들의 PCK를 밝혀내는 데 활용되었다.

(iv) *학생의 수행을 예측하는 과제.* 루체로Lucero 등(2017)은 연구에 참여한 생물학 교사들의 학생에 대한 지식을 조사하기 위해 특정 선다형 문항에 대한 학생의 선택을 예측하도록 요청했다. 연구자는 교사들의 예측과 학생의 실제 수행을 비교하여 교사의 PCK를 평가하였다.

전체 수업 과정:

(v) *동료 교수.* 롤닉Rollnick(2017)은 강좌의 초반부에 진행된 수업 계획과 녹취된 동료 교수에 근거하여 참여자들의 PCK를 분석하였다.

(b) 교실 실제 수업 조사

(i) *수업 계획 인터뷰.* 찬[Chan]과 융[Yung](2015)은 반구조화된 인터뷰를 사용하여 교사들의 실제 생물 수업에 대한 교수 계획을 조사했다. 그리고 교사의 PCK를 밝혀내기 위하여 인터뷰 녹취록을 질적으로 분석하였다.

(ii) *CoRe를 도구로 사용.* 왈란[Walan] 등(2017)은 교사들에게 실제 수업 계획을 나타내기 위해 CoRe를 작성하도록 요청했고, 교사들이 왜 그런 계획을 세웠는지 이해하기 위해 반구조화된 인터뷰를 실시했다. CoRe와 인터뷰 녹취록은 교사의 PCK 밝혀내기 위해 사용됐다.

(iii) *수업 계획 대화 분석.* 예를 들어 바넷[Barnett]과 프리드리히센[Friedrichsen](2015)은 PCK 분석을 위해 수업의 계획 및 성찰 과정에서 교생과 그의 멘토 교사 사이에 이루어진 대화를 포착했는데, 이는 교실에서의 간단한 토의에서부터 지속적으로 이루어진 토의까지를 포함했다.

상호작용 단계:

(iv) *상호작용 영상 과제.* 알론조[Alonzo]와 김[Kim](2016)은 물리 교사들에게 자신의 수업 영상 중 학생들의 예상치 못한 생각을 포착할 수 있는 짧은 부분에 대해 코멘트할 것을 요청하여 그들의 추론을 도출했다. 인터뷰 상황에서 교사들은 그 시점에서의 교수적 결정에 대해 즉각적으로 생각하여 답변했다.

사후 활동 단계:

(v) *수업 영상 지필 분석 과제.* 칸터[Kanter]와 콘스탄토풀로스[Constantopoulos](2010)는 교사들에게 수업 시간에 학생들이 말하고, 행동하고, 작성한 것, 그리고 과학 개념에 대한 학생들의 생각 및 후속 반응을 에피소드로 작성함으로써 자신의 수업 영상을 분석할 것을 요청했다. 이후 교사가 작성한 지필 검사지는 그들의 PCK 수준을 결정하기 위한 루브릭으로 평가되었다.

(vi) *수업 영상을 활용한 회상 자극 인터뷰.* 브라운[Brown] 등(2013), 찬[Chan]과 융[Yung](2015)과 같은 연구자들은 수업 영상 중 한 부분을 신중하게 발췌하여 인터뷰를 통해 교사들의 기억을 자극하고 생물 수업에서 그들의 교수 행동의 기초

가 되었던 교수적 추론 또는 결정에 대해 조사하였다. 닐슨Nilsson과 반 드리엘van Driel(2010)은 영상을 활용한 회상 자극 인터뷰의 대안적인 접근법을 제시했는데, 이를 '결정적 장면 접근법'이라고 불렀다. 이들은 참여 교사들에게 수업 영상에서 '특별한 장면'이 발견되면 해당 동영상을 일시 중지하고 교사에게 그들의 교수 행동을 성찰하도록 하였으며, 교사들의 응답에 내재된 PCK를 심층적으로 분석하였다.

(vii) *수업에 대한 성찰 작성* (예: 성찰지). 몇몇 연구자들은 과학교사들이 자신의 수업에 대해 성찰한 것에 내재된 지식을 분석하였다(예: Park & Oliver, 2008a; Wongsopawiro et al., 2017).

연구자들이 교사의 PCK를 측정하기 위해 사용한 매우 다양한 방법과 그와 관련되어 나타나는 몇 가지 이슈들은 추가적인 논의를 불러일으킨다.

첫째, 연구 결과를 해석할 때 연구에서 교사의 PCK를 측정하기 위해 어떤 접근법을 택했는지 고려하는 것이 중요하다. 왜냐하면 각각의 연구에서 탐구하는 PCK의 *유형*은 어떤 접근법을 취했는지에 따라 달라지기 때문이다. 슐만Shulman(2015)은 최근 이 분야의 연구자들에게 PCK가 본질적으로 명제적일 *뿐만 아니라* 전략적 지식(즉, 지식이 *언제, 어디서, 어떻게* 적용되는지에 대한 지식)의 한 유형임을 상기시켰다. 그는 또한 PCK가 '교사들이 머릿속에 품고 있는 '무언가'로 이해되는 것이 아니라 특정 상황에서 특정 학습자에게 특정 과목을 가르치는 도전에 직면했을 때 교사들의 선택 과정을 나타내는, 보다 역동적인 생각'이라고 했다(9쪽). 당연하게도 지필 설문지와 검사지를 통해 측정되거나, 구두로 보고된 교사의 PCK(주로 선언적 지식의 성질)(*접근법 1*)는 계획, 교실에서의 수업, 성찰과 같은 교사의 수업 수행에 사용하는 지식(실행된 지식)(*접근법 2*)과 다를 수 있다. 이러한 차이를 감안하면, 검토된 논문에서 탐구한 지식의 형태를 명백히 밝힌 논문이 거의 없다는 점이 우려할 만한 사항이다. 연구에서 탐구한 PCK의 다양한 유형에 대한 명시적 언급의 부족은 과학교육에서 서로 다른 연구의 연구 결과를 비교하는 것을 사실상 불가능하게 만드는 것이다.

둘째, 수업 과정의 다양한 단계(즉, 수업 실행의 사전 활동, 상호작용, 사후 활동 단계) (접근법 2)와 관련된 PCK를 명확하게 구별한 연구는 거의 없다. 교사의 수업 계획 결정에 영향을 미치는 PCK가 반드시 특정 교실에서 교사의 *교수 행동*으로 나타나는 것은 아니다. 많은 연구(28개)가 실제 환경에서 *전체* 수업 과정과 관련된 교사의 PCK를 조사했지만, 수업 과정의 각 단계와 관련된 PCK는 거의 명시하지 않았다(Chan and Yung, 2015는 예외). 대부분의 경우, 연구자들은 어떤 수업 과정에서도 교사의 PCK가 본질적으로 동일하다고 가정하여 교사의 PCK를 나타내는 하나의 프로파일을 만들었다. 또한 〈표 1.9〉에 나타난 바와 같이 모의 수업 과제를 활용한 연구(27개 중 18개)는 수업의 상호작용 단계보다는 수업의 계획 단계에 초점을 맞추었다.

수업의 상호작용 단계에 초점을 맞춘 연구들에서 나타난 논점은 교사의 PCK를 측정하기 위해 교실에서 교사 행동을 분석하는 방법에 대한 다양성이었다. 일부 연구자들은 교사들이 수업에서 수행한 전략에 초점을 맞췄다. 예를 들어, 로스Roth 등(2011)은 PCK 측정을 위해 교사들이 학생들의 사고 전략과 과학 내용 줄거리 전략을 어떻게 활용하는지를 분석하였다. 다른 연구자들은 교사-학생 상호 작용 중 교사들의 구체적인 행동에 초점을 맞췄다. 예를 들어, 루체로Lucero 등(2017)은 실제 교실 상호작용에서 나타나는 학생들의 대체 개념에 교사들이 '즉각적으로' 어떻게 반응하는지를 조사했다. 다른 이들은 수업 관찰 프로토콜을 구성했으나 관찰된 교사의 행동이 특정 PCK 구성 요소 또는 구성 요소들과 어떻게 관련되는지 명시하지 않았다(예: Marshall et al., 2016). 특정 PCK 구성 요소 또는 구성 요소들과 관련된 교수적 행동은 연구자에 따라 매우 다르게 분석된다. 더 문제가 되는 것은 일부 논문에서 교사 PCK의 증거로 활용한 교사 행동의 자료를 어떻게 수집했는지에 대해 충분한 세부 정보를 제공하지 않았다는 것이다. 단 4개의 PCK 연구(Barendsen & Henze, 2017; Gess-Newsome et al., 2017; Lucero et al., 2017; Roth et al., 2011)만이 PCK의 두 변인(즉, 교사가 알고 있는 것과 교실에서 교사의 행동을 나타내는 PCK)을 개별적으로 포착하기 위해 특정 도구를 제작했다는 사실이 눈에 띄는 사실이다. 흥미롭게도, 일부 연구(예: Förtsch et al., 2016; Luft, 2009)가 과학교사의 *지식*(예: 교사들이 알고 있는 것)을 조사하기 위해 PCK를 이론적 렌즈로 사용했지만, 교사의 PCK가 어떻게 그들의 교수 행동(예: 교사들이 한 것)으로 변환되는지는 분석하지 않았다. 이러한 연구자들은 교사의 교수 실행의 특징을 묘사하기 위해 인지 활성화(Förtsch et al., 2016)와 수업 관찰 프로토콜(Luft, 2009)과 같은 다른 이론적 구성을 사용했다. 이러한 결정은 과학교육에서 PCK가 '실제로' 어떻게 실천되는지(예: 교수 행동)에 대해 충분히 구체화되어 있지 않음을 나타낸다.

마지막으로, 놀라운 사실 중 하나는 많은 표본을(즉, 50 이상)(부록, 〈표 1.8〉 및 〈표 1.9〉) 대상으로 한 선행연구는 모두 교사의 PCK를 측정하기 위해 하나의 PCK 검사 또는 한 번의 인터뷰를 수행했다는 것이다(접근법 1). 분명히, 이 접근법은 교사 PCK의 일부만 측정할 수 있다. 이러한 검사와 인터뷰를 통해 드러난 지식이 교실에서의 교수 실행에 닿거나 수업 수행에 적용된다는 보장이 없다. 여전히, 실제 교실 상황에서 지식을 적용하는 교사의 능력을 대규모로 평가할 수 있는 타당한 도구가 부족하다. 교사의 전문 지식의 특성과 구조를 대규모로 조사하는 방법으로는 수학 교육 연구(예: Kersting, 2008; Kersting et al., 2016; Knievel, Lindmeier, & Heinze, 2015; König et al., 2014)에서 사용한 검증된 영상 기반 도구가 있다. 실제 교실에서 촬영한 비디오 클립은 교실 상황을 대략적으로 추정하기 위한 영상 기반 도구로 사용된다. 이런 이유로, 영상 기반 도구는 지필 검사보다 실제 교실 상황과 교실 및 교수 상황에 가까운 맥락에서 교사가 어떻게 그들의 지식을 적용하는지를 조사할 수 있게 한다. 또한 이 방법은 수업 관찰보다 노동이 덜 필요하다. 이에 많은 수의 과학교사 PCK를 측정할 수 있는 도구 개발을 위해 보다 적극적인 노력이 필요하다.

〈요약〉

여기에서는 과학교사의 PCK를 측정하는 다양한 방법을 알아보고 이를 반영하는 PCK의 유형(즉, 지식, 실행된 지식, 실천 지식, 교수학적 추론)과 조사한 수업 과정의 단계에 따라 방법을 분류했다. 이러한 분석을 통해 몇 가지 논의점이 도출되었다. 첫째, 조사한 PCK의 형태를 명시적으로 서술한 연구는 거의 없었다. 둘째, 연구는 수업 과정의 각 단계와 관련된 PCK를 명확하게 서술/구분하지 않았다. 셋째, 연구자들은 실제로 PCK가 어떻게 나타나는지에 대한 의견이 일치하지 않는 듯 했다(즉, 수업의 상호작용 단계 중 교수 행동). 마지막으로, 대부분의 대규모 연구는 과학교사의 PCK를 측정하는 데 교사의 자기보고를 주로 활용했다. 따라서 교실 상황과 더 밀접하게 관련된 다른 유형의 과학교사 PCK를 대규모로 조사할 수 있는 타당한 도구가 부족함을 알 수 있다.

〈표 1.9〉 과학 교사의 PCK를 측정하기 위해 활용한 접근법

<table>
<tr><th></th><th colspan="2">PCK 검사지
(N = 22)</th><th colspan="2">질문지/설문지/인터뷰
(N = 19)</th><th colspan="2">실제 수업에 대한 자기 보고
(N = 8)</th></tr>
<tr><td>접근법
1
자기
보고
(N=28[a])</td><td colspan="2">Davidowitz and Potgieter (2016), Förtsch et al.(2016), Großschedl et al.(2015), Großschedl et al.(2014), Heller et al.(2012), Jin et al.(2015), Jüttner and Neuhaus (2012), Keller et al.(2017), Kirschner et al.(2016), Mahler et al.(2017), Mavhunga (2016), Mavhunga and Rollnick (2016), Meschede et al.(2017), Monet and Etkina (2008), Park et al.(2017), Paulick et al.(2016), Rosenkränzer et al.(2017), Schmelzing et al.(2013), Smit, Rietz, et al.(2017), Smit, Weitzel, et al.(2017), Sorge et al.(2017), Stender et al.(2017)</td><td colspan="2">Bektas et al.(2013), Burton (2013), Cohen and Yarden (2009), Demirdöğen et al.(2016), Demirdöğen and Uzuntiryaki-Kondakçı (2016), Käpylä et al.(2009), Kaya (2009), Kellner et al.(2011), Kind (2017), Lin (2016, 2017), Melo-Niño et al.(2017a, 2017b), Mthethwa-Kunene et al.(2015), Nilsson and Loughran (2012), Qhobela and Kolitsoe Moru (2014), Salloum and BouJaoude (2008), Scharfenberg and Bogner (2016), Zhou et al.(2016)</td><td colspan="2">Bindernagel and Eilks (2009), Findlay and Bryce (2012), Hallman-Thrasher et al.(2017), Henze et al.(2008), Luft (2009), Luft et al.(2011), Qhobela and Kolitsoe Moru (2014), Stasinakis and Athanasiou (2016)</td></tr>
<tr><td rowspan="4">접근법
2
수업
수행
(N=64[b])</td><td colspan="2" rowspan="2">수업 관련 자료/교사 행동만을 평가[c]
(N = 6)</td><td colspan="2">사전 활동 단계 (N = 0)</td><td colspan="2">상호작용 단계 (N = 6)</td></tr>
<tr><td colspan="2">NA</td><td colspan="2">Alonzo et al.(2012), Lucero et al.(2017), Marshall et al.(2016), Oh and Kim (2013), Roth et al.(2011), Tay and Yeo (2017)</td></tr>
<tr><td rowspan="2">교사의 교수적 결정과 추론도 평가 (N = 60)[d]</td><td rowspan="2">모의 수업 과제 활용
(N = 27)[e]</td><td>사전 활동 단계
(N = 18)</td><td>상호작용 단계
(N = 4)</td><td>사후 활동 단계
(N = 4)</td><td>전체 수업 과정
(N = 2)</td></tr>
<tr><td>Adadan and Oner (2014), Alvarado et al.(2015), Aydin et al.(2015), Aydin et al.(2013), Bergqvist and Chang Rundgren (2017), Bergqvist et al. (2016), Brown et al. (2013), Demirdöğen (2016), Demirdöğen et al. (2016), Demirdöğen and Uzuntiryaki-Kondakçı (2016), Donnelly and Hume (2015), Friedrichsen et</td><td>Alonzo and Kim (2016), Krepf et al.(2017), Mavhunga (2016), Roth et al.(2011)</td><td>Cohen and Yarden (2009), Lucero et al. (2017), Moodley and Gaigher (2017), van Dijk (2009)</td><td>Bektas et al.(2013), Rollnick (2017)</td></tr>
</table>

	PCK 검사지 (*N* = 22)		질문지/설문지/인터뷰 (*N* = 19)		실제 수업에 대한 자기 보고 (*N* = 8)	
			al.(2009), Käpylä et al.(2009), Kellner et al.(2011), Mavhunga (2016), Mavhunga and Rollnick (2016), Melo-Niño et al. (2017b), Nilsson and Loughran (2012)			
		교실 실제 수업 조사 (*N* = 37)	***사전 활동 단계*** (*N* = 4)	***상호작용 단계*** (*N* = 1)	***사후 활동 단계*** (*N* = 4)	***전체 수업 과정*** (*N* = 28)
			Barnett and Friedrichsen (2015), Hanuscin (2013), Melo-Niño et al.(2017a), Walan et al.(2017)	Alonzo and Kim (2016)	Kanter and Konstantopoulos (2010), Lin and Chiu (2010), Piliouras et al.(2017), Wongsopawiro et al. (2017)	Akin and Uzuntiryaki-Kondakçı (2018), Aydin and Boz (2013), Aydin et al. (2014), Barendsen and Henze (2017), Bektas et al.(2013), Boesdorfer and Lorsbach (2014), Bravo and Cofré (2016), Brown et al.(2013), Burton (2013), Chan and Yung (2015, 2017), Chen and Wei (2015), Diezmann and Watters (2015), Gess-Newsome et al.(2017), Hanuscin et al.(2011), Mthethwa-Kunene et al. (2015), Nilsson and van Driel (2010), Nilsson and Vikström (2015), Park and Chen (2012), Park et al.(2011), Park and Oliver (2008a, 2008b), Rollnick

	PCK 검사지 (N = 22)		질문지/설문지/인터뷰 (N = 19)		실제 수업에 대한 자기 보고 (N = 8)	
						(2017), Rollnick et al.(2008), Sickel and Friedrichsen (2017), Suh and Park (2017), Supprakob et al.(2016), Uzuntiryaki-Kondakçı et al.(2017)

주석: 접근법 1과 2를 활용한 전체 연구 수가 99개에 미치지 못하는 까닭은, 일부 연구들이 두 가지 접근법을 모두 활용했기 때문이다.

[a] 한 연구가 교사의 PCK를 측정하는 데 설문조사와 인터뷰를 모두 활용하였으므로 전체 연구 수는 세 하위 범주에 속한 연구의 수를 합한 값이 아니다.

[b] 일부 연구는 하나의 과제에서 수업 관련 자료/교사 행동을 살펴보고 또 다른 과제를 통해 교수적 결정과 추론을 측정했으므로 전체 연구 수는 두 하위 범주에 속한 연구의 수를 합한 값이 아니다.

[c] 하위 범주인 '사후 활동 단계'와 '전체 수업 과정'이 없는 까닭은 첫째, 교사가 수업에 대해 서면/언어적으로 성찰한 것을 통해 연구자는 필연적으로 교사의 교수적 결정과 추론을 도출할 수 있기 때문이며 둘째, 교사의 PCK를 측정하기 위해 교사가 작성한 성찰지만 분석한 연구는 한 편도 없었기 때문이다.

[d] 일부 연구에서는 모의 수업 과제를 사용하면서 현장에서 교실 실제 수업을 조사했으므로 전체 연구 수는 두 하위 범주에 속한 연구의 수를 합한 값이 아니다.

[e] 한 연구에서 교사의 PCK를 측정하기 위해 교사의 사전 활동 단계와 상호작용 단계를 모의 수업 과제로 조사했으므로 전체 연구 수는 4개 하위 범주에 속한 연구의 수를 합한 값이 아니다.

5. 결론

이 장에서는 99편의 논문을 검토하여 과학교육 분야에서의 PCK 연구에 대한 개관을 제공했다. 영어로 작성된 선행연구만을 검토한 것, 일정 기간에 출판된 논문을 검토했다는 것, 개별 과학교사의 PCK에 집중했으므로 제한된 범위에서 검토가 이루어졌다는 한계가 있지만, 과학 및 교사 교육 분야의 주요 학회지에 게재된 99개의 논문(PCK 연구원 200명 이상을 포함)에 대한 포괄적인 분석을 제공했다. 그러므로 현재 과학교육 커뮤니티 내에서 PCK 개념이 어떻게 사용되고 해석되며 조사되고 있는지 파악했다고 보는 것이 타당해 보인다.

이러한 선행연구의 검토는 연구의 맥락, 연구의 주요 목적, PCK의 개념화, 조사에 사용된 자료의 유형 및 교사의 PCK를 측정하기 위한 접근법에 따라 연구들을 종합하여 체계화했다. 이를 통해, 이 장은 이 연구 분야에 크게 두 가지 방법으로 기여한다. 첫째, 분석을 통해 2012년 제1차 PCK 정상회의에서 등장한 CM은 이 연구 분야에서 PCK 개념을 둘러싼 여러 생각들이 몇 가지로 수렴된 결과임을 알 수 있었다. 그러나, CM에서 PCK 개념을 둘러싼 견해차가 충분히 다루어지지 않았음을 알 수 있었다. 둘째, 본 연구에서는 PCK를 조사하는 데 활용한 접근법에 따라 선행연구를 체계화하고 조직화하였는데, 이는 과학교사의 PCK를 측정할 수 있는 다양한 방법을 안내하고, 접근법에 따라 측정하는 PCK의 유형이 어떻게 달라지는지 나타내었다([그림 1.1] 참조).

종합하면, 이는 몇 가지 가벼운 논점을 불러왔으며, 과학교사의 PCK를 조사하는 것과 관련된 현재의 논문들 안에서 몇 가지 견해차가 있음을 알 수 있었다. 다음은 연구 결과 중 몇 가지 주목할 만한 것들을 정리한 것이다.

PCK의 개념화 및 조작화(조작적 정의)에 관한 문제:

- 검토한 모든 선행연구가 PCK에 대한 것이었지만, 초점을 둔 과학 교과의 범위와 '주제'가 어떻게 정의되었는지는 연구마다 상당히 달랐다.
- PCK 개념에 대한 다양한 해석으로 인해 PCK와 PCK 구성 요소 설명에 다양하고 독특한 용어가 사용되었다. 새로운 용어가 도입되었고, 기존 용어의 의미가 바뀌었다.
- PCK 구성 요소의 조작화는 많은 선행연구에서 불분명하게 남아있다.
- 일부 연구에서 연구의 이론적 기틀과 CM 사이의 연관성을 명시했지만, 그 연관은 대부분 실제적이고 상세하기보다는 표면적이고 피상적이었다. 이는 현존하는 연구 분야와 CM의 통합에 대한 요구를 암시하는 것일 수 있다.
- 과학교사 PCK의 실천적 표현으로서의 교수적 행동과 교수적 행동에 대한 범주화는 연구자마다 매우 달랐다.

PCK 조사에 관한 문제:

- 상당수의 연구는 PCK를 조사하기 위해 한 가지 유형의 자료만을 수집했는데, 이는 과학교사 PCK의 제한된 측면만을 조사하게 했다.
- 연구자들은 조사한 PCK의 유형을 거의 명시하지 않았다. 이러한 생략은 서로 다른 연구 결과를 비교하기 어렵게 만든다. 이는 다양한 유형과 변형을 포함하며 PCK의 내용과 특징을 더 잘 나타낼 수 있는 합의된 모델(CM)의 필요성을 나타낸다.
- 대부분의 연구는 수업 과정의 다양한 단계와 관련된 PCK를 더 세밀하게 구분하기보다는 과학교사의 PCK에 대한 하나의 프로파일을 생성했다.

과학교육 분야 내에서의 지식 격차:

- 여러 나라의 과학교사의 PCK를 비교한 대규모 연구는 아직 이루어지지 않았다.
- 과학교육 분야 내에서 PCK 개발에 대한 종단적 연구가 부족하다.
- 과학교사들이 실제 교실 맥락과 상황에서 PCK를 어떻게 적용하는지에 대해 대규모로 조사할 수 있는 타당한 측정 도구가 부족하다.
- 대부분의 연구는 수업 과정의 계획 단계에 초점을 맞추었으며, 매우 적은 수의 연구만이 과학에서 학생의 학습 경험과 가장 직접적인 관련이 있는 수업의 상호작용 단계에 초점을 맞췄다.

이 검토는 과학 PCK 연구자들이 PCK를 다르게 개념화하고 조작화한다는 것을 분명히 보여준다. 과학교육에서 PCK 개념에 대한 다양한 해석은 PCK를 설명하기 위한 (종종 특이한) 용어와 PCK를 조사하는 다양하면서도 정리되지 않은 접근법이 계속해서 개발되도록 한다. 2012년 PCK 정상회의에서 나타난 CM(예: PCK의 구성 요소, PCK 유형 간의 관계)은 PCK 개념을 둘러싼 견해차를 완전하게 다루지 않았기 때문에, 본 연구의 선행연구 검토는 CM을 더욱 개선하고 업데이트할 필요성에 주목하게 한다 (2장 참조). 슐만[Shulman](2015)은 PCK에 대한 다양한 관점이 PCK 연구 분야를 활성화한다고 주장했지만, 앞으로의 연구에서 연구자들은 적어도 PCK의 개념화, 그들이 조사한 PCK의 유형, 그들이 중점을 둔 수업 과정의 부분, 자료의 출처, 자료를 수집하는 데 활용한 접근법에 대해서는 분명히 밝혀야 한다. 이러한 명시적인 공유가 없다면, PCK 연구자들이 연구 결과에 기반한 논의 사항과 결과에 대한 공통적인 이해를 끌어내기 어려울 것이다.

논문 사사 본 연구는 홍콩 연구 보조금 위원회의 초기 경력 계획의 지원을 받았다 [프로젝트 번호 27608717].

부록

연구에서 검토한 연구물 개관. 검토된 모든 논문들은 이 장의 참고 문헌에서 찾을 수 있음

	연구	국가	연구 참여자 수	예비 교사	현직 교사	학교급	영역	주제
1	Adadan and Oner (2014)	터키	2	X		중고등	화학	기체의 움직임
2	Akin and UzuntiryakiKondakçı (2018)	터키	3		X (3-20년)	중고등	화학	(1) 반응 속도 (2) 화학 평형
3	Alonzo and Kim (2016)	미국	6		X (5-26년)	중고등	물리	힘과 움직임
4	Alonzo et al.(2012)	독일	2		X (3-4년)	중고등	물리	광학
5	Alvarado et al.(2015)	멕시코	10		X (8-39년)	중고등	화학	산염기
6	Aydin and Boz (2013)	터키	2		X (8-15년)	중고등	화학	(1) 산화환원 반응 (2) 전지
7	Aydin et al. (2015)	터키	3	X		중고등	화학	반응 속도
8	Aydin et al. (2013)	터키	3	X		중고등	화학	반응 속도
9	Aydin et al. (2014)	터키	2		X (8-15년)	중고등	화학	(1) 핵반응 (2) 전지
10	Barendsen and Henze (2017)	네덜란드	1		X (약 20년)	중고등	화학	폴리젖산
11	Barnett and Friedrichsen (2015)	미국	2	X	X (25년)	중고등	생물	(1) DNA/단백질 합성 (2) 진화
12	Bektas et al. (2013)	터키	7	X		중고등	화학	과학의 본성 (물질의 입자적 본성)
13	Bergqvist and Chang Rundgren (2017)	스웨덴	10		X (3-36년)	중고등	화학	화학 결합
14	Bergqvist et al.(2016)	스웨덴	10		X (3-36년)	중고등	화학	화학 결합
15	Bindernagel and Eilks (2009)	독일	28		X (10년 미만)	중고등	화학	물질 및 입자
16	Boesdorfer and Lorsbach (2014)	미국	1		X (10년)	중고등	화학	주기율표
17	Bravo and Cofré (2016)	칠레	2		X (4, 10년)	중고등	생물	인류의 진화

	연구	국가	연구 참여자 수	예비 교사	현직 교사	학교급	영역	주제
18	Brown et al.(2013)	미국	4	X		중고등	생물	수업 계획 과제: 유전적 변이 인터뷰-관찰 사이클: 특정하지 않음
19	Burton (2013)	미국	17		X (3-43년)	중고등	과학	과학의 본성
20	Chan and Yung (2015)	홍콩	4		X (6-23년)	중고등	생물	중합효소연쇄반응
21	Chan and Yung (2017)	홍콩	2		X (6-14년)	중고등	생물	중합효소연쇄반응
22	Chen and Wei (2015)	중국	5		X (12-25년)	중고등	화학	여러 주제
23	Cohen and Yarden (2009)	이스라엘	포커스 그룹:59 워크숍:12 인터뷰:6		X (2-24년)	중고등	과학 및 비과학	세포
24	Davidowitz and Potgieter (2016)	남아프리카 공화국	89		X (1-45년)	중고등	화학	유기 화학
25	Demirdöğen (2016)	터키	8	X		초등 및 중고등 (중학교)	과학	특정하지 않음
26	Demirdöğen et al.(2016)	터키	30	X		중고등	화학	과학의 본성
27	Demirdöğen and UzuntiryakiKondakçı (2016)	터키	30	X		중고등	화학	과학의 본성
28	Diezmann and Watters (2015)		1		X (1년)	중고등	생물	현미경 사용
29	Donnelly and Hume (2015)	뉴질랜드	7	X		중고등	화학	산화환원반응
30	Findlay and Bryce (2012)	스코틀랜드	예비 교사: 15 현직 교사: 6	X	X (최소 3.5년)	중고등	물리	전기
31	Förtsch et al.(2016)	독일	39		X (평균 6.1년)	중고등	생물	신경 생물학
32	Friedrichsen et al.(2009)	미국	4	X	X (2년)	중고등	생물	유전적 변이
33	Gess-Newsome et al. (2017)	미국	35		X (1-20년) (평균 7.4년)	중고등	생물	여러 주제
34	Großschedl et al.(2015)	독일	274	X		중고등	생물	여러 주제

	연구	국가	연구 참여자 수	예비 교사	현직 교사	학교급	영역	주제
35	Großschedl et al.(2014)	독일	134		X (7개월-42년) (평균 16.4년)	중고등	생물	생태계(바덴 해) 통합에 초점을 둠
36	Hallman-Thrasher et al.(2017)	미국	6	X	X (1년 차)	중고등	과학 및 비과학	특정하지 않음
37	Hanuscin (2013)	미국	1	X		초등	/	과학의 본성
38	Hanuscin et al.(2011)	미국	3		X (2-29년)	초등	/	과학의 본성
39	Heller et al.(2012)	미국	270		X (1-43년)	초등	/	전기 회로
40	Henze et al.(2008)	네덜란드	9		X (8-26년)	중고등	과학	태양계와 우주 모델
41	Jin et al.(2015)	미국	194		X (3-40년)	초등 및 중고등	과학	식물의 생장과 기능
42	Jüttner and Neuhaus (2012)	독일	PCK 검사: 65 인터뷰: 5		X (평균 10.5년) 인터뷰: (평균 13.4년)	중고등	생물	인간 반사궁
43	Kanter and Konstantopoulos (2010)	미국	9		X (0-13년) (평균 6.6년)	초등 및 중고등 (중학교)	과학	중학교 문제 기반 과학과 교육과정 주제 (1) 열량 측정 (2) 신체
44	Käpylä et al.(2009)	핀란드	20	X		초등 및 중고등	과학	광합성
45	Kaya (2009)	터키	75	X		초등 및 중고등 (중학교)	과학	오존
46	Keller et al.(2017)	독일과 스위스	77		X (1-41년)	중고등	물리	전기
47	Kellner et al.(2011)	스웨덴	32	X		초등 및 중고등	과학 및 비과학	여러 주제
48	Kind (2017)	영국	239	X		중고등	과학	여러 주제
49	Kirschner et al.(2016)	독일	현직 교사: 186 예비 교사: 79	X	X (특정하지 않음)	중고등	물리	역학 (PCK 항목은 일반적으로 물리학도 포함)

	연구	국가	연구 참여자 수	예비 교사	현직 교사	학교급	영역	주제
			물리학자: 9 물리 교사가 아닌 교사: 21					
50	Krepf et al.(2017)	독일	18		X (15년 이상의 전문가, 15년 이하의 초보 교사)	중고등	과학 및 비과학	광학: 스넬의 법칙
51	Lin (2016)	대만	76		X (평균 9.5년)	초등	/	전기 회로
52	Lin (2017)	대만	171	X	X (특정하지 않음)	초등	/	전기 회로
53	Lin and Chiu (2010)	대만	1		X (6년)	중고등	화학	산과 염기
54	Lucero et al.(2017)	미국	4		X (1학기-7년)	중고등	생물	자연 선택에 의한 진화
55	Luft (2009)	미국	114		X (1년)	중고등	과학	아무 주제
56	Luft et al. (2011)	미국	98		X (1-2년)	중고등	과학	아무 주제
57	Mahler et al.(2017)	독일	48		X (1-20년) (평균 7.4년)	중고등	생물	생태계(바덴 해) 홍합의 형태와 생활에 초점을 둠
58	Marshall et al.(2016)	미국	37		X (특정하지 않음)	초등 및 중고등	과학 및 비과학	특정하지 않음
59	Mavhunga (2016)	남아프리카 공화국	36	X		중고등	화학	(1) 물질의 특정 성질 (2) 화학 평형
60	Mavhunga and Rollnick(2016)	남아프리카 공화국	16	X		중고등	화학	화학 평형
61	Melo-Niño et al.(2017a)	캄보디아	2		X (7-8년)	중고등	물리	전기장
62	Melo-Niño et al.(2017b)	캄보디아	4		X (4-9년)	중고등	물리	전기장
63	Meschede et al.(2017)	독일	223	X	X	초등	/	(1) 물의 순환 (2) 부유와 침하

	연구	국가	연구 참여자 수	예비 교사	현직 교사	학교급	영역	주제
64	Monet and Etkina (2008)	미국	10		X	초등 및 중고등 (중학교)	과학	FOSS 키트 「지구의 역사」에 있는 주제
65	Moodley and Gaigher (2017)	남아프리카 공화국	6		X (6-13년)	중고등	과학	전기
66	Mthethwa-Kunene et al.(2015)	스와질란드	4		X (5-22년)	중고등	생물	유전학
67	Nilsson and Loughran (2012)	스웨덴	34	X		초등	/	대기
68	Nilsson and van Driel (2010)	스웨덴	4	X	X (20년 미만)	초등	/	좁은 의미의 우주와 넓은 의미의 우주, 물
69	Nilsson and Vikström (2015)	스웨덴	6		X (약 5년)	중고등	과학	여러 주제
70	Oh and Kim (2013)	한국	5		X (6-13년)	초등	/	여러 주제
71	Park and Chen (2012)	미국	4		X (2-43년)	중고등	생물	(1) 유전 (2) 광합성
72	Park et al.(2011)	미국	7		X (2-43년)	중고등	생물	(1) 유전 (2) 광합성
73	Park and Oliver (2008a)	미국	3		X (8-21년)	중고등	화학	특정하지 않음
74	Park and Oliver (2008b)	미국	3		X (8-21년)	중고등	화학	특정하지 않음
75	Park et al.(2017)	미국	설문조사: 85 관찰: 7 인터뷰: 6		X (특정하지 않음)	중고등	생물	광합성
76	Paulick et al.(2016)	독일	631	X		중고등	생물과 물리	여러 주제
77	Piliouras et al.(2017)	그리스	4		X (10-29년)	초등	-	과학의 본성
78	Qhobela and Kolitsoe Moru (2014)	레소토	질문지: 39 인터뷰: 5		X (10년 미만)	중고등	물리	여러 주제
79	Rollnick (2017)	남아프리카 공화국	7		X (4-20년)	중고등	과학	반도체
80	Rollnick et al.(2008)	남아프리카 공화국	현직 교사: 2 강사: 1		X (5-10년)	중고등	화학	물질량 (몰)

	연구	국가	연구 참여자 수	예비 교사	현직 교사	학교급	영역	주제
81	Rosenkränzer et al.(2017)	독일	108	X		중고등	생물과 지리학	여러 주제 (시스템적 사고)
82	Roth et al.(2011)	미국	48		X (9년 미만)	초등	/	여러 주제
83	Salloum and BouJaoude (2008)	레바논	9		X (3-25년)	초등 및 중고등 (중학교)	화학	화학에 대한 아이디어
84	Scharfenberg and Bogner (2016)	독일	92	X		중고등	생물	유전
85	Schmelzing et al.(2013)	독일	예비 교사/ 현직 교사: 93 생물학자: 12	X	X (평균 12년)	중고등	생물	유전자 지문 분석법
86	Sickel and Friedrichsen(2017)	미국	3		X (1-2년)	중고등	생물	혈액과 순환계
87	Smit, Weitzel, et al.(2017)	독일과 스위스	121	X		중고등	생물	자연 선택
88	Smit, Rietz, et al.(2017)	독일과 스위스	118	X		중고등	생물	시지각
89	Sorge et al.(2017)	독일	200	X		중고등	물리	눈의 적응
90	Stasinakis and Athanasiou (2016)	그리스	181		X (56%의 교사들은 1-10년)	중고등	생물	여러 주제
91	Stender et al.(2017)	독일	49		X (평균 13.5년)	중고등	물리	진화
92	Suh and Park(2017)	미국	3		X (11-30년)	초등	/	뉴턴의 법칙
93	Supprakob et al.(2016)	태국	6		X (1-5년)	중고등	화학	힘과 운동
94	Tay and Yeo (2017)	싱가폴	1		X (8년)	중고등	물리	과학의 본성
95	UzuntiryakiKondakçı et al.(2017)	터키	5	X		중고등	화학	뉴턴의 운동 제3법칙
96	van Dijk (2009)	독일	9		X (6-34년)	중고등	생물	기체 법칙
97	Walan et al. (2017)	스웨덴	2		X (수년 경력)	초등	/	진화 이론
98	Wongsopawiro et al. (2017)	네덜란드	12		X (2-28년)	초등 및 중고등	과학	물

	연구	국가	연구 참여자 수	예비 교사	현직 교사	학교급	영역	주제
99	Zhou et al. (2016)	중국	143	X		중고등	물리	뉴턴의 운동 제3법칙

주석

1. 현직 교사들의 교직 경력을 괄호 안에 표기하였다.
2. 학교급은 교사들이 가르쳤거나 자격을 부여받은 학년을 표기하였다. 1학년부터 6학년을 가르친 교사는 초등교사로, 7학년부터 12학년을 가르친 교사들은 중고등교사로 분류했다. 중학교 교사들을 대상으로 한 연구들은 '초등 및 중고등'으로 분류했다. 연구 참여자가 중학교 교사라고 명시된 경우, '중학교'라고도 표기하였다.
3. 2개 이상의 교과 영역을 가르치는 교사가 포함된 경우, 영역을 '과학' 또는 '과학 및 비과학'으로 기재하였다.
4. 초등교사의 교과 영역은 교과 전문가보다는 종합전문가로 판단하였다.
5. 연구에서 2개 이상의 과학 주제가 조사된 경우, 그 주제들은 '여러 주제'로 기재했다.
6. 연구에서 조사한 주제가 명확하게 나타나 있지 않은 경우, 해당 주제는 '특정하지 않음'으로 기재했다.
7. 키르슈너Kirschner 등(2016)과 슈멜칭Schmelzing 등(2013)은 과학자가 아닌 교사만을 연구 참여자로 포함하였다.
8. 살룸Salloum과 부자우드BouJaoude(2008)가 화학 교사를 대상으로 임의 표집을 했기 때문에 영역을 '화학'으로 기재했다.

참고문헌

Abbitt, J. T. (2011). Measuring technological pedagogical content knowledge in preservice teacher education. *Journal of Research on Technology in Education, 43*(4), 281-300.

Abd-El-Khalick, F. (2006). Pre-service and experienced biology teachers' global and specific subject matter structures: Implications for conceptions of pedagogical content knowledge. *EURASIA Journal of Mathematics, Science & Technology Education, 2*(1), 1-29.

Abell, S. K. (2007). Research on science teacher knowledge. In S. K. Abell & N. Lederman (Eds.), *Handbook of research on science education* (pp. 1105-1149). Mahwah, NJ: Lawrence Erlbaum Associates.

Abell, S. K. (2008). Twenty years later: Does pedagogical content knowledge remain a useful idea? *International Journal of Science Education, 30*(10), 1405-1416.

Abell, S. K., Rogers, M. A. P., Hanuscin, D. L., Lee, M. H., & Gagnon, M. J. (2008). Preparing the next generation of science teacher educators: A model for developing PCK for teaching science teachers. *Journal of Science Teacher Education, 20*(1), 77-93.

Adadan, E., & Oner, D. (2014). Exploring the progression in preservice chemistry teachers' pedagogical content knowledge representations: The case of "Behavior of gases". *Research in Science Education, 44*(6), 829-858.

Akerson, V. L., Pongsanon, K., Park Rogers, M. A., Carter, I., & Galindo, E. (2017). Exploring the use of lesson study to develop elementary preservice teachers' pedagogical content knowledge for teaching nature of science. *International Journal of Science and Mathematics Education, 15*(2), 293-312.

Akin, F. N., & Uzuntiryaki-Kondakcı, E. (2018). The nature of the interplay among components of pedagogical content knowledge in reaction rate and chemical equilibrium topics of novice and experienced chemistry teachers. *Chemistry Education Research and Practice*.

Alonzo, A. C., & Kim, J. (2016). Declarative and dynamic pedagogical content knowledge as elicited through two video-based interview methods. *Journal of Research in Science Teaching, 53*(8), 1259-1286.

Alonzo, A. C., Kobarg, M., & Seidel, T. (2012). Pedagogical content knowledge as reflected in teacher-student interactions: Analysis of two video cases. *Journal of Research in Science Teaching, 49*(10), 1211-1239.

Alvarado, C., Cañada, F., Garritz, A., &Mellado, V. (2015). Canonical pedagogical content knowledge by CoRes for teaching acid-base chemistry at high school. *Chemistry Education Research and Practice, 16*(3), 603-618.

An, S., Kulm, G., & Wu, Z. (2004). The pedagogical content knowledge of middle school, mathematics teachers in China and the U. S. *Journal of Mathematics Teacher Education, 7*(2), 145-172.

Avraamidou, L., & Zembal-Saul, C. (2005). Giving priority to evidence in science teaching: A firstyear elementary teacher's specialized practices and knowledge. *Journal of Research in Science Teaching, 42*(9), 965-986.

Aydin, S., & Boz, Y. (2013). The nature of integration among PCK components: A case study of two experienced chemistry teachers. *Chemistry Education Research and Practice, 14*(4), 615-624.

Aydin, S., Demirdöğen, B., Akin, F. N., Uzuntiryaki-Kondakcı, E., & Tarkin, A. (2015). The nature and development of interaction among components of pedagogical content knowledge in practicum. *Teaching and Teacher Education, 46,* 37-50.

Aydin, S., Demirdöğen, B., Tarkin, A., Kutucu, E. S., Ekiz, B., Akin, F. N., et al. (2013). Providing a set of research-based practices to support preservice teachers' long-term professional development as learners of science teaching. *Science Education, 97*(6), 903-935.

Aydin, S., Friedrichsen, P. J., Boz, Y., & Hanuscin, D. L. (2014). Examination of the topic-specific nature of pedagogical content knowledge in teaching electrochemical cells and nuclear reactions. *Chemistry Education Research and Practice, 15*(4), 658-674.

Barendsen, E., & Henze, I. (2017). Relating teacher PCK and teacher practice using classroom observation. *Research in Science Education.*

Barnett, E., & Friedrichsen, P. J. (2015). Educative mentoring: How a mentor supported a preservice biology teacher's pedagogical content knowledge development. *Journal of Science Teacher Education, 26*(7), 647-668.

Baxter, J. A., & Lederman, N. G. (1999). Assessment and measurement of pedagogical content knowledge. In J. Gess-Newsome & N. G. Lederman (Eds.), *Examining pedagogical content knowledge: The construct and its implications for science education* (pp. 147-161). Dordrecht: Kluwer Academic.

Bektas, O., Ekiz, B., Tuysuz, M., Kutucu, E. S., Tarkin, A., & Uzuntiryaki-Kondakcı, E. (2013). Pre-service chemistry teachers' pedagogical content knowledge of the nature of science in the particle nature of matter. *Chemistry Education Research and Practice, 14*(2), 201-213.

Bennett, J., Lubben, F., & Hogarth, S. (2007). Bringing science to life: A synthesis of the research evidence on the effects of context-based and STS approaches to science teaching. *Science Education, 91*(3), 347-370.

Bergqvist, A., & Chang Rundgren, S.-N. (2017). The influence of textbooks on teachers' knowledge of chemical bonding representations relative to students' difficulties understanding. *Research in Science & Technological Education, 35*(2), 215-237.

Bergqvist, A., Drechsler, M., & Chang Rundgren, S.-N. (2016). Upper secondary teachers' knowledge for teaching chemical bonding models. *International Journal of Science Education, 38*(2), 298-318.

Berry, A., Depaepe, F., & van Driel, J. H. (2016). Pedagogical content knowledge in teacher education. In J. Loughran & M. L. Hamilton (Eds.), *International handbook of teacher education* (Vol. 1, pp. 347-386). Singapore: Springer Singapore.

Berry, A., Friedrichsen, P. J., & Loughran, J. (2015). *Re-examining pedagogical content knowledge in science education*. New York: Routledge.

Bindernagel, J. A., & Eilks, I. (2009). Evaluating roadmaps to portray and develop chemistry teachers' PCK about curricular structures concerning sub-microscopic models. *Chemistry Education Research and Practice, 10*(2), 77-85.

Blömeke, S., Suhl, U., & Kaiser, G. (2011). Teacher education effectiveness: Quality and equity of future primary teachers' mathematics and mathematics pedagogical content knowledge. *Journal of Teacher Education, 62*(2), 154-171.

Boesdorfer, S., & Lorsbach, A. (2014). PCK in action: Examining one chemistry teacher's practice through the lens of her orientation toward science teaching. *International Journal of Science Education, 36*(13), 2111-2132.

Bravo, P., & Cofré, H. (2016). Developing biology teachers' pedagogical content knowledge through learning study: The case of teaching human evolution. *International Journal of ScienceEducation, 38*(16), 2500-2527.

Brown, P., Friedrichsen, P. J., & Abell, S. K. (2013). The development of prospective secondary biology teachers PCK. *Journal of Science Teacher Education, 24*(1), 133-155.

Burton, E. P. (2013). Student work products as a teaching tool for nature of science pedagogical knowledge: A professional development project with in-service secondary science teachers. *Teaching and Teacher Education, 29,* 156-166.

Cetin-Dindar, A., Boz, Y., Yildiran Sonmez, D., & Demirci Celep, N. (2018). Development of preservice chemistry teachers' technological pedagogical content knowledge. *Chemistry Education Research and Practice*.

Chan, K. K. H., & Yung, B. H. W. (2015). On-site pedagogical content knowledge development. *International Journal of Science Education, 37*(8), 1246-1278.

Chan, K. K. H., & Yung, B. H. W. (2017). Developing pedagogical content knowledge for teaching a new topic: More than teaching experience and subject matter knowledge. *Research in Science Education*, 1-33.

Charalambous, C. Y. (2016). Investigating the knowledge needed for teachingmathematics. *Journal of Teacher Education, 67*(3), 220-237.

Chen, B., &Wei, B. (2015). Examining chemistry teachers' use of curriculum materials: in view of teachers' pedagogical content knowledge. *Chemistry Education Research and Practice, 16*(2), 260-272.

Cochran, K. F., DeRuiter, J. A., & King, R. A. (1993). Pedagogical content knowing: An integrative model for teacher preparation. *Journal of Teacher Education, 44*(4), 263-272.

Cochran, K. F., & Jones, L. L. (1998). The subject matter knowledge of preservice science teachers. In B. J. Fraser & K. G. Tobin (Eds.), *International handbook of science education* (Vol. 2, pp. 707-718). Dordrecht: Kluwer.

Cohen, R., & Yarden, A. (2009). Experienced junior-high-school teachers' PCK in light of a curriculum change: "The cell is to be studied longitudinally". *Research in Science Education, 39*(1), 131-155.

Cook, S. D. N., & Brown, J. S. (1999). Bridging epistemologies: The generative dance between organizational knowledge and organizational knowing. *Organization Science, 10*(4), 381-400.

Daehler, K. R., & Shinohara, M. (2001). A complete circuit is a complete circle: Exploring the potential of case materials and methods to develop teachers' content knowledge and pedagogical content knowledge of science. *Research in Science Education, 31*(2), 267-288.

Davidowitz, B., & Potgieter, M. (2016). Use of the Rasch measurement model to explore the relationship between content knowledge and topic-specific pedagogical content knowledge for organic chemistry. *International Journal of Science Education, 38*(9), 1483-1503.

Davis, E., & Krajcik, J. (2005). Designing educative curriculum materials to promote teacher learning. *Educational Researcher, 34*(3), 3-14.

Demirdögen, B. (2016). Interaction between science teaching orientation and pedagogical content knowledge components. *Journal of Science Teacher Education, 27*(5), 495-532.

Demirdögen, B., Hanuscin, D. L., Uzuntiryaki-Kondakcı, E., & Köseoğlu, F. (2016). Development and nature of preservice chemistry teachers' pedagogical content knowledge for nature of science. *Research in Science Education, 46*(6), 831-855.

Demirdögen, B., & Uzuntiryaki-Kondakcı, E. (2016). Closing the gap between beliefs and practice: Change of pre-service chemistry teachers' orientations during a PCK-based NOS course. *Chemistry Education Research and Practice, 17*(4), 818-841.

Denzin, N. K. (1989). *The research act: A theoretical introduction to sociological methods* (3rd ed.). Englewood Cliffs, NJ: Prentice Hall.

Depaepe, F., Verschaffel, L., & Kelchtermans, G. (2013). Pedagogical content knowledge: A systematic review of the way in which the concept has pervaded mathematics educational research. *Teaching and Teacher Education, 34,* 12-25.

Diezmann, C. M., & Watters, J. J. (2015). The knowledge base of subject matter experts in teaching: A case study of a professional scientist as a beginning teacher. *International Journal of Science and Mathematics Education, 13*(6), 1517-1537.

Donnelly, D. F., & Hume, A. (2015). Using collaborative technology to enhance pre-service teachers' pedagogical content knowledge in Science. *Research in Science & Technological Education, 33*(1), 61-87.

Driver, R., Asoko, H., Leach, J., Scott, P., & Mortimer, E. (1994). Constructing scientific knowledge in the classroom. *Educational Researcher, 23*(7), 5-12.

Faikhamta, C., & Clarke, A. (2012). A self-study of a Thai teacher educator developing a better understanding of PCK for teaching about teaching science. *Research in Science Education, 43*(3), 955-979.

Falk, A. (2012). Teachers learning from professional development in elementary science: Reciprocal relations between formative assessment and pedagogical content knowledge. *Science Education, 96*(2), 265-290.

Fernández-Balboa, J.-M., & Stiehl, J. (1995). The generic nature of pedagogical content knowledge among college professors. *Teaching and Teacher Education, 11*(3), 293-306.

Findlay, M., & Bryce, T. G. K. (2012). From teaching physics to teaching children: Beginning teachers learning from pupils. *International Journal of Science Education, 34*(17), 2727-2750.

Fischer, H. E., Borowski, A., & Tepner, O. (2012). Professional knowledge of science teachers. In B. J. Fraser, K. Tobin, & C. J. McRobbie (Eds.), *Second international handbook of science education* (pp. 435-448). Dordrecht: Springer Netherlands.

Förtsch, C., Werner, S., von Kotzebue, L., & Neuhaus, B. J. (2016). Effects of biology teachers' professional knowledge and cognitive activation on students' achievement. *International Journal of Science Education, 38*(17), 2642-2666.

Fraser, S. P. (2016). Pedagogical content knowledge (PCK): Exploring its usefulness for science lecturers in higher education. *Research in Science Education, 46*(1), 141-161.

Friedrichsen, P. J., Abell, S. K., Pareja, E. M., Brown, P. L., Lankford, D. M., & Volkmann, M. J. (2009). Does teaching experience matter? Examining biology teachers' prior knowledge for teaching in an alternative certification program. *Journal of Research in Science Teaching, 46*(4), 357-383.

Friedrichsen, P. J., van Driel, J. H., & Abell, S. K. (2011). Taking a closer look at science teaching orientations. *Science Education, 95*(2), 358-376.

Geddis, A. N., Onslow, B., Beynon, C., & Oesch, J. (1993). Transforming content knowledge: Learning to teach about isotopes. *Science Education, 77*(6), 575-591.

Gess-Newsome, J. (1999). Pedagogical content knowledge: An introduction and orientation. In J. Gess-Newsome & N. G. Lederman (Eds.), *Examining pedagogical content knowledge: The construct and its implications for science education* (pp. 3-20). Dordrecht: Kluwer Academic.

Gess-Newsome, J. (2015). A model of teacher professional knowledge and skill including PCK: Results of the thinking from the PCK Summit. In A. Berry, P. J. Friedrichsen, & J. Loughran (Eds.), *Re-examining pedagogical content knowledge in science education* (pp. 28-42). New York: Routledge.

Gess-Newsome, J., Taylor, J. A., Carlson, J., Gardner, A. L., Wilson, C. D., & Stuhlsatz, M. A. M. (2017). Teacher pedagogical content knowledge, practice, and student achievement. *International Journal of Science Education*, 1-20.

Grossman, P. L. (1990). *The making of a teacher: Teacher knowledge and teacher education*. New York: Teachers College Press.

Großschedl, J., Harms, U., Kleickmann, T., & Glowinski, I. (2015). Preservice biology teachers' professional knowledge: Structure and learning opportunities. *Journal of Science Teacher Education, 26*(3), 291-318.

Großschedl, J., Mahler, D., Kleickmann, T., & Harms, U. (2014). Content-related knowledge of biology teachers from secondary schools: Structure and learning opportunities. *International Journal of Science Education, 36*(14), 2335-2366.

Guerriero, S. (2017). *Pedagogical knowledge and the changing nature of the teaching profession*. Paris: OECD Publishing.

Hallman-Thrasher, A., Connor, J., & Sturgill, D. (2017). Strong discipline knowledge cuts bothways for novice mathematics and science teachers. *International Journal of*

Science and Mathematics Education.

Hanuscin, D. L. (2013). Critical incidents in the development of pedagogical content knowledge for teaching the nature of science: A prospective elementary teacher's journey. *Journal of Science Teacher Education, 24*(6), 933-956.

Hanuscin, D. L., Lee, M. H., & Akerson, V. L. (2011). Elementary teachers' pedagogical content knowledge for teaching the nature of science. *Science Education, 95*(1), 145-167.

Hashweh, M. Z. (2005). Teacher pedagogical constructions: A reconfiguration of pedagogical content knowledge. *Teachers and Teaching: Theory and Practice, 11*(3), 273-292.

Heller, J. I., Daehler, K. R., Wong, N., Shinohara, M., & Miratrix, L. W. (2012). Differential effects of three professional development models on teacher knowledge and student achievement in elementary science. *Journal of Research in Science Teaching, 49*(3), 333-362.

Henze, I., van Driel, J. H., & Verloop, N. (2008). Development of experienced science teachers' pedagogical content knowledge of models of the solar system and the universe. *International Journal of Science Education, 30*(10), 1321-1342.

Hill, H. C., Ball, D. L., & Schilling, S. G. (2008). Unpacking pedagogical content knowledge: Conceptualizing and measuring teachers' topic-specific knowledge of students. *Journal for Research in Mathematics Education, 39*(4), 372-400.

Jackson, P. W. (1986). *Life in classrooms*. New York: Holt, Rinehart & Winston. Jin, H., Shin, H., Johnson, M. E., Kim, J., & Anderson, C. W. (2015). Developing learning progression-based teacher knowledge measures. *Journal of Research in Science Teaching, 52*(9), 1269-1295.

Jüttner, M., & Neuhaus, B. J. (2012). Development of items for a pedagogical content knowledge test based on empirical analysis of pupils' errors. *International Journal of Science Education, 34*(7), 1125-1143.

Kaiser, G., Blömeke, S., König, J., Busse, A., Döhrmann, M., & Hoth, J. (2017). Professional competencies of (prospective) mathematics teachers—Cognitive versus situated approaches. *Educational Studies in Mathematics, 94*(2), 161-182.

Kanter, D. E., & Konstantopoulos, S. (2010). The impact of a project-based science curriculum on minority student achievement, attitudes, and careers: The effects of teacher content and pedagogical content knowledge and inquiry-based practices. *Science Education, 94*(5), 855-887.

Käpylä, M., Heikkinen, J. P., & Asunta, T. (2009). Influence of content knowledge on pedagogical content knowledge: The case of teaching photosynthesis and plant growth. *International Journal of Science Education, 31*(10), 1395-1415.

Kaya, O. N. (2009). The nature of relationships among the components of pedagogical content knowledge of preservice science teachers: 'Ozone layer depletion' as an example. *International Journal of Science Education, 31*(7), 961-988.

Keller, M. M., Neumann, K., & Fischer, H. E. (2017). The impact of physics teachers' pedagogical content knowledge and motivation on students' achievement and interest. *Journal of Research in Science Teaching, 54*(5), 586-614.

Kellner, E., Gullberg, A., Attorps, I., Thorén, I., & Tärneberg, R. (2011). Prospective teachers' initial conceptions about pupils' difficulties in science and mathematics: A potential resource in teacher education. *International Journal of Science and Mathematics Education, 9*(4), 843-866.

Kersting, N. B. (2008). Using video clips of mathematics classroom instruction as item prompts to measure teachers' knowledge of teaching mathematics. *Educational and Psychological Measurement, 68*(5), 845-861.

Kersting, N. B., Sutton, T., Kalinec-Craig, C., Stoehr, K. J., Heshmati, S., Lozano, G., et al. (2016). Further exploration of the classroom video analysis (CVA) instrument as a measure of usable knowledge for teachingmathematics: Taking a knowledge system perspective. *ZDMMathematics Education, 48*(1), 97-109.

Khourey-Bowers, C., & Fenk, C. (2009). Influence of constructivist professional development on chemistry content knowledge and scientific model development. *Journal of Science Teacher Education, 20*(5), 437-457.

Kind, V. (2009). Pedagogical content knowledge in science education: Perspectives and potential for progress. *Studies in Science Education, 45*(2), 169-204.

Kind, V. (2017). Development of evidence-based, student-learning-oriented rubrics for pre-service science teachers' pedagogical content knowledge. *International Journal of Science Education*, 1-33.

Kirschner, S., Borowski, A., Fischer, H. E., Gess-Newsome, J., & von Aufschnaiter, C. (2016). Developing and evaluating a paper-and-pencil test to assess components of physics teachers' pedagogical content knowledge. *International Journal of Science Education, 38*(8), 1343-1372.

Knievel, I., Lindmeier, A. M., & Heinze, A. (2015). Beyond knowledge:Measuring primary teachers' subject-specific competences in and for teaching Mathematics with items based on video vignettes. *International Journal of Science and Mathematics Education, 13*(2), 309-329.

König, J., Blömeke, S., Klein, P., Suhl, U., Busse, A., & Kaiser, G. (2014). Is teachers' general pedagogical knowledge a premise for noticing and interpreting classroom situations? A videobased assessment approach. *Teaching and Teacher Education, 38,* 76-88.

Krepf, M., Plöger, W., Scholl, D., & Seifert, A. (2017). Pedagogical content knowledge of experts and novices—What knowledge do they activate when analyzing science lessons? *Journal of Research in Science Teaching*, 1-23.

Lin, J.-W. (2016). Do skilled elementary teachers hold scientific conceptions and can they accurately predict the type and source of students' preconceptions of electric circuits? *International Journal of Science and Mathematics Education, 14*(2), 287-307.

Lin, J.-W. (2017). A comparison of experienced and preservice elementary school teachers' content knowledge and pedagogical content knowledge about electric circuits. *EURASIA Journal of Mathematics, Science and Technology Education, 13*(3).

Lin, J.-W., & Chiu, M. H. (2010). The mismatch between students' mental models of acids/bases and their sources and their teacher's anticipations thereof. *International Journal of Science Education, 32*(12), 1617-1646.

Loughran, J., Milroy, P., Berry, A., Gunstone, R., & Mulhall, P. (2001). Documenting science teachers' pedagogical content knowledge through PaP-eRs. *Research in ScienceEducation, 31*(2), 289-307.

Loughran, J., Mulhall, P., & Berry, A. (2004). In search of pedagogical content knowledge in science: Developing ways of articulating and documenting professional practice. *Journal of Research in Science Teaching, 41*(4), 370-391.

Lucero, M. M., Petrosino, A. J., & Delgado, C. (2017). Exploring the relationship between secondary science teachers' subject matter knowledge and knowledge of student conceptions while teaching evolution by natural selection. *Journal of Research in Science Teaching, 54*(2), 219-246.

Luft, J. A. (2009). Beginning secondary science teachers in different induction programmes: The first year of teaching. *International Journal of Science Education, 31*(17), 2355-2384.

Luft, J. A., Firestone, J. B., Wong, S. S., Ortega, I., Adams, K., & Bang, E. (2011). Beginning secondary science teacher induction: A two-year mixed methods study. *Journal of Research in Science Teaching, 48*(10), 1199-1224.

Magnusson, S., Krajcik, J., & Borko, H. (1999). Nature, sources, and development of pedagogical content knowledge for science teaching. In J. Gess-Newsome & N. G. Lederman (Eds.), *Examining pedagogical content knowledge: The construct and its implications for science education* (pp. 95-132). Dordrecht: Kluwer Academic.

Mahler, D., Großschedl, J., & Harms, U. (2017). Using doubly latent multilevel analysis to elucidate relationships between science teachers' professional knowledge and students' performance. *International Journal of Science Education, 39*(2), 213-237.

Marks, R. (1990). Pedagogical content knowledge: From a mathematical case to a modified conception. *Journal of Teacher Education, 41*(3), 3-11.

Marshall, J. C., Smart, J., & Alston, D. M. (2016). Development and validation of Teacher Intentionality of Practice Scale (TIPS): A measure to evaluate and scaffold teacher effectiveness. *Teaching and Teacher Education, 59,* 159-168.

Matthew, J. K., Tae Seob, S., & Punya, M. (2012). How do we measure TPACK? Let me count the ways. In N. R. Robert, R. R. Christopher, & L. N. Margaret (Eds.), *Educational technology, teacher knowledge, and classroom impact: A research handbook on frameworks and approaches* (pp. 16-31). Hershey, PA, USA: IGI Global.

Mavhunga, E. (2016). Transfer of the pedagogical transformation competence across chemistry topics. *Chemistry Education Research and Practice, 17*(4), 1081-1097.

Mavhunga, E., & Rollnick, M. (2013). ImprovingPCKof chemical equilibrium in pre-service teachers. *African Journal of Research in Mathematics, Science and Technology Education, 17*(1-2), 113-125.

Mavhunga, E., & Rollnick, M. (2016). Teacher- or learner-centred? Science teacher beliefs related to topic specific pedagogical content knowledge:ASouthAfrican case study. *Research in Science Education, 46*(6), 831-855.

McNeill, K. L., González-Howard, M., Katsh-Singer, R., & Loper, S. (2016). Pedagogical content knowledge of argumentation: Using classroom contexts to assess high-quality PCK rather than pseudoargumentation. *Journal of Research in Science Teaching, 53*(2), 261-290.

Mellado, V., Bermejo, M. L., Blanco, L. J., & Ruiz, C. (2007). The classroom practice of a prospective secondary biology teacher and his conceptions of the nature of science and of teaching and learning science. *International Journal of Science and Mathematics Education, 6*(1), 37-62.

Melo-Niño, L. V., Cañada, F., & Mellado, V. (2017a). Exploring the emotions in pedagogical content knowledge about the electric field. *International Journal of Science Education, 39*(8), 1025-1044.

Melo-Niño, L. V., Cañada, F., & Mellado, V. (2017b). Initial characterization of colombian high school physics teachers' pedagogical content knowledge on electric fields. *Research in Science Education, 47*(1), 25-48.

Meschede, N., Fiebranz, A., Möller, K., & Steffensky, M. (2017). Teachers' professional vision, pedagogical content knowledge and beliefs: On its relation and differences between pre-service and in-service teachers. *Teaching and Teacher Education, 66,* 158-170.

Miller, M. (2007). Pedagogical content knowledge. In G. Bodner & M. Orgill (Eds.), *Theoretical frameworks for research in chemistry/science education* (pp. 86-106). Upper Saddle River, NJ: Pearson Prentice Hall.

Monet, J. A., & Etkina, E. (2008). Fostering self-reflection and meaningful learning: Earth science professional development for middle school science teachers. *Journal of Science Teacher Education, 19*(5), 455-475.

Moodley, K., & Gaigher, E. (2017). Teaching electric circuits: Teachers' perceptions and learners' misconceptions. *Research in Science Education.*

Mthethwa-Kunene, E., Onwu, G. O., & deVilliers, R. (2015). Exploring biology teachers' pedagogical content knowledge in the teaching of genetics in Swaziland science classrooms. *International Journal of Science Education, 37*(7), 1140-1165.

National Council for Accreditation of Teacher Education. (2008). *Professional standards for the accreditation of teacher preparation institutions.* Washington, DC: National Council for Accreditation of Teacher Education.

National Research Council. (1996). *The national science education standards.* Washington, DC: National Academy Press.

Nilsson, P. (2014). When teaching makes a difference: Developing science teachers' pedagogical content knowledge through learning study. *International Journal of Science Education, 36*(11), 1794-1814.

Nilsson, P., & Elm, A. (2017). Capturing and developing early childhood teachers' science pedagogical content knowledge through CoRes. *Journal of Science Teacher Education*, 1-19.

Nilsson, P., & Loughran, J. (2012). Exploring the development of pre-service science elementary teachers' pedagogical content knowledge. *Journal of Science Teacher Education, 23*(7), 699-721.

Nilsson, P., & van Driel, J. H. (2010). Teaching together and learning together—Primary science student teachers' and their mentors' joint teaching and learning in the primary classroom. *Teaching and Teacher Education, 26*(6), 1309-1318.

Nilsson, P., & Vikström, A. (2015). Making PCKexplicit—Capturing science teachers' pedagogical content knowledge (PCK) in the science classroom. *International Journal of Science Education, 37*(17), 2836-2857.

Oh, P. S., & Kim, K. S. (2013). Pedagogical transformations of science content knowledge inKorean elementary classrooms. *International Journal of Science Education, 35*(9), 1590-1624.

Park, S., & Chen, Y.-C. (2012). Mapping out the integration of the components of pedagogical content knowledge (PCK): Examples from high school biology classrooms. *Journal of Research in Science Teaching, 49*(7), 922-941.

Park, S., Jang, J.-Y., Chen, Y.-C., & Jung, J. (2011). Is pedagogical content knowledge (PCK) necessary for reformed science teaching?: Evidence from an empirical study. *Research in Science Education, 41*(2), 245-260.

Park, S., & Oliver, J. S. (2008a). National Board Certification (NBC) as a catalyst for teachers' learning about teaching: The effects of theNBCprocess on candidate teachers'PCKdevelopment. *Journal of Research in Science Teaching, 45*(7), 812-834.

Park, S., & Oliver, J. S. (2008b). Revisiting the conceptualisation of pedagogical content knowledge (PCK): PCK as a conceptual tool to understand teachers as professionals. *Research in Science Education, 38*(3), 261-284.

Park, S., Suh, J., & Seo, K. (2017). Development and validation of measures of secondary science teachers' PCK for teaching photosynthesis. *Research in Science Education*, 1-25.

Paulick, I., Groβschedl, J., Harms, U., & Möller, J. (2016). Preservice teachers' professional knowledge and its relation to academic self-concept. *Journal of Teacher Education, 67*(3), 173-182.

Piliouras, P., Plakitsi, K., Seroglou, F., & Papantoniou, G. (2017). Teaching explicitly and reflecting on elements of nature of science: A discourse-focused professional development program with four fifth-grade teachers. *Research in Science Education*, 1-26.

Qhobela, M., & Kolitsoe Moru, E. (2014). Examining secondary school physics teachers' beliefs about teaching and classroom practices in Lesotho as a foundation for professional development. *International Journal of Science and Mathematics Education, 12*(6), 1367-1392.

Rollnick, M. (2017). Learning about semi conductors for teaching—The role played by content knowledge in Pedagogical Content Knowledge (PCK) development. *Research in Science Education*, 1-36.

Rollnick, M., Bennett, J., Rhemtula, M., Dharsey, N., & Ndlovu, T. (2008). The place of subject matter knowledge in pedagogical content knowledge: A case study of South African teachers teaching the amount of substance and chemical equilibrium. *International Journal of Science Education, 30*(10), 1365-1387.

Rosenkränzer, F., Hörsch, C., Schuler, S., & Riess, W. (2017). Student teachers' pedagogical content knowledge for teaching systems thinking: Effects of different interventions. *International Journal of Science Education*, 1-20.

Roth, K. J., Garnier, H. E., Chen, C., Lemmens, M., Schwille, K., & Wickler, N. I. Z. (2011). Videobased lesson analysis: Effective science PD for teacher and student learning. *Journal of Research in Science Teaching, 48*(2), 117-148.

Sadler, P. M., Sonnert, G., Coyle, H. P., Cook-Smith, N., & Miller, J. L. (2013). The Influence of teachers' knowledge on student learning in middle school physical science classrooms. *American Educational Research Journal, 50*(5), 1020-1049.

Salloum, S. L., & BouJaoude, S. (2008). Careful! It is H2O? Teachers' conceptions of chemicals. *International Journal of Science Education, 30*(1), 33-64.

Scharfenberg, F.-J., & Bogner, F. X. (2016). A new role change approach in pre-service teacher education for developing pedagogical content knowledge in the context of a student outreach lab. *Research in Science Education, 46*(5), 743-766.

Schmelzing, S., van Driel, J. H., Jüttner, M., Brandenbusch, S., Sandmann, A., & Neuhaus, B. J. (2013). Development, evaluation and validation of a paper-and-pencil test for measuring two components of biology teachers' pedagogical content knowledge concerning the "cardiovascular system" *International Journal of Science and Mathematics Education, 11*(6), 1369-1390.

Schneider, R. M., & Plasman, K. (2011). Science teacher learning progressions. *Review of Educational Research, 81*(4), 530-565.

Settlage, J. (2013). On acknowledging PCK's shortcomings. *Journal of Science Teacher Education, 24*(1), 1-12.

Seung, E. (2013). The process of physics teaching assistants' pedagogical content knowledge development. *International Journal of Science and Mathematics Education, 11*(6), 1303-1326.

Shavelson, R. J., Ruiz-Primo, M. A., & Wiley, E. W. (2005). Windows into the mind. *Higher Education, 49*(4), 413-430.

Shulman, L. S. (1986). Those who understand: Knowledge growth in teaching. *Educational Researcher, 15*(2), 4-14.

Shulman, L. S. (1987). Knowledge and teaching: Foundations of the new reform. *Harvard Educational Review, 57*(1), 1-22.

Shulman, L. S. (2015). PCK: Its genesis and exodus. In A. Berry, P. J. Friedrichsen, & J. Loughran (Eds.), *Re-examining pedagogical content knowledge in science education* (pp. 3-13). New York: Routledge.

Sickel, A. J., & Friedrichsen, P. J. (2017). Using multiple lenses to examine the development of beginning biology teachers' pedagogical content knowledge for teaching natural selection simulations. *Research in Science Education*, 1-42.

Smit, R., Rietz, F., & Kreis, A. (2017). What are the effects of science lesson planning in peers?—Analysis of attitudes and knowledge based on an actor-partner interdependence model. *Research in Science Education*, 1-18.

Smit, R., Weitzel, H., Blank, R., Rietz, F., Tardent, J., & Robin, N. (2017). Interplay of secondary pre-service teacher content knowledge (CK), pedagogical content knowledge (PCK) and attitudes regarding scientific inquiry teachingwithin teacher training. *Research in Science & Technological Education*, 1-23.

Smith, S. P., & Banilower, E. R. (2015). Assessing PCK: A new application of the uncertainty principle. In A. Berry, P. J. Friedrichsen, & J. Loughran (Eds.), *Re-examining pedagogical content knowledge in science education* (pp. 88-103). New York: Routledge.

Sorge, S., Kröger, J., Petersen, S., & Neumann, K. (2017). Structure and development of pre-service physics teachers' professional knowledge. *International Journal of Science Education*, 1-28.

Stasinakis, P. K., & Athanasiou, K. (2016). Investigating Greek biology teachers' attitudes towards evolution teaching with respect to their pedagogical content knowledge: Suggestions for their professional development. *EURASIA Journal of Mathematics, Science & Technology Education, 13,* 1605-1617.

Stender, A., Brückmann, M., & Neumann, K. (2017). Transformation of topic-specific professional knowledge into personal pedagogical content knowledge through lesson planning. *International Journal of Science Education*, 1-25.

Suh, J., & Park, S. (2017). Exploring the relationship between pedagogical content knowledge (PCK) and sustainability of an innovative science teaching approach. *Teaching and Teacher Education, 64,* 246-259.

Supprakob, S., Faikhamta, C., & Suwanruji, P. (2016). Using the lens of pedagogical content knowledge for teaching the nature of science to portray novice chemistry teachers' transforming NOS in early years of teaching profession. *Chemistry Education Research and Practice, 17*(4), 1067-1080.

Tamir, P. (1988). Subject matter and related pedagogical knowledge in teacher education. *Teaching & Teacher Education, 4,* 99-110.

Tay, S. L., & Yeo, J. (2017). Analysis of a physics teacher's pedagogical 'micro-actions' that support 17-year-olds' learning of free body diagrams via a modelling approach. *International Journal of Science Education*, 1-30.

Tepner, O., Borowski, A., Dollny, S., Fischer, H. E., Jüttner, M., Kirschner, S., et al. (2012). Modell zur Entwicklung von Testitems zur Erfassung des Professionswissens von Lehrkräften in den Naturwissenschaften [Item development model for assessing professional knowledge of science teachers]. *Zeitschrift für Didaktik der Naturwissenschaften, 18,* 7-28.

Uzuntiryaki-Kondakcı, E., Demirdöğen, B., Akin, F. N., Tarkin, A., & Aydin, S. (2017). Exploring the complexity of teaching: The interaction between teacher self-regulation and pedagogical content knowledge. *Chemistry Education Research and Practice, 18*(1), 250-270.

van Dijk, E. M. (2009). Teachers' views on understanding evolutionary theory: A PCK-study in the framework of the ERTE-model. *Teaching and Teacher Education, 25*(2), 259-267.

van Dijk, E. M. (2014). Understanding the heterogeneous nature of science: Acomprehensive notion of PCK for scientific literacy. *Science Education, 98*(3), 397-411.

van Dijk, E. M., & Kattmann, U. (2007). A research model for the study of science teachers' PCK and improving teacher education. *Teaching and Teacher Education, 23*(6), 885-897.

van Driel, J. H., & Abell, S. K. (2010). Science teacher education. In P. Peterson, E. Baker, & B. McGaw (Eds.), *International encyclopedia of education* (3rd ed., pp. 712-718). Oxford: Elsevier.

van Driel, J. H., & Berry, A. (2010). The teacher education knowledge base: Pedagogical content knowledge. In P. Peterson, E. Baker, & B. McGaw(Eds.), *International encyclopedia of education* (3rd ed., pp. 656-661). Oxford: Elsevier.

van Driel, J. H., & Berry, A. (2012). Teacher professional development focusing on pedagogical content knowledge. *Educational Researcher, 41*(1), 26-28.

van Driel, J. H., & Berry, A. (2017). Developing pre-service teachers' pedagogical content knowledge. In D. J. Clandinin & J. Husu (Eds.), *The SAGE handbook of research on teacher education* (Vol. 2, pp. 561-576). Thousand Oaks: California SAGE Publications Ltd.

van Driel, J. H., Berry, A., & Meirink, J. A. (2014). Research on science teacher knowledge. InN. G. Lederman&S. K. Abell (Eds.), *Handbook of research on science education* (Vol. 2, pp. 848-870). New York, NY: Routledge.

van Driel, J. H., Verloop, N., & deVos, W. (1998). Developing science teachers' pedagogical content knowledge. *Journal of Research in Science Teaching, 35*(6), 673-695.

Veal, W. R., & MaKinster, J. (1999). Pedagogical content knowledge taxonomies. *Electronic*

Journal of Science Education, 3(4).

Walan, S., Nilsson, P., & Ewen, B. M. (2017). Why inquiry? Primary teachers' objectives in choosing inquiry- and context-based instructional strategies to stimulate students' science learning. *Research in Science Education*, 1-20.

Wang, Y.-L., Tsai, C.-C., &Wei, S.-H. (2015). The sources of science teaching self-efficacy among elementary school teachers: A mediational model approach. *International Journal of Science Education, 37*(14), 2264-2283.

Willermark, S. (2017). Technological pedagogical and content knowledge: A review of empirical studies published from 2011 to 2016. *Journal of Educational Computing Research*, 1-28.

Wilson, S. M., Shulman, L. S., & Richert, E. R. (1987). '150 different ways' of knowing: Representations of knowledge in Teaching. In J. Calderhead (Ed.), *Exploring teachers' thinking*. London: Cassell.

Wongsopawiro, D. S., Zwart, R. C., & van Driel, J. H. (2017). Identifying pathways of teachers' PCK development. *Teachers and Teaching, 23*(2), 191-210.

Zembylas, M. (2007). Emotional ecology: The intersection of emotional knowledge and pedagogical content knowledge in teaching. *Teaching and Teacher Education, 23*(4), 355-367.

Zhou, S., Wang, Y., & Zhang, C. (2016). Pre-service science teachers' PCK: Inconsistency of preservice teachers' predictions and student learning difficulties in Newton's Third Law. *EURASIA Journal of Mathematics, Science and Technology Education, 12*(3), 373-385.

제2장

과학 교육에서 PCK의 개선된 합의 모델(RCM)

자넷 칼슨Janet Carlson, 커스틴 대흘러Kirsten R. Dachler

이 장에서는 과학 교사 교육 국제 연구자 24명의 기여와 집단적 사고의 결과물로서, 현재 PCK의 개선된 합의 모델(RCM)로 알려진 과학 교육에서의 교사 PCK 모델의 개발 과정을 시간순으로 정리한다. 이 개발 과정은 PCK를 포함한 교사 전문 지식 및 기술 모델[비공식적으로 2012 합의 모델(CM)]이 업데이트되고 중대한 개선으로 이어지는 과정을 설명하는 것으로부터 시작한다. 그런 다음, 모델의 다양한 구성요소를 글과 도식의 형태로 분석하고 설명한다. RCM은 교사의 실천을 형성하며 학생의 성취를 중재하는 지식 및 경험의 복잡한 계층을 설명한다. 이 모델의 핵심 특징은 PCK의 세 가지 영역인 집단적 PCK(collective PCK), 개인적 PCK(personal PCK), 실행된 PCK(enacted PCK)를 구별한다는 점이다. 이러한 영역들은 많은 사람이 이해하고 있는 집단적 지식에서부터 개별 교사가 활용하는 지식의 고유한 집합체에 이르기까지 다양한 환경에서 다양한 과학 교육자가 보유한 전문 지식을 배치하는 데 이용된다. 또한, 이 모델은 더 광범위한 전문 지식 기반이 교사 PCK의 기반이 되지만, 교사가 가르치고 있는 학습 맥락이 교수와 학습에 큰 영향을 미칠 수 있다는 점을 인정하고 있다.

1. 서론

이 장에서는 과학 교사 교육 국제 연구자 24명의 기여와 집단적 사고를 표상하는 교사 PCK 모델을 소개한다. 비공식적으로 “2012 PCK 합의 모델(Consensus Model, 이하 CM)”로 알려진 교사 전문 지식 및 기술 모델이 업데이트되고 중대한 개선으로 이어지는 과정을 설명하는 것으로부터 시작한다(Berry, Friedrichsen, & Loughran (Eds.), 2015). [그림 2.1]은 2012년 PCK 정상회의에서 개발된 이후 앞서 언급한 편집본으로 출간된 모델의 도식이다(Gess-Newsome, 3장, p.31). 연구자들의 두 번째 기여는 PCK를 학생 성취의 향상을 위해 특정 학생에게 특정 목적을 위해 특정 주제를 특정 방식으로 가르치기 위한 지식, 추론 및 계획으로 정의한 것이다(Gess-Newsome, 2015, p.36). 연구자들이 그 모델을 연구함에 따라, 모델의 적합성과 제한점에 대한 연구자들의 이해가 더 명확해졌다. 2016년 12월에는 제1차 정상회의[1]의 과학 교사 교육 연구 참가자들과 함께 전 세계의 과학 PCK 연구자들이 추가로 포함되어 제2차 정상회의가 소집되었다. 제2차 PCK 정상회의의 목적은 PCK의 측정을 위한 수단과 도구를 공유하고, 2012 CM에 관한 연구들 사이의 일치도를 평가하는 것이었다. 이러한 과정에서 현재의 모델과 무엇이 함께 작동하고 무엇이 작동하지 않는지를 발견했다.

제2차 PCK 정상회의에 참석한 과학 PCK 연구자들은 2012 CM의 핵심적인 제한점 중 하나로 모델 자체에 PCK에 대한 세부 정보가 아주 적게 담겨 있다는 점을 지적했다. 더 구체적으로 설명하자면, 2012 CM은 사실 교사 전문 지식과 기술을 보여주는 것으로, 그것을 나타내는 도식에서 PCK의 위치와 PCK가 교실 실천 및 학생 성취에 미치는 영향을 포함하고 있다([그림 2.1]). 특히, “교실 실천” 상자는 교사의 개인적 PCK를 다른 전문 지식 기반의 맥락에 배치하고 그러한 전문 지식 기반 및 다른 맥락 정보가 교실 실천에 어떤 영향을 미치는지 알려준다. 더 명확하게는, 2012 CM은 이전 모델들과 다른 두 가지 세부 사항을 설명했다: (1) PCK의 정의에 교수 실천(기술)을 추가한 것은 PCK가 역동적이며, 정적인 지식 이상을 포괄한다는 점을 나타낸다. (2) 개인적 PCK와 기술(PCK&S)은 표준적인 주제-특수적 전문 지식(TSPK)과 구분 지어

1) 제1차 PCK 정상회의의 세부 사항은 여기서 확인할 수 있다: http://pcksummit.bscs.org/.

설명할 수 있고, 그렇게 해야 한다.

그러나 2012 CM의 한 가지 단점은 이 모델의 PCK 구성 요소가 과소 지정되었다는 것이며, 이는 모델이 PCK의 변인, 계층 및 복잡성을 풀어서 표현하는 데 충분하지 않음을 의미한다. 2012년 CM은 TSPK와 개인적 PCK&S를 구분했지만, PCK 측면에서의 차이가 명확하게 드러나지 않았고 연구자들은 수업 전략에 대한 지식을 어디에 두어야 하는지와 같은 구체적인 사항에 어려움을 겪었다. 그것이 PK인가, TSPK인가, 아니면 개인적 PCK&S인가? 언제, 그리고 어떤 조건에서? 제2차 PCK 정상회의 참가자들이 이러한 깨달음에 동의하면서 과학 교사의 PCK에 대한 이해와 교사 교육, 교육과정 및 정책에서의 시사점에 대해 더 깊은 이해를 발전시킬 수 있는 광범위한 연구를 안내하는 데 CM이 더 유용하도록 개선되어야 함이 분명해지기 시작했다.

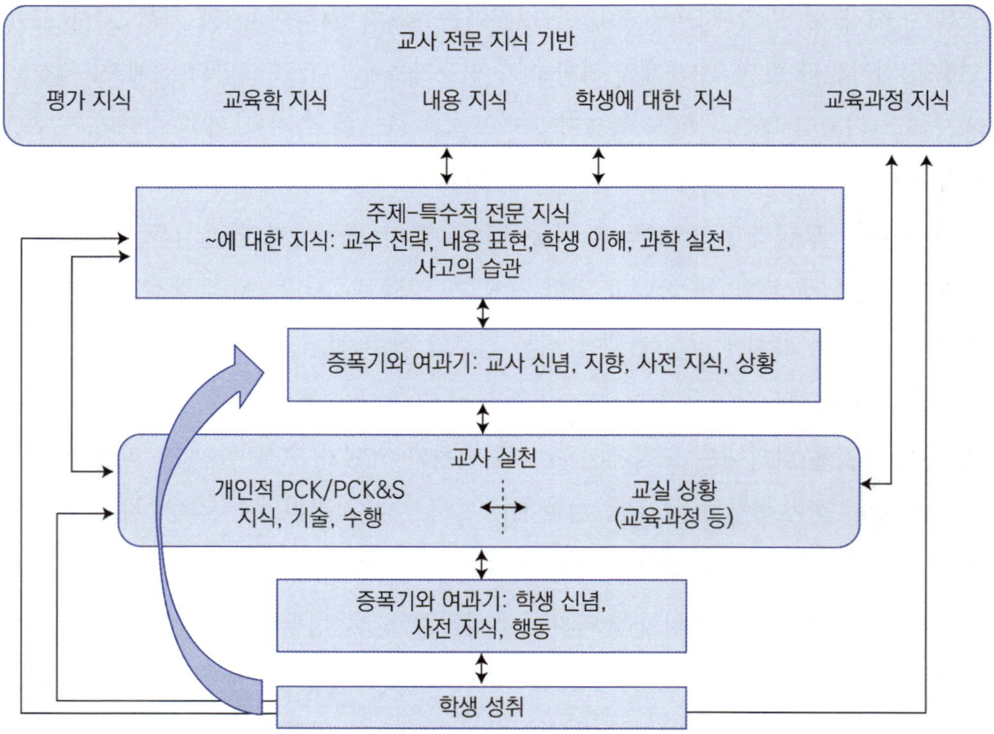

[그림 2.1] 2012년 미국 콜로라도 스프링스 제1차 PCK 정상회의에서 개발된 교사 전문 지식 및 기술 모델 (일명 2012 CM) (Gess-Newsome, 2015, p.31)

2012 CM뿐만 아니라 이전의 슐만[Sulman](1986년)과 마그누손 모델(Magnusson, Krajcik, & Borko, 1999)과 같은 다른 체계를 참조하여 2017년에 PCK의 개선된 합의 모델(Refined Consensus Model, 이하 RCM)을 개발했다. 이 모델 개발의 한 가지 목적은 연구자들이 교사와 교실에 초점을 맞추어 학생의 과학 학습을 PCK와 관련지어 연구할 수 있는 수단을 제공하는 것이었다. 또 다른 목적은 과학 교사 교육자들에게 형식 교육, 현직교사 전문적 학습, 직접적인 교수 경험을 통해 교사 PCK 개발에 대한 이론을 정립할 수 있는 수단을 제공하는 것이었다. 결과적으로, RCM은 *실행된 PCK*를 중심으로 실천자(교사)의 관점을 반영한다. 또한, 제2차 PCK 회의에서 논의의 목적이 PCK에 대한 정의에 대한 합의를 유도하는 것에서 과학 교사 교육 연구의 대상과 과학 교사 교육 및 전문적 학습 프로그램을 구체화하는 방법을 시각화하는 것으로 전환되기 시작했다. 이러한 전환은 광범위한 연구를 고려할 수 있도록 다양한 유형의 PCK의 의미와 이들 PCK 및 다른 형태의 지식 사이의 관계를 구체화하고 명확히 설명할 필요성을 제기했다. 따라서, 과학 교사 교육의 맥락에서 PCK에 대한 집단의 가장 최신의 생각을 어떻게 표현할 것인지 모델을 재개념화해야 할 때가 되었다.

2. RCM 모델 개발 과정

제2차 PCK 정상회의가 끝날 무렵, 소규모 실무진은 [그림 2.2]와 같이 화이트보드에 CM 수정을 위한 아이디어를 스케치했다. 이번 버전의 모델에 더 큰 특수성을 추가하고자 했다; 과학 PCK의 입자 크기(예: 분야, 주제, 개념)의 역할을 다루며; 교실에서의 경험과 전문적 기여 사이의 피드백 고리를 통해 PCK가 개인을 위해 어떻게 역동적으로 개발되는지 보여주며; *실천에서의* PCK의 개념을 수업의 교수적 추론 사이클(계획, 수행, 성찰) 동안의 교사 PCK 적용으로서 정교화하며; 그리고 교사의 개인적 PCK라는 큰 맥락과 개인을 넘어 더 큰 과학 PCK 지식의 집합체 내에서 PCK의 실천을 맥락화하였다. 이 업데이트된 모델은 PCK의 다양한 측면을 강조하지만, 실무진에서는 마그누손 모델이나 2012 CM과 같은 다른 모델을 대체하는 것으로 보지는 않았다. 오히려

이 장에서 설명하는 RCM은 이전의 체계들을 기반으로 과학 교사 교육 연구를 위한 2012 모델을 정교화하고 명확히 하기 위한 새로운 아이디어를 통합한다고 보았다.

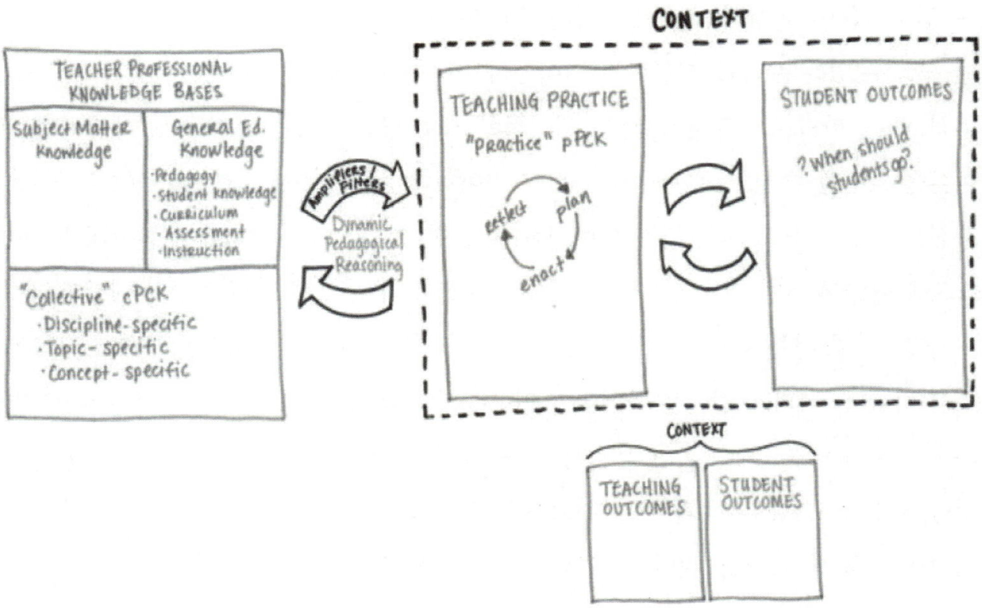

[그림 2.2] 제2차 정상회의에서 도출된 PCK의 개선된 합의 모델의 표현 초안

제2차 정상회의가 끝날 무렵 참가자들은 새로운 PCK 모델에 구성요소를 더욱 명료화하고 시각적 표현을 개선할 필요가 있다는 점을 인식했다. 이에 따라 자넷 칼슨Janet Carlson과 커스틴 대흘러Kirsten Daehler(이 장의 주요 저자 및 소위원회)는 제2차 PCK 정상회의에서 나온 아이디어를 통합한 업데이트된 합의 모델이라는 이해를 바탕으로, 그래픽 아티스트와 협업하여 소위원회를 돕기로 했다. 이후 몇 주 동안 소위원회는 그래픽 아티스트와 협력하여 업데이트된 PCK 모델에서 무엇을 표현해야 하는지에 대해 면담한 다음, 다양한 다이어그램(예: 상자, 화살표, 동심원)의 초안을 작성하여 제2차 정상회의에서 나온 아이디어를 전달하기 위한 최적의 표현을 결정했는데, 여러 번의 수정을 거쳐 동심원 표현을 선택했다. 이는 동심원이 PCK 요소 간 관계의 복잡성, 특히 과학에서 개별 교사의 PCK가 교실 경험에서 얻은 전문 지식과 다른 더 큰 지식체

계에 의존하는 방식을 전달하는 가장 좋은 모델로 보였기 때문이다[2). 교사와 학생을 동심원의 중심에 배치함으로써 실천자의 관점을 담아 표현하고 특정 교실 내에서 과학 교수 행위에 대한 현장의 관심을 반영한다(Berry et al., 2016). 또한 교사의 교수적 추론에 대한 연구의 가치와 *실행된* PCK 또는 *실행 중* PCK의 역동적인 본성을 강화한다.

몇 달 후 모델의 초안과 설명글이 모든 제2차 PCK 정상회의 참가자들에게 온라인으로 공유되었고, 그들은 그에 대한 의견과 편집을 위한 제안을 회신했다. 몇 주 뒤인 2017년 3월에 두 차례의 정상회의 참가자들이 모두 참석한 가운데 열린 미국과학교육연구협회(NARST) 회의에서 칼슨[Carlson]과 대흘러[Daehler]는 모델의 초안과 업데이트된 내용을 발표했다. NARST 동안 12명 이상의 과학 PCK 연구자들이 모델 초안에서 무엇이 작동하고 무엇이 작동하지 않는지에 대해 추가로 논의했다. 또한 소위원회는 제1차 정상회의에 참석한 다른 PCK 연구자들에게 연락하여 의견을 요청했다. 이러한 통합적 토론과 피드백 회의에서 얻은 아이디어는 소위원회가 여섯 차례 이상 글을 다듬고 그림을 수정할 때 고려되었다. 수정된 글과 그림은 두 차례의 PCK 정상회의 참가자의 광범위한 과학 교육 커뮤니티에 다시 온라인으로 공유되었으며 이후 참가자들의 의견을 가장 잘 반영하여 수정되었다. 칼슨[Carlson]은 아일랜드 더블린에서 열린 2017 유럽과학교육협회(ESERA) 회의에서 이 개정안을 발표했다. 이 회의 이후, PCK에 관심이 있는 다른 사람들이 글과 시각적 표현에 대해 의견을 나눌 수 있는 추가적인 의견 수렴 기간이 있었다. 이 장에서는 서면, 토론 및 각 발표 후 질문으로 받은 피드백을 종합하여 설명한다. 완벽하지 않은 모델로 남아 있지만(모든 모델이 그렇듯이), 다음 절에서 설명하는 바와 같이 업데이트된 RCM은 이 시점에서 과학 교육에서 교사의 PCK에 관한 집단적 아이디어의 가장 좋은 표현과 설명을 반영한다.

2) [그림 2.2]의 화이트보드 스케치는 [그림 2.3]의 동심원으로 표시된 최종 RCM과 시각적으로 다르지만, 제2차 정상회의에서 PCK의 성격에 대해 논의한 내용을 나타낸다.

3. 개선된 합의 모델(RCM)의 개요

RCM은 과학 교수 실천을 중심으로 한다. 이 모델은 교사의 교직 여정 전반에 걸쳐 교사의 과학 실천을 형성하고, 결과적으로는 학생의 성취를 중재하는 지식과 경험의 복잡한 계층을 설명한다. 이 모델의 주요 특징은 PCK의 세 가지 개별 영역인 *집단적 PCK*(collective PCK, 이하 cPCK), *개인적 PCK*(personal PCK, 이하 pPCK), *실행된 PCK*(enacted PCK, 이하 ePCK)를 확인한 것이다. 이 세 가지 영역은 한 분야의 여러 교육자가 보유한 전문 지식, 과학에서 개별 교사가 보유한 개인화된 전문 지식, 그리고 교사가 수업을 계획하고, 수행하고, 성찰하는 동안의 교수적 추론에 참여하기 위해 사용하는 고유한 지식의 하위 집합을 나타낸다. 이러한 PCK 계층의 개발에는 교사, 학생, 동료 및 기타 사람들의 기여가 내재해 있다. 동시에 교사의 지식과 기술은 [그림 2.3]과 같이 학생의 성취를 중재하는 방식으로 실천 전반에 걸쳐 활용된다. 이 모델은 광범위한 *전문 지식 기반*(예: 내용 지식, 교육학 지식)이 과학에서 교사 PCK의 기초가 되며 *학습 맥락*(예: 연방 및 학교 정책, 지역 사회 가치 및 학생 특성)이 교수와 학습에 영향을 미친다는 점을 인정하고 있다.

과학 교사의 교직 여정 전반에 걸쳐 모델의 다양한 동심원 사이에서 양방향으로 *지식 교환*(⬅➡)이 이루어진다. 교사가 각 영역에서 소유한 지식과 기술은 시간이 지남에 따라 과학 교사의 *pPCK*를 형성하는 방식으로 증폭되고 여과된다. 교사가 과학 교육을 위해 pPCK를 개발하는 방법을 증폭 및/또는 여과할 수 있는 신념과 태도의 예에는 학생에 대한 교사의 태도와 신념, 과학 내용 지식의 본질 또는 교사의 역할이 있다.

또한, 지식 교환은 교사가 특정 상황에서 특정 학생에게 특정 내용을 가르치는 것과 관련된 교육적 선택을 할 때 발생하며, *ePCK*로 알려진 교수 실천에서 활용되는 특정 전문 지식에 영향을 미치는 교사 자신의 증폭기 및 여과기에 의해 다시 조절된다. 마찬가지로, 과학 교수의 실천에서 얻은 경험은 과학 교사의 pPCK를 더욱 발전시키고 형성하는 피드백을 제공한다. 개별 교사는 대화와 공유를 통해 교사 집단이 구성한 *cPCK*에 기여하거나 조직화된 전문적 학습 공동체 및 과학 교육 연구 프로젝트에 참여하여 해당 분야의 집단적이고 표준적인 지식을 추가하며 궁극적으로 광범위한 전문 지식 기반(예: 학생 지식, 교육과정 지식)에 정보를 제공할 수 있다. 이러한 지식과 기술의 흐름이 동심원 안팎을 통과하는 것도 RCM의 또 다른 핵심 구성 요소이다.

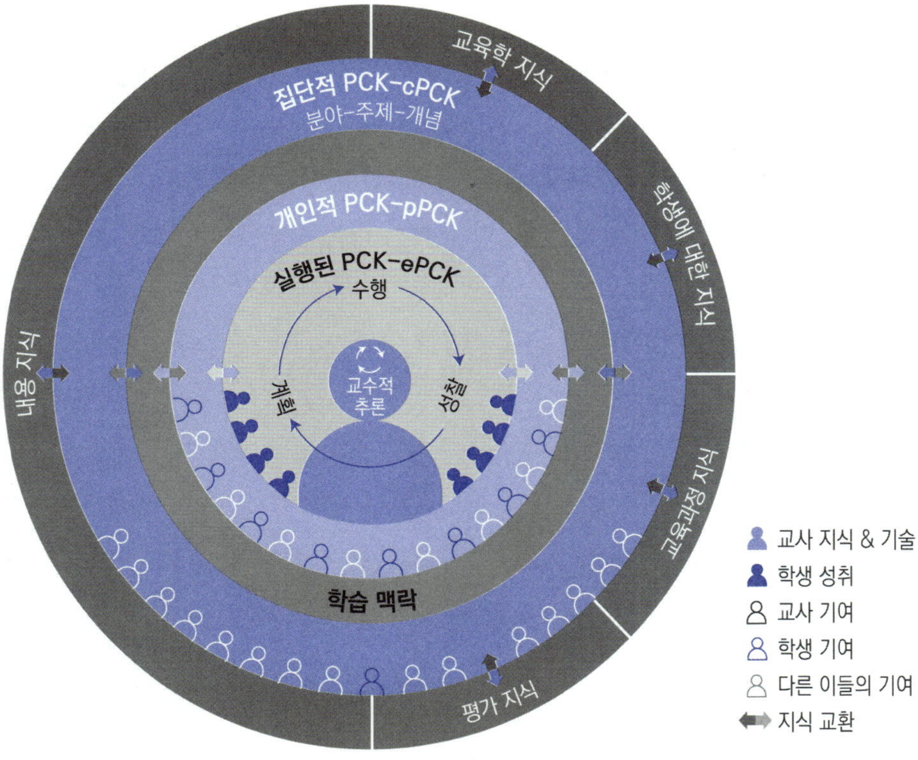

[그림 2.3] 제2차 PCK 정상회의에서의 논의와 NARST 및 ESERA 2017에서의 피드백 회의 및 온라인 의견 교환을 통한 PCK의 개선된 합의 모델(RCM)

4. 개선된 합의 모델(RCM)의 구성 요소

다음으로 과학 교수 활동에 초점을 맞춘 내부 원에서부터 시작하여 동심원을 따라 바깥쪽으로 작동하는 RCM의 구성요소 및 상호작용에 대해 설명한다. 제2차 PCK 정상회의에서 과학 PCK가 어떻게 개별 교사 내에서 개발되고 인간과 환경을 포함한 많은 요인의 영향을 받는지에 대한 논의를 반영하기 위하여 수업을 실행하는 교사와 그 수업에 참여하는 학생들로부터 시작한다.

1) 실행된 PCK(ePCK)

과학 교수 실천에 참여할 때(수업 계획, 계획의 수행 또는 수업 및 학생 성취에 대한 성찰) 교사는 [그림 2.4]와 같이 *ePCK*를 활용한다. 이 ePCK는 개별 교사(👤)가 특정 학생(👤) 또는 학생 그룹(👤👤👤)과 함께 특정 환경에서 활용하는 특정 지식 및 기술로, 특정 개념이나 개념의 집합, 한 분야의 특정 측면을 학습하는 것을 목표로 한다. 이 모델에서의 실행(enactment)은 학생들과 직접 상호작용할 때(행위 *중* 성찰) 교수 행위의 이면에 있는 지식과 추론에 적용될 뿐만 아니라, 수업을 계획하고 수업과 학생 성취를 성찰하는 행위(행위*에 대한* 성찰)에도 적용된다는 점에 유의해야 한다.

모델의 중심 원은 수업의 교수적 사이클이 역동적이며, 수업의 모든 측면에서 일어나는 교수적 추론이 각 교사와 모든 수업 순간에 고유하다는 것을 말해준다. 특정 수업 순간에 대한 교사의 ePCK는 학교, 교실, 교사와 상호작용하는 개별 학생의 맥락과 과학 교과에 대한 교사의 이해 및 교수(학)적 지식과 기술을 반영한다.

[그림 2.4] 실행된 PCK(ePCK): 특정 학생의 성취를 달성하기 위해 특정 환경에서 교사가 활용하는 특정 지식과 기술을 나타내는 모델의 안쪽 원

ePCK의 개념은 제1차 PCK 정상회의에서 도출된 핵심 아이디어를 반영하는데, 특히 "*학생 성취*의 향상을 위해 특정 *학생*에게 특정 *목적*을 위해 특정 *주제*를 특정 *방식*으로 가르치기 위한 *지식*, 추론 및 *계획*"이라는 "개인적 PCK"에 대한 설명을 반영한다. 또한, 제1차 정상회의에서 합의된 정의인 "개인적 PCK&S는 *학생 성취*의 향상을 위해 특정 *학생*에게 특정 *목적*을 위해 특정 *주제*를 특정 *방식*으로 *가르치는 행위*"에 "기술"이 포함된 것도 반영한다(Gess-Newsome, 2015, p.36).

과학 교사 PCK에서 학생 성취의 역할은 실천과 연구의 관점 모두에서 중요하다. 학생 성취는 교사의 교육 효과를 확인하는 한 가지 방법이다; 따라서 PCK와 같은 구인(construct)의 유용성을 평가하는 한 가지 방법은 그 구인이 학생의 학습 성취를 예측하는지 여부를 확인하는 것이다. 안쪽 원의 학생 아이콘(👤)은 교사가 상호 작용하는 학생과 그러한 상호 작용의 *결과*를 모두 나타낸다.

ePCK의 주요 특징은 교사의 행동이 주어진 수업 기간 동안 교실에서 학생들의 고유한 요구를 충족시키기 위해 자신의 지식에 의존하는 방식이다. 이러한 행동은 교사가 특정 수업 목표를 달성하기 위해 자신의 지식 범위와 실천 기반에서 끌어내는 것을 포함한다. 가르치는 내용을 모든 학생이 학습할 수 있도록 의미 있는 수업을 제공하기 위해 교사는 정기적으로 이러한 모든 구성요소를 계획하고, 수행하고, 성찰할 시간을 가질 필요가 있다. 이상적으로는 교수적 추론의 이러한 측면은 계획, 협력교수(co-teaching), 및/또는 학습의 증거에 대한 성찰을 위해 다른 사람들과 협력함으로써 수행된다. 교사들이 교실에서 학습자의 요구를 충족시킬 때, 그들은 더 큰 공유된 이해로부터 끌어내지는 교수적 추론을 사용한다. 이는 교사의 지식 표현, 교수 전략 및 표현의 선택, 특정 교수적 행위에 대한 근거의 명료화, 교수적 추론의 여로 요인(예: 학생에 대한 지식, 교육과정 요점(핵심), 평가 지식)의 통합에서 ePCK를 볼 수 있음을 의미한다.

연구자들이 과학 교육에서 ePCK를 연구할 때 그들의 연구를 구성하기 위해 고려해야 할 많은 측면이 있다. 예를 들어, 어떤 이는 교사가 특정 주제를 계획하고 성찰하고 가르치는 방법을 연구할 수 있고, 또는 교사가 그 사이클의 모든 부분을 어떻게 운영하는지 연구할 수도 있다. 다른 관점에서 ePCK를 살펴보면, 교사가 특정 주제에 대한 교수 전략을 어떻게 선택하는지, 학생의 선행 과학 개념이나 학습의 어려움에 대해 무엇을 이해하고 있는지, 또는 교사의 계획 및 교육에서 교육과정 자료가 어떤 역할을 하는지 조사해 볼 수도 있다.

ePCK는 특정 과학 수업 장면에 매우 특수적이기(specific) 때문에 주어진 교사의 PCK 범위를 완전히 표현하지는 못한다. 따라서 다음 절에 설명된 바와 같이 제2차 정상회의 참가자들은 ePCK를 pPCK의 하위 집합으로 배치했다.

2) 개인적 PCK(pPCK)

교사의 *pPCK*는 교사 자신의 교수 및 학습 경험을 반영하는 개별 교사의 누적적이고 역동적인 PCK&S이다. [그림 2.5]와 같이 교사의 pPCK는 동료 교사, 교육 연구자, 과학자 및 여타 내용 전문가와의 전문적 교류, 저널 기사, 소셜 미디어, 코스웍 및 전문적 학습 경험의 형태를 통한 다른 사람들(👤)의 기여뿐만 아니라 교사가 지금까지 가르친 모든 학생(👤)의 기여까지도 포함한다.

pPCK는 교사가 수업 실천에 활용할 수 있는 지식과 기술의 저장고 역할을 한다. pPCK의 세부 측면들이 수업에 활용되면 ePCK가 된다. 즉, ePCK는 pPCK의 하위 집합이다. 보다 구체적으로, 특정 수업 상황에 대응할 때 교사는 지식 저장고에 있는 모든 정보와 기술을 사용할 수는 없으며 주어진 교육 순간에 교수적 행위의 레퍼토리를 모두 사용할 수도 없다. 오히려 교사는 동료의 조언, 교육적 준비 및 학생들의 의견과 자신의 이전 경험에 근거하여 특정 맥락에서 특정 학습자에게 의미 있는 것을 사용할 것이다. 과학에서 교사의 pPCK, 추론, ePCK, 교사가 학생에게 반응하는 방식, 그리고 학생이 배우는 것 사이의 이러한 상호작용은 과학 교사 교육에서 많은 PCK 연구 프로젝트의 중심에 있다.

RCM에서 ePCK와 pPCK 간의 *지식 교환*(⬌)은 양방향으로 이루어진다. 교사가 학생과의 상호작용에서 얻은 각각의 통찰은 교사의 pPCK에 더 많은 정보를 제공한다. 그리고 교사가 특정 과학 학습 맥락에서 실행에 옮기는 ePCK는 교수적 추론을 통해 증폭되고 여과되는 교사의 특정 지식과 기술에 따라 달라진다. 이처럼, pPCK

는 ePCK에 의해 영향을 받고 ePCK에 영향을 준다. 마찬가지로, 과학을 가르치기 위한 pPCK는 교사가 운영하는 학습 맥락에 의해 영향을 받고 또 영향을 줄 수 있다.

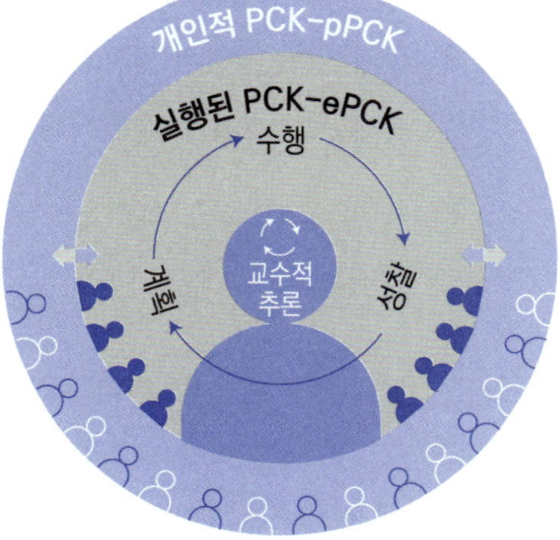

[그림 2.5] 개인적 PCK(pPCK): 학생, 동료 및 기타 사람들과의 누적된 경험과 기여에서 비롯된 특정 교과 영역을 가르치는 것에 대한 교사의 개인적 지식과 고유한 전문성

과학을 가르칠 때 교사의 pPCK는 형식 교육, 교수 경험 및 전문성 공유를 통해 시간이 지남에 따라 개발되고, 형성되며, 개선된다. 그 결과는 특정 학습 상황에서 특정 학생을 위한 특정 과학 주제를 가르치는 데 필요한 전문 지식과 일련의 기술이다. 모든 교사가 다양한 교육 경험과 교실 상호작용을 가지고 있다는 점을 감안하면, pPCK는 개별 교사마다 고유한 것이다. 특히, 유사한 교사 준비 프로그램에 참여했거나 동일한 학생 집단을 함께 가르친 경우, 일부 교사의 pPCK 프로파일 간에 상당한 중복이 있을 수는 있지만 각 교사의 pPCK는 필히 다를 것이다. 유사한 경험을 가진 교사들조차도 증폭 및/또는 여과하는(각각의 교사가 경험에서부터 가져오거나 제거하는 것) 역할을 하는 교사의 태도와 신념이 서로 다르므로 pPCK도 다양하다.

제1차 PCK 정상회의에서 참가자들은 PCK를 개별 교사가 보유한 일련의 개인화된 지식 및 기술로 구분했으며, 다른 지식 기반은 외적이며 공적인 것으로 간주했다(자세한 내용은 Gess-Newsome, 2015, p.36 참조). 제2차 정상회의에 참석한 참가자들이 PCK를 더욱 자세히 구체화하기 시작하면서 사적으로 보유한 PCK에서 공적으로 보유한 PCK에 이르기까지의 연속체를 연구하기 시작했는데, 여기서 ePCK는 가장 사적인 것이며, pPCK는 상대적으로 사적이거나 개인적인 측면과 동료와 공유할 가능성이 높은 지식의 다른 측면을 모두 가진 것이다. 앞장에서 알 수 있듯이 RCM은 이전 모델의 핵심 아이디어를 더 잘 구체화하기 위한 작업의 일환으로, 2012 CM 버전의 개인적 PCK&S에서 아이디어를 가져와 pPCK와 ePCK에 포함시킨 것이다.

3) 학습 맥락

과학 학습은 항상 광범위한 교육 환경(예: 연방 정책, 정부 부처 요구 사항, 국가 표준), 특정 학습 환경(예: 학교, 교실), 개별 학생의 특성(예: 언어 능력, 성향, 발달 준비도)과 같은 다양한 요인에 의해 정의되는 공간과 시간이라는 맥락에서 이루어진다. 이 모델에서 *학습 맥락*은 교사 개인적 수준의 지식 및 실천과 개인을 넘어 다른 사람들이 알고 하는 것을 나타내는 더 넓은 PCK 및 지식 기반 사이에 놓여 있는 동심원으로 표현된다. [그림 2.6]에서 과학 교수와 학습을 공간과 시간에 상징적으로 배치하기 위해 상위 계층으로 학습 맥락의 동심원을 추가한다. 여기서 이 맥락은 각 교사의 지식과 기술을 증폭하고 여과하며 교사의 행동을 중재하는 역할을 한다. 이 동심원은 또한 교사가 학생들에게 멀거나 가까운 지식의 맥락을 포함하여 그들이 가르치는 학습 맥락에 대한 깊은 지식을 갖는 것이 얼마나 필수적인지를 말해준다.

[그림 2.6] 학습 맥락: 광범위한 교육 환경에서 개별 학생의 특성에 이르기까지 모든 것을 포함하여 학습을 정의하고 중재하는 다양한 요인

교사의 행동과 학생의 성취에 영향을 미치는 또 다른 요인은 학생들로 가득 찬 교실이 있는 전통적인 학교든, 개인 학습자가 있는 방과 후 프로그램의 일부이든, 소규모 학생 집단이 있는 박물관이든, 아니면 기타 형식 또는 비형식 학습 환경이든, 학생의 학습이 이루어지는 실제 교실 환경이다. 이 경우 "교실"이라는 용어는 은유적으로 사용되며 학교 내부의 물리적 교실 공간에서 이루어지는 과학 학습에 국한되지 않는다. 이는 교사-학생 상호작용의 특성, 의도된 학습 결과, 사용된 교육과정 자료, 학습자의 집단 표준 또는 다양성 등 학습의 맥락을 설정하는 무수히 많은 다른 요인을 의미할 수 있다.

PCK의 관점에서 볼 때 학생의 특성은 아마도 학생의 나이, 학년 수준, 선행 경험, 성향, 발달 준비도, 언어 능력 및 문화적 신념과 같은 요인을 포함하여 학습 맥락의 가장 중요한 측면일 것이다. 유능한 교사는 각 학생의 특성을 아는 것의 가치를 인식하고, 학습을 촉진하기 위해 이 지식을 활용한다. 따라서 학생에 대한 지식은 교사의 교수적 추론과 '계획 → 수행 → 성찰' 사이클에 큰 영향을 미친다. 추론과 수업 모두에서 학생의 특성에 주의를 기울이는 과정은 토론이나 지필 과제에 대한 피드백과 같은 개별 학생에 대한 교사의 결정에 대해 풍부한 정보를 제공할 수 있다.

*학습 맥락*은 개별 교사의 PCK에 영향을 주는 증폭기 및 여과기 역할을 하지만, 다음 절에서 설명하는 바와 같이 교사의 사적인 PCK 또는 개인적 PCK(pPCK)를 더 공적인 PCK 또는 집단적 PCK(cPCK)와 구분하는 것이기도 하다.

4) 집단적 PCK(cPCK)

cPCK는 교사 자신의 기여(👤) 및 여러 사람이 이해하고 문서화한 특정 주제 내의 다양한 전문 지식 기반 및 다양한 교수 경험을 포함하는 여러 과학 교육자의 기여(👤)가 합쳐진 것이다. 결과적으로 cPCK는 과학 교육을 위한 전문 지식 기반으로, 특정 학습 맥락에서 특정 학생에게 특정 주제 지식을 가르치는 것과 관련된 전문가 집단 안에서 명확하게 표현되며 공유된다. 가장 중요한 것은 이 지식이 연구자, 교사 및 기타 교육 전문가 사이의 대화를 장려하는 방식으로 표현 및 공유될 수 있다는 점이다. 이 cPCK는 1986년 리 슐만[Lee Shulman]의 미국 교육 연구 협회(AERA) 회장 연설 이후 줄곧 문헌에 등장해 온 PCK의 영역이다.

다시 말해, cPCK는 두 사람 이상이 소유한 지식, 즉 사적인 지식이 아니라 공적이고 집단적으로 보유하는 지식을 의미한다. 이러한 공적인 지식은 종종 학계에서 문서화되는 것이지만(예: 출판된 연구 논문 및 회의 발표 자료의 형태로), 제2차 정상회의 참가자들은 교사 PCK가 어떠한 교육자 집단과/또는 연구자에 의해 표현 및 공유되는 지식도 포함한다는 점을 인정했다. 예를 들어, 그룹이 함께 모은 CoRe(내용 표상)에서 표현된 지식은 그들의 집단적 지식 중의 일부를 표상한다. cPCK는 종종 연구를 통해 알려진 것(즉, 표준적 PCK)에서 구축되지만, cPCK는 문헌에 있는 것 이상으로 집단이 광범위하게 보유한 지식의 연속체를 나타내며 과학 교수에 대한 지식이 학구, 학교 현장, 부서, 동학년 교사팀, 전문적 학습 공동체(즉, 지역 cPCK) 내에서도 개발된다는 것을 인식한다. 지역적인 행위 방식에서는 인식되지 않을 수 있는, 보다 맥락적인 지식을 고려하는 것 또한 가치가 있다. 예를 들어, 어떤 교사 팀이 교수 활동을 공동 개발할 때 이 암묵적 지식은 cPCK를 나타내며 이는 해당 학교 환경에서 전문적 학습을 위한 주요 원동력 중 하나가 될 수 있다.

과학 교수에 대한 이 전문 지식은 [그림 2.7]에서와 같이 '*분야-특수적 → 주제-특수적 → 개념-특수적* PCK'에 이르기까지 입자 크기가 다양할 수 있다. 다양한 연구팀이 이 용어들에 대해 서로 다른 정의를 가질 수 있지만, 중요한 점은 cPCK 내에서 사용되는 내용 지식이 광범위한 아이디어에서 협소한 아이디어에 이르는 연속체를 따라 구체화될 수 있다는 것이다. 특정 아이디어가 어떻게 PCK의 연속체를 따라 구체화되는지 보여주기 위해 다음의 예를 제시한다:

- 어린아이들에게 과학적 논증을 소개하는 효과적인 방법에 대한 지식(분야-특수적 PCK)
- 광합성에 대한 중고등학생의 전형적인 선개념에 대한 지식(주제-특수적 PCK)
- 물질은 생성되거나 파괴되지 않는다는 개념을 중학생들이 이해하도록 돕는 전략에 대한 지식(개념-특수적 PCK)

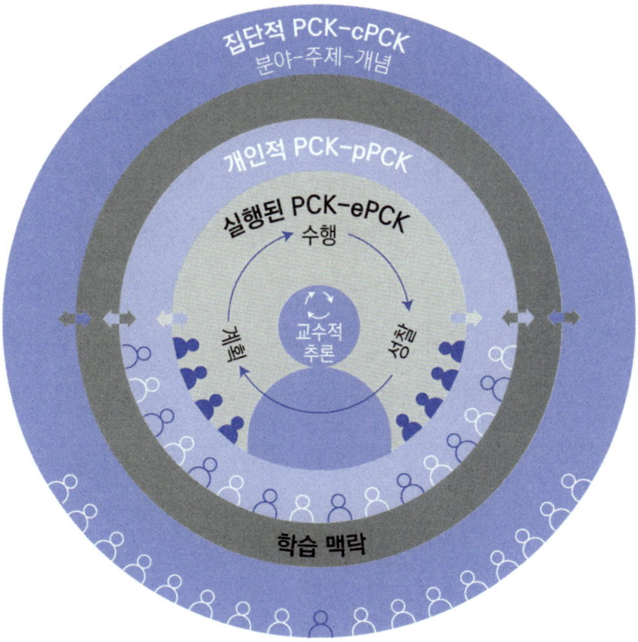

[그림 2.7] 집단적 PCK(cPCK): 한 집단의 사람들이 보유하고 어느 정도 일반화할 수 있는 것으로 간주되는 지식. 이것이 이 층이 학습 맥락 층 다음에 위치하는 이유이다.

[그림 2.7]에서 입자 크기는 cPCK 영역에만 표시되지만, 이 개념은 교사의 pPCK 및 ePCK를 포함한 PCK의 다른 모든 측면과 관련이 있다는 점에 유의해야 한다. 가독성과 공간 제한의 이유로 인해 분야-주제-개념 표기는 안쪽 동심원에서 생략되었다.

역사적으로 정의된 바와 같이, 과학 교사의 PCK는 내용 지식과 기타 전문 지식 기반(예: 교육학 지식 및 학생 지식)의 교차 영역에서 비롯된다. 다음 절에서는 이러한 지식 기반이 지금까지 모델에서 설명한 PCK 영역들과 어떻게 관련되는지 설명한다.

5) 전문 지식 기반

모델의 가장 바깥쪽 층은 [그림 2.8]과 같이 과학 내용 지식, 교육학 지식, 학생에 대한 지식, 교육과정 지식 및 평가 지식을 포함한 교사의 광범위한 전문 지식 기반의 다양한 측면을 나타낸다.

*내용 지식*은 특정 분야(예: 지구과학, 생물학, 화학 또는 물리학)의 학문적 내용을 설명한다. 이러한 전문적 지식에는 과학의 본성에 대한 이해와 과학적 설명 방법과 같은 분야별 지식과 기술을 보유하는 것과 함께 주제 내 특정 영역의 개념, 영역 간 관련성, 영역에 관련된 주제 및 개념이 포함된다. 항상 그런 것은 아니지만 종종 교사는 내용을 가르치는 방법에 대한 학습과는 별개로 수업이나 환경에서 내용 지식을 얻는다. 또한, 특히 과학에서 교사는 공식적으로 공부하지 않은 주제를 가르쳐 달라는 요청을 받을 수 있으므로 그러한 내용을 자기 주도적 또는 비공식적인 방식으로 배우도록 요구할 수 있다.

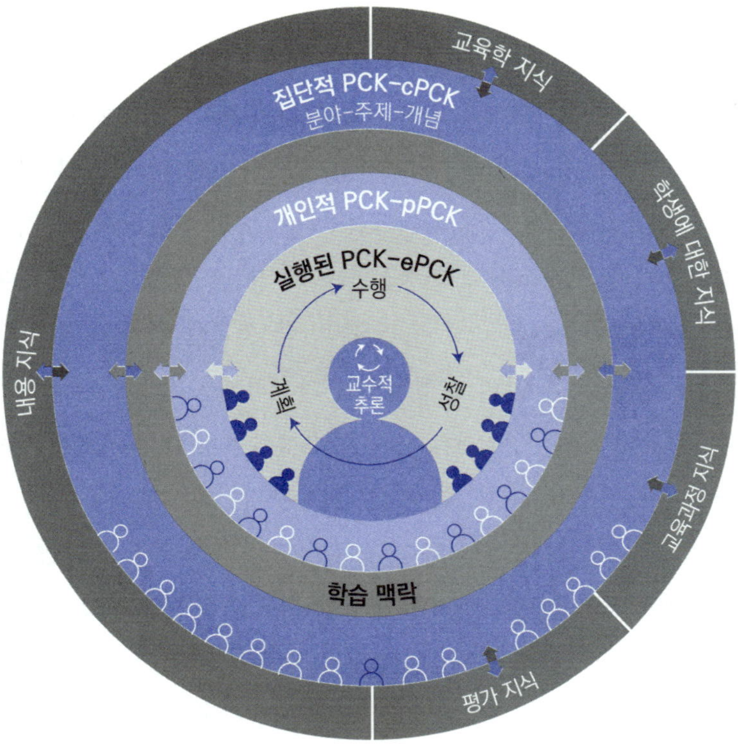

[그림 2.8] 전문 지식 기반: 전문 지식 기반(예: 교육학 지식, 학생 지식)은 교사가 전문가가 되기 위한 필수 기반이다. 이러한 지식 기반이 없으면 교사의 PCK는 상당히 제한적이다.

내용 지식 외에도 가르치는 것이 무엇을 의미하는지 정의하는 수많은 지식 기반이 있다. 교사는 학생의 발달 준비도, 교육과정의 성격, 다양한 유형의 평가 특성, 각 학생에게 효과적으로 접근할 수 있는 다양한 교수 기술 및 전략을 이해해야 한다. 이러한 교육적 지식은 일반적이며 특정 분야와 관련이 없다. 예를 들어, 교육과정 지식에는 학생의 개념 이해를 위해 수업 계열(순서)를 정하는 방법을 아는 것이 포함될 수 있으며, 일반적인 교육학 지식에는 학생들을 협동 학습에 참여시키거나 제2 언어 학습자의 요구를 지원하기 위해 교실을 운영하고 전략을 사용하는 방법을 아는 것이 포함될 수 있다. 이러한 지식 기반은 종종 교사 준비(양성) 프로그램과 같은 보다 공식적인 경로를 통해 개발되고, 그 후 교수 경험 및 전문적 학습 활동을 통해 강화된다.

6) 모델 개선의 시사점

2012년 CM이 개발된 지 5년밖에 되지 않았고 이 주제에 대한 책이 출간된 지 2년이 지났다는 점을 감안할 때, 사람들이 그들의 연구에 이제 막 합의 모델을 사용하기 시작했기 때문에 합의 모델을 개선하기에는 너무 이르다고 주장하는 사람들이 있을 수 있다. 그러나 과학 교사 교육에 헌신적인 여러 연구자 집단은 2012 모델에서 업데이트 작업이 현명한 대응이라고 할 수 있을 만큼 충분한 한계를 발견했다. RCM이 완벽한 모델이거나 진정한 합의 모델이라고 가정하지는 않지만, 이 모델이 PCK에 대한 생각을 심화하고 다른 영역에서 연구를 수행하는 사람들을 포함한 PCK를 연구하는 연구자에게 유용한 도구가 될 수 있다고 생각한다.

이 모델은 PCK의 역동적 수행에 더 많은 정적 지식을 시각적으로 연결하여 모델의 서로 다른 영역에서 PCK에 관해 맥락적 연구를 수행할 수 있는 기회를 제공하고 연구할 요소를 발견하는 데 도움을 준다. 이 모델은 교사가 과학 교수를 위해 PCK를 강화하거나 교수법을 변경하거나 다양한 지식 기반을 연결하기 위한 메커니즘과 경로를 명시하지 않는다는 점에 유의해야 한다. 또한 이 모델은 교사의 행동과 학생 학습 사이의 특정한 관계를 주장하지도 않는다. PCK 연구자들은 PCK의 세 영역과 다른 지식 기반과의 관계를 파악함으로써 그들의 연구를 가장 적절한 영역에 배치하고 메커니즘과 경로를 정의하기 시작할 수 있다.

이 모델은 또한 "PCK는 일반적인가, 개별적인가?"라는 질문에 내재한 갈등을 "범주" 사이의 관계를 제안함으로써 해결한다. 이러한 제안된 관계로부터 연구자는 연구할 수 있는 관계에 대한 가설을 생성할 수 있다. 또한, 이 모델은 개인 차원에서 과학을 가르치기 위한 PCK 개발에 있어 경험, 학생, 동료의 역할을 고려함으로써 예비교사에서부터 전문가 리더십에 이르는 경력 경로에 걸쳐 교사 개발을 지원하는 방법에 대해 생각할 수 있는 방법을 제공한다.

이 모델에서 명시적으로 설명되지 않은 PCK의 다른 측면을 정의하는 다른 모델과 이 모델을 연결하는 작업이 수행되어야 한다. 예를 들어 마그누손Magnusson 등(1999)의 모델과 그 변형 모델은 pPCK와 ePCK의 개발 및 사용 중에 교사가 수행하고 생각하는 것을 더 자세히 밝히는 매우 유용한 방법이 될 수 있다.

전 세계의 연구자들과 실천자들이 이 모델에 기여했다. 따라서 이 모델은 다양한 국가의 엄밀한 검토를 거치고, 다양한 정책 환경과 관련성이 있으며, 다양한 연구 패러다임에 유용하고, 과학 및 다른 잠재적인 영역 모두에서 광범위한 교사 양성 및 전문적 학습 프로그램에 정보를 제공한다. 이제 모델을 테스트할 차례이다.

참고문헌

Berry, A., Depaepe, F., & van Driel, J. (2016). Pedagogical content knowledge in teacher education. In J. Loughran & M. L. Hamilton (Eds.), *International handbook of teacher education* (Vol. 1, pp. 347-386). Singapore: Springer Singapore.

Berry, A., Friedrichsen, P., & Loughran, J. (Eds.). (2015). *Re-examining pedagogical content knowledge in science education*. New York, London: Routledge.

Gess-Newsome, J. (2015). A model of teacher professional knowledge and skill including PCK: Results of the thinking from the PCK summit. In A. Berry, P. Friedrichsen, & J. Loughran (Eds.), *Re-examining pedagogical content knowledge in science education*. New York, London: Routledge.

Magnusson, S., Krajcik, J., Borko, H. (1999). Nature, sources, and development of pedagogical content knowledge for science teaching. In: J. Gess-Newsome & N. G. Lederman (Eds.) *Examining pedagogical content knowledge. Science & technology education library* (Vol. 6). Dordrecht: Springer.

Shulman, L. (1986). Those who understand: Knowledge growth in teaching. *Educational Researcher, 15*(2), 4-14.

제3장

실천자(교사)와 연구자의 RCM 적용을 보여주는 비네트

자넷 칼슨Janet Carlson, 레베카 쿠퍼Rebecca Cooper, 커스틴 대흘러Kirsten R. Daehler,
파트리샤 프리드리히센Patricia J. Friedrichsen, 조안 헬러Joan I. Heller, 소피 키르슈너Sophie Kirschner,
니콜 루시아니 엘리엇Nicole Lusiani Elliott, 카렌 마란지오Karen Marangio, 니콜 웡Nicole Wong

이 장의 목표는 과학 교사 교육 연구에서 PCK의 개선된 합의 모델(RCM)이 추상적 시각화(도식)에서부터 연구자 및 교육자 모두가 사용하는 도구로 어떻게 발전하는지에 대한 예를 제공하는 것이다. 이 장은 다양한 조건과 관점에서 짧은 비네트 모음을 제공하며, 각 비네트는 RCM이 과학 교사 교육에서 사용되는 방식을 설명하거나 모델의 계층 내에 선행연구와 PCK 도구들을 연관지어 봄으로써 RCM에 활기를 불어넣는다. 첫 번째와 두 번째 비네트는 예비 교사의 관점을 제공하는데, 미국과 호주의 학습 맥락과 과학 교사 교육자의 경험은 서로 확연하게 다르다. 세 번째 비네트는 러시아 교사들을 대상으로 실행한 교사 전문적 학습 과정에서의 RCM 사용에 관한 고찰을 공유하고, 네 번째와 다섯 번째 비네트는 미국과 독일에서 수행된 대규모 과학 PCK 연구의 사례들과 함께 연구자의 관점을 제공한다. 각 비네트는 다음과 같이 세 부분의 유사한 구조로 구성되어 있다.

- 맥락: 연구 또는 교사 교육 프로그램의 조건(예: 예비 교사, 전문적 학습, 연구), 참가자 및 목표에 대한 설명
- 모델과의 연관성: 연구 또는 적용 사례가 RCM과 어떻게 연관되는지에 대한 설명
- 성찰: 연구를 위해 모델이 주는 시사점, 모델이 인식되는 방식, 모델이 후속 연구에 주는 영향에 대한 논의

모든 모델과 마찬가지로, 모델의 힘(능력)에 대한 진정한 검증은 그것의 유용성에 있다. 연구 문제를 설정하고, 연구를 계획 및 수행하고, 결과에 대한 설명을 발전시키고, 교육 프로그램을 설계하고, PCK 개발 메커니즘을 탐색하고, 교수 및 학습에 대해 성찰하는 등 RCM을 다양한 환경에서 사용해야만 모델의 장점과 한계를 이해할 수 있다. RCM을 검증하며 서로에게서 배울 수 있기를 기대한다.

예비 교사 교육에 RCM이 제시하는 가능성

레베카 쿠퍼Rebecca Cooper, 카렌 마란지오Karen Marangio

1. 맥락

호주의 모나쉬Monash 대학에서 예비 교사를 위한 일반(공통) 과학 교수법 강좌는 1년(학기 당 12주씩 2학기)에 걸쳐 집단 교육으로 진행된다. 각 강의는 매 학기 3주간의 교육 실습을 포함하여 주당 1시간의 강의와 2시간의 워크숍으로 구성된 9주간의 과정으로 구성된다. 일반적으로 매년 약 50명의 예비 교사가 있기 때문에 종종 이 단원의 수업을 두 개로 운영한다. 10년 넘게 우리(저자)는 일반 과학 교육 방법 강좌를 가르쳤으며 새로운 자료와 접근법을 포함하여 강좌를 재구성하기 위해 끊임없이 노력했다.

최근 몇 년 동안 우리는 교육학에 대한 아이디어를 개발하는 예비 교사들에게 상당한 관심을 기울였다. 우리는 모린-더쉬머Morine-Dershimer와 켄트Kent(1999)의 연구를 선호하며 이 연구의 PK 모델은 예비 교사가 과학 교수·학습 및 교육학에 대한 아이디어를 탐구할 수 있는 쉬운 접근 방법이기 때문에 강좌의 맨 처음에 PK 모델을 소개한다. 모린-더쉬머Morine-Dershimer와 켄트Kent(1999)의 PK 모델은 성찰을 중심으로 교사의 내적 차원(과학 및 과학 교육에 대한 개인의 신념 및 인식 등)과 외적 차원(교육 실습, 학생과의 관계 맺기 등) 사이의 상호작용을 촉진한다. 강좌의 후반에는 예비 교사가 특정 주제를 중심으로 수업을 설계하고 교실에서 수업을 수행하는 기회를 가진 후 PCK를 소개한다. 이 전략은 예비 교사에게 실제 교육 경험을 제공하여 중요하지만 때로는 다루기 힘든 PCK의 아이디어를 더 잘 다룰 수 있도록 준비시킨다.

우리의 의도는 강좌의 맨 처음부터 예비 교사들이 무엇을 과학으로 보는지에 대한 도전을 제공하고 그러한 과학에 대한 관점이 과학 교실에서의 교수 실천에 주는 영향을 이해하도록 돕는 것이다. 이를 위해 우리는 과학과 교육 모두를 탐구 대상의 중심에 두어 학습자이자 교사로서 예비 교사의 성장을 항상 지원하고자 한다. 예를 들어, 우리는 과학의 본성(NOS)이 모린-더쉬머와 켄트 모델(1999)의 여러 측면에 영향을 미치는 것으로 본다. 우리는 가능한 우리의 교수법을 명료화하고 학생들이 우리의 교수 실천에 의문을 제기하는 것을 환영함으로써 예비 교사들에게 이러한 NOS의 영향을 분명히 한다. 또한, NOS에 대한 그들의 개념과 교사로서의 선택(특히 신념을 통한) 사이의 연관성을 강조한다. 이에 더하여, NOS에 관해 떠오르는 아이디어나 PK에 대한 이해의 발전에 대해 이야기하고 글을 쓸 것을 권장한다.

한 해가 지나고 두 번째 강좌가 끝날 무렵, 3주 동안의 교육 실습을 두 번 마친 후 예비 교사들에게 PCK에 대해 생각해 보도록 한다. 우리는 그들에게 "... 학생의 향상된 성취라는 특정 이유를 위해 특정 학생들과 특정 방식으로 특정 주제를 가르치는 것에 대한 지식, 추론 및 실행(Carlson, Stokes , Helms, Gess-Newsome, & Gardner, 2015)"으로서 PCK를 이해하도록 하는 것이 처음에는 다루기 힘들고 다소 불편하다는 점을 발견했다. 우리는 그들이 계획, 수행, 평가, 그리고 가장 중요한 성찰을 관찰하고 이러한 과정에 참여하기 전에는 PCK의 아이디어를 완전히 수용할 수 없다는 것을 알게 되었다. 따라서, 예비 교사가 두 번째 교육 실습에서 대학으로 돌아온 다음 주에 PCK를 소개한다. 우리는 PCK를 예비 교사가 양질의 과학 학습 및 교육 측면에서 관찰하고 경험한 것을 반영하는 방법 중 하나로 사용한다. 이를 위해 내용 표상(CoRes) 및 교육학적 및 전문적 경험 레퍼토리(Pedagogical and Professional-experience Repertoires, 이하 PaP-eRs) (Loughran, Berry, & Mulhall, 2012)를 사용한다. 이때, 예비 교사들은 그룹으로 CoRe를 개발하고 두 개의 PaP-eRs(예비 교사들과 숙련된 교사들이 하나씩 작성한)로 구성된 "읽기에 대한 쓰기" 과제를 수행하는 데 참여하도록 한다. 최종 평가는 예비 교사들이 교육 실습 동안 가르친 수업을 바탕으로 자신의 PaP-eRs를 작성하는 것이다.

2. 모델과의 연관성

RCM은 우리와 예비 교사들에게 1년간의 강좌에서 일어나는 학습 전반에 걸친 PCK의 성장과 발전 과정을 보여주는 능력을 제공한다. RCM은 PK 형태의 지식 기반에서 시작하여 CoRes와 PaP-eRs를 통해 PCK로 이동함으로써 이러한 아이디어를 하나로 묶는 단일 모델을 제공하며 강좌에서 다룬 이론, 평가 기회, 전문적 경험의 기회, 현직 교사와의 연결, 개인 및 공적인 성찰의 필요성 사이의 연결고리를 명료화한다. 모델이 제공하는 연결고리는 그 연관성을 명료화함으로써 예비 교사들이 이러한 모든 아이디어를 이해하고 교과 과정 및 교직 경력 전반에 걸쳐 전문적 지식과 기술을 개발할 때, 그 아이디어들이 개별 예비 교사들에게 의미하는 바가 무엇인지 숙고하는 데 도움을 준다.

교사 교육 프로그램에서 우리는 지속적인 전문적 학습에 대한 예비 교사들의 생각을 격려하고, 그들이 전문성의 개념과 교직 경력 전반에 걸쳐 PCK를 개발하는 데 필요한 것에 대해 고민하도록 하고자 한다. 또한, 우리는 학생들이 자신의 교직 경력이 "1년 동안의 경험이 여러 해 반복되는"이라는 생각에서 벗어나 숙련된 교사가 무엇을 하는지, 더 나아가 자신만의 전문성을 개발하기 위해 무엇을 할 수 있는지, 그리고 그 전문성의 중요한 구성요소가 무엇인지에 대해 더 고민해 보도록 생각을 전환하고자 한다. RCM은 교사의 지식과 기능의 구성요소에 대해 생각하고, 교사 자신의 성장과 발전을 모니터링하고, 개인이 집단의 일원이 될 수 있도록 지원하고, 학생의 학습에 계속 집중할 수 있는 틀을 제공한다. 이 모델은 교사들이 전문 과학 교사가 된다는 것이 진정으로 무엇을 의미하는지에 대한 더 큰 그림을 이해하기 위해 전문성의 각 구성요소 내에서 더 집중적인 측면을 성찰하는 것과 구성요소 간의 복잡한 연관성을 탐구하도록 장려한다.

RCM을 사용하여 강좌를 재구성하면 일 년 내내 단일 모델을 사용할 수 있다. 이러한 변화는 우리가 예비 교사들과 함께 사용하는 언어에 일관성을 제공할 뿐만 아니라 예비 교사들을 지도하는 (중등)학교의 교사들과의 언어에도 일관성을 제공할 것이다.

3. 성찰

지난해 워크숍에서 PCK를 소개한 직후, 한 예비 교사가 손을 들고 다음과 같이 말했다. "이제 이 모든 것이 이해가 됩니다! 정말로 PCK는 그 모든 것을 끌어냅니다. 왜 이것을 우리에게 더 빨리 말해주지 않았습니까?" 강의실에서 고개를 끄덕이며 동의하는 몇몇 사람들이 있었지만, 다른 예비 교사들의 놀란 얼굴은 이러한 발언이 모두에게 해당되지 않는다는 것을 알려준다. 우리는 예비 교사들이 전문가로서 교직에 입문하는 것을 지원하고 안내하는 방식으로 RCM이 아이디어를 단계적으로 도입하는 방법을 제공할 수 있다고 보았다. 전문적 과정의 초반에 큰 그림을 보게 하는 것은 예비 교사들에게 유익한데, RCM의 또 다른 이점은 이러한 예비 교사들을 위해 PCK를 도입하고 배치하여 그들이 무엇을 학습하고 학습한 내용이 어떻게 합쳐지게 되는지에 대한 이해를 돕는 것이다.

우리와 함께 일하는 (현직)교사 중 한 명은 교육 실습 기간 동안 거의 절반의 예비 교사들을 맡았다. 이 과학 교사는 경험이 풍부하고 매우 사려 깊다. 그는 연말에 있었던 성찰 세션에서 다음과 같이 말했다. "우리에게 교생들을 보내주는 기관(대학)과 우리, 즉 (중등)학교 사이에는 블랙홀이 있었습니다. ... 대학에서 무슨 일이 일어나고 있는지 제가 겪은 경험 외에는 전혀 몰랐습니다. 하지만 이제 저는 여러분이 어디에서 왔는지, 학생들이 어디에서 왔는지, 무엇을 배우고 있는지 알고 있습니다. 그것은 단지 더하고, 더하고, 더해서 벽을 허물어 버리는 것입니다." 이처럼, 우리는 대학과 학교가 미래 과학 교사의 성장과 발전에 우리 모두가 어떻게 기여할 수 있는지에 대해 이해를 공유하는 데 RCM의 도움을 받을 수 있다고 생각한다. 특히 주목할 점은 RCM이 공적이고 전문가 집단 간에 공유되며 다양한 교육 전문가(우리의 경우 학교와 대학) 간의 대화를 장려하는 것으로서 집단적 PCK(cPCK)의 가치를 평가하는 방식이다.

요컨대, RCM은 일반 과학 교수법 강좌를 개선하는 방법뿐만 아니라 예비 과학 교사의 학습을 향상하기 위해 (중등)학교와의 관계를 강화하고 유지할 수 있는 많은 방법을 제공한다.

RCM 모델의 적용 사례: 생물학 교육 방법론 과정

파트리샤 프리드리히센Patricia J. Friedrichsen

1. 맥락

몇 년 전까지만 해도 미주리Missouri 대학에서 생물학, 화학, 지구과학, 물리학 자격증을 취득하려는 예비 교사들은 동일하게 세 개의 순차적 강좌로 이루어진 중등 과학 교육 방법론 과정을 이수했다. 이 과정에서는 주제-특수적 PCK가 아닌 과학-특수적 PCK를 강조했다. 2015년에는 학부 과정의 학점을 줄여야 한다는 압박감으로 인해 이 과정의 강좌를 2개로 줄였다. 나는 세 번째 강좌 대신 PCK 연구자로서 연구하면서 알게 된 과학 교육 전공자를 위한 분야-특수적 경험을 모색했다. 이러한 경험은 학생들이 속한 학과에 따라, 분야마다 다양하다. 물리학과에서는 원래 물리학 전공자들을 위해 고등학교 물리학 교수 경험을 장려하기 위한 모집 과정으로 계획된 강좌를 물리교육과 학생들이 수강한다. 이 과정은 주(state)의 많은 고등학교에서 실시하는 9학년 물리학 수업의 첫 번째 강의에서 가르치는 주제를 탐구하는 데 중점을 둔다. 화학과에서는 본교 교육 전공자를 대학교 1학년 화학실험실 조교로 채용하고 있다. 내가 이전에 생물학과 교수에 임명되었다는 점과 생물학 교육에 더 많은 학생이 등록했다는 점은 우리가 특히 예비 교사를 위한 생물학 교육방법론 과정을 제공할 수 있음을 의미한다.

이 생물학 교육 방법론 과정의 가장 중요한 목적은 게스-뉴섬Gess-Newsome(2015)의 교사 전문 지식 및 기술 모델(일명 CM)에 의해 알려진 바와 같이, 교사들이 주제-특수적 전문 지식(TSPK)의 학습을 통해 교육학적 내용 지식과 기술(PCK&S)를 개발할 수 있다는 데 있다. 보다 구체적으로, 이 과목/과정은 미국 차세대과학표준(NGSS) (NGSS Lead States, 2013)에 제시된 네 가지 생명과학과 핵심 아이디어(DCIs)와 관련된 예비 교사의 주제-특수적 PCK를 개발하는 것을 목표로 한다. 이 과목/과정에서 예비 교사들은 지역의 중고등학교 생물학 수업의 교육 실습에 참여한다. 이 생물학 방법론 과목/과정의 교수로서, 나는 예비 교사들과 나 사이에 전문적 학습 공동체(PLC)를 발전시키기 위해 노력한다. 이를 위해, 나는 크루제Kruse, 루이스Louis 및 브릭Bryk(1995)에서 제시한 PLCs의 다섯 가지 필수 기능인 성찰적 대화, 실천의 탈사유화, 학생의 학습에 대한 집단적 초점, 협력, 공유된 규범과 가치를 활용한다. 우리 학교 졸업생의 대다수가 새로운 학교에서 PLCs에 참여하게 될 것이라는 점을 감안할 때 이 접근 방식은 예비 교사 교육 기간 동안 의미가 있다고 할 수 있으며, 나는 학생들이 매우 협력적인 연구를 할 수 있도록 준비시키고자 한다.

2. 모델과의 연관성

생물학 교육 방법론 과정의 설계는 RCM과 잘 일치한다. 중앙에 ePCK가 있는 이 모델은 "연구자의 관점을 드러내고 특정 교실에서의 교수 행동에 대한 현장의 관심을 반영하기 위한 것"이다(이 책의 2장 참조). 예비 교사는 실습에서 수업을 가르칠 기회가 제한적인 상태로 ePCK를 개발하게 되므로 과학 교육 방법론 과정에서는 PCK의 다른 측면에 관심을 기울인다. 이 절에서는 모델의 바깥쪽 동심에서부터 안쪽으로 살펴보며 RCM과 생물학 교육 방법론 과정의 연관성을 설명한다([그림 3.1] 참조).

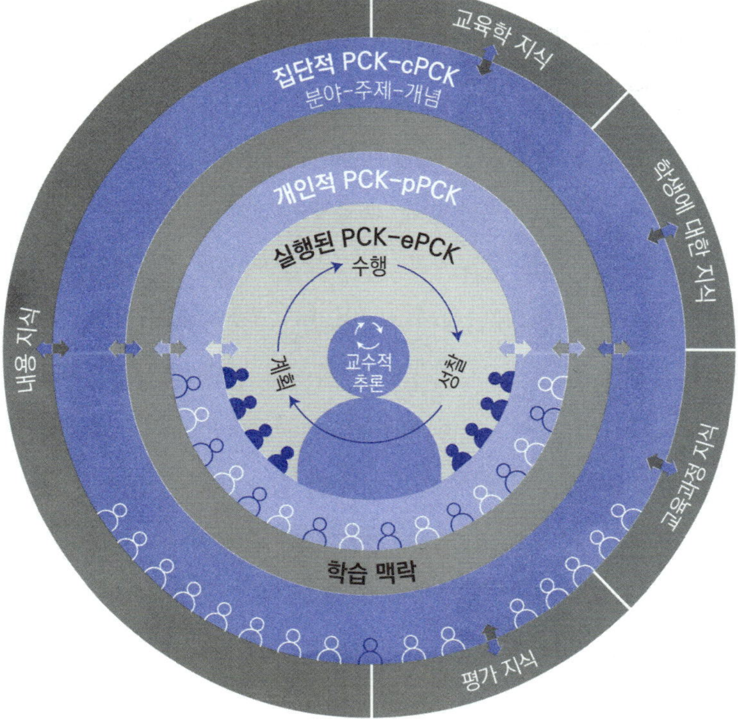

[그림 3.1] 예비 교사 생물학 방법론 과정과의 연관성을 평가하는 데 사용된 2017 RCM의 표현

RCM의 구성 요소인 *cPCK*는 예비 교사 교육을 위한 나의 PLC 지향 접근법과 맥을 같이 한다. RCM에서 cPCK는 학술 출판물에 표시될 뿐만 아니라 "교육자 및 연구자 집단에 의해 표현되고 사용되는 지식"이 될 수 있다(이 책의 2장 참조). 생물학 교육 방법론에서 네 가지 NGSS 생명과학과 핵심 아이디어를 각각 연구할 때, 우리는 분야 수준과 주제 수준 모두에서 cPCK를 개발한다. 분야 수준에서는 NGSS의 관통 개념(CCCs)과 과학·공학 실천(SEPs)을 탐구한다. cPCK를 개발하면서 우리는 내용 지식 및 기타 전문 지식 기반(예: 평가 지식, 교육과정 지식)을 활용한다. cPCK의 질을 높이기 위해, 경험이 풍부한 생물학 교사를 초대하여 특정 DCI와 관련된 그들의 교육과정을 공유하도록 한다. 또한, cPCK를 구체화하는 또 다른 방법인 전국 과학 교사 협회(National Science Teachers Association)의 주(state) 단위 학회에도 참석한다.

*학습 맥락*은 생물학 교육 방법론 과정에 적용되는 RCM의 cPCK 다음의 내부 계층이

다. 학습 맥락은 과정 전반에 걸쳐 다양하지만, 우리 주(state)에서 면밀히 조정된 버전의 NGSS를 채택했기 때문에 K-12 과학 교육을 위한 프레임워크(National Research Council [NRC], 2012) 및 NGSS와 같은 국가 개혁 문서의 영향을 항상 많이 받는다. 예비 교사들은 아직 자신의 교실을 가지고 있지 않기 때문에 생물학 교육 방법론 강의실이 주된 학습 맥락이다. 아래에 설명된 것과 같은 과제를 수행할 때의 학습 맥락은 예비 교사가 구상하는 미래 교실이다. 교육 실습은 또 다른 학습 맥락의 역할을 하지만, 예비 교사가 가르칠 수 있는 학습 기회가 제한적이다. 이러한 각각의 학습 맥락은 시너지 효과를 발휘하여 집단의 cPCK와 각 교사의 pPCK 사이의 활발한 상호작용을 촉진한다.

*pPCK*는 "교사 자신의 교수·학습 경험뿐만 아니라 코스웍을 포함한 다른 이들의 기여를 반영하는 개별 교사의 역동적이고 누적된 PCK와 기술(PCK&S)"로 정의된다(이 책의 2장 참조, p. 112). pPCK를 개발하기 위해 예비 교사는 디지털 노트인 OneNote에서 개별적으로 과제를 수행한 후 교수와 공유한다. 각 NGSS DCI에 대해 예비 교사는 다음과 같은 일련의 과제를 수행한다. (1) 프레임워크(NRC, 2012)의 수행 기대와 관련된 학습 발달과정(learning progression)을 읽고, 해석하고, 요약한다. (2) DCI와 관련된 일반적인 오개념을 조사하고 이러한 오개념의 하위 집합에 대응하는 구체적인 방법을 계획한다. (3) NSTA NGSS Hub(http://ngss.nsta.org)의 몇 가지 수업 사례를 비평한다. (4) 주제-특수적 평가(예: Keeley & Eberle, 2005) 및 개념 검사지(예: Anderson, Fisher, & Norman, 2002)를 검토한다. (5) 지역 단위 교육과정과 국립과학재단이 지원하는 교육과정을 모두 검토한다. 이러한 과제의 특성은 RCM의 가장 바깥쪽 회색 원으로 표시되는 전문 지식 기반(예: 교육학적 지식, 학생 지식)과 마그누손Magnusson, 크라제크Krajcik 및 보르코Borko(1999)가 제안한 PCK 모델의 구성 요소를 참고한 것이다. 예비 교사의 pPCK는 개별 디지털 노트에 구체적으로 나타나 있다.

RCM의 중심에 위치한 *ePCK*는 계획, 수행, 성찰의 사이클로 표현되어 있다. 생물학 교육 방법론 과정에서는 예비 교사들이 수업을 계획하고, 동료 예비 교사들에게 가르치고, 수업을 성찰하도록 한다. 수업을 진행할 때 예비 교사는 전문 개발자 또는 지도 교사의 역할을 맡아 수업, 수업 전략 및 자료를 PLC와 공유하고 동료 예비 교사들과 후속 토론을 진행한다. 이 전략의 한 예로, 2017년 가을에 예비 교사들은 일식(solar eclipse) 동안 식물과 동물의 행동을 관찰하는 시민 과학 프로젝트에 참여했다. 후속 활동으로 개별 예비 교사는 생물학 관련 시민 과학 프로젝트를 조사하고 6학년~12학년 학생 집단을 대상으로 적용할 수 있는 프로젝트를 선택했다. 그런 다음, 예비 교사들은 마치 가상의 PLC에서 교사가 학생들이 프로젝트에 참여하도록 격려하는 것처럼 자신이 선택한 프로젝트를 차례로 발표했다. 우리는 생물학 교육 방법론 PLC로서 비용, 안전 문제 및 실행 계획과 각 시민 과학 프로젝트의 부가가치에 대해 논의했다. 생물학 교육 방법론 과정에서 이루어지는 이 활동 및 기타 활동의 주요 목표는 예비 교사가 미래의 PLC에서 동료 교사와 수업 및 아이디어를 더욱 편안하게 공유할 수 있도록 돕는 것이다.

3. 성찰

RCM은 이전의 PCK 모델, 특히 게스-뉴섬Gess-Newsome(2015)의 합의 모델(CM)과 마그누손Magnusson 등(1999)의 모델을 기반으로 구축된다. 마찬가지로, 생물학 교육 방법론 과정의 설계는 이 PCK 모델들의 영향을 받았다. 게스-뉴섬 모델은 전문 지식 기반에 대한 연구를 통해 교사의 pPCK를 개발하려던 나의 생각에 영향을 주었다. 마그누손 모델은 일반적인 오개념, 교수 전략, 주제-특수적 평가 및 교육과정에 초점을 맞춘 디지털 노트 과제를 설계하는 데 영향을 주었다. 두 모델의 이러한 측면은 과학 교사 교육 연구를 위한 RCM에도 표현된다. 게스-뉴섬 모델이 PCK와 기술(PCK&S)을 결합한 반면, RCM은 ePCK와 pPCK를 구분했다는 점에서 유용하다고 판단된다. 생물학 방법론 과정에서는 디지털 노트 과제를 통해 예비 교사의 pPCK를 개발하는 데 더 많은 시간을 할애한다. 전문성 개발 세션을 이끌면서 예비 교사들은 ePCK 개발을 시작한다. RCM의 또 다른 기여는 교사의 전문적 학습 공동체(PLC) 내에서 개발된 지식을 cPCK의 일부로 포함하는 것이다. cPCK의 개념은 생물학 교육 방법론의 교실 규준(classroom norm)을 형성했다. 이 과정의 설계를 성찰해 보면 다음과 같은 연구 질문이 제기된다. 현재 예비 교사는 이 과정에서 개발한 pPCK 및 cPCK를 미래의 교실에서 어떻게 끌어낼 것인가? 반대로, ePCK는 어떤 방식으로 기존의 pPCK에 영향을 주는가? 초보 교사로서 그들의 PLC에서 cPCK를 개발하는 데 어떤 방식으로 기여할 수 있다고 생각하는가?

전문적 학습 경험 구축을 위한 RCM의 활용

자넷 칼슨Janet Carlson, 니콜 루시아니 엘리엇Nicole Lusiani Elliott

1. 맥락

이 비네트는 다양한 학문 분야의 숙련된 교사들이 참여하는 전문적 학습 입문 과정에서 과학 교육을 위해 RCM을 활용하는 것에 대해 설명한다. RCM은 "모두의 우수성을 촉진하기 위한 교육 개선"이라는 학습 경험 목표를 설정하고 그에 집중하는 데 사용되었다. 모델의 시각적 표현을 학습의 다양한 측면을 고려하는 데 사용하기 위한 전제 조건은 우리가 수행한 다양한 활동과 교사들이 PCK를 구축하는 것이 서로 어떻게 연계되었는지를 살펴보는 것을 통해 교사들이 이론과 실천을 연결할 수 있는 수단을 제공하는 것이었다. 우리의 계획에는 여름에 진행되는 5일간의 현장 워크숍과 함께 아직 정의되지 않은 후속 연구가 포함되어 있다.

여름 워크숍의 학습 목표는 교사들이 아래 사항을 수행하는 것이다.

- PCK에 대한 이해를 개발 및 심화하고 PCK를 효과적인 수업에 대해 생각해보기 위한 프레임워크로 사용한다.
- 사람들이 학습하는 방법의 원리를 적용해보고 문화의 영향을 고려함으로써 학생에 대한 이해를 심화한다.
- 일관되고 명료한 수업 단원이 되도록 일관성 있는 수업 흐름(계열)을 계획하는 방법에 대한 이해를 심화한다.
- 핵심적 교수 실천이 무엇이며 왜 중요한지에 대한 일반적인 이해를 심화한다.

- 두 가지 핵심 실천(학문적 토론 수행 및 형성 평가 활용)에 대한 이해를 심화한다.
- 교육과정을 계획하고 수업을 강화하기 위한 집단적(collegial) 분위기를 촉진하는 더 큰 공동체를 형성한다.

우리는 러시아 모스크바에 기반을 둔 모든 분야의 중고등학교 교사 25명과 함께 연구했다. 이들은 러시아 연방의 교육과정과 국제 바칼로레아 교육과정의 기준에 따라 영재 학생들을 가르쳤다. 학교의 사명은 "명석한 학생들이 지적 및 창의적 잠재력을 성취하고, 강한 도덕적 원칙을 개발하며, 국가와 세계에 대한 깊은 책임감을 가진 지도자가 되도록 격려하는 것"이었다.

2. 모델과의 연관성

우리는 먼저 교사들에게 모델의 도식을 보고 그것이 의미하는 바를 파트너와 논의하도록 함으로써 RCM을 소개했다. 또한 그들이 PCK가 구체적으로 무엇이라고 생각하는지 설명해 보도록 했다. 상당히 정확한 그들의 생각을 들은 후 우리는 RCM 도식의 계층을 풀어 설명했다. 그런 다음 "내용 지식", "학생에 대한 지식", "교육과정 지식", "평가 지식"이라는 용어 주위에 원을 그리고([그림 3.2] 참조) 다음 두 가지 질문을 했다.

- 수업 계획에서 네 개의 동그라미 범주를 기존에 어떻게 사용하고 있습니까?
- 각 범주를 이해하는 것이 당신의 실천을 어떻게 개선할 수 있습니까?

교사들은 자신의 생각을 일지에 적고 서로 토론했다. 이 활동은 그 주(week)의 활동을 위한 선행 조직자 역할을 하도록 고안되었다.

1) 내용 지식

내용 지식과 관련된 작업을 위해 교사는 분야-특수적 집단에서 다음 질문에 대해 논의한다.

- 당신의 학문 분야의 주제를 포괄하는 *핵심 질문*은 무엇입니까?
- 학생들이 깊이 이해하기를 바라는 *개념*은 무엇입니까?
- 학생들이 참여하기를 바라는 *기능*은 무엇입니까?
- 사실과 기본적인 지식 외에 *개념*과 *기능*을 알고 이해하는 것이 중요한 이유는 무엇입니까?

그들은 토론에서 얻은 아이디어를 활용하여 해당 분야에 대한 3~5개의 핵심 질문 목록을 만들고, 각 질문에 대한 1개의 주요 개념과 해당 분야에 대한 3~5개의 중요한 기능을 선정했다. 교사들은 아이디어를 공유하기 위해 포스터를 만들어 일주일 동안 교실에 걸어 놓고 pPCK의 개념을 발전시킬 때 참고 자료로 사용했다. 우리의 목표는 교사들이 이러한 주요 개념에 대한 학생들의 효과적인 학습을 도와주는 지식과 기능을 인식하고 개발하도록 지원하는 것이었다.

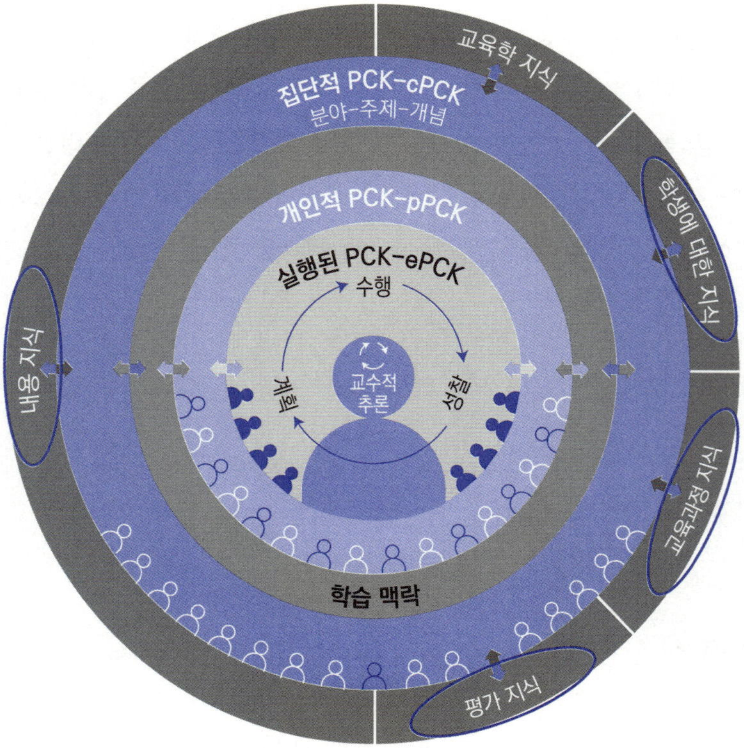

[그림 3.2] 교과 내용, 교육과정, 학생 및 평가에 대한 지식이 동그라미로 표시된 PCK 모델 이미지

2) 학생 지식

학생들의 효과적인 학습을 돕는 한 가지 필수 요소는 학생들을 잘 알고 교실에서의 학습 맥락뿐만 아니라 학생들의 상황을 이해하는 것이다. 학생들에 대한 교사의 지식 개발을 돕기 위해 우리는 공평성 관점(equity perspective)을 사용하고 교사들이 다음 질문에 대해 생각해보도록 하였다.

- 학생들의 읽기, 쓰기, 말하기 기능 수준과 스타일은 어떠합니까?
- 당신의 학문 분야의 교과 내용에 대해 학생들이 일반적으로 무엇을 이해하거나 오해하고 있습니까?
- 당신의 학생들은 누구입니까?
  - 학생들의 관심사는 무엇입니까?
  - 관심사가 교과 내용과 어떠한 관련이 있습니까?
  - 관심사가 수업 활동에 어떠한 영향을 줄 수 있습니까?
  - 학생이 누구인지, 어떻게 학습하는지를 중시하고 학생의 학문적 성장을 지원하는 수업으로 무엇을 할 수 있습니까?

전문적 학습 경험의 이 부분에서, 우리는 교사들과 함께 협력하여 교사의 교육적 결정이 학생들의 학문 분야에 대한 확장된 이해를 지원하는 것 외에도 문화적 행동 및 학교 행동을 확인하기 위해 전략적으로 선택될 필요가 있다는 생각과 학생에 대한 지식을 연결 지었다. 우리는 교사들에게 교육과정 선택을 검토하며 수업 자료가 학생들이 학습에서 스스로를 인식하는 방식과 교육과정에서 (과도하게) 표현되는 전형적인 목소리와 예시들을 대표하는지 확인하게 함으로써 학생 지식을 내용 지식과 연결 지었다. 이 활동은 모델의 "지식 교환" 측면을 실현하는 방법을 제시했다.

이 시점에서 우리는 잠시 멈추고 교사들에게 1일 차에 PCK에 대해 썼던 내용으로 돌아가서 PCK의 정의를 확장하거나 수정하도록 했다. 그런 다음 교사들은 동료들과 함께 PCK가 그들의 수업에 어떻게 적용된다고 생각하는지에 관해 논의했다. 우리는 교사들이 전문 지식 기반과 개인적 PCK를 연결하도록 지원하면서 교사들이 가르칠 내용에 적합하도록 수업 방법의 본질을 고려하고 있다는 점을 확인하였다.

3) 교육과정 지식

다음으로, 수준 높은 교육과정의 특징을 검토하여 교육과정 지식을 다음과 같이 살펴보았다.

- 핵심 질문을 중심으로 설계된 명확하고 계획적인 학습 순서
- 더 큰 개념 및 맥락에 의도적으로 연결된 사실 정보를 포함하는 일관된 아이디어 흐름
- 학생들이 학문 분야의 실천을 개발할 수 있는 기회의 세심한 지원
- 증거 기반 해석, 설명 및 주장을 개발하는 방법 강조
- 학습의 원리(how people learn)에 대한 명확한 관심

교사들은 PCK 및 교과 내용 지식에 대한 토론을 통해 만들어진 핵심 질문 목록을 검토하고 해당 분야에서 필수적인 아이디어를 나타내는 질문을 선택했다. 그리고 이 작업은 학문적 토론(academic discussion)에 초점을 맞추어 그들의 교육학 지식과 연결되었다. 학문적 토론은 학생들이 배우는 내용에 대해 나누는 대화로, 학생들이 배우고 있는 내용을 이해하게 되는 과정이다. 이 특정한 교수법과 교사들이 선택한 단원을 사용하여, 다음과 같이 교사들에게 학생들이 풍부한 학문적 토론에 참여할 수 있는 특정 학생들을 위한 특정 주제를 선택하게 함으로써 자신의 PCK를 실행하도록 하였다.

- 핵심 아이디어 이해하기
- 증거를 사용하여 해석하기
- 증거에 기반하여 설명 개발하기
- 증거를 사용하여 주장하기
- 주제에 적합한 학문적 용어 사용하기

교사가 특정 단원 내에서 특정 주제와 관련된 학문적 토론을 계획한 것이므로 이 활동은 교사가 학생, 교육과정 흐름 및 특정 내용에 대한 지식을 함께 연결할 수 있는 기회를 제공했다. 또한, 이 활동은 RCM의 중심에 있는 ePCK의 교수적 추론 사이클의 계획하기 부분을 나타낸다. 이어서, 우리는 교사들이 동료와 함께 설계한 학문적 토론을 리허설해 보며 학문적 토론의 사용에 대해 가르치고 성찰할 수 있는 기회를 제공했다. 이 리허설은 그들이 방금 계획했던 토론의 실행을 동료 교사와 함께 해 보는 연습의 기회이다. 리허설 동안 교사들은 교육에 대해 토론하고, 수업의 잠재적인 문제를 해결하고, 학생들이 토론에서 무엇을 할지 예상하고, 학생들의 성공을 가장 잘 지원하는 방법을 고려할 수 있었다.

4) 평가 지식

마지막으로 우리는 형성 평가 전략을 중심으로 평가에 대한 교사의 지식을 개발하는 시간을 가졌다. 교사들은 학생의 학습을 극대화하기 위해 교사가 수업을 어떻게 수정해야 할지를 결정하는 데 학습 과정 중에 사용되는 공식적인 방법과 비공식적인 방법이 어떤 역할을 하는지에 대해 탐구했다. 우리는 형성 평가를 통해 수집한 정보와 그 정보로 무엇을 해야 하는지에 대한 지식을 PCK가 어떻게 연결하는지를 강조했다. 우리는 교사가 학생의 학습을 개선하기 위해 장기적인 계획을 조정하는 것뿐만 아니라 매 순간마다 바로바로 수업을 조정할 수 있는 방법을 탐구했다.

3. 성찰

우리는 2017년 8월 RCM의 시각적 도식을 실천자인 교사에게 적합한지 알아보기 위한 도구로 사용했다. 전문적 학습에 참여한 이 교사 집단의 특징은 여름 워크숍 초반에 아무도 PCK를 정의할 수 없었지만 학습 이론 영역은 상당히 잘 알고 있었다는 점이다. 그들은 PCK의 일반적인 개념을 처음 접했기 때문에 cPCK, pPCK 및 ePCK

사이의 차이점에 대해서는 자세하게 논의하지 않았다. 우리는 교사들의 모국어에 없는 용어가 불필요하게 많아지는 것을 방지하기 위해 의도적으로 이렇게 했다. 우리는 교사들의 전문 지식 기반과 개인적 PCK 사이의 지식 교환에서 교사들을 위한 PCK 연관성의 대부분을 발견했다.

이 집단의 또 다른 특징은 지적 위험을 감수한다는 점이다. 교사들은 새로운 학교를 시작하였고 그 일에 매우 몰두했으며, 효과적인 교육의 특성에 대해 생각해보는 것을 갈망했다. 다소 독특하고 특별한 이 교사 집단에서, RCM은 가르치는 기예를 구성하는 많은 지식과 기술들 사이의 관계를 확인할 수 있도록 돕는 효과적인 수단이었다. 교사들의 일일 피드백을 통해 우리가 교육과정, 학생, 주제 및 수업 사이의 연결을 더 잘 이해하기 위해 수행한 활동의 범위를 파악하는 데 이 모델이 도움이 되었음을 알 수 있었다. 이 경험을 토대로 지적 호기심이 많은 교사와의 후속 연구에서 RCM을 적용할 것으로 기대한다.

RCM 렌즈를 통한 PCK 검사 도구 고찰

소피 키르슈너Sophie Kirschner

1. 맥락

RCM은 물리 교사의 PCK를 포착하고 평가하는 데 사용되는 매우 다양한 접근 방식에 적용할 수 있는 하나의 모델이 될 수 있다. 이 비네트에서는 물리 교사의 PCK를 평가하는 데 사용되는 기존의 지필 검사가 RCM과 어떻게 일치하는지 살펴본다. 이 도구의 개발, 평가 및 검증은 저자의 논문 및 관련 출판물의 핵심 초점이었으며(Kirschner, Borowski, Fischer, Gess-Newsome & Aufschnaiter, 2016 참조), 이러한 연구는 현직 과학 교사의 전문 지식을 이해하는 광범위한 목표를 가진 더 큰 프로젝트

[ProwiN으로 알려짐; Tepner et al.(2012) 참조]의 일부였다. 연구의 첫 번째 단계에서 생물학, 화학, 물리학 교사를 위한 과목-특수적 내용 지식(CK) 및 PCK 지필 검사와 두 개의 주제 독립적인 PK 검사를 개발했다. 두 번째 단계에서 연구자들은 PCK(1단계의 지필검사를 사용하여 평가됨), 교실에서 특정 수업을 실행하는 교사, 학생 성취 사이의 관계를 조사했다(물리학의 경우 Cauet, Liepertz, Borowski, & Fischer, 2015 참조). 물리학 검사는 2009년부터 2010년까지 개발되었고, 주요 연구는 2010년에 수행되었으며 2015년까지 자료를 분석하였다. 최근, 유스투스 리비히의 기센[Giessen] 대학의 예비 과학 교사들의 지식을 평가하는 데 이용되는 등 PCK 검사의 각 문항들은 여전히 사용되고 있다. 물리학 PCK 검사는 많은 수의 물리 교사(N=186)와 검증을 위한 대조군(N=107)과 함께 사용되었다. 검사 항목은 지식 영역(선언적 지식, 절차적 지식, 조건적 지식), 물리학 주제(주로 역학) 및 PCK의 여러 국면(학생 이해에 대한 지식, 수업 전략 및 표현에 대한 지식)과 관련하여 모델에 적합하게 설계되었다. 샘플 문항, 코딩 체계 및 교사 응답 결과는 [그림 3.3]과 같다. 모델에 대한 논의와 전체 PCK 검사의 번역은 키르슈너[Kirschner] 등(2016)에서 확인할 수 있다.

두 명의 평가자가 코딩 매뉴얼을 사용하여 모든 개방형 문항을 코딩했다. 문항별로 정답(2점), 부분 정답(1점), 오답(0점)을 식별하기 위한 코딩 체계를 개발했다. 정답의 일부에 대한 지식에는 부분 점수를 부여했다. 연구자들의 경험 및 추론을 참고하여 문헌과 교사들의 응답으로부터 정답을 도출했다. 답변이 "정답" 또는 "부분 정답"으로 평가될 만큼 양호할 경우 각각의 모든 문항에 대해 코딩 체계가 구체화되었다.

샘플 문항

학생들은 *속도*와 *속력*의 물리학 개념과 관련한 오개념을 가질 수 있습니다. 오개념을 가능한 많이 적으십시오.

코딩 체계

예상:

◆ 거리와 시간의 관계에 대한 오개념

• v = s/t 항상 계산에 사용할 수 있다.

- 공식은 v = s*t 이다.
- v, s, t 사이의 관계는 모호하다. [실제 오개념 없음]
- 평균(average) 속도와 산술평균(mean) 속도가 같다.

◆ 힘과 관련된 오개념
- 움직이는 물체는 무언가를 일으킬 수 있다/힘이 있다. 움직이는 물체는 더 빨리 움직일 때 더 많은 힘을 갖는다.
- 힘이 없으면 움직임도 없다.
- 일정한 움직임에는 힘이 필요하다.
- 몸은 저절로 느려진다.
- 고속은 큰 힘으로 인한 결과이다(시간 측면 무시).

◆ 방향에 관한 오개념
- 속도와 속력은 같다.
- 속도에는 방향이 없다.
- 원 운동에서 속도는 일정하다.
- 두 물체의 목표가 같으면 운동 방향도 같다.
- 힘/가속도 및 속도의 방향이 같다.
- 음의 속도는 의미가 없다.

오답의 예:

◆ 학생들은 거리의 시간에 대한 도함수로서 속도를 이해하는 데 어려움을 겪는다.

평가:

◆ 정답 없음 : 0점

◆ 정답 1개 이상 : 1점

2개 또는 3개 범주 중 정답: 2점

교사 응답 해석 [및 코딩]

A 교사:

1) 장거리는 자동으로 고속으로 연결된다.

2) 짧은 거리는 "작은/적은 속도"와 연결될 수 없다. 짧은 거리를 빠르게 이동한다.

이는 다른 관계의 고려 사항이 종종 잘못 연결되기 때문에 중요하다(예: 거리-힘 연결).

[오개념의 기술로 보여도 코딩 체계에 따르면 0점]

B 교사:

- "속도"는 영구적인 힘을 필요로 한다(학생들은 일정한 운동은 마찰을 보상하기 위해서만 필요하다는 사실을 인식하지 못함).
- 움직이는 물체의 에너지는 속도에 따라 선형적으로 증가한다(예를 들어 학생들은 자동차 정지거리가 속도에 따라 선형적으로 증가하지 않는다는 사실을 인식하지 못함).

["균일한 움직임에는 힘이 필요하다"에 1점]

C 교사:
- 스칼라(Scalar)
- 누르지 않고 감소한다.
- 신체의 "자연스러운" 속도/속력은 정적/정지 상태이다.
- 방향 전환이 용이하다(경로 꼬임 가능성 있음).
- 속도는 힘이 필요하다.

수정이 필요하다는 점에서 적절한 개념을 개발할 수 있는 기회는 속도/속력 각각의 순진한(naïve) 개념을 구분하는 데 있다.
["속도는 방향이 없다"와 "힘이 없으면 움직임도 없다"에 2점]

[그림 3.3] 샘플 문항, 코딩 체계(Kirschner et al., 2016), 교사 응답 해석

2. 모델과의 연관성

ProwiN 연구는 RCM 개발 이전에 계획(및 완료)되었지만 우리 연구와 이 새로운 모델 사이에는 분명한 연관성이 있다. 보다 구체적으로, PCK 검사 도구는 교사의 수업 전략에 대한 지식과 학생의 이해에 대한 지식에 중점을 둔 cPCK의 척도라고 제안한다. PCK 검사 도구의 문항은 주제 수준에서 개념 수준까지 다양한 입자 크기(grain size)를 다룬다. 또한, 이 도구는 물리학 교사에게 수업 에피소드에 대한 계획, 수행, 성찰에 대해 묻는다. 이에 따라, 다음과 같은 의문점이 생길 수 있다. PCK 검사 도구를 cPCK 영역에서 적용하는 것이 타당한 이유는 무엇인가? pPCK 또는 ePCK의 척도가 아닌 이유는 무엇인가? 교사의 cPCK 평가를 pPCK 및 ePCK와 분리하는 것이 타당한가? 이 연구와 관련된 이러한 질문에 답하고자 한다.

1) ePCK가 아닌 이유는 무엇인가?

PCK 지필검사 도구를 작성할 때, 검사 활동은 교사가 자신의 개인적 지식 기반을 살펴보도록 촉발한다. 그러나 그들이 PCK 검사 문항에 응답하기 위해 접근하는 지식이 학생들과 함께 진정한 환경에서 과학 수업을 계획하고, 수행하고, 성찰할 때 실제로

사용하는 지식과 동일한지 확신할 수 없다. 타당성 연구와 ProwiN 프로젝트의 두 번째 단계에서 연관성을 탐색하여 이러한 연결을 분석하고자 했다. 우리는 "실행된 PCK"라는 용어를 도입할 때 검증 문제가 발생한다는 것을 발견했다. RCM 이전에 연구자들은 실제로는 ePCK가 아닌 PCK의 다른 구성 요소를 측정했을 때, PCK 도구가 과학 교사가 가르칠 때 사용한 지식을 나타내는 지식을 포착한 것으로 예상했을 수 있다. RCM을 사용하면 포착(평가)되는 PCK의 유형(예: cPCK, pPCK, ePCK)에 관한 이러한 문제를 해결하는 데 도움이 되는 보다 정확한 언어를 사용할 수 있다는 이점이 있다.

2) pPCK가 아닌 이유는 무엇인가?

우리 연구에서 집단이 아닌 개별 과학 교사의 지식 기반을 포착하고자 했더라도, PCK 검사의 응답 결과를 코딩할 때 분석된 모든 교사의 지식을 cPCK의 형태와 비교해야 한다. 예를 들어, 이 연구에서는 교사의 응답이 전문가 PCK를 나타내는지 여부를 결정하기 위해 코딩 체계를 사용했다. 이러한 사고방식에서는, 판단하지 않고 지식을 서술해야만 pPCK를 포착할 수 있다.

3) 왜 cPCK인가?

개인의 지식은 우리가 교사의 응답을 읽고 전문가 PCK와 일치하는지 여부("정답" 또는 "오답")를 결정하는 순간 집단적 지식이 된다. 타당해 보이지만, (연구자의) cPCK에 속하지 않았던 개별 교사들의 "정답"을 우리의 코딩 체계에 추가함으로써 검사 도구에 pPCK의 새로운 측면을 통합하고자 했다. 검사 도구를 이와 같이 수정한 것은 RCM에서 pPCK에서 cPCK로의 "지식 전이(transfer)[1]"의 한 가지 예로 생각할 수 있다(모델에서 pPCK에서 cPCK로 향하는 화살표로 표시됨). cPCK를 분석하기 위해서는

1) 역자 주: RCM에서는 '지식 교환(exchange)'이라는 용어를 사용하고 있지만, 여기서는 양방향이 아닌 일방향이므로 '교환' 대신 '전이'라는 용어를 사용함

오직 전문가 집단의 지식(집단 내 규준적 결정, normative decision)을 분석한 후 개별 교사들이 보유한 지식의 상대적인 양을 이 집단적 지식과 비교해야 한다.

3. 성찰

RCM에서 PCK 검사 도구가 어디에 적합한지를 분석한 후 PCK 검사 도구와 관련된 이 모델의 타당성에 대해 고찰해 보고자 한다. 나는 RCM이 포괄적이라고 생각하는데, PCK의 복잡한 구인(construct)을 다루기 위해서는 모델이 포괄적이어야만 하기 때문이다. 우리의 PCK 지필 검사 도구가 cPCK만 포함해야 한다고 생각하는 까닭을 논했는데, cPCK만 평가하는 경우에도 cPCK 영역이 무엇을 포함할 수 있는지를 고려하면 모델의 잠재적 적용 가능성은 여전히 크다. 이 모델의 폭과 깊이는 PCK를 유효하게 평가하기 위해서는 모델의 일부 측면을 선택하여 cPCK를 체계적으로 검사해야 함을 시사한다. 보다 구체적으로, 이러한 선택은 특히 입자 크기(예: 개념에 따른 cPCK 개념 분석하기) 및 수업 단계(예: 계획, 수행, 성찰)와 관련이 있다. 지필 검사를 사용한다고 가정할 때, 이러한 각 측면은 검사 당 문항 수가 제한되어 있기 때문에 다른 많은 검사 결과와 함께 개별적으로 분석되어야 한다. RCM은 과학 교사 교육 연구의 다양한 연구를 설명할 수 있는 보다 정확한 언어를 제공한다. 연구의 다음 단계로, 우리는 이 확장된 언어를 사용하여 연구를 비교하고 다양한 도구에 의해 평가되는 과학 PCK의 포괄적인 그림에 도달해야 할 것이다.

과학 전문적 학습에 대한 연구에서 RCM의 적용 및 시사점

커스틴 대흘러Kirsten R. Daehler, 조안 헬러Joan I. Heller, 니콜 웡Nicole Wong

1. 맥락

지난 10년 동안 웨스트에드와 헬러 연구소WestEd & Heller Research Associates의 연구자들은 교사 PCK를 강화하기 위한 목적으로 설계된 접근법인 'Making Sense of SCIENCE' 라는 전문적 학습에 참여한 결과로서, 과학 교수를 위한 교사의 PCK 개발을 조사하기 위해 협력해 왔다. 초기 연구에서는 소수의 초등학교 교사를 대상으로 사전/사후 면담을 통해 자료를 수집했다. 이후 초등학교와 중학교 교사를 대상으로 한 인과 연구(causal studies)에서 많은 표본 크기를 수용하기 위한 지필 검사 도구를 개발했다. 가장 최근에는 수업 영상 및 교사 면담을 통해 교사가 내용-특수적 수업에서 그들의 전문 지식을 활용하거나 실행하는 방법을 조사했다. 연구 문제는 다음과 같다.

- 전문적 학습이 교사 PCK에 영향을 주었는가?
- 전문적 학습이 교사의 PCK에 미치는 영향이 학생 성취에 일정 부분 영향을 준다는 증거가 있는가?
- 교사 PCK의 어떤 변화가 학생의 과학 성취도 향상에 기여했는가?

2. 모델과의 연관성

이 연구는 RCM 개발 이전에 수행되었지만, 이 새로운 모델에 우리의 연구를 적용해 보는 것이 도움이 된다. RCM의 렌즈를 사용하여 이 연구가 기여하는 바는 교사(실천자)와 모델의 내부 계층(pPCK, ePCK)에 초점을 맞췄다는 점이라고 본다. 보다 구체적으로, 구조화된 면담과 지필 검사 도구의 일부 구성 요소는 예를 들어 특정 주제(예: 4학년 전기 회로)의 학습에서 학생들이 겪을 것으로 예상되는 어려움을 설명하도록 할 때 교사의 pPCK 구성 요소에 대한 이해를 제공한다. 또한, 두 가지 유형의 도구를 사용하여 교사들에게 특정 주제와 관련된 학생들의 학습 목표를 설명하고 특정 개념(예: 힘은 밀거나 당기는 상호작용이다)을 학생들에게 가르치는 방법을 설명하도록 요청한다. 지필 및 면담 질문지가 특정 학년 수준에서 학생들을 가르치는 것에 대해 묻는다는 점을 감안할 때, 그 결과 자료는 수업 경험뿐만 아니라 이전에 받았던 학습 경험에 의해 영향을 받았을 개별 교사의 개인적인 지식을 활용한 것이다.

과학 전문적 학습 개입 전후에 교사의 표본을 추출하고 교사들의 응답의 깊이와 정교함의 변화를 확인함으로써 시간이 지남에 따라 성장하고 변화하는 교사의 pPCK의 역동적인 특성을 확인했다. 더 나아가, 실천 사례 교육이나 학생 결과물 샘플 분석 결과, 동료와의 구조화된 대화를 활용하는 Making Sense of SCIENCE 전문적 학습에 참여하는 것이 교사의 pPCK를 형성하고 ePCK 및 교실 실천을 알려주며 궁극적으로 학생의 성취를 향상시키는 메커니즘이라고 가정한다.

교사의 전문적 학습이 학생 성취에 영향을 주는 연속적인 과정에서 핵심적인 연결고리로 간주되는 교사의 ePCK에 대한 자료를 수집하기 위해 지필 검사, 구조화된 면담 및 수업 전후에 실시된 면담과 연계된 수업 영상법과 같은 방법을 사용했다. 지필 검사와 구조화된 면담은 모두 교사를 특정 교실 상황(예: 4학년 학생들에게 전기 회로 수업을 가르치는 상황)에서 학생 결과물 샘플을 분석하거나 학생의 이해를 다루기 위한 수업의 다음 단계를 계획하는 것과 같은 몇 가지 실제 업무를 수행하도록 한다. 교사의 응답은 그들이 ePCK를 어떻게 적용했는지를 알아내기 위하여 분석되는데, 이러한 분석은 교사가 특정 주제(예: 회로 완성하기)에 대한 학생들의 일반적인 오개념과 이해의 차이를 확인하고, 학생들의 이해를 돕기 위한 여러 개의, 정확하고, 학년에 적합한 전략(예: 관찰 가능한 현상에 학생들을 참여시키기, 그림과 다양한 표현 사용하기, "왜"를 설명하기 위한 기본 원리 설명하기)을 명확하게 선택하고 순서화하는 과정에서 입증된다. 이러한 PCK 검사 도구는 학생을 가르치는 데 적용되는 교사의 ePCK에 대한 직접적인 관찰을 제공하지는 않지만, 우리는 이러한 접근을 수업 상황에서의 ePCK에 대한 간접적인 측정 방법으로 간주된다. 즉, 이는 비행기 조종사(교사)가 제공된 정보에 대응하여 행동을 취하기 위해서는 자신의 사전 지식과 기술(pPCK)에 의존해야 하기 때문에 비행 시뮬레이터가 조종사의 성취 지표가 되는 방식과 유사하다.

이와 대조적으로, 수업 전후에 수행된 교사 면담과 함께 수업 영상에서 수집된 자료는 교사의 ePCK를 보다 직접적으로 파악할 수 있는 창을 제공한다. 왜냐하면 이 접근법은 "학생 성취의 향상을 위해 특정 학생에게 특정 목적을 위해 특정 주제를 특정 방식으로 가르치는 행위(Gess-Newsome, 2015, p.36)"를 더욱 직접적으로 보기 때문이다. 이 영상 면담 접근법은 교사가 자신의 학생들과 함께 자신의 수업을 계획, 수행, 성찰함으로써 관찰된 수업과 관련된 교사들의 기본적인 교수적 추론을 이해하는 데 도움이 된다. 이 연구에서 영상은 교실 실천의 다섯 가지 차원과 관련하여 평가되었다(예: 영역-특수적 표현은 의미 형성을 지원하는 데 사용되었고, 교사는 학생의 생각에 주의를 기울이고 학생의 생각을 이끌어 냄). 또한, 이러한 차원들은 교사의 ePCK에 대한 정보와 함께 핵심 과학 개념을 중심으로 의미를 만드는 과정에 학생들이 적극적으로 참여하도록 pPCK를 활용할 수 있는 정도에 대한 정보를 제공하며, 이는 향상된 학생 성취(예: 학업 성취도)로 이어진다고 믿는다.

3. 성찰

RCM 렌즈를 통해 이전의 과학 교사 교육 연구를 살펴보면, 이 연구에서 다루는 PCK의 특정 측면에 대해 더 깊이 생각하게 된다. 또한, RCM은 측정할 수 있는 PCK의 특정 측면을 확장하기 위해 측정 도구를 수정할 수 있는 방법을 제시한다. 예를 들어, 이 연구에서 사용한 지필 검사 도구는 ePCK와 학생의 학습 성취를 향상시키려는 명시적인 목적으로 특정 학생에게 특정 개념을 가르치는 *계획을 세우는* 행위에 초점을 두고 있지만, 교사의 교수적 추론에 대한 정보를 알아내기 위해 면담 질문지를 추가할 수 있다.

과학에서 교사의 PCK 연구의 실용적인 측면에서, RCM은 ePCK를 조사하기 위해 교사 면담과 함께 수업 관찰을 사용하는 것보다 덜 힘든 방법이 있는지 궁금하게 만든다. 더 구체적으로, pPCK 지필 검사 결과(가상의 학생 또는 학급을 위한 수업 계획과 관련하여)와 실제 학급에서 교사가 학생들을 위한 수업을 실제로 계획할 때 발휘되는 ePCK 사이에 높은 상관관계가 있는지 궁금하다.

RCM과 우리의 PCK 연구에 대해 논의하면서 ePCK가 가르치는 행위(수행)와 관련이 있기 때문에 ePCK를 측정하는 데에는 상당한 어려움이 있음을 알 수 있었는데, 이는 수업을 계획하고 성찰하는 행동과 관련된 ePCK를 평가하는 것이 더 다루기 쉬운 작업을 보이는 것과는 대조적이다. 교사의 ePCK 및 pPCK를 평가하는 연구자가 주목할 만한 또 다른 과제는 각 교사의 반응을 형성하는 무수한 증폭기와 여과기(자신의 교실에서 얻은 태도, 신념, 지식 및 경험)를 고려하는 것이다. 요약하면, RCM이 도입한 새로운 언어와 구조가 주는 흥미로운 도전은 우리에게 많은 연구 방향을 제안한다.

참고문헌

Anderson, D. L., Fisher, K. M., & Norman, G. J. (2002). Development and evaluation of the conceptual inventory of natural selection. *Journal of Research in Science Teaching, 39*(10), 952-978.

Carlson, J., Stokes, L., Helms, J., Gess-Newsome, J., & Gardner, A. (2015). The PCK summit: A process and structure for challenging current ideas, provoking future work, and considering new directions. In A. Berry, P. Friedrichsen, & J. Loughran (Eds.), *Re-examining pedagogical content knowledge in science education* (pp. 14-27). New York, London: Routledge.

Cauet, E., Liepertz, S., Borowski, A., & Fischer, H. E. (2015). Does it matter what we measure? Domain-specific professional knowledge of physics teachers. *Schweizerische Zeitschrift für Bildungswissenschaften, 37*(3), 463-480.

Gess-Newsome, J. (2015). A model of teacher professional knowledge and skill including PCK. In A. Berry, P. Friedrichsen, & J. Loughran (Eds.), *Re-examining pedagogical content knowledge in science education* (pp. 28-42). New York, NY: Routledge.

Keeley, P., & Eberle, F. (2005). *Uncovering student ideas in science: Another 25 formative assessment probes* (Vol. 3). NSTA press.

Kirschner, S., Borowski, A., Fischer, H. E., Gess-Newsome, J., & Aufschnaiter, C. V. (2016). Developing and evaluating a paper-and-pencil test to assess components of physics teachers' pedagogical content knowledge. *International Journal of Science Education,* 1343-1372.

Kruse, S., Louis, K. S., & Bryk, A. (1995). An emerging framework for analyzing school-based professional community. In K. S. Louis & S. Kruse (Eds.), *Professionalism and community: Perspectives on reforming urban schools*. Corwin: Long Oaks, CA.

Loughran, J. J., Berry, A., & Mulhall, P. (2012). *Understanding and developing science teachers' pedagogical content knowledge* (2nd ed.). Rotterdam, the Netherlands: Sense Publishers.

Magnusson, S., Krajcik, J., & Borko, H. (1999). Nature, sources and development of pedagogical content knowledge for science teaching. In J. Gess-Newsome & N. G. Lederman (Eds.), *Examining pedagogical content knowledge* (pp. 95-132). Dordrecht, The Netherlands: Kluwer Academic Publishers.

Morine-Dershimer, G., & Kent, T. (1999). The complex nature and sources of teachers' pedagogical knowledge. In J. Gess-Newsome & N. G. Lederman (Eds.), *Examining pedagogical content knowledge* (pp. 21-50). Dordrecht, The Netherlands: Kluwer.

National Research Council [NRC]. (2012). *A framework for K-12 science education: Practices, crosscutting concepts, and core ideas*. InH. Schweingruber, T. Keller&H. Quinn (Eds.). National Academies Press.

NGSS Lead States. (2013). *Next generation science standards: For states, by states*. Washington, DC: The National Academies Press.

Tepner, O., Borowski, A., Dollny, S., Fischer, H. E., Jüttner, M., Kirschner, S.…Wirth, J. (2012). Modell zur Entwicklung von Testitems zur Erfassung des Professionswissens von Lehrkräften in den Naturwissenschaften [Item development model for assessing professional knowledge of science teachers]. *Zeitschrift für Didaktik der Naturwissenschaften*, 18, 7-28.

제2부

기존 연구의 재해석

레베카 쿠퍼Rebecca Cooper

개요

이 책의 2장에서는 PCK에 대한 개선된 합의 모델(RCM)을 소개함으로써 과학 교사 교육 연구자들에게 기존 연구를 재고하고 이 새로운 모델이 어떻게 새로운 연결을 가능케 하며 PCK에 대한 이해를 심화시킬 수 있는지 성찰하는 기회를 제공했다. 제2부의 각 장에서는 개별 저자들 또는 연구팀들이 자신들의 기존 연구를 회고적 관점에서 바라보고 RCM에 비추어 어떻게 재해석될 수 있는지 살펴본다.

제2부는 박Park이 작성한 4장부터 시작한다. 그녀는 두 개의 현존하는 PCK 모델(PCK 펜타곤 모델, 필수 및 고유 PCK 모델)이 RCM 내에 어떻게 배치될 수 있는지에 대해 논의한다. 이들 모델을 사용한 자신의 연구를 RCM과 관련지어 다시 살펴본 박Park은 PCK 개발에 대한 전문적인 공동체와 공유된 전문 지식의 중요성을 강조한다. 그녀는 과학 교사들 간의 협력적 상호 작용이 교사의 지식을 공개하고 동료들에게 더 잘 보이도록 하기 때문에 PCK 개발에 필수적이라고 생각한다. 이러한 연구 결과는 RCM에 묘사된 PCK(즉, 집단적, 개인적, 실행된 PCK) 영역과 밀접하게 관련되어 있으며, 교사들이 더 공개적인 영역에서 그들의 수업 실제에 대해 상호 작용함에 따라 영역에서 영역으로 양방향으로 발생하는 지식 교환 및 변환과 관련되어 있다.

5장에서 마분가Mavhunga의 연구는 주제-특수적 PCK에 관한 그녀의 지속적인 연구가 RCM을 통해 어떻게 재해석될 수 있는지 보여주고자 한다. 그녀는 주제 수준에서 PCK에 대한 조사를 재검토하고, PCK 연구자들에게 PCK를 탐색할 때 입자 크기(grain size)에 대해 더 구체적으로 설명하고 PCK에 대해 더 분명하게 언급할 것을 요구한다. 그녀의 견해에 따르면, RCM이 PCK의 모든 영역과 양상을 통해 분야-특수적, 주제-특수적, 개념-특수적 PCK에 이르는 입자 크기를 식별하고 포함하는 것은 이러한 요구를 인정하는 것이다.

6장에서 조르게Sorge, 스텐더Stender, 뉴만Neumann은 과학 교사들이 전문적 역량을 개발함에 따라 RCM에 묘사된 PCK의 세 영역과 광범위한 전문 지식 기반 사이에서 발생하는 지식 교환에 대해 더 자세히 알아보고자 했다. 그들은 RCM을 사용하여 두 가지 선행연구의 자료를 재검토한 결과, cPCK, pPCK, ePCK 간의 관계 탐색에 비추어 볼 때 RCM은 선행연구의 가치를 확인하고 입증한다는 것을 발견했다.

7장에서 슈나이더Schneider는 과학 교사 공동체의 전문 지식부터 개별 과학 교사의 전문 지식, 실제 수업 장면에서 정보 제공을 위해 사용된 아이디어와 행동에 이르기까지 PCK의 세 가지 영역을 설명함으로써 PCK의 복잡성을 해결할 수 있는 RCM의 가능성을 확인한다. 그런 다음 슈나이더Schneider는 교사 교육자의 입장에서 과학 교사들의 교육학 지식(PK)을 개발하고 설명하기 위한 접근 방식으로 RCM과 관련된 학습 연구를 재고한다. 그녀는 RCM에 묘사된 것처럼 PCK의 세 가지 영역 내에 학습 연구를 배치하는 것이 도움이 된다는 것을 발견했다.

마지막으로 8장에서 박Park과 서Suh는 "PCK 매핑"으로 불리는 PCK 연구에 대한 방법론적 접근법을 알리기 위해 RCM이 개념적 틀을 어떻게 제공하는지에 초점을 맞추고 있다. 그들은 RCM이 과학 수업의 pPCK와 ePCK 사이의 지식 교환을 주도하는 교수적 추론과 행동을 조사하는 데 유용하다는 것을 발견했으며, RCM이 PCK의 추상적이고 복잡한 구조를 보다 가시적이고 명시적이며 접근 가능하게 만들어줌을 강조한다.

제4장

과학 PCK 연구의 진전을 위한 기존 PCK 모델과 RCM의 조화

박순혜Soonhye Park

이 장에서는 PCK 펜타곤 모델과 필수 및 고유 PCK 모델이 어떻게 RCM 내에서 공존할 수 있는지에 대해 과학 교사 교육에 대한 저자의 초기 연구를 반추하며 논의한다. 저자는 이전 연구에서 PCK 펜타곤 모델을 사용하여 PCK를 설명했으며, 필수 및 고유 PCK 모델을 사용하여 PCK를 측정하고 평가했다. 또한 이 장에서는 PCK 펜타곤 모델과 필수 및 고유 PCK 모델에서 도출된 연구 방법(PCK 맵 접근법, PCK 심층 분석, PCK 조사 및 PCK 루브릭)을 RCM에 맞게 어떻게 조정할 수 있을지, RCM이 이러한 연구 방법의 개선과 PCK 연구 진전에 어떠한 통찰을 제공하는지 설명한다. 이 장의 본문은 합의 모델(CM) 및 저자의 이전 연구인 기존의 두 PCK 모델과 RCM을 비판적으로 비교함으로써 드러난 RCM의 네 가지 특징을 중심으로 구성되어 있다. 네 가지 특징은 (1) PCK 포착에 있어 학습 맥락의 중요성, (2) PCK와 실행된 PCK 간 연결의 시각화, 그리고 (3) pPCK와 cPCK의 구별, (4) PCK 발달(과정)로의 초점 전환이다. 이 장에서는 향후 RCM을 활용해서 과학 교사 교육 관련 연구를 할 연구자들에게 전체 수업 사이클 및 맥락적 요인을 포함하여 자료를 수집할 것과 학생 학습, 교수학적 추론에 더 큰 관심을 두어 연구를 진행할 것을 제언한다.

1. 도입

연구자들은 2016년 제2차 PCK 정상회의와 후속 토론의 결과로, 2012년 합의 모델(Gess-Newsome, 2015)에 나타난 교사 전문지식 및 기능과 제2차 PCK 정상회의에서 나타난 새로운 아이디어를 통합하여, 개선된 합의 모델(RCM)을 개발했다. 이전의 합의 모델(CM)은 PCK 정의에 관한 합의에 도달하는 것이 목표였지만, RCM은 수업 실행 맥락 안에 PCK가 있다고 보고, PCK 연구가 진전되기 위한 연구 영역을 안내하고자 했다(2장 참조). 이 장에서는 과학 PCK에 관한 저자의 이전 연구가 RCM의 맥락에서 어떻게 재해석될 수 있는지, 그리고 이 개선된 모델이 향후 PCK 연구, 특히 연구 방법론과 관련하여 어떤 시사점을 제공하는지 설명한다. 특히, 이 장에서는 RCM과 기존 PCK 모델 2가지 {PCK 펜타곤 모델(Park & Oliver, 2008a)과 필수 및 고유 PCK 모델(Park, Suh, & Seo, 2017)} 사이의 공통점과 차이점을 밝힌다. 그런 다음 PCK 모델들 간의 차이점을 파악하고 기존 모델에 기인하여 PCK를 묘사하고 평가하는데 사용된 연구 방법들이 RCM 내에 어떻게 위치하고 적용되는지를 논의하고자 한다.

이 장의 본문은 기존의 두 PCK 모델과의 비판적 비교를 통해 드러난 RCM의 네 가지 특징에 따라 구성되었다.: (1) PCK 포착에 있어 학습 맥락의 중요성, (2) PCK와 실행된 PCK 간 연결의 시각화 그리고 (3) pPCK와 cPCK의 구별, (4) PCK 발달(과정)로의 초점 전환. 이에 RCM에서 강조하는 각 특징에 대해 논의하면서, 과학 교육을 위한 PCK의 개념화와 PCK 연구의 방법론적 접근에 대한 중요한 시사점도 제공한다.

2. PCK를 파악하기 위한 학습 맥락 강조

RCM은 기존의 합의 모델(CM)(Gess-Newsome, 2015)과는 달리 교사 행동의 매개가 되는 학습 맥락을 과학 교사 PCK의 증폭기이자 여과기로 보고, 이를 매우 강조한다. 학습 맥락은 RCM에서 보다 넓은 교육적 영역에서부터 개별 학생 특성에 이르기까지 교사 PCK에 영향을 미치는 광범위한 요인을 포함한다(2장 참조). RCM에서 중시한 학습 맥락은 방법론적 접근법, 특히 저자가 이전에 PCK를 파악하는 데 사용한 방법론적 접근법에 큰 영향을 준 것이었다. 예를 들어, 과학 수업 관찰과 교사 인터뷰로 조사한 일련의 PCK 에피소드(교사의 PCK 활용 사례)를 정량화 및 시각화한 PCK 맵 접근법은 PCK 구성 요소 간의 상호작용을 알고자 개발되었다(Park & Chen, 2012).

PCK 맵 접근법은 PCK 펜타곤 모델을 개념 및 분석의 틀(framework)로 사용하는데, 이는 다음의 다섯 가지 구성 요소의 통합으로 PCK를 정의한다. (1) 과학 교수 지향, (2) 학생의 과학 이해에 대한 지식, (3) 과학 교육과정에 대한 지식, (4) 수업 전략과 표상에 대한 지식, 그리고 (5) 과학 학습 평가에 대한 지식(Park & Oliver, 2008a). 이들 간의 밀접한 상호 연관성을 강조하기 위해 [그림 4.1]과 같이 구성 요소를 선형적으로 나타내지 않고, 오각형 형태로 모델을 제시했다. 구성 요소들은 행위 중 성찰(reflection-in-action)과 행위에 대한 성찰(reflection-on-action)과 같은 보완적이고 지속적인 재조정을 통해 통합된다.

PCK 맵 접근법은 교수 맥락과 교사의 상호작용보다, PCK 구성 요소 간 상호작용과 통합을 고려하며 개별 과학 교사의 인지 과정에 더 크게 주목한다. 구체적으로 [그림 4.2]와 같이 PCK 맵 접근법의 첫 번째 단계에서는 관찰 및 인터뷰를 통해 PCK 구성 요소가 나타나는 부분을 포착하고 이러한 명시적 PCK를 심층적으로 분석함으로써 PCK 에피소드로 합성한다. 이 분석 절차는 자료를 탈맥락화하고 재맥락화하는 과정을 포함한다(Tesch, 1990). 다시 말해, PCK 구성 요소를 담아낸 전체 자료에서 특정 부분을 추출하는 것은 자료를 본 맥락으로부터 분리하며(탈맥락화), 이렇게 분리된 데이터는 재맥락화를 통해 PCK 에피소드로 재조립된다(Coffey & Atkinson, 1996). PCK 에피소드는 그 맥락에서 어떤 일이 발생했는지와 에피소드에 관련된 PCK 구성 요소를 참고하는 재맥락화를 통해 조립된다. 흥미롭게도 저자는 RCM의 관점에서 이 분석 절차를 반추함으로써, PCK 에피소드에서 묘사한 맥락적 요소는 대개 특정 교실 환경에 국한되었고 교육 정책, 학교 분위기, 행정적 요구와 동료 상호작용과 같은 광범위한 맥락적 요소는 포함하지 않았다는 것을 깨달았다.

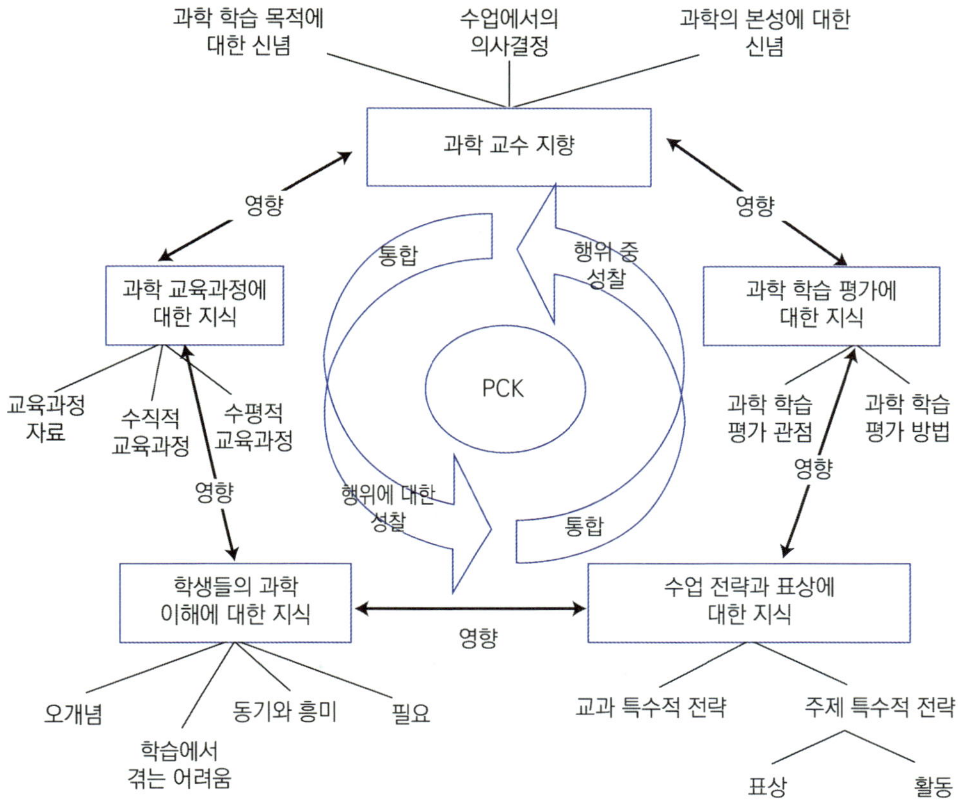

[그림 4.1] 과학 교수를 위한 PCK 펜타곤 모델(Park & Oliver, 2008b)

맵 접근법을 통해 PCK 에피소드를 묘사한다는 것은 PCK 구성 요소 간의 상호작용을 PCK 펜타곤 모델로 표현하는 것이며, 그 결과로 PCK 맵을 생성한다(Park & Chen, 2012; Suh & Park, 2017). PCK 맵 접근법은 PCK 구성 요소 간 상호작용과 관련된 연구 질문에 답하기 위해 처음 개발되었기 때문에, 이 단계에서는 구성 요소 간 관계를 시각화하는 것에만 초점을 두고 있다. 즉, PCK 맵에서는 에피소드와 관련된 맥락적 요인을 제시하지 않는다. RCM에서 학습 맥락을 강조하는데도 불구하고, 이 분석 방법의 최종 산물인 PCK 맵은 의도치 않게 PCK가 정적(static)이라는 관점을 지지할 가능성이 있다. PCK가 정적이라고 보는 관점은 교사가 학습 맥락과 관계없이 PCK를 개발하고 적용할 수 있다고 보는 것인데(Berry, Depaepe, & van Driel, 2016), 맵 접근법에서 맥락적 요인을 고려하는데도 불구하고 그러한 관점을 지지한다는 오해를 불러일으킬 수 있다. 이에 따라, PCK 구성 요소에 직접적인 영향을 미치는 맥락적 요인이 PCK 맵에 시각적으로 묘사되는 방법에 대해 수정 제안을 받았다.

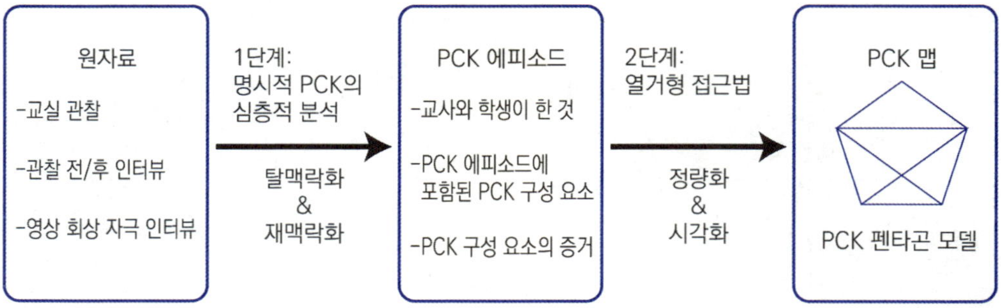

[그림 4.2] PCK 맵 접근법의 분석 과정

3. 교사의 PCK와 실행된 PCK 간 연결의 명시적 시각화

RCM의 핵심적인 특징은 수업 사이클 동안(2장 참조) 교사가 자신의 수업에 PCK를 적용하는 것을 통해 실제적 PCK(즉, 실행된 PCK(ePCK))를 명확하게 설명하고자 한다는 것이다. 이는 PCK 연구에 제기된 비판에 직접적으로 대응하기 위함인데, 제기된 비판은 주로 PCK 연구는 교사가 실제로 무엇을 하고 학생이 무엇을 배우는지와 상관없이 교사가 무엇을 알고 있는지만 조사하는 데 집중한다는 것이다(Settlage, 2013). 최근 슐만Shulman(2015)은 PCK가 개별 교사의 머릿속 인지적 요인으로 구성된 것이 아니라 특정 환경 내에서 특정 학생에게 특정 목적을 위해 특정 과목을 가르치는 행위 중 교사가 활용하는 복잡한 과정인 역동적인 요인으로 구성되었음을 강조했다. 이와 관련하여, RCM에서는 교사가 알고 있는 것뿐만 아니라 교사가 하는 일과 교사의 행동을 설명하는 교수적 추론도 PCK를 구성한다고 보았다(Baxter & Leaderman, 1999).

RCM에서 ePCK를 PCK의 구별된 형태로 개념화한 것은 PCK가 이해와 실행이라는 두 가지 차원으로 구성된다(Park, 2005)고 본 PCK 펜타곤 모델의 기본 개념과 일치한다. RCM의 ePCK는 개념적으로 펜타곤 모델에서 PCK 실행 차원에 해당하며, pPCK는 이해 차원에 해당하는 것으로 볼 수 있다. 그러나 각 모델이 ePCK와 pPCK, 이해와 실행 차원 사이의 관계를 정의하는 방식에는 상당한 차이가 있다. RCM에서 ePCK는 pPCK의 하위 집합으로, 교사가 학생과 직접 상호 작용하는 중에 하는 성찰(행위 중 성찰)뿐만 아니라 수업을 계획하고 자신의 수업 및 학생의 성취도를 성찰(행위에 대한 성찰)하는 과정에서 pPCK를 활용할 때 ePCK가 나타난다고 보았다. 이런 의미에서 RCM에서 PCK는 지식과 기능을 모두 포함한다(2장; Gess-Newsome, 2015 참조). 반면에, 펜타곤 모델은 이해와 실행 차원을 교사 PCK를 구성하는 *두 가지 상호보완적 측면*으로 설명하며, 한 차원이 다른 차원의 일부가 되기보다 두 차원이 서로 보완한다고 설명한다. 즉, 두 차원은 교사의 전체 PCK를 구성하는 PCK의 서로 다른 측면을 나타낸다.

이러한 개념적 변화는 PCK 측정에 대한 다양한 접근법을 필요로 한다. PCK 펜타곤 모델은 과학 교육에서 교사의 PCK를 측정할 때 인지적 차원과 실행적 차원을 모두 측정해야 한다고 본다. 이러한 관점에 따라, 본 연구팀이 개발한 두 가지 PCK 측정 도구는 PCK의 두 가지 차원을 독립적으로 측정한다(Park & Suh, 2015). 구체적으로 PCK 조사는 지필형 검사에 대한 교사의 응답을 통해 "교사가 알고 있는 것"을 직접 측정하는 반면, PCK 루브릭은 "교사가 하는 것"과 그 행동에 깔린 교수적 추론에 초점을 맞추어 교사의 ePCK를 추론해서 간접적으로 PCK를 측정한다. 하나의 측정 도구가 교사 PCK의 한 부분만을 측정한다고 가정한다면, 개별 교사의 PCK 점수는 두 측정 결과인 점수를 합산한 값이 될 것이다(Park et al., 2017).

반면, RCM은 ePCK를 pPCK의 표현으로 보기 때문에 ePCK 측정을 통해 교사의 과학 pPCK를 추정할 수 있다고 한다. 그렇다면 ePCK는 어떻게 측정할 수 있는가? ePCK 측정에 필요한 자료는 무엇인가? 신뢰할 수 있고 타당한 방식으로 개인의 ePCK 또는 pPCK를 추정하기 위해 자료는 어떻게 분석해야 하는가? 이러한 질문에 답하기 위해서는 추가적인 경험적 조사가 필요하지만, 저자는 RCM이 그러한 연구 활동을 위한 실질적인 방향을 제공한다고 생각한다. 첫째, ePCK는 수업 사이클의 세 가지 단계(계획, 수행, 성찰)에 걸쳐 분명하게 나타나며 활용된다(2장 참조). ePCK에 대한 이러한 이해는 세 단계 각각에서 PCK를 도출할 수 있도록 자료의 출처와 수집 방법이 계획되어야 함을 의미한다. 예를 들어, 수업 관찰은 수행 단계에서 ePCK의 요소를 포착할 수 있으며, 수업 계획에 대한 인터뷰 및 수업 성찰 인터뷰는 계획 및 성찰 단계에서 ePCK의 다른 요소를 포착하는 데 활용될 수 있다. 따라서 ePCK를 전체적으로 파악하기 위해 연구자들은 교사의 수업 사이클 전체에 걸쳐 여러 시점에 다방면으로 자료를 수집해야 한다.

둘째, pPCK와 ePCK 간 양방향 지식 교환은 ePCK의 중요한 구성 요소로 고려되어야 한다. 특히, 교사의 PCK를 측정할 때 교사가 pPCK를 ePCK 형태로 합성하고 pPCK를 사용하는 것의 기반이 되는 교수적 추론도 고려되어야 한다. 녹화된 수업이나 수업 성찰 일지에 대한 인터뷰는 행위 중 성찰과 행위에 대한 성찰을 통해 교사의 교수적 추론에 대한 이해를 높일 수 있는 자료 중 하나이다(Schön, 1983). 마지막으로, PCK 측정은 어떤 형태의 PCK를 다른 형태보다 더 높게 평가하는 규준적 입장(normative stance)을 필요로 한다(Park & Suh, 2015). RCM은 학생의 과학 학습에 미치는 영향이 PCK의 질을 결정하는 기준에 포함될 것을 권고한다. 기존 CM(Gess- Newsome, 2015)의 개인적 PCK와 기술에 대한 개념을 기반으로 한 ePCK는 특정 과학 주제를 특정한 목적을 위해 특정 학생에게 특정 방식으로 가르치는 행위에서 *학생 성취도* 향상을 위한 교사의 pPCK가 표현된 것이다(2장 참고). 이러한 개념은 과학 교사의 PCK에 대한 비교(comparative) 판단에는 교육 목적과 관련하여 학생들의 과학 학습 결과도 포함해야 함을 나타낸다. 이와 관련하여, 저자는 과학 교사의 ePCK를 측정하는 요소로 학생 학습 결과를 포함하는 PCK 루브릭의 수정을 제안한다. 이를 위해서는 교사 PCK와 관련하여 학생의 학습 결과를 신뢰할 수 있고 타당한 방식으로 측정하는 방법이 PCK 측정과 관련된 향후 연구를 주도하는 핵심 질문이 되어야 한다. PCK를 측정하는 것 외에도, PCK 묘사를 목표로 하는 연구는 교사의 PCK가 학생의 과학 학습에 미치는 영향까지 포괄하는 연구로 연구 범위를 더 확장해야 한다.

4. pPCK와 cPCK의 구별

RCM의 또 다른 독특한 특징은 pPCK와 cPCK 차별화이다. 과학에서 cPCK는 개별 과학 교사의 지식을 넘어 특정 학습 맥락에서 특정 과학 주제를 특정 학생에게 가르치는 것에 대한 연구를 통해 알려진 것 이상을 구현하는 그룹이 보유한 지식을 나타낸다(2장 참조). 다르게 말하면, cPCK는 특정 분야, 특정 주제 또는 특정 개념을 가르치는 것과 관련된 교육 전문가 그룹이 공유하는 pPCK의 집합이다. RCM에 따르면, pPCK가 cPCK가 되려면 개인의 지식을 전문가 그룹 안에서 공유하고 명료화하며 소통하는 과정이 필요하다. 공유된 지식을 검증하는 표준화된 과정에 대한 명시적인 언급은 없지만, RCM은 공식적이거나 비공식적인 절차를 통해 동료 및 기타 전문가가 공유된 지식을 검증한다는 점에서 cPCK를 pPCK 및 ePCK와 차별화한다. 이와 관련하여, 과학 cPCK는 *교사의* 지식(교사가 아는 것)이라기보다, *교사를 위한* 지식(교사가 알아야 하는 것)으로 보는 PCK 관점을 나타낸다(Fenstermacher, 1994). 그런 의미에서 cPCK는 상대적이고 규범적인 방식으로 평가될 가능성이 높다(Berry et al., 2016).

cPCK의 개념은 PCK의 필수(indispensable) 및 고유(idiosyncratic) 모델에서 설명한 것처럼 필수 PCK의 개념을 반영한다(Park et al., 2017). [그림 4.3]에 나타난 바와 같이, 모델은 효과적인 수업 실행에 필요한 *교사에게* 필수적인 지식과 *개별 과학 교사의* 개인적이고 고유한 지식을 모두 포함한다. 특히, 필수 PCK는 다양한 교육적 맥락에서 각 교사에게 필요하다고 여겨지는 교과의 효과적인 교수를 위한 PCK의 측면을 의미한다(Park & Suh, 2015). 따라서 필수 PCK는 규준적 방식으로 측정될 수 있으며, 이를 통해 과학을 가르치는 데 있어 깊이가 있거나 얕은 PCK를 가진 교사를 구분할 수 있다. 과학을 가르치는 데 필수적인 PCK 수준을 평가하기 위한 기준을 명확히 하기 위해, 필수 및 고유 PCK 모델은 두 가지 주요 기준을 제시한다: (1) 표준(canonical) 과학의 적절한 표현과 (2) 학습자와 학습에 대한 연구에 근거하여 경험적으로 합의된 효과적인 교수법을 의도적으로 적용하는 것(Donovan & Bransford, 2005). PCK 검사와 PCK 루브릭은 모두 필수 PCK 측정을 목표로 한다(Park et al., 2017).

고유 PCK는 과학 교사의 전문성을 나타내는 교사 지식의 핵심적인 부분이다. 이는 교사가 특정 사회적, 문화적, 교육적 맥락에서 다양한 학생에게 대응할 수 있는 자율성과 능력을 발휘하여 교수 전략과 자료를 조정하고 맞춤화하는 것이다(Barnett & Hodson, 2000; Donnelly, 2001; Park & Oliver, 2008b). 그러나, 저자는 다양한 맥락을 아우르며 교사의 지식이 실행되는 학습 맥락에 고유하며, 과학 교수를 위한 개인적이고 고유한 PCK를 구축하는 데 기초 지식으로 작용하는 과학 PCK의 집합이 있을 것이라고 가정한다. 이 필수 PCK가 바로 RCM에서 포착하고자 하는 cPCK인 것이다.

그러나 현재 RCM은 개별 교사의 과학 PCK를 비교할 수 있는 기준을 개념화하기 위한 cPCK의 의미를 충분히 풀어내지 못하고 있다. PCK 측정 결과에 대한 주요 가설을 이론화하고 평가 대상과 평가 방법을 결정하기 위해서는 PCK의 개념에 대한 정의가 중점적으로 이루어져야 한다(Park & Suh, 2015). 따라서 PCK 측정에 대한 연구의 흐름을 잘 보여주기 위해서는 과학 *교사를 위한* 지식의 개념을 요약하고 필수 PCK를 구성하는 cPCK에 대한 추가적이고 명료한 설명이 선행되어야 한다.

그럼에도 불구하고, RCM에서 cPCK가 등장한 것은 개별 과학 교사의 지식 기반을 넘어선 PCK의 집단적 측면을 조명한다는 점에서 PCK 연구를 발전시키는 데 주목할 만한 진전이다. 전문적 지식은 모두에게 공유되어야 하며, 축적되고 다른 사람들과 공유할 수 있는 형태로 표현되어야 한다(Hiebert, Galimore, & Stigler, 2002). cPCK는 실제로 교사들의 전문지식으로서 PCK의 핵심인데, 전문지식은 검증과 개선의 과정을 거쳐야 한다(Hiebert et al., 2002). 그러나 앞서 언급했듯, RCM에서 지식 교환은 공유된 pPCK가 공개적으로 검토, 검증, 반박 또는 수정되는 메커니즘을 명확하게 나타내지 않는다. 이러한 과정을 명료화하는 것은 pPCK가 효과적인 과학 교수를 위한 전문가들의 집단 표준 지식이 되는 방법에 대한 우리의 이해를 높일 것이다.

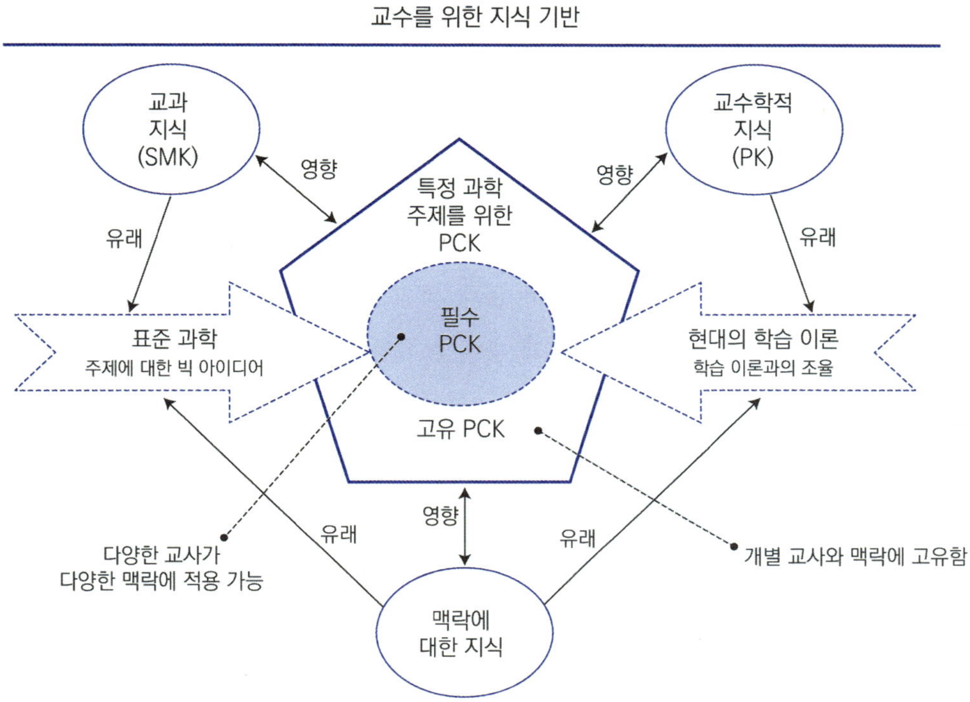

[그림 4.3] 필수 PCK와 고유 PCK의 개념적 모델(Park et al., 2017)

5. PCK 발달로의 초점 전환

마지막으로 RCM이 강조하는 가장 중요한 특징은 '*PCK란 무엇인가*'에서 '*PCK는 어떻게 발달하는가*'로 초점이 전환된 것이다. 따라서, 이 모델은 효과적인 과학 교수를 위해 교사가 PCK를 개발하는 방법에 대한 색다른 사고방식을 제공한다.

특히 RCM은 동료, 학생, 전문 기관 및 맥락적 요인이 PCK를 발달에 미치는 영향에 각별한 주의를 기울이는데, 이를 통해 RCM은 과학 교사가 복잡한 학습 맥락을 다룰 때 개인의 인지 과정을 넘어 동료, 학생 및 다른 사람들과의 사회적 상호작용이 필요함을 강조한다.

이에 따라, RCM은 PCK에 대한 과학 교사 교육 연구, 특히 PCK 연구의 주된 흐름이었던 PCK 발달을 위한 세 가지 새로운 방향을 제시한다(Depaepe, Verschaffel, &

Kelchtermans, 2013). 첫째, 연구자들은 교사들의 과학 PCK가 시간이 지남에 따라 어떻게 성장하고 변화하는지 완전히 이해하기 위해 pPCK 및 ePCK 발달과 밀접하게 관련된 외부적, 맥락적 요인을 추가로 고려해야 한다. PCK의 발달에 영향을 미치는 요인에 대한 이전 연구들은 주로 교사의 경험, 학생, 멘토, 전문성 개발 프로그램과 같은 교사의 지식과 실천에 더 가까운 요인들에 초점을 맞추었다(Park, 2005). 연방 정책, 교육부의 요구사항, 국가/주 교육 표준, 학교 문화 및 전체 학습 맥락의 중요한 요소인 집단 역학(collegial dynamics)과 같은 PCK와 관련된 광범위한 요인들을 조사한 연구는 거의 없다. RCM에서 알 수 있듯, 교사는 여러 요인에 의해 조정되는 복잡한 과정을 통해 PCK를 개발하고 적용한다. 그러나 단일 연구에서 모든 요인을 고려하는 것은 쉽지도 않고 가능하지도 않다. 이렇게 여러 요인에 관한 연구가 부족한 것에 대해 주의를 기울이는 것은 과학 교사의 PCK가 발달하는데 여러 요인이 어떻게 상호작용하는지에 대한 완전한 그림을 그리는 데 기여할 것이며, 교사 PCK 발달을 위한 여러 개입을 설계하는 데 중요한 시사점을 제공할 것이다.

둘째, 연구자들은 RCM의 여러 구성 요소 간 지식 교환을 고려하며 PCK 발달의 원인과 인과 관계의 메커니즘에 관심을 기울여야 한다. 특히 PCK의 변화에 가장 큰 영향을 미치는 요인들과 그들이 작동하는 메커니즘에 대해 명확하게 이해하면 과학 교사의 PCK를 평가하는 방법과 과학 교사를 위한 학습 기회를 설계하는 방법에 대한 우리의 이해가 증진될 것이다. 마지막으로, RCM은 학습 맥락, 학생 및 동료와의 상호작용, 광범위한 전문 지식 기반 간의 상호작용이라는 더 큰 환경에 내재된 과학 교수를 위한 PCK 발달을 나타낸다(2장 참조). PCK 발달의 이러한 내재적 특성은 교사가 처한 다채롭고 복잡하며 끊임없이 변화하는 환경에서 교사의 일상 업무의 모든 측면이 그들의 PCK에 다양한 정도로 영향을 미친다는 것을 의미한다. 결과적으로, 교사의 경력이 늘어간다고 해서 그들의 PCK가 꾸준하게 발달하지 않을 수도 있다(Schneider & Plasman, 2011). 그럼에도 불구하고, 효과적인 과학 교수를 위한 PCK 발달은 특정 연수 경험이나 중요한 교실 사건에서 비롯된 일련의 개별적인 변화가 아니라 광범위한 기간에 걸친 지속적인 변화로 간주되어야 한다. 이러한 측면에서 교사가 맥락화된 상황에서의 경험을 통해 보다 정교한 PCK로 발달함에 따라 나아가는 경로를 조명하기 위한 종단적 연구가 필요하다. 이러한 연구는 교사의 다양한 경력에 따른 지속적인 PCK 발달을 지원하는 경험과 전문성 개발 프로그램을 설계하는 방법에 대한 귀중한 통찰을 제공할 것이다.

6. 결론

이 장에서는 RCM에서 도출한 과학 교육 분야의 PCK 연구 방법론과 향후 연구에 대한 시사점을 논의했으며, RCM이 강조하는 고유하면서도 중요한 4가지 특징{학습 맥락에 대한 강조, ePCK(PCK 실행)에 대한 인식, cPCK에 대한 인식, PCK 발달에 초점}에 초점을 맞추었다. 요약하자면, 연구의 초점과 관계없이 PCK를 조사하고자 하는 모든 연구는 다양한 맥락적 요인이 PCK에 큰 영향을 미친다는 것을 고려하고 이러한 맥락적 요인을 충분히 포착할 수 있는 자료 수집 및 분석 방법을 설계해야 한다. 또한 PCK를 도출하기 위한 자료 출처와 자료 수집 방법은 전체 수업 사이클을 포함할 필요가 있는데, 이는 PCK가 수업 계획에서부터 계획된 수업의 수행, 수행된 수업에 대한 성찰에 이르기까지 사이클의 모든 단계에 적용되고 사용되기 때문이다.

RCM은 방법론적 연구에 대한 몇 가지 방향을 시사하는데, 특히 과학 교사의 PCK를 측정하고 평가하는 데 초점을 맞춘 연구에 더욱 그렇다. PCK를 인지적 구성물로만 여기기보다는 교실에서 교사의 행동과 실천으로 어떻게 PCK가 드러나는지에 주의를 기울여 ePCK로 PCK를 측정해야 한다. pPCK와 ePCK 사이의 상호보완적인 양방향 지식 교환을 고려하면, ePCK를 측정할 때 교사의 행동에 담긴 교수적 추론도 측정에 포함할 필요가 있다. 교수적 추론을 포함하기 위한 자료 수집 방법에는 관찰과 결합한 인터뷰, 중요한 교실 사건에 대한 영상 회상 자극 인터뷰 또는 수업 성찰지 작성 등이 있다. 루브릭이나 체크리스트는 PCK를 측정할 때 이러한 정성적 데이터를 정량화하기 위한 가장 보편적인 분석 도구이지만(Park, Jang, Chen, & Jung, 2011), 연구자들이 교수적 추론과 ePCK의 다양한 수준을 정교하게 구별하기 위한 혁신적이면서도 탄탄한 분석 방법을 개발하는 데 더 많은 노력을 기울일 것을 권장한다. 가장 중요한 것은 과학 교수를 위한 개별 교사의 PCK 수준을 결정하는 데 있어 학생들의 과학 학습 결과가 다른 측정 결과보다 더 우선되어야 한다는 것이다. 그러나 학생의 다양성을 고려한다면 학생 학습과 관련된 변수를 표준화된 과정으로 평가하기는 어렵지만, 엄격한 학문적 노력이 전제된 필수적인 작업이 될 것이다. 마찬가지로, PCK를 설명하고 파악하는 데 초점을 맞춘 연구는 실제 상황에 맥락화된 PCK와 관련된 맥락적 요인, 교사의 교육적 의사결정과 행동에 대한 교수적 추론, PCK와 관련된 학생 학습 결과도 충분히 고려해야 한다.

RCM이 과학 교사 PCK 연구에 주는 중요한 시사점은 PCK 개발을 위한 전문적 (학습) 공동체와 전문성 공유의 중요성이다. 이러한 시사점은 협력적 상호작용이 과학 교사의 PCK 개발에 필수적이라는 것을 의미하는데, 협력적 상호작용은 교사가 자신의 지식을 동료에게 공유하도록 독려하기 때문이다. 그러나 다른 동료와의 상호작용과 교실 경험과 전문적인 도움 사이의 피드백 회로를 통해 교사의 PCK가 어떻게 발달하는지에 대해서는 알려진 바가 거의 없다. 또한 꾸준히 자신의 PCK를 발달시키는 평생 학습자로서의 교사 지원 방법을 알기 위해서는 현직 과학 교사와의 종단적 연구가 절실히 필요하다. 결론적으로, RCM 내의 구성 요소 간의 복잡한 관계를 풀어내는 메커니즘에 대한 더 많은 연구는 과학 교사의 PCK와 실천을 촉진하여 모든 학생의 과학 학습을 개선하는 방법을 설명하는, 경험적 증거를 기반으로 한 PCK의 이론적 모델을 구축하여 이 분야를 발전시킬 것이다(Park & Suh, 2015).

참고문헌

Barnett, J., & Hodson, D. (2000). Pedagogical context knowledge: Toward a fuller understanding of what good science teachers know. *Science Education, 85,* 426-453.

Baxter, J. A., & Lederman, N. G. (1999). Assessment and measurement of pedagogical content knowledge. In J. Gess-Newsome & N. G. Lederman (Eds.), *Examining pedagogical content knowledge* (pp. 147-161). Dordrecht, Netherlands: Kluwer Academic Publishers.

Berry, A., Depaepe, F., & van Driel, J. (2016). Pedagogical content knowledge in teacher education. In J. Loughran & M. L. Hamilton (Eds.), *International handbook of teacher education* (pp. 347-386). Singapore: Springer.

Coffey, A., & Atkinson, P. (1996). *Making sense of qualitative data: Complementary research strategies*. Thousand Oaks, CA: Sage.

Depaepe, F., Verschaffel, L., & Kelchtermans, G. (2013). Pedagogical content knowledge: A systematic review of the way in which the concept has pervaded mathematics educational research. *Teaching and Teacher Education, 34,* 12-25.

Donnelly, J. F. (2001). School science teaching as a profession: Past, present, and future. *School Science Review, 82*(300), 31-39.

Donovan, M. S., & Bransford, J. D. (Eds.). (2005). *How students learn: Science in the classroom*. Washington, DC: National Academy Press.

Fenstermacher, G. D. (1994). The knower and the known: The nature of knowledge in research on teaching. In L. Darling-Hammond (Ed.), *Review of research in education* (pp. 3-56). Washington, DC: American Educational Research Association.

Gess-Newsome, J. (2015). A model of teacher professional knowledge and skill including PCK. In A. Berry, P. Friedrichsen, & J. Loughran (Eds.), *Re-examining pedagogical content knowledge in science education* (pp. 28-42). New York: Routledge.

Hiebert, J., Gallimore, R., & Stigler, J. W. (2002). A knowledge base for the teaching profession: What would it look like and how can we get one? *Educational Researcher, 31*(5), 3-15.

Park, S. (2005). *A study of PCK of science teachers for gifted secondary students going through the national board certification process* (Unpublished doctoral dissertation). University of Georgia, Athens.

Park, S., & Chen, Y.-C. (2012). Mapping out the integration of the components of pedagogical content knowledge (PCK) for teaching photosynthesis and heredity.

Journal of Research in Science Teaching, 49(7), 922-941.

Park, S., Jang, J., Chen, Y.-C., & Jung, J. (2011). Is pedagogical content knowledge (PCK) necessary for reformed science teaching?: Evidence from an empirical study. *Research in ScienceEducation, 41,* 245-260.

Park, S., & Oliver, J. S. (2008a). Revisiting the conceptualisation of pedagogical content knowledge (PCK): PCK as a conceptual tool to understand teachers as professionals. *Research in Science Education, 38*(3), 261-284.

Park, S., & Oliver, J. S. (2008b). National board certification (NBC) as a catalyst for teachers' learning about teaching: The effects of theNBCprocess on candidate teachers'PCKdevelopment. *Journal of Research in Science Teaching, 45*(7), 812-834.

Park, S., & Suh, J. (2015). Trajectory from portraying toward assessing PCK: Drives, dilemmas, and directions for future research. In A. Berry, P. Friedrichsen, & J. Loughran (Eds.), *Re-examining pedagogical content knowledge in science education* (pp. 104-119). New York: Routledge.

Park, S., Suh, J., & Seo, K. (2017). Development and validation of measures of secondary science teachers' PCK for teaching photosynthesis. *Research in Science Education*.

Schneider, R. M., & Plasman, K. (2011). Science teacher learning progressions: A review of science teachers' pedagogical content knowledge development. *Review of Educational Research, 81*(4), 530-565.

Schön, D. A. (1983). The reflective practitioner: How professionals think in action. New York: Basic Books.

Settlage, J. (2013). On acknowledging PCK's shortcomings. *Journal of Science Teacher Education, 24,* 1-12.

Shulman, L. (2015). PCK: Its genesis and exodus. In A. K. Berry, P. Friedrichsen, & J. J. Loughran (Eds.), *Re-examining pedagogical content knowledge in science education* (pp. 3-13). New York: Routledge.

Suh, J., & Park, S. (2017). Exploring the relationship between pedagogical content knowledge (PCK) and sustainability of an innovative science teaching approach. *Teaching and Teacher Education, 64,* 246-259.

Tesch, R. (1990). *Qualitative research: Analysis types and software tools*. New York: Falmer Press.

제5장

주제 수준에서 과학 교사 PCK 개발을 위한 경로 드러내기

엘리자베스 마분가Elizabeth Mavhunga

이 장에서는 기존 연구에 RCM을 소급 적용하여 주제 수준의 PCK가 개선된 합의 모델(RCM) 내에서 어떻게 자리매김하는지 설명하고자 한다. 새롭게 개념화된 cPCK, pPCK, ePCK 영역에 걸쳐 전기화학 분야에서 화학 예비 교사들의 PCK 개발을 추적함으로써 이러한 자리매김을 보여준다. 이 연구에서 예비 교사들은 전기화학 주제에 대한 cPCK 기반의 구조화된 과정을 통해 해당 주제에 대한 pPCK를 개발하고, 주제에 대한 수업 프로그램을 개발하여 ePCK의 일부를 시연한다. 자료는 개입 기간 동안 전기화학 및 수업 튜토리얼 과제에서 예비 교사들의 pPCK를 구체적으로 측정할 수 있는 도구를 사용하여 수집(개입 전후 검사)되었다. pPCK의 질적 변화를 확인하기 위하여 준거 기반 루브릭을 사용하여 검사 자료를 분석하였고, 질적 심층 내용 분석 방법을 활용하여 수집된 과제를 분석하였다. 연구 결과, 예비 교사들의 pPCK와 주제 교수 계획에 대한 ePCK는 향상된 정도에 차이가 있었다. 이 연구가 과학 교사 교육 분야의 연구자들에게 주는 시사점은 PCK 연구에서 조사하는 PCK의 수준 또는 입자 크기와 구인이 위치하는 영역을 RCM에서 명시적으로 참조하는 것이 중요하다는 것이다.

1. 도입

예비 과학 교사들이 다른 사람들과 다른 점은 무엇인가? 이 질문에 가능한 대답은 교실의 다양성에도 불구하고 학습자의 이해를 위해 추상적이고 어려운 과학 내용을 *가르치는 데 필요한 지식을 배우는 것*이라고 할 수 있다. PCK는 슐만Shulman(1986)이 가르치는 직업과 고유하게 연결된 것으로 파악한 교사 지식이다. PCK는 교사들에게 어렵고 추상적인 내용 지식을 학습자가 이해할 수 있는 형태로 재구성하고 패키지화할 수 있는 지식을 제공한다. 과학교육계는 PCK를 과학을 가르치기 위한 지식(Abell, 2008; Darling-Hammond & Richardson, 2009)과 예비 과학 교사들에게 전수할 지식으로 받아들였다. 이러한 지식의 전수는 이 책에 수록된 각 장의 목적과 마찬가지로 PCK가 모호하지 않게 다루어질 것을 요구한다. 예를 들어, 예비 교사들이 자신의 발달을 인식하기 위해서는 자신의 학습을 의식적으로 인식하는 것이 중요하다. 한편, 과학 교육자들은 자신의 수업에서 PCK의 수준(예: 분야-특수적 대 주제-특수적)을 구별하는 것이 중요한데, 이들은 서로 다른 구성을 가지고 있으며 교수적 가치를 실현하기 위해서는 서로 다른 지식 유형에 중점을 두어야 하기 때문이다(Abell, 2008). 이 책의 2장에서 소개된 RCM은 PCK의 다차원적 본성에 다시 초점을 맞추고 구인 및 그 적용의 다양한 수준을 의사소통하기 위한 일치된 용어를 제공한다.

PCK의 다차원적 본성은 문헌에서 다양한 방식으로 나타난다. 이전 연구에서는 PCK의 암묵적 본성에 대해 보고했으며, 이러한 맥락이 PCK에 대해 뚜렷하게 다른 통찰을 제공하기 때문에 계획 및 수행된 수업 조건 모두에서 PCK의 평가를 수행할 것을 권고했다(Aydeniz & Kirbulut, 2014; Park & Chen, 2012). 특정 분야 및 특정 주제의 수업을 고려할 때 PCK의 차별화된 입자 크기에 대해 서로 다른 일련의 연구들이 보고되었다(Nezvalova, 2011; Veal & MaKinster, 1999). 이 저자들은 PCK가 세 가지 수준, 즉 분야-특수적, 영역-특수적, 주제-특수적 수준으로 존재한다고 제안했다. 어떤 연구에서는 교사 집단의 관점에서 PCK의 발현을 살펴보고(Loughran, Berry, & Mulhall, 2004) 집단에서 나타나는 지식을 알아본 반면, 어떤 연구에서는 개별 교사의 관점에서 PCK를 연구했다(Aydin, Friedrichsen, Bozc, & Hanuscinb, 2014). 위에 나열된 모든 연구는 동일한 이론적 구인(theoretical construct)에 대해 다양한 관점을 제시했는데, 이는 수년간 각 요소를 모호하지 않게 어떻게 참조할 것인가에 대한 과제를 제기해 왔다(Aydin et al., 2014b). RCM은 이러한 차원의 모든 관점을 하나의 상호연결된 그림으로 표현하고, 수업에 대한 교사의 전문 지식(PCK)의 가능한 발달 경로를 보여준다. 그것은 또한 현직 교사와 예비 교사들이 cPCK라고 불리는 PCK에 대한 공유된 전문적 이해로부터 어떻게 그들의 전문 지식을 끌어내고 성장시킬 수 있는지 보여준다. 그러한 집단적 전문 지식은 수업을 위한 교사 지식으로, 일반적으로 공유되는 공공의 이해 영역을 구성하는 강좌, 교재 또는 출판물과 같은 자료들로부터 얻어질 수 있다. 그러한 과정에 참여하는 예비 교사는 개인적 신념, 상황 및 기타 정서적 요인(RCM에서 여과기 및/또는 증폭기라고 함)에 의해 허용되는 범위 내에서 pPCK로 수업에 접근하여 개인화한다. 결과적으로 pPCK는 예비 교사가 수업 계획, 수행, 성찰을 실행(이 모두를 ePCK라고 부름)하는 데 관련된 교수적 추론을 위해 끌어내는 개인적인 아이디어와 이해의 모음이 된다. 따라서 RCM에서 cPCK, pPCK, ePCK는 교사가 전문 지식을 개발할 때 따를 수 있는 경로를 도식으로 보여주는, 세 가지 영역으로 구별되지만 상호 관련된 PCK 영역을 나타내는 것으로 볼 수 있다.

위에서 언급한 세 가지 영역을 통한 PCK의 발달은 분야-특수적, 주제-특수적 또는 개념-특수적 수준에서 경험할 수 있다. 이 세 가지 수준은 특정 시점에서 PCK가 고려될 수 있는 입자 크기의 연속체를 반영한다. RCM은 이 연속체가 세 가지 PCK 영역(cPCK, pPCK 및 ePCK)에서 각각 발생한다는 것을 인정한다(2장 참조). 아래 그림은 세 가지 PCK 영역의 각각에서 PCK 입자 크기의 연속체를 보다 명확하게 만들기 위한 RCM의 단순화된 버전을 보여준다([그림 5.1]).

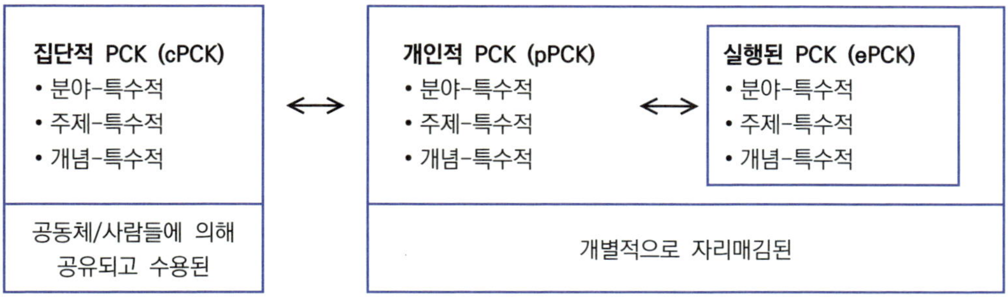

[그림 5.1] RCM에서 PCK의 다차원적 본성을 단순화한 그림

이 장은 특정 주제를 대상으로 하고 세 가지 PCK 영역 각각에서 이용할 수 있는 PCK의 입자 크기를 사용하여 주제 수준에서 PCK의 자리매김을 보여줌으로써 이 책의 목적에 기여한다. 또한, 이 장은 과학 예비 과학교사들이 특정 주제를 가르치기 위해 공유된 지식 또는 cPCK를 기반으로 하는 정형화되고 구조화된 과정(course)에서 pPCK를 어떻게 개발할 수 있는지 경험적으로 보여준다. 주제 수준에서의 PCK에 대한 논의는 아래와 같이 이론적 개념화의 재검토로 시작한다.

2. 주제-특수적 수준에서 과학의 PCK 설명하기

PCK에 관한 기초 문헌에서 몇몇 과학교육 연구자(Abell, 2007; Geddis & Wood, 1997; Van Driel, Verloop, & de Vos, 1998)가 처음으로 과학에서 PCK의 주제-특수적 본성을 언급했을 때, 주제 수준에서의 PCK를 강조했다. 이러한 이해를 바탕으로 다수의 후속 연구가 진행되고 있으며, PCK의 주제-특수적 본성을 조사하는 방법(Aydin et al., 2014a) 및 특정 주제의 수업 상황에서 PCK를 고려할 때 나타나는 PCK의 주제-특수적 본성과 구성 요소 간 상호작용의 본성을 살펴보는 방법(Aydin, Demirdogen, Atkin, Uzuntyaki- Kondaki, & Tarkin, 2015)을 탐색하였다. 이러한 연구를 통해 PCK의 주제-특수적 본성과 해당 주제에 관한 내용 지식의 근접성에 대한 이해가 커졌다. 이 절에서는 설명, 교육 및 측정할 수 있는 이론적 구인으로서, 주제 수준에서 과학의

PCK 개념을 PCK의 입자 크기라는 새로운 표현으로 재검토하고, RCM에서 주제-특수적 PCK로 언급한다. 특정 내용 지식과 PCK의 밀접한 연관성에 대한 논의는 이전 문헌에서 가져온 것이다. 슐만Shulman(1986)은 전문 교사들의 경우, 그들이 사용하는 교수적 지식 전략의 상당수가 내용-특수적이라고 주장했다. 이러한 견해는 게디스Geddis, 온슬로우Onslow, 베이논Beynon 및 애쉬Oesch(1993)에 의해 뒷받침되었는데, 그들은 '뛰어난 교사는 단순히 교사가 아니라 "영어 교사" 또는 "화학 교사"'라고 명시적으로 지적하였다(Geddis et al., 1993, p. 675). 이들 저자는 각각의 cPCK, pPCK 및 ePCK 영역 내에서 PCK 연속체의 가장 높은 수준 또는 입자 크기 항목으로 RCM에 반영되는 분야를 가르치기 위한 지식을 언급했다. 이 주장에 따르면, 예비 교사들은 분야를 가르치는 방법과 분야를 구성하는 관련 핵심 주제를 배워야 한다는 것을 의미한다. 그러나 문제는 어떤 분야의 주제를 가르치기 위해 생성된 지식은 주제마다 다르며 자동으로 전이될 수 없다는 사실을 깨닫는 데 있다. 따라서, 어떤 분야에서 특정 주제를 가르치기 위한 지식에 주의를 기울일 필요가 있다. 그러한 지식은 우리의 이전 연구(Mavhunga & Rollnick, 2013)에서 TSPCK로 언급되었으며, 이는 현재 RCM의 용어에 따라 주제-특수적 PCK로 불린다.

이론적 구인으로서 주제-특수적 PCK를 개념화할 때, '이해된 아이디어(comprehended ideas)를 가르치기 위해서는 어떤 방식으로든 변환되어야 한다'(p. 16)는 슐만Shulman의 진술(1987)이 출발점으로 사용되었다. 이러한 견해는 게디스Geddis 등(1993)에 의해 뒷받침되었는데, 교사들이 가르치는 것은 일반적으로 그들의 (주제) 내용 지식의 변환을 필요로 한다는 인식을 발전시킬 필요가 있다고 지적했다. 게디스Geddis는 일단 이러한 인식이 자리잡게 되면, 그 교수 가능성과 관련된 주제의 내용 지식에 대한 *다수의 특정한 지식*이 요구된다는 점에서, 그러한 변환을 달성하는 데 필요한 지식의 유형을 명확하게 표현하는 것이 중요하다고 주장했다(Geddis et al., 1993, p. 676). 게디스Geddis가 밝힌 *특정한 지식*이나 지식 구성 요소는 (i) 오개념을 포함한 학습자의 사전 지식, (ii) 교육과정의 핵심(curricular saliency), (iii) 주제를 이해하기 쉽거나 어렵게 만드는 요인, (iv) 유추를 포함한 표상 및 (v) 개념 교수 전략이다. 요컨대, *학습자의 사전 지식*은 특정 내용에 대한 올바른 지식뿐만 아니라 일반적인 학생들의 오개념과 대체 개념을 의미한다. *교육과정의 핵심*은 교육과정 전체와 관련된 다양한 주제의 학습을 의미한다. 그것은 한 주제에서 핵심적인 개념과 부수적인 개념, 필요한 사전 지식 및 가르치는 개념의 순서를 이해하는 것이다. *주제를 이해하기 쉽거나 어렵게 만드는 요인*은 꼭 오개념은 아니더라도 주제를 이해하기 어렵게 만드는 요인을 파악하는 능력을 말하며, 이를 가르치기 위한 인식과 개입을 촉발한다. *표상*은 주제와 관련된 예, 삽화, 유추, 시뮬레이션 및 모형을 포함한 다양한 표현을 말한다. 마지막으로, *개념 교수 전략*은 특정 학습자의 오개념, 학습하기 어려운 영역 또는 개념의 중요성에 대한 효과적인 교수 전략을 말한다. 전략은 잠재적인 혼란과 오개념에 맞서기 위한 도구로서 주제에 관한 개념적 원리와 규칙의 조합을 사용하는 것을 포함한다. 그러나 이 용어가 일반적인 교육학 지식 전략을 가리키는 것은 아니다.

게디스Geddis가 밝힌 지식 구성 요소는 주제의 내용 지식에 대한 지향성 때문에 마분가Mavhunga와 롤닉Rollnick(2013)의 과학 PCK 논문에서 내용-특수적 구성 요소로 언급되었다. 주제(K)에 관한 내용 지식의 특정 요소가 이러한 내용-특수적 구성 요소에 대해 집합적으로 생각되고 추론될 때 해당 주제(K')에 구체적인 수업을 위한 이해가 생성된다([그림 5.2]).

따라서 수업 계획 및/또는 수행에서 관찰되는 주제-특수적 PCK의 질은 교사가 구성 요소 및 그 상호작용에 대한 지식을 사용하여 일관되고 풍부한 설명과 응답을 생성하는 정도와 관련이 있다. PCK의 이전 합의 모델(Gess-Newsome, 2015)에서 이러한 내용-특수적 구성 요소는 전문적인 주제-특수적 지식이라고 하는 PCK 계층에 통합되었다는 점에 유의할 필요가 있다. 따라서 주제-특수적 PCK에 관한 아이디어는 새로운 것이 아니지만, PCK의 다른 입자 크기와 관련하여 과학 교수를 위한 RCM에서 더 명확하고 더 분명하다.

요약하면, RCM 내에서 주제-특수적 PCK의 위치를 설명하고 그것을 PCK 연속체의 다른 수준(즉, 분야-특수적 및 개념-특수적 PCK)과 구별하기 위한 목적으로 구인의 구성을 다시 검토한다. 이는 아직 완전히 개념화되지 않았기 때문으로, 앞으로의 연구 과제이다. 이 연구는 예비 교사들이 전기화학의 cPCK에 기반한 구조화된 과정에 참여하는 동안 전기화학의 주제-특수적 PCK 수준에서 pPCK와 ePCK를 발전시킨다고 말할 수 있는 연구의 예를 다시 살펴봄으로써 그들의 전문 지식이 어떻게 발달하는지를 보여준다. 사례 연구는 개인적 신념 및 기타 요인의 영향을 받는 예비 교사들이 주제에 대한 pPCK를 개발하는 차별화된 정도를 보여준다. 사례 연구에서 탐색된 연구 질문은 다음과 같이 재구성될 수 있다: 전기화학의 cPCK에 기반한 구조화된 과정에 참여하는 동안 전기화학의 주제-특수적 PCK 수준에서 예비 교사의 PCK 발달을 촉진/방해하는 요인은 무엇인가?

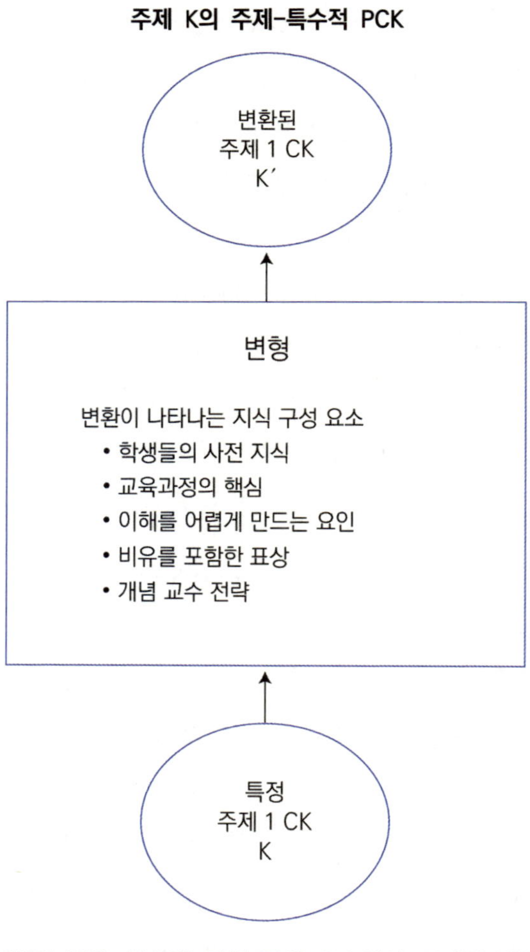

[그림 5.2] PCK의 내용-특수적 지식 구성 요소에서 주제의 내용 지식 변환

3. 연구 방법

1) 참여자

이 연구는 남아프리카의 가우텡(Gauteng) 지방에 있는 한 종합대학교에서 수행되었다. 이 연구는 화학과 물리학 과정이 동등하게 구성된 물상과학이라고 불리는 과정에서 화학 방법론 시간을 활용하여 진행되었다. 이 과정의 참여자는 물상과학 전공으로 등록된 학사 과정의 최종 학년인 4학년 예비 교사 16명이었다. 이 과정은 화학과 물리학의 몇 가지 핵심 주제에서 PCK의 질을 향상시키는 것이 주된 목표였다. 이 연구에서 사용된 주제는 전기화학이었다. 예비 교사들은 모두 중등학교 교사 자격 학위 과정의 4년 중 3년을 이수한 소외된 흑인 공동체 출신이었다. 참여자들은 아래에 기술된 개입에 노출되기 전에 별도로 전기화학 내용 지식에 대한 교육을 받았다.

2) 주제-특수적 PCK 개입

물상과학 과정에서 제공된 개입은 이 연구 이전의 여러 다른 연구(Huang, Lubin, & Ge, 2011)에서 구현되고 잘 기록되어 있었기 때문에 표준화된 일련의 사건(events)을 제공했다. 요약하면, 개입은 과학 교사들이 하는 교수적 추론 과정의 핵심 활동으로 교수적 변환의 개념을 도입한다(Shulman, 1987). 이어서 주제-특수적 PCK는 주제에 대한 과학 내용 지식의 교수적 변환을 가능하게 하는 교사 지식으로 소개된다. 주제-특수적 PCK의 다섯 가지 구성 요소(Mavhunga & Rollnick, 2013)는 효과적인 설명을 형성할 수 있도록 정합적으로 상호작용하면서 함께 작동하는 것으로 간주된다. 예비 교사들은 주제에 대한 과학 내용을 각 구성 요소의 관점과 다른 구성 요소와의 상호작용을 통해 추론하는 방법을 학습하는 기회를 제공받는다. 이러한 개입은 일주일에 3시간씩 6주 동안 진행된다.

3) 자료 수집

전기화학의 주제 수준에서 예비 교사의 pPCK 개발을 살펴보기 위한 목적으로 여러 유형의 자료가 수집되었다. 연구를 위해 전기화학에서 특별히 고안된 PCK 도구를 활용하여 개입하기 전과 후에 참여자 전체를 대상으로 사전 및 사후 검사를 실행하였다. 개입 중에 수집된 튜토리얼은 추가 자료원으로 사용되었다. PCK 도구는 cPCK 영역 내에 있는 전기화학 수업을 위한 PCK에 대한 집단적 이해에 대응하여, 주제 수준에서 예비 교사의 pPCK 질을 측정하도록 설계되었다. 도구는 주제-특수적 PCK의 5가지 내용-특수적 지식 구성 요소를 바탕으로 각각 5개의 범주로 구성되어 있으며, 각 범주에는 교사의 응답을 찾는 2~4개의 검사 문항(교사 과제 문항)이 있다. [그림 5.3]은 학습자 사전 지식 구성 요소에 대한 검사 문항을 예시한 것이다.

4) 분석

자료 분석은 두 부분으로 나누어 수행되었다. 첫 번째 분석은 참여자 전체를 표본으로 간주하고 사전 검사와 사후 검사의 응답을 비교하여 개입의 직접적인 결과로 전기화학의 주제-특수적 수준에서 pPCK의 질 변화를 확인하는 데 중점을 두었다. 이 분석은 전기화학에서 예비 교사의 pPCK 발달을 촉진하거나 방해하는 요인에 관한 연구 문제를 분석하는 기준 역할을 했다. 이를 위해 전기화학에서 주제-특수적 PCK의 질이 점차 높아지는 네 가지 단계로 구성된 준거 기반 루브릭(Mavhunga & Rollnick, 2013)을 사용하여 완료된 PCK 도구의 서면 응답을 채점하였다([그림 5.4] 참조). 루브릭의 주요 강점은 루브릭의 네 가지 준거 단계가 가지는 점진적 특성에 있다. 준거에서는 각 주제-특수적 PCK 구성 요소에 대한 개인적 지식이 증가하고 제공된 교사 응답에서 다른 구성 요소와의 상호작용이 증가한다는 증거를 요구하여 주제 수준에서 예비 교사의 pPCK를 측정하였다. 전체 루브릭은 요청 시 제공된다.

두 번째 분석은 pPCK 발달을 촉진하거나 방해하는 요인을 드러냄으로써 전기화학의 주제-특수적 수준에서 pPCK의 발달을 밝히고자 하는 연구 문제와 관련이 있었다.

이를 위해 전기화학에 대한 PCK 변화에 관한 첫 번째 분석에서 나타난 다양한 준거(성취) 단계의 참가자를 선정하여 3명의 예비 교사로 구성된 하위 표본을 추출하였다. 이러한 선택적 과정에 대한 구체적인 내용은 결과 부분에 제시되어 있다. 참가자들에게 광범위한 설명을 요구하는 교사 과제 문항에 대한 예비 교사들의 응답에 대해 심층적인 질적 분석이 수행되었다. 그러한 응답은 학습자의 사전 지식, 교육과정의 핵심, 표상의 주제-특수적 PCK 구성 요소에 해당되는 검사 문항에서 쉽게 찾을 수 있었다. 참여자 3명의 응답은 주제-특수적 PCK의 발달에 기여하거나 저해하는 요인을 반영하는 유사성, 차이점 및 발화(utterance)에 대해 분석되었다. 각 사례 참여자의 결과 내에서 새롭게 등장하는 주제는 개입 중에 수집된 튜토리얼에서 증거들을 파악하여 삼각검증되었다(Patton, 2002). 튜토리얼은 개입 과정에서 논의된 각 주제-특수적 구성 요소에서의 지식 발달을 위한 통찰을 제공했다.

범주 A: 학습자의 사전 지식

1. 여러분은 다음과 같이 쓴 학습자에게 어떻게 응답하나요?

"전자는 갈바니 전지(galvanic cell)를 중성으로 유지하기 위해 염다리(salt bridge)를 통해 흐릅니다."

응답 A: 아니오, 그렇지 않습니다. 전자는 갈바니 전지를 중성으로 유지하기 위해 염다리를 통해 흐르는 것이 아니라 외부 회로를 통해 흐릅니다. 오직 이온만이 염다리를 통해 흐릅니다.

응답 B: 아니오, 그렇지 않습니다. 전자가 흐르기 위해서는 좋은 전도체인 도선(고체)과 같은 매체가 필요합니다. 염다리는 용액을 포함하고 있으며 염다리 내에서는 이온만 흐를 수 있습니다.

응답 C: 아니오, 그렇지 않습니다. 전자는 외부 도선을 통해 흐르는 반면, 이온은 염다리를 통해 흐릅니다. 염다리를 통한 이온의 흐름은 갈바니 전지를 전기적으로 중성으로 유지할 것입니다.

응답 D: 위에 해당 사항이 없습니다. 위와는 다른 응답이 있는데, 그것은...

응답을 선택하고, 아래 공간에 그렇게 선택한 까닭을 쓰시오.

[그림 5.3] 학습자 사전 지식에 관한 검사 문항 예시

	(1) 미흡(limited)	(2) 기초(basic)	(3) 우수(developing)	(4) 탁월(exemplary)
학습자 사전 지식	• 학생 사전 지식 또는 오개념에 관한 확인/인지/고려 없음 • 오개념을 해결하려는 시도가 없음	• 오개념 또는 사전 지식 확인 • 오개념에 대응하기 위한 수단으로 표준화된 정의 제공 • 주제-특수적 PCK의 다른 구성 요소를 사용했다는 증거가 없음	• 오개념 또는 사전 지식 확인 • 표준화된 지식을 정의로 제공 • 주제-특수적 PCK의 다른 구성 요소를 쌍방향으로 사용하여 설명을 확장하고 뜻을 더 분명히 하기 위해 바꾸어 말하기	• 오개념 또는 사전 지식 확인 • 표준화된 지식을 정의로 제공 • 설명을 올바르게 확장하고 뜻을 더 분명히 하기 위해 바꾸어 말하기 • 주제-특수적 PCK의 두 개 이상의 다른 구성 요소를 쌍방향으로 사용하여 오개념에 맞서고 정확한 이해를 확인하기

[그림 5.4] 학습자 사전 지식 채점 준거를 보여주는 주제-특수적 PCK 루브릭의 예시

4. 결과

〈표 5.1〉은 전기화학의 주제-특수적 수준에서 pPCK의 질을 측정한 사전(사후)-PCK 점수를 보여준다. 주제-특수적 PCK 구성 요소의 명칭은 참조의 용이성을 위해 LPK(학습자 사전 지식), CS(교육과정의 핵심), WID(이해를 어렵게 만드는 요인), RP(표상), CTS(개념 교수 전략)로 축약하였다.

〈표 5.1〉 전기화학에서 사전(사후)-pPCK 점수의 변화

예비교사	LPK	CS	WID	REP	CTS	개인 평균
제시	2(4)	2(4)	2(3)	1(4)	1(3)	2(4)
우마	2(4)	1(3)	1(3)	2(4)	2(4)	2(4)
안나	2(4)	1(3)	1(3)	2(3)	1(3)	1(3)
본지	1(3)	1(3)	1(2)	2(3)	1(3)	1(3)
루도	1(3)	1(3)	1(3)	2(2)	1(3)	1(3)
이마니	1(3)	2(2)	1(3)	1(4)	2(3)	1(3)
코시	2(3)	1(3)	1(3)	2(4)	1(3)	1(3)
무사	1(3)	2(3)	1(2)	2(3)	1(3)	1(3)
툴라니	1(2)	2(3)	1(3)	1(2)	1(3)	1(3)
엔체보	1(2)	2(3)	1(3)	2(3)	1(2)	1(3)
시포	1(2)	1(3)	2(2)	1(2)	1(1)	1(2)
마세고	2(2)	2(3)	1(2)	1(2)	1(1)	1(2)
다니실	1(2)	1(2)	1(2)	2(2)	2(2)	1(2)
부마니	1(2)	2(2)	1(1)	1(2)	1(1)	1(2)
타보	1(1)	2(2)	1(2)	1(2)	1(1)	1(2)
솔리	1(1)	1(2)	1(2)	1(2)	1(1)	1(2)
구성 요소별 평균 점수	1(3)	1(3)	1(3)	2(3)	1(2)	1(3)
전체 평균						1(3)

참고: 참여자의 개인 정보 보호를 위해 가명을 사용하였다. 괄호 안의 점수는 전기화학 주제에 대한 사후-pPCK 검사 점수이다.

〈표 5.1〉에서 개입하기 전과 후의 점수를 비교했을 때, 개입의 결과로 모든 참가자가 전기화학 주제 수준에서 pPCK의 질에 정적 향상(positive gain)을 경험했다는 것을 알 수 있다. 그러나 향상 정도에서 예비 교사의 대다수(16명 중 10명)는 두 단계가 상향된 모습을 보였는데, 이들 중 2명(제시와 우마)은 루브릭에 의하면 '기초'에서 '탁월'로, 나머지 예비 교사는 '미흡'에서 '우수'로 뛰어올랐다. 예비 교사 중 소수(16명 중 6명)는 한 단계만 향상('미흡'에서 '기초'로)된 것으로 기록되었다. 그러나 '미흡'에서 '기초'로 한 단계의 개선을 경험한 예비 교사들은 이 주제에 대한 PCK 루브릭에서

여전히 낮은 수준에 머물러 있었다. 모든 예비 교사는 세 가지 주제-특수적 PCK 구성 요소(학습자 사전 지식, 교육과정의 핵심, 이해를 어렵게 만드는 요인)에서 더 많이 향상된 것으로 나타났으며, 다른 두 가지 주제-특수적 PCK 구성 요소(표상과 개념 교수 전략)에서 더 적게 향상된 것으로 나타났다. 이러한 결과는 교사가 설명이나 응답을 구성할 때 다섯 가지 요소 중 세 가지를 쉽고 빠르게 상호작용적으로 이용할 수 있다는 것을 보여준다. 위에서 설명한 수행 패턴은 명시적 개입의 결과로 주제 수준에서 PCK의 질이 루브릭의 '우수'에서 질적 수준이 가장 높은 단계(탁월)로 전반적으로 개선되었다고 보고한 이전 연구 결과(Davidowitz & Potgieter, 2016)와 유사하다.

전기화학의 주제-특수적 수준에서 pPCK의 발달에 영향을 미치는 요인을 확인한 것은 앞서 언급한 바와 같이 개입 후 채점 집단에서 의도적으로 선정된 예비 교사 3명(탁월'(제시), '우수'(안나), '기초'(시포))으로 구성된 하위 표본을 바탕으로 이루어졌다. 주제 수준에서 pPCK의 발달에 도움을 주는 요인들과 방해하는 요인들은 하위 표본의 서면 응답에 나타나 있거나 빠진 요소로 간주되었다. 연구 결과, 주제-특수적 수준에서 pPCK 발달 경로에 영향을 주는 세 가지 주요 요인이 밝혀졌다. 이들은 (i) 교수 및 개인적 신념에 대한 개념적 주제 구조를 시각화하는 역량 개발, (ii) 학습자의 의심이나 오개념의 근원을 넘어서 이해의 연결과 단절을 파악하는 교사 역량 개발, (iii) 표상을 명료한 주제 구조로 솔기 없이 엮을 수 있는 역량 등이다. 이러한 요인들은 아래에 자세히 설명되어 있다.

1) 교수 및 개인적 신념에 대한 주제 구조 시각화하기

화학 반응에서 전기 에너지를 생산하는 반응과 그 역반응은 전기화학에서 가르쳐야 할 핵심 개념 중 하나이다(이 주제에 대한 cPCK). 사전 검사에서 세 명의 참여자는 모두 이러한 지식을 정확하게 이해하고 있는 것으로 나타났다. 그러나, 그들의 나머지 제안은 전기화학에서 하위 개념으로 간주될 수 있는 것들을 혼합한 것이었다. 그러한 사례의 예로는 제시가 언급한 '이온은 용액에서 전하를 운반한다'가 있는데, 이는 전지에서 전하 중립성에 대한 보다 중심적인 개념의 한 요소이다. 안나가 핵심 개념으로 제시했던 하위 개념의 예로는 '전지 전위 계산'이 있는데, 이는 전극에서 산화/환원 반쪽 반응이라는 보다 중심적인 개념과 관련된 알고리즘 요소이다.

그러나, 첫 번째 향상은 [그림 5.5]와 같이 개입 기간 동안 수집된 교육과정의 핵심에 대한 튜토리얼의 응답에서 확인할 수 있었다. 튜토리얼 활동에서는 예비 교사들에게 전기화학의 핵심 개념에서 끌어내야 할 의미에 대한 진술을 반영한 개념도를 그리도록 요청했다. 이는 라우란Loughran 등(2004)에 의해 '내용 표상(Content Representations, CoreRes)'으로 불리는 주제-특수적 PCK를 파악하는 도구에서 도입한 '빅 아이디어(big ideas)'의 개념과 유사하다.

세 명의 예비 교사 모두 사전 검사에서 본 화학에너지와 전기에너지 사이의 관계에 대한 언급을 유지하였다. 제시와 안나는 추가로 산화환원 반응을 핵심 아이디어로 언급하여, 그들의 모든 제안이 해당 주제에서 핵심 교수로 간주되는 개념 파악에 대한 요건에 부합하도록 나타냈다. 시포의 두 번째 사례는 *실제 사례와의 연관성*을 인용하면서 광범위하게 유지되었다.

개입 후 주제-특수적 PCK 검사에서 제시는 화학적/전기적 관계의 핵심 개념에 대한 언급을 유지했다. 또한, 사전 검사와 달리 가르칠 핵심 개념으로 전지 중성(cell neutrality)에 관한 보다 구체화된 개념을 언급하였다([그림 5.6] 참조).

학습자들이 이온이 용액을 통해 전하를 운반한다는 것을 이해할 필요가 있다는 제시의 진술에서 볼 수 있듯이, 그녀는 자신의 추론 과정에서 주제의 핵심 개념에 대한 이해 진술이 관련 하위 개념과 어떻게 연결되는지에 대해 명시적으로 제안했다. 이러한 이온의 흐름은 전지의 (전기적) 중성을 유지한다.

그녀가 제시한 이유에는 같은 계열(sequence)에 있는 각각의 개념이 어떻게 반쪽 반응과 같은 특정 하위 개념들에 대한 논의를 가능하게 했는지에 대한 설명이 반영되어 있었다. 게다가 염다리에 대한 전략적으로 시의적절한 논의를 통해 그 필요성(적합성)과 전지 중성과 같은 핵심 개념과의 연관성을 보여주기 위해 계열을 어떻게 허용했는지가 반영되어 있었다. 마찬가지로, 안나의 응답은 *전지 전위의 계산*과 같이 주제에 대한 단순한 내용 지식을 단편적으로 나열하는 것에서 대부분의 핵심 개념을 기반으로 주제의 구조를 구축하거나 시각화하는(구상하는) 것으로 바뀌었다. 예를 들어, 그녀는 각각의 전극에서 동시에 일어나는 산화와 환원을 언급했고([그림 5.7] 참조), 그녀의 이론적 근거는 학습자들이 주제의 큰 그림(big picture)을 볼 필요가 있다는 것을 언급했다. 그러나 안나의 응답은 핵심 개념과 구체적인 하위 개념 사이의 명확한 연결이 부족하지만, 계열화에 대한 그녀의 이론적 근거가 타당하다는 점에서 그녀의 사전 검사와는 다르다. 시포의 핵심 개념 목록([그림 5.8] 참조)은 핵심 개념과 그에 상응하는 하위 개념 간의 연결망에 대한 발전된 비전의 증거 없이 그의 사전 검사와 유사하게 유지되었다.

또한 그의 응답은 화학에너지와 전기에너지 사이의 상호 관계를 전기화학의 기본적인 중요한 개념으로 파악했다. 일상생활에서 전기화학의 사용을 핵심 개념으로 포함한 것은 광범위하게 유지된 반면, 그가 제시한 이유에는 가르쳐야 할 특정 개념과 연결된 구체적인 사용에 대한 이론적 근거가 부족했다.

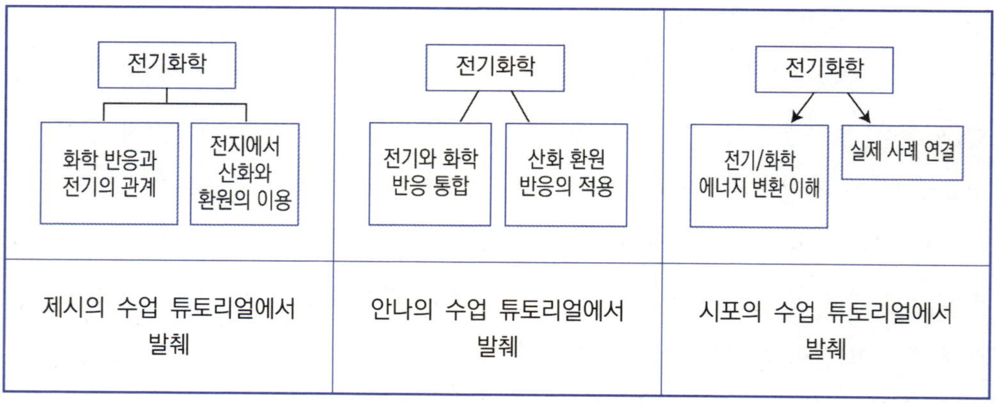

[그림 5.5] 튜토리얼에서 그린 개념도 예시

<table>
<tr><th>제안된 개념 및 순서</th><th>이유</th></tr>
<tr><td>1. 전기를 사용하여 화학 반응을 일으킬 수 있다.</td><td rowspan="3">화학 변화와 전기 에너지 사이의 관계에 대한 개념은 전기화학의 핵심이다. 이는 필연적으로 전자 흐름이라는 개념으로 이어질 것이다. 반쪽 전지가 어떻게 상호 작용하는지 완전히 이해하려면 학습자는 이온이 용액을 통해 전하를 운반한다는 것을 이해해야 한다. 이러한 이온 흐름은 염다리와 전해질 이온 흐름의 필요성을 강조하며, 전지의 전기적 중성을 유지한다.</td></tr>
<tr><td>2. 전지에서 전기적 중성이 유지된다.</td></tr>
<tr><td>3. 화학 반응에서 나오는 에너지로 전기를 생산할 수 있다.</td></tr>
</table>

[그림 5.6] 교육과정의 핵심에 대한 제시의 사후 검사 발췌

<table>
<tr><th>제안된 개념 및 순서</th><th>이유</th></tr>
<tr><td>1. 전기를 사용하여 화학 반응을 일으킬 수 있다.</td><td rowspan="3">1과 2는 가중치가 같은 개념이다. 이는 기본적으로 전기화학을 공부해야 하는 이유이다. 전기를 사용/생성하거나 화학 반응을 일으키기 위해, 즉 이것이 큰 그림이다.
2는 항상 두 가지 다른 반응이 필요한 이유와 두 가지 반응이 동시에 발생해야 하는 이유의 기초이다. 갈바니 전지에서 중요하다. 학습자가 실생활의 사용과 연결을 짓는 것이 중요하다.</td></tr>
<tr><td>2. 화학 반응에서 나오는 에너지로 전기를 생산할 수 있다.</td></tr>
<tr><td>3. 산화와 환원은 동시에 발생한다.</td></tr>
</table>

[그림 5.7] 교육과정의 핵심에 대한 안나의 사후 검사 발췌

<table>
<tr><th>제안된 개념 및 순서</th><th>이유</th></tr>
<tr><td>1. 화학 반응에서 나오는 에너지로 전기를 생산할 수 있다.</td><td rowspan="3">전기화학은 주로 화학에서 전기로 변환되는 에너지를 기반으로 한다. 전기화학이 적용되는 일상생활에서 중요한 것이 무엇인지 학습자들이 아는 것이 중요하다.</td></tr>
<tr><td>2. 전기를 사용하여 화학 반응을 일으킬 수 있다.</td></tr>
<tr><td>3. 전기화학은 일상생활에서 중요하게 응용된다.</td></tr>
</table>

[그림 5.8] 교육과정의 핵심에 대한 시포의 사후 검사 발췌

세 가지 응답의 주요 차이점은 주제에서 가르쳐야 할 핵심 개념을 강조하는 내용 구조의 시각화 즉, 교수-학습의 관점에서 핵심 개념과 하위 개념을 보여주기 위해 그들이 작성한 계열화된 주제 구조에서 관찰된 차별화된 결과물에 있다. 이것은 전기화학에서 cPCK로 제시되고 논의되는 주제를 가르치기 위해 공유된 지식의 중요한 특징이 흡수되는지 여부를 확인할 수 있으므로 해당 주제에서 pPCK를 개발하는 데 중요하다. 세 명의 예비 교사가 제시한 응답은 주제에서 그들이 개발하는 pPCK의 차별화된 정도를 보여준다. 주제 내용 지식과 실제 사례의 명시적 연결의 중요성에 대한 시포의 개인적 신념은 내용 구조에 대한 그의 비전에서 분명하게 드러났다. 그 신념은 [그림 5.5]와 [그림 5.8]에서 볼 수 있는데, 여기서 그의 이러한 관점 포함은 주제의 핵심 개념과 같은 수준의 고려(즉, 증폭)에 해당한다.

2) 학습자의 의심을 넘어 이해의 연결과 단절을 파악하는 교사 역량 개발하기

이 요인을 확인하는 분석은 두 종류의 전기화학 전지에 걸쳐 서로 다른 전극에서 산화/환원에 대한 이해에 의문을 표시한 학습자에게 교사가 설명을 제공해야 하는 검사 문항에 대해 예비 교사가 제시한 응답에 기초하였다. 개입 전 주제-특수적 PCK 도구에서 세 명의 참가자 모두 질의응답 과정을 통해 학습자에게 정확한 내용 지식을 확인하고 있었기 때문에 개념에 대한 좋은 이해를 보였다. 그러나 그들의 확인은 눈에 띄게 간단하며 모두 직접적인 확인으로 시작된다(예를 들어, 제시의 경우 *네, 여러분의 이해가 정확합니다.* 시포의 경우 *네, 여러분이 옳습니다.*). 수업 튜토리얼에 개입하는 동안, 예비 교사들에게 같은 검사 문항에서 학습자가 표현한 문제의 원인에 대한 자신의 생각을 기술하도록 요청하였다. 하위 표본의 응답은 현저한 차이를 보였다. 제시와 안나는 학습자의 문제가 산화/환원 과정과 그에 따른 양극(anode)/음극(cathode) 전극의 이름을 짓는 데 있다고 보고 그 내용을 흥미롭게 기술하였다. 예를 들어 제시의 의견은 다음과 같다:

> 내 생각에 학습자들의 이해가 애매한 부분은 산화와 환원 과정을 각 전극에 이름별로 연결하고 서로 다른 전기화학 전지에 걸쳐 전하 표시(charge signage)를 연결하는 데 있습니다.

반면에, 시포의 반응은 단지 전극들의 표시라는 하나의 개념에 초점을 맞췄다.

> 학습자는 전지에서 전극 표시에 대해 혼란스러워합니다.

개입 후 주제-특수적 PCK 검사에서 참여자의 응답은 전기화학 전지에 관한 내용 지식에 대한 올바른 이해를 지속적으로 보여주었다. 그러나 응답의 깊이와 설명의 강조점에서는 차이가 있었다. 제시와 안나의 응답은 갈바니 전지와 전해 전지(electrolytic cell) 모두에서 주요 개념으로 산화/환원 과정을 이해하는 것의 중요성에 대해 학습자의 주의를 끌 필요가 있다는 명백한 인식을 보여주었다. 예를 들어 제시의 응답은 다음과 같다:

> 가장 중요한 개념은 전자를 잃거나 얻는 쪽의 위치입니다. 전자를 잃는 것을 산화라고 하고, 전자를 얻는 것을 환원이라고 합니다. 갈바니 전지와 전해 전지 모두 산화는 (+)극에서 일어나고, 환원은 항상 (-)극에서 일어납니다. 서로 다른 전지에 걸쳐 (+)극과 (-)극 표시의 차이에 주목해야 합니다. 이는 단지 배터리 단자의 표시이기 때문입니다.

제시의 응답은 흥미롭게도 전자를 얻고 잃는 것과 관련하여 이 두 과정에 대한 설명을 제공하였고, 위의 예에서 '항상'이라는 단어를 사용하여 표시된 위치의 일관성을 확인하였다. [그림 5.9]에서 안나는 유사하게 (+)극에서 전자를 잃는 것과 관련하여 산화 과정을 설명하였고, (+)극에서 전자 위치의 일관성을 확인하였다. 또한 그녀는 두 전극 모두에서 전자의 이동을 보여주는 표현을 추가하였다. [그림 5.9]와 같이 그녀의 응답은 전기화학에서 pPCK에 대한 학생의 사전 지식과 표현 구성 요소 사이의 동적인 상호작용을 보여주었다. 그러나 안나의 설명은 하나의 전극에 대해서만 제공되어 학습자는 두 번째 전극(음극)을 확인할 수 없다. 제시와 안나 모두 주제에서 이해해야 할 중요한 순위에서 전극 표시 문제를 낮은 우선순위로 평가했다. 안나는 과학을 학습하는 더 바람직한 방법으로 암기보다 개념적 이해를 확립하는 것이 중요하다고 덧붙였다. 이와 대조적으로 시포의 응답은 전극의 표시 문제에 선택적 초점을 맞추고 있다. 예를 들어 그는 다음과 같이 제안한다:

> 전해 전지에서 양극은 전원의 (+) 단자에 연결되어 있으므로 산화는 여전히 양극에서 발생합니다.

산화를 전자의 손실로 이해하고, 음극과의 차이를 추론하고 아래 그림과 같이 단자의 전하 표시를 파악하려면 양극이 항상 전자를 "잃는다"는 것을 이해하는 것이 중요하다.

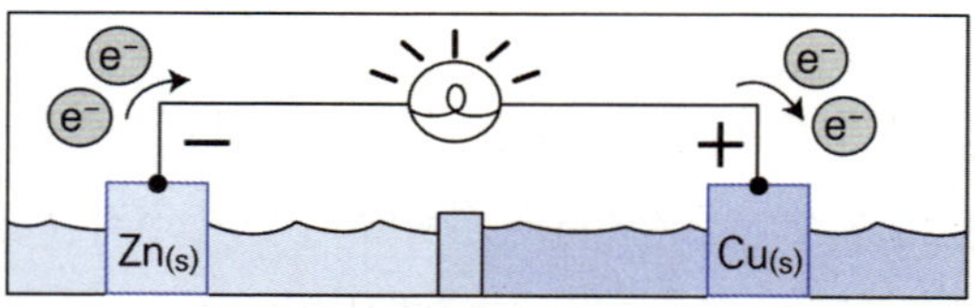

이는 단순히 (+)/(−)를 암기하는 것보다 더 과학적인 이해 방법이다.

[그림 5.9] 학습자 사전 지식에 관한 안나의 사후 검사 발췌

또한, 시포는 전자를 잃거나 얻는 것에 대한 언급 없이 산화 과정을 설명하고 있으며, (+)극에서 산화 위치의 일관성을 확인하는 것을 설명의 마지막 부분에 두고 있다.

이 세 가지 응답의 주요 차이는 학습자의 의심에 관한 분석 과정이 어느 정도 일어났는가 하는 점이다. 분석 정도는 각 교사의 응답에서 다양한 적용 범위의 깊이와 강조 위치에 영향을 미쳤다. 제시와 안나의 응답은 모두 학습자의 문제에 대한 인식을 보여주었지만, 근원을 넘어 가장 중요한 개념들에 대한 연결 및 단절의 측면에서 학습자의 개념적 의심(conceptual doubt)을 해석하였다. 반면에 시포의 응답은 정확하기는 하지만 각 전지에서 산화와 환원의 주요 개념에 대한 연결을 만드는 데 깊이가 부족하여 한계가 있다. 학습자 의심의 근원만 확인한 분석은 이해해야 할 가장 핵심적인 개념들(교육과정의 핵심)에 대한 연결이나 단절을 인정하지 않은 채 간단하고 고립된 응답을 초래한 것으로 보인다. 그러나 학습자 의심의 근원을 확인하고 이를 해석하는 것을 넘어, 학습자 이해의 연결과 단절에 관하여 분석한 것은 제공된 설명에서 강조 위치의 깊이와 가시성(visibility)에 영향을 미쳤다. 이는 주제 수준에서 발달하는 pPCK의 신호이다.

3) 주제-특수적 PCK의 다른 구성 요소와 상호작용적으로 표상 사용하기

이 검사 문항에서는 예비 교사가 제공된 목록에서 표상을 선택하고, 그들이 그 주제의 개념들을 가르칠 때 그것을 어떻게 사용할 것인지 보여주도록 요구했다. 개입 전 주제-특수적 PCK 검사에서 제시와 안나는 미시적 수준에서 개념들을 설명할 가능성이 있는 동일한 표상을 선택하였다([그림 5.10] 참조).

시포는 미시적 세부 사항이 적은 단순한 표상을 선택했지만, 동시에 두 전기화학 전지를 제시하였다. 세 명의 참가자 모두 자신의 선택에도 불구하고, 수업에서 표상의 단순한 사용을 언급했고 목표한 개념보다 표상에 대한 설명에 더 중점을 두었다. 예를 들어, 시포는 이렇게 응답했다: *나는 학습자들을 혼란스럽게 하지 않고 각 구성 요소를 설명하기 위해 단순화된 표상을 사용할 것입니다.* 제시도 발췌문에서 볼 수 있듯이 비슷한 반응을 보였다:

> 갈바니 전지 표상을 사용하고 표상의 구성 요소에 관해 설명하겠습니다.
> 그런 다음 전해 전지에 대한 표상을 소개하고 같은 방식으로 구성 요소를 설명하겠습니다.

개입 중 수업 튜토리얼에서 제시와 안나는 *순서와 도입 시기*뿐만 아니라 표상의 *전략적 사용*, 구체적으로 다양한 수준(거시적, 상징적 및 미시적)의 도입에 대한 발전적인 생각을 보여주었다. 예를 들어, 안나는 다음과 같이 말했다:

> 학습자들이 표상의 사용에 익숙해지는 것이 중요합니다. 저는 다양한 수준, 특히 거시적 수준을 언제 도입할 것인지에 대해 전략적이어야 한다고 생각합니다.

대조적으로, 튜토리얼 동안 시포는 표상을 사용하여 큰 그림을 설정하고 내용과 상호작용이 거의 없이 표상이 먼저 제시되는 선형적 계열을 유지하는 것 외에는 다양한 측면을 고려하는 능력을 거의 보여주지 못했다. 전기화학에 대한 개입 후 주제-특수적 PCK 검사에서 제시의 설명은 개입 전 진술과 비교하여 상당한 변화가 나타났다. 그녀는 다양한 수준의 표상을 특정 개념과 상호작용적으로 도입하기 위한 단계적 순서를 언급했다. 그녀는 먼저 개념을 거시적으로 표현하는 물리적 시연을 제안한 다음, 특정 개념과 함께 다양한 수준의 표상을 상호작용적으로 사용하여 학습자의 이해를 점점 더 강화했다. 예를 들어, 그녀는 산화 및 환원 반쪽 전지 반응을 설명하기 위하여 상징적 표상을 사용할 것을 제안했다. 이것들은 전자가 어떻게 전지를 통해 흐르는지에 대한 설명에 앞서 이루어졌다. 제시의 발췌문을 참조하시오:

> 갈바니 전지의 물리적 시연을 설정한 후, 전극 추정(electrode extrapolations) 및 표시(signage)를 보여주지 않고 표상을 사용하여 전자가 어떻게 흐르는지 설명하겠습니다. 반쪽 전지 반응을 사용하여 전극 산화 및 환원을 상징적으로 설명하고 그 후에 전극 미세 삽입(the electrodes microscopic insert)을 보여주겠습니다. 그런 다음 염다리의 사용에 대해 논의하고 학습자들이 염다리의 상징적 표상을 볼 수 있도록 설정할 것입니다. 저는 전지 전체를 설명하는 것으로 마무리하겠습니다.

제시는 표상의 특정 구성 요소를 논의하지 않기로 한 자신의 의도적인 결정에 대한 통찰을 보여주었고, 특정 시점에서 그것을 수업 순서에서 제외한 다음 나중에 다시 그것을 끄집어내어 특정 하위 개념인 반쪽 반응의 도입과 눈에 띄게 연결하여 강조했다. 아래에 보이는 안나의 발췌문은 제시의 발췌문보다 상세하지는 않지만, 거시적/미시적 수준에서 자신의 설명에 전략적으로 배치된 동일한 개념의 표상을 상호작용적으로 사용하는 가치에 대해 유사한 이해를 보여준다.

> 저는 먼저 학습자들에게 실제 설정을 보여준 다음 참여하도록 하겠습니다. 그런 다음 미시적 표상을 제외하고 도식적인 부분을 사용하여 더 자세히 설명하겠습니다. 용어를 기록할 빈칸을 추가하고 용어를 설명하겠습니다. 마지막으로 미시적 관점을 소개하겠습니다.

전기화학 주제를 가르칠 계획을 세울 때 주제-특수적 PCK의 구성 요소를 전략적이고 상호작용적으로 사용하는 제시와 안나의 시연은 주제-특수적 수준에서 계획하기 ePCK의 유익한 정도를 보여준다. 앞서 언급했듯이, 해당 주제에서 그들의 ePCK는 전기화학에서 cPCK를 가르쳤던 구조화된 방법론 강좌에서 학습한 주제의 pPCK에서 도출되었다. 반면, 시포는 개입 기간 동안의 학습 경험에서 얻은 생각을 유지하고 이를 계획에 적용하여 먼저 학습자에게 갈바니 전지와 전기화학 전지 표상의 모든 구성 요소에 대한 설명을 제공하고, 다음과 같이 전극에서 전하에 대한 설명을 제시하기로 결정했다.

> 저는 전극의 모든 구성 요소와 전하를 표시하겠습니다. 그런 다음 각 전지가 어떻게 작동하는지 설명하겠습니다.

그러나 그의 개입 후 발췌문에는 그러한 설명이 어떻게 구성될 수 있는지에 대한 통찰이 부족했다. 예비 교사 세 명의 핵심적인 차이점은 주제-특수적 PCK의 다른 구성 요소와 함께 전략적이고 상호작용적으로 표상을 사용하는 능력을 개발하는 것이었다. 이는 목표하는 ePCK의 질을 보여주는 주요 증거이다.

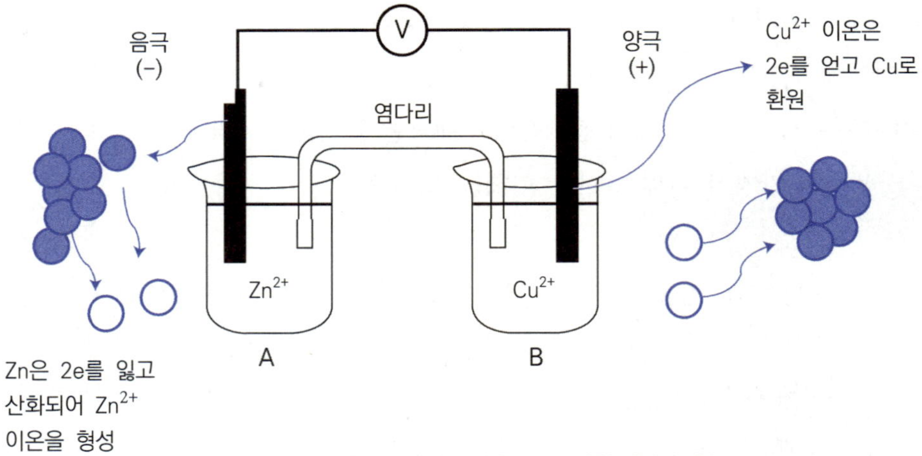

[그림 5.10] 제시와 안나가 사용하는 전형적인 표현

5. 논의 및 결론

이 장의 도입에서 두 가지 주요 목적이 언급되었다. 첫 번째 목적은 PCK에 대한 경험적 연구에서 RCM의 활용을 입증하기 위해 이 책의 전체 목적에 맞춰 조정되었다. 이 장은 PCK의 세 가지 영역, 즉 ePCK, pPCK 및 cPCK에서 발견되는 PCK 연속체에서 주제-특수적 PCK의 위치를 입자 크기로 명시함으로써 이러한 목적에 기여하는 것을 목표로 했다. 다섯 가지 내용-특수적 구성 요소로 이루어진 주제-특수적 PCK의 구성에 대한 이론적 근거를 제공하기 위해 별도의 선행연구에서 주제-특수적 PCK의 개념화를 재검토하는 논의가 수행되었다. PCK와 마찬가지로 마분가Mavhunga와 롤닉Rollnick(2013)은 주제 수준의 PCK가 특정 주제의 내용 지식을 학습자가 이해할 수 있는 형태로 교육학적으로 변환하는 수단을 제공한다고 주장했다. 주제-특수적 PCK의 내용-특수적 구성 요소 간 상호작용은 개별 구성 요소에 대한 지식 개발과 함께 예비교사 프로그램에서 주요 강조점으로 여겨진다(Aydin et al., 2014a). 이 장에서 제안된 PCK의 내용-특수적 구성 요소에 대한 설명이 결정적인 것은 아니지만, 구인에 관한 추가 연구를 위한 합리적인 출발점을 제공하며 분야-특수적 및 개념-특수적 PCK와 같은 다른 입자 크기의 PCK 구인을 보다 흥미롭게 개념화하는 데 있어 중요하다.

이 장의 두 번째 목적은 기존 경험적 연구를 통해 RCM에 묘사된 것처럼 주제-특수적 PCK의 개발이 집단적-개인적-실행된 PCK 영역 전반에 걸쳐 어떻게 추적될 수 있는지 보여주는 것이었다. 이 연구에서는 주제를 가르치기 위한 cPCK를 기반으로 하는 교과목 수강을 통해 예비 교사들의 pPCK와 ePCK 개발이 어떻게 이루어졌는지 보여주었고, 그 결과 이 연구에 참여했던 16명의 예비 교사 모두가 개입을 통해 해당 주제의 pPCK 질이 어느 정도 향상된 것으로 나타났다. 그러나 동일한 개입을 경험했음에도 불구하고 그들의 개선 정도는 서로 달랐다. 이러한 pPCK의 차별화된 개발은 아래에 언급된 요인들에 의해 영향을 받았다.

예비 교사들은 주제를 가르치기 위한 계획에서 그들의 ePCK를 보여주기 위해 차별화된 주제-특수적 pPCK를 활용하도록 요구받았다. 전기화학 주제에 대한 pPCK 개발을 증폭하거나 여과하는 요인을 주제-특수적 PCK의 다섯 가지 구성 요소 중 세 가지, 즉 교육과정의 핵심, 학습자 사전 지식 및 표상에서 확인할 수 있었던 것이 바로 이 시점이었다. 핵심 개념 파악을 통해 주제를 구성할 때 개인적 신념이 시포에게 저해 요인 또는 여과기로 나타났다. 개념을 실제 사례와 연결하는 것에 관한 그의 신념은 그가 이 관점을 핵심 개념과 같은 수준에 두게 하였다. 이러한 결과는 그의 진술이 매우 광범위했기 때문에 특정 주제에서 핵심 개념을 파악하는 그의 능력에 대한 증거를 모호하게 만드는 효과가 있었다. 주제-특수적 수준에서 pPCK의 개발에 영향을 미치는 것으로 확인된 다음 요인은 학습자의 오개념을 넘어 학습자의 생각을 읽을 수 있는 능력과 주제를 이해하는 데 가장 중요하다고 생각되는 핵심 개념과의 연결 및 단절을 파악하는 능력이었다. 이러한 능력은 전기화학 주제의 수업에 대한 교사의 반응에서 강조의 깊이와 배치를 촉진하거나 증폭시키는 것으로 나타났다. 마지막으로, 여러 예비 교사가 표상의 구성 요소를 사용하는 데 있어 주제-특수적 PCK의 내용-특수적 구성 요소를 원활하고 상호작용적으로 사용하는 것은 계획하기에서 바람직하고 정교한 ePCK, 즉 증폭된 ePCK 개발을 보여주었다. 제시와 안나는 표상을 사용하는 과정에서 교육과정의 핵심(CS) 구성 요소와 이해를 어렵게 만드는 요인(WID) 구성 요소의 상호작용을 보여주었다. 해당 주제에서 이러한 ePCK의 '탁월' 수준을 모든 예비 교사에게서 볼 수 없었다는 점은 인정하지만, 예비 교사의 주제별 pPCK와 ePCK

개발을 위해 cPCK를 구성하여 실행하는 것의 가치는 전도유망하다.

RCM에서 PCK의 다차원적 본성을 인정함으로써 과학 교육자들은 PCK에 대한 모호한 언급에서 벗어나야 한다. 이는 탐구 중인 PCK의 영역과 입자 크기의 특수성에 관해 구체적으로 이야기하도록 우리에게 촉구한다. 이러한 명확성은 독자와 과학 교육계 전체가 특정 시기에 개발된 전문 지식의 범위와 한계를 확립하고 정확히 지적할 수 있게 해준다. 이 연구는 특정 주제에 관한 수업 계획하기에서 ePCK의 개발에만 초점을 맞추어 실제 수업 수행 및 성찰의 경험을 제외했다는 한계가 있다. 반면에, 그러한 결함을 인정하는 것은 해당 분야의 진보적인 연구를 위한 다음 단계를 시사한다.

참고문헌

Abell, S. A. (2007). Research on science teacher knowledge. In S. A. Abell & N. G. Lederman (Eds.), *Handbook of research in science education* (pp. 1105-1150). Mahwah: Lawrence Erlbaum.

Abell, S. A. (2008). Twenty years later: Does pedagogical content knowledge remain a useful idea? *International Journal of Science Education, 30*(10), 1405-1416.

Aydeniz, M., & Kirbulut, Z. D. (2014). Exploring challenges of assessing pre-service science teachers' pedagogical content knowledge (PCK). *Asia-Pacific Journal of Teacher Education, 42*(2), 147-166. https://doi.org/10.1080/1359866x.2014.890696.

Aydin, S., Friedrichsen, P. M., Bozc, Y., & Hanuscinb, D. L. (2014a). Examination of the topicspecific nature of pedagogical content knowledge in teaching electrochemical cells and nuclear reactions. *Chemistry Education Research and Practice, 15*(4), 658-674.

Aydin, S., Friedrichsen, P. M., Bozc, Y., & Hanuscinb, D. L. (2014b). Examination of the topicspecific nature of pedagogical content knowledge in teaching electrochemical cells and nuclear reactions. *Chemistry Education Research and Practice,, 15*(4), 658-674.

Aydin, S., Demirdogen, B., Atkin, F. N., Uzuntiryaki-Kondakci, E., & Tarkin, A. (2015). The nature and development of interaction among components of pedagogical content knowledge in practicum. *Teaching and Teacher Education, 46,* 37-50.

Darling-Hammond, L., & Richardson, N. (2009). Teacher learning: What matters? *How Teachers Learn, 66*(5), 46-53.

Davidowitz, B., & Potgieter, M. (2016). Use of the Rasch measurement model to explore the relationship between content knowledge and topic-specific pedagogical content knowledge for organic chemistry. *International Journal of Science Education, 38*(9), 1483-1503. https://doi.org/10.1080/09500693.2016.1196843.

Geddis, A. N., Onslow, B., Beynon, C., & Oesch, J. (1993). Transforming content knowledge: Learning to teach about isotopes. *Science Education, 77,* 575-591.

Geddis, A. N., & Wood, E. (1997). Transforming subject matter and managing dilemmas: A case study in teacher education. *Teaching and Teacher Education, 13*(6), 611-626.

Gess-Newsome, J. (2015). A model of teacher professional knowledge and skill including PCK: Results of the thinking from the PCK summit. In A. Berry, P. Friedrichsen, & J. Loughran (Eds.), *Re-examining pedagogical content knowledge in science education* (pp. 28-42). London: Routledge.

Huang, K., Lubin, I. A., & Ge, X. (2011). Situated learning in an educational technology course for pre-service teachers. *Teaching and Teacher Education: An International Journal of Research and Studies, 27*(8), 1200-1212.

Loughran, J. J., Berry, A., & Mulhall, P. (2004). In search of pedagogical content knowledge in science: Developing ways of articulating and documenting professional practice. *Journal of Research in Science Teaching, 41*(4), 370-391.

Mavhunga, E., & Rollnick, M. (2013). ImprovingPCKof chemical equilibrium in pre-service teachers. *African Journal of Research in Mathematics, Science and Technology Education, 17*(1-2), 113-125.

Nezvalová, D. (2011). Researching science teacher pedagogical content knowledge. *Problems of Education in the 21st Century*.

Park, S., & Chen, Y. (2012). Mapping out the integration of the components of pedagogical content knowledge (PCK): Examples from high school biology classrooms. *Journal of Research in Science Teaching, 49*(7), 922-941. https://doi.org/10.1002/tea.21022.

Patton, M. Q. (2002). *Qualitative Research and Evaluation Methods*. Thousand Oaks, CA: 3rd Sage Publications.

Shulman, L. S. (1986). Those who understand: Knowledge growth in teaching. *Educational Researcher, 15*(2), 4-14.

Shulman, L. S. (1987). Knowledge and teaching: Foundations of the new reform. *Harvard Educational Review, 57*(1), 1-22.

Van Driel, J. H., Verloop, N., & de Vos, W. (1998). Developing science teachers' pedagogical content knowledge. *Journal of Research in Science Teaching, 35*(6), 673-695.

Veal, W. R., & MaKinster, J. G. (1999). Pedagogical content knowledge taxonomies. *Electronic Journal of Science Education, 3*(4).

제6장

과학 교사의 전문적 역량 개발

스테판 조르게Stefan Sorge, 아니타 스텐더Anita Stender, 크누트 노이만Knut Neumann

중등 과학 교사들의 PCK에 관한 우리의 선행연구 중 일부를 RCM과 관련하여 재검토하는 과정에서, 우리는 RCM이 단지 PCK의 모델만이 아니라는 것을 알게 되었다. 또한 RCM은 광범위한 지식 기반뿐만 아니라 지식 기반 사이의 교환을 조절하는 증폭기와 여과기의 역할을 포함하여, 과학 교사들의 전문적 역량을 이루는 여러 요소를 구별하여 제시하기 때문에 우리는 RCM이 과학 교사들의 전문적 역량 개발의 모델이 될 수 있다고 주장한다. 이러한 우리의 주장을 뒷받침하기 위하여 이 장에서는 중등 과학 교사들이 전문적 역량을 개발함에 따라 지식 기반 사이의 교환을 조사한 두 가지 선행연구 자료를 활용한다. RCM의 해석적 렌즈를 통해 이 자료를 재검토한 첫 번째 연구에서는 예비 물리 교사들의 CK, cPCK, PK를 평가하는 지필 검사를 활용했다. 분석 결과, 교사 교육의 전반부에는 PK와 cPCK 사이의 상관관계가 더 강했고, 후반부에는 CK와 cPCK 사이의 상관관계가 더 강한 것으로 나타났다. RCM 관점에서 살펴본 두 번째 연구에서는 같은 도구를 사용하여 cPCK를 평가하였고 수업 계획하기 비네트를 사용하여 물리 교사들의 pPCK/ePCK를 평가했으며, 표준화된 설문지를 사용하여 선택된 증폭기 및 여과기를 조사하였다. 연구 결과는 동기적 지향을 지니고 더 많은 경험이 있는 물리 교사의 경우 pPCK/ePCK에 대한 cPCK의 영향력이 증가했음을 시사한다. 선행 연구 자료에 관한 회고적 처치는 RCM이 암시하는 것처럼 cPCK 개발은 광범위한 전문 지식 기반의 영향을 받는 반면, cPCK는 pPCK/ePCK의 개발에 중요한 역할을 한다는 것을 보여준다.

1. 도입

교사들이 교직 생활에서 직면하는 기대는 다양하다. 예를 들어, 교사들은 과학과 같은 영역에서 학생들의 역량 개발을 지원하는 학습 기회를 조직하고(National Research Council [NRC], 2014), 동료들과 협력적인 관계를 발전시키거나(Darling-Hammond et al., 2005) 학부모와 효과적으로 상담할 수 있을 것이라는 기대를 받는다. 이러한 기대에 부응하기 위하여 교사들은 동기적 지향(motivational orientation)과 신념뿐만 아니라 광범위한 지식과 기술을 요구받는다. 그들의 교직 생활을 성공적으로 수행하는 데 필요한 광범위한 지식과 기술은 물론 동기적 지향과 신념이 교사의 전문적 역량을 구성한다(Baumert and Kunter, 2013; Weinert, 2001 참조).

그동안 교사의 전문적 역량의 다양한 요소들과 교사의 직업적 역량이 어떻게 발전하고 교사의 교직 생활에 어떻게 작용하는지 알아보기 위한 많은 노력이 있었다(개요는 Abell, 2007 또는 Fischer, Borowski, and Tepner, 2012 참조). 가장 영향력 있는 것 중 하나는 주제 또는 CK와 PK 사이에 있는 교사의 독특한 영역으로서, PCK에 관한 슐만[Shulman](1986)의 제안이었다. 이 세 가지 전문 지식 기반은 과학 교사들의 전문적 역량이 어떻게 발달하고(예: Rollnick, 2017), 그것이 가르치는데 어떻게 작용하는지(예: Park, Jang, Chen and Jung, 2011)를 조사하는 다양한 연구에서 이론적 틀의 역할을 했다(예: Kirschner, Borowski, Fischer, Gess-Newsome and von Aufschnaiter, 2016). 그러나 PCK의 지식 기반은 다양한 개념화의 대상이 되어 왔다(예: Kind, 2009). 과학 교사 교육 및 연구 분야에서 2장에 제시된 RCM은 과학 교사의 전문적 역량의 통합된 모델을 제안하는 최근의 가장 정교한 노력을 보여준다. 이 모델은 PCK에 관한 세 가지 별개의 개념화(영역)를 통합한다: 과학 교사가 해당 분야의 여러 전문가와 공유하고 교실 밖에서 이루어지는 정규 과학 교사 교육 또는 전문성 개발 과정에서 발전시키는 전문적 지식으로, 과학 교육의 집단적 표준 지식에서 파생된 지식(cPCK); 개별 과학 교사의 교실 상황과 관련된 맞춤형 전문 지식 및 기술(pPCK); 그리고 과학 교사가 특정 수업을 계획하고, 수행하고, 성찰하는 동안 교수적 추론과 행동에 참여하기 위해 활용하고 사용하는 독특한 지식과 기술의 하위 집합

(ePCK). 또한 RCM은 CK 및 PK와 같은 보다 광범위한 전문 지식 기반이 PCK의 세 가지 영역 개발에 기초가 된다는 점을 인정하고 있다. 더불어 RCM은 과학 교사가 경력 전반에 걸쳐 전문적 역량을 개발함에 따라 PCK의 세 영역 간 교환을 위해 동기적 지향과 같은 다양한 증폭기 및 여과기의 관련성을 강조한다.

물리 교사들의 전문적 역량에 관한 두 가지 선행연구(즉, Sorge, Kröger, Petersen and Neumann, 2017; Stender, Brückmacnn and Neumann, 2017)의 자료를 재검토하는 이 장의 목적은 광범위한 전문 지식 기반과 PCK의 세 영역 간 교환에 대해 자세히 알아보는 것이다. 보다 구체적으로, 우리는 (a) 물리 교사 교육의 여러 단계에서 CK, PK 및 cPCK 간의 관계와 cPCK 개발에서 CK 및 PK의 역할, (b) 교직 경력의 다양한 단계에서 물리 교사들의 cPCK와 pPCK/ePCK의 관계 및 pPCK/ePCK 개발에서 cPCK의 역할에 대한 정보를 얻기 위하여 자료를 분석할 것이다.

2. 과학 교사의 전문적 역량과 개발

RCM은 과학 교사의 전문적 역량을 교사가 경력 전반에 걸쳐 개발하고 수업 계획, 수행, 성찰에서 활용하는 일련의 상호 의존적 지식 기반으로 묘사한다(2장 참조). 모델에서 가장 바깥 계층은 PCK 이외의 다섯 가지 광범위한 전문 지식 기반으로 구성된다: 교육학 지식(PK), 학생 지식, 교육과정 지식, 평가 지식, 그리고 가장 중요한 내용 지식(CK). 그러나 PCK의 내부 세 영역은 과학 교사 전문 역량의 핵심을 형성한다. RCM은 이 세 가지 영역을 과학 교육 전문가 그룹의 공개적으로 공유된 PCK부터 개별 과학 교사의 비공개 지식까지 연속체에 배치한다. PCK의 가장 공개적인 영역은 전문가 그룹(예: 교사, 교사 교육자, 교사 교육 연구자) 사이에 공유된 특정 과학 과목, 주제 또는 개념을 가르치는 것과 관련된 지식을 나타내기 때문에 cPCK라고 부른다. 이러한 지식은 과학 교육 연구 또는 전문가 공동체에서 개발되거나 승인된 모범 사례를 통해 생성된다(Gess-Newsome, 2015에서 주제-특수적 전문 지식[TSPK]의 개념 참조). 우리가 이해하기에, 이러한 표준적 지식(canonical knowledge)은 교사 교육 또는 전문화 과정을 통해 전달된다. 과학 분야에서 개별 교사의 cPCK는 자신의 수업 경험으로부터 파생되지는 않지만, 잠재적으로 수업 경험을 통해 강화될 수 있는 표준적 지식에 관한 지식이다. 교실 상황에서 더 개인적인 지식을 나타내는 영역은 pPCK이며, 이는 교사 자신의 교수-학습 경험을 반영하는 과학 교사 개인의 누적된 지식과 기술이다. PCK의 가장 사적인 영역이자 교사 전문 역량의 핵심은 특정 학생이 특정 목표를 달성하기 위해 특정 맥락에서 과학 교사 개인이 사용하는 지식과 기술인 ePCK이다(자세한 내용은 2장 참조).

RCM은 교사의 전문적 역량에 대한 다른 모델(예: Baumert and Kunter, 2013)을 뛰어넘어 과학 분야에서 광범위한 전문 지식 기반과 교사 PCK 간의 관계, 그리고 교환의 하나로 PCK의 세 가지 영역 사이의 관계를 구체화한다. 예를 들어, RCM은 광범위한 전문 지식 기반과 cPCK 사이의 교환을 보여주는데, 이는 선행연구(예: Baumert and Kunter, 2013; Großschedl, Harms, Kleickmann and Glowinski, 2015; Kirschner et al., 2016; Riese and Reinhold, 2010)에서 반복적으로 확인된 관계이다. 예를 들어, 키르슈너[Kirschner] 등(2016)은 물리 교사의 전문 지식에 관한 조사에서 CK와 (c)PCK 사이에 중간 정도의 상관관계를, PK와 (c)PCK 사이의 약한 상관관계를 보고하였다. 그러나 2장에 따르면 광범위한 전문 지식 기반과 과학 분야의 cPCK 간의 교환은 교사의 교직 경력 전반에 걸쳐 지속되어야 하지만, 과학 교사의 전문 역량이 발달함에 따라 광범위한 전문 지식 기반과의 관계가 어떻게 변하는지를 다룬 연구는 거의 없다(예외는 Krauss et al., 2008 참조). RCM은 또한 cPCK, pPCK, ePCK 사이의 교환을 가정한다. 즉, pPCK는 ePCK뿐만 아니라 cPCK와 교환을 중재하므로 RCM에서 중요한 역할을 한다(예: Alonzo, Berry and Nilsson, 2018). 그러나 과학 교사의 cPCK와 pPCK/ePCK 간의 관계에 대해서는 알려진 바가 거의 없다. 마지막으로, RCM은 전문 지식 기반(즉, 광범위한 전문 지식 기반과 PCK의 세 영역) 간의 교환이 소위 증폭기 및 여과기에 의해 조정된다고 가정한다. 이러한 증폭기와 여과기에는 목표, 신념 및 가치, 동기적 지향 및 자기 조절 능력이 포함된다(Woolfolk-Hoy, Davis and Pape, 2006). 그러나 과학 교사가 전문적 역량을 개발함에 따라 전문 지식 기반 사이의 교환에서 개인의 증폭기와 여과기의 역할에 대한 증거는 대부분 누락되어 있다.

교사의 전문적 역량 개발은 교직 생활 전반에 걸쳐 이루어진다. 쿤터Kunter, 클레이크만Kleickmann, 클루스만Klusmann 및 리히터Richter(2013a)는 이에 따라 교사의 학습 기회를 (대)학교 교육, 교사 교육, 교직 경험의 세 가지 범주로 구분하고 있다. 전문적 역량 개발에 대한 각 학습 기회의 효과는 교사의 개인적 특성과 학습 상황(즉, 교사 교육 시스템)에 따른 학습 기회의 사용(즉, 활용)에 의해 조절된다. 그러나 우리는 일반적으로 학생(예비교사)들이 (대)학교 교육 중에 여러 전문 지식 기반에 관한 초기 지식을 개발한다고 가정할 수 있다. 여기서 미래의 교사들은 예를 들어 초기 내용 지식(예: Sadler and Tai, 2001)을 개발하고, 교직 생활을 하는 동안 의지할 수 있는 일부 순진하고 직관적인 PCK(naive intuitive PCK)를 개발할 수도 있다(Lortie, 1975). 중등 과학 교사 교육(예비 교사들은 일반 교육학 및 교과 교육에 해당하는 수업을 듣기 때문에)에서 교사들은 과학 분야의 cPCK뿐만 아니라 광범위한 전문 지식 기반 영역에 관한 지식을 개발해야 한다(2장 참조). 그러나 학교 현장 실습(school practicums)에서 수업의 계획, 수행, 성찰을 통해 과학 수업을 위한 pPCK와 ePCK를 개발할 가능성도 있을 수 있다. 그러나 가능한 범위는 교사 교육 시스템에 따라 상당한 차이가 있다(Pedersen, Isozaki and Hirano, 2017). 현직 교사들은 매일 계획하고 가르치고 성찰하는 기회가 있으므로 교직 경험이 증가함에 따라 더 광범위한 pPCK와 ePCK를 개발할 수 있다. 전문성 개발 경험은 각 교육 시스템의 특성에 따라 빈도가 낮을 가능성이 높아서 교사들은 cPCK뿐만 아니라 광범위한 전문 지식 기반을 개발할 기회가 적은 경우가 더 많다. 따라서, 학습 기회의 다양한 초점은 교사 경력 전반에 걸쳐 과학 분야의 광범위한 전문 지식 기반과 PCK의 세 가지 영역의 차별적인 개발로 이어져야 한다.

이 연구에서 우리는 중등 과학 교사의 경력 전반에 걸친 전문적 역량 개발에 대해 알아보려고 하였다. 보다 구체적으로, 우리는 교사 교육의 다양한 단계에서 두 가지 광범위한 전문 지식 기반인 CK, PK와 예비 물리 교사의 cPCK와의 관계 및 물리 교사의 cPCK가 교직 경력의 다양한 단계에 걸쳐 pPCK/ePCK와 어떻게 관련되는지에 관심이 있었다. 선행연구(예: Kirschner et al., 2016; van Driel, de Jong and Verloop, 2002)에 기초하여, 우리는 예비 물리 교사들의 CK, PK 및 cPCK가 관련이 있을 것으로 예상했지만, cPCK의 개발에서 CK와 PK의 역할에 대한 결론을 도출하기 위해 과학 교사 교육의 여러 단계에서 이들 사이의 관계가 어떤 차이를 보이는지에 관심을 가졌다. 마찬가지로, 우리는 물리 교사의 cPCK가 pPCK 및 ePCK와 관련이 있을 것으로 예상했지만, 물리 교사의 교직 생활 전반에 걸쳐 특히 증폭기 및 여과기의 역할을 고려하여 이 관계의 구체적인 사항에 대해 더 자세히 살펴보고자 하였다.

3. 물리 수업을 위한 cPCK 개발에서 CK와 PK의 역할

두 가지 광범위한 전문 지식 기반인 CK와 PK 사이의 관계와 과학 교사 교육의 여러 단계에서 cPCK의 영역을 조사하기 위하여, 우리는 독일의 12개 주요 교사 교육 대학의 예비 중등 물리 교사를 대상으로 수행한 연구에서 수집하였던 이전 자료를 이용하였다(Sorge et al., 2017). 독일의 교사 교육은 두 단계로 구성되어 있다. 첫 번째 단계는 대학에서 5년 동안 예비 교사 교육 프로그램을 진행하고, 두 번째 단계는 학교에서 2년 동안 현직 연수 프로그램을 진행하는 것이다. 예비 교사 교육 프로그램에는 두 과목(예: 물리학과 수학), 각 교과 교육(예: 물리교육 및 수학교육), 교육 과학(educational sciences) 수업이 포함되지만, 실제 경험(practical experience)은 거의 없다(자세한 내용은 Neumann, Här Tig, Harms and Parchmann, 2017 참조). 즉, 설계상 독일 교사 교육 시스템은 CK, cPCK(표준 PCK로 간주됨) 및 PK에 중점을 두고 있다고 할 수 있다.

교과과정(subject courses)에서 가르치는 CK와 교과 교육과정(subject education courses)에서 가르치는 cPCK를 폭넓고 심도 있게 다루기 위하여 우리는 16개 교사 교육기관에서 물리 교사 교육을 위해 마련한 교육과정을 분석하였고, 심층적인 문헌 고찰을 통해 검사 도구를 개발하기 시작하였다. 이러한 분석 결과를 바탕으로 대학 수준에서 활용할 수 있는 기존 검사 도구를 검토하였다. 또한 물리학 및 물리교육 전문가를 초빙하여 새 문항들을 개발하였다. 그 과정에서 파일럿 연구, 후속 전문가 평가, 발성사고법 연구(think-aloud study)를 거쳐 일련의 문항을 작성하였다. 발성사고법 연구 중에 10명의 예비 물리 교사들에게 선택한 문항들을 살펴보면서 자기 생각을 계속해서 말로 표현하도록 요청하였다. 이 과정을 통해 연구 참여자들이 관련 전략을 사용하여 문항을 해결했는지 확인할 수 있었다. 파일럿 연구, 전문가 평가 및 발성 사고법 연구 결과를 바탕으로 최종 도구에 포함할 59개의 CK 및 39개의 cPCK 문항을 선정하였다(자세한 사항은 Sorge et al., 2017 참조). CK 문항은 역학, 전자기학, 광학, 열역학, 고체물리학, 원자 및 핵 물리학, 양자역학 등의 내용 영역을 다루었다. cPCK 문항은 마그누손Magnusson, 크라젝Krajcik 및 보르코Borko(1999)에 의해 확인된 PCK의 네 가지 측면을 다루었는데, 여기에는 과학 교육과정에 대한 지식, 특정 과학 주제에 대한 학생들의 이해에 대한 지식, 과학 평가에 대한 지식, 교수 전략에 대한 지식이 해당한다(Park and Oliver, 2008 참조). CK 문항의 대부분이 선다형인 반면, cPCK 문항 중 18개는 개방형, 15개는 선다형, 나머지는 진위형, 일치형 또는 단답형이었다. 개방형 문항은 상세한 코딩 매뉴얼을 바탕으로 첫 번째 채점자가 이분법적으로 점수를 매겼다. 채점의 신뢰도를 확보하기 위해 두 번째 채점자가 무작위로 50개의 검사지를 뽑아 채점하였고, 채점자 간 일치도는 전반적으로 양호하였다(κ_{cPCK}=0.73). [그림 6.1]은 역학 영역의 CK에 대한 예시 문항과 역학에 대한 학생들의 이해에 대한 지식을 평가하는 cPCK 예시 문항이다(PK 검사 도구에 대한 자세한 내용은 Hohenstein, Kleickmann, Zimmermann, Köler and Möler, 2017 참조).

201명의 예비 물리 교사를 대상으로 최종 검사 도구를 투입하였다. 유효하지 않은 자료로 인해 1명의 참여자를 제외해야 했기 때문에 200명의 예비 물리 교사를 최종 연구 대상으로 삼아 자료를 얻었다. 참여자의 평균 연령은 23.7(SD=3.0)세였으며, 평균적으로 교사 교육을 받은 기간은 2.9(SD=1.3)년이었다. 교사 교육의 여러 단계에서 CK, PK와 cPCK 사이의 관계를 알아보기 위해 연구 대상을 교사 교육 경험이 3년 이하인 학생(즉, 학사 프로그램에 등록된 학생)과 3년 이상 경험이 있는 학생(즉, 석사 프로그램에 등록된 학생)의 두 그룹으로 구분하였다. 이러한 방식으로 91명의 초급 예비 교사 그룹과 109명의 고급(advanced) 예비 교사 그룹을 구성하였다.

분석의 첫 번째 단계에서 구조 방정식 모형을 사용하여 모든 참여자에 대한 CK, PK와 cPCK 사이의 관계를 조사하였다. 그 결과 CK와 cPCK 사이에 강한 상관관계

(r=0.78, p〈0.001), PK와 cPCK 사이에 동등하게 강한 상관관계(r=0.81, p〈0.001), CK와 PK 사이에 약한 상관관계(r=0.54, p〈0.001)가 나타났다. 원칙적으로 이러한 결과는 RCM에서 확인된 관계를 뒷받침하는 것으로, 광범위한 전문 지식 기반인 CK와 PK는 과학 교사의 cPCK에 영향을 미친다. 그러나 초급 예비 물리 교사와 고급 예비 물리 교사에 관한 결과는 서로 다른 패턴을 보였다([그림 6.2] 참조). 초급 예비 물리 교사의 경우 PK와 cPCK 사이에 강한 상관관계가 있었지만, 고급 예비 물리 교사의 경우에는 그 상관관계가 낮았다. 한편, 고급 예비 물리 교사들은 CK와 cPCK 사이에 상당히 높은 상관관계를 보였다.

그림과 같이 저울에 서로 다른 질량이 매달려 있다.

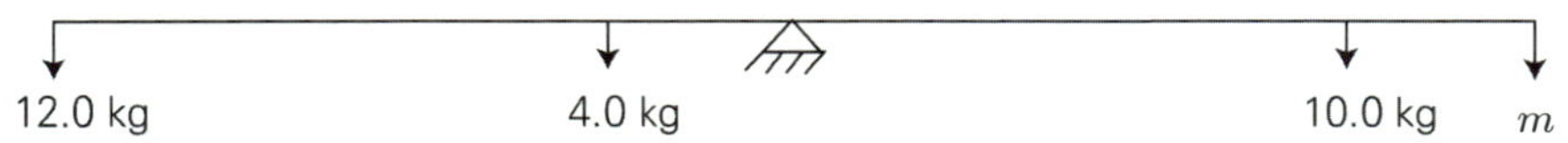

저울이 균형을 이루려면 질량 m의 값은 얼마여야 하는가?

☐ 2.0 kg
☐ 4.5 kg
☑ **5.5 kg**
☐ 6.0 kg
☐ 7.8 kg

학생들은 종종 구체적인 문제를 풀기 위해 뉴턴의 법칙을 올바르게 적용하는 데 어려움을 겪는다. 다음 상황을 생각해 보자. 질량이 m인 작은 물체가 마찰 없이 일정한 속도 $\vec{v}$로 오른쪽으로 움직인다. 물체에 세 가지 힘이 작용하는데, 그림에는 두 가지 힘이 표시되어 있다. 학생들에게 세 번째 힘을 그리도록 하시오.

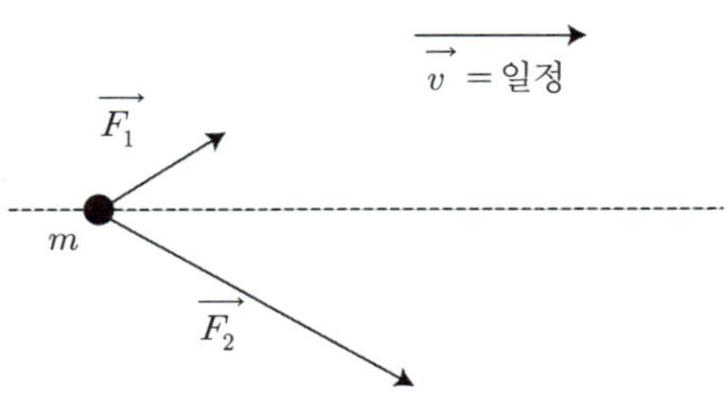

여러분이 생각하는 물리적으로 틀린 답은 무엇인가? 답을 그리고, 학생이 어떤 (잘못된) 개념을 바탕으로 이 답을 작성하게 되었는지 간략하게 설명하시오.

[그림 6.1] CK(위)와 cPCK(아래)에 대한 예시 문항

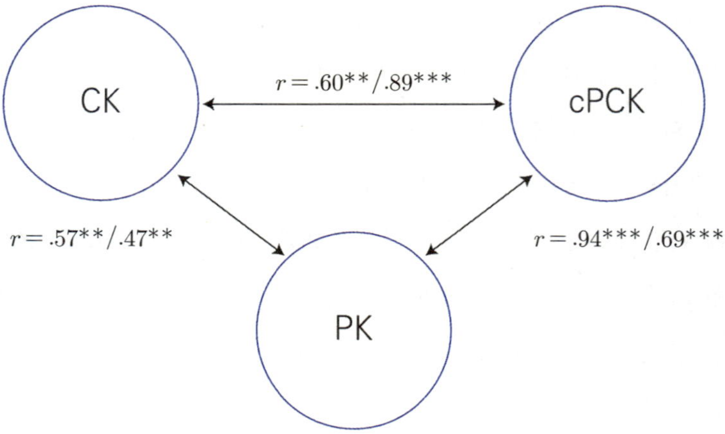

[그림 6.2] 초급/고급 예비교사를 위한 광범위한 전문 지식 기반과 cPCK 사이의 관계
**p〈0.01, ***p〈0.001

4. 물리 교사의 pPCK와 ePCK 개발에서 cPCK의 역할

cPCK와 pPCK/ePCK 사이의 관계에 대한 통찰을 얻기 위해, 그리고 더 중요하게는 과학 교사의 교직 경력의 여러 단계에서 cPCK와 pPCK/ePCK 사이의 관계에서 다양한 증폭기와 여과기의 역할에 대한 통찰을 얻기 위해 스텐더[Stender] 등(2017)의 연구 자료를 이용하였다. 이 연구는 pPCK/ePCK 개발을 위한 cPCK의 역할에 대한 통찰을 얻기 위해 앞 절에서 연구의 일환으로 제시했던 문항들을 활용하여 물리 교사들의 cPCK를 조사하였고, 교수 스크립트(teaching scripts)를 통해 교사들의 pPCK/ePCK를 조사하였다.

RCM에서 과학 교사의 cPCK는 전문가들 사이에서 표현되고 공유될 수 있는 교수를 위한 전문 지식 기반으로 개념화되어 있으며(2장 참조), PCK의 이러한 영역은 주로 명제의 형태로 존재하는 것으로 간주될 수 있다(Shulman, 1987, 10쪽). 그러한 지식은 수업 중 상호작용적인 의사결정으로 쉽게 수정되지 않는다(Anderson, 1983; Stender et al., 2017). 반대로 교사의 pPCK/ePCK는 교사가 과학을 가르치는 동안 이끌어 낼 수 있는 지식과 기술, 행동으로 개념화된다(2장 참조). 따라서 이 두 영역은 명제적 영역이 아닌 정신적 구조의 관점에서 표현되어야 한다(Shank and Abelson, 1977). 샤벨슨Shavelson(1986)은 그러한 지식의 일부가 교수 스크립트로 저장된다고 가정한다 [Bishop and Whitfield(1972) 참조]. 교수 스크립트는 수업 경험을 통해 습득된 학생과 교실 환경에서 벌어지는 일련의 연속적인 사건들에 대한 정신적 표상(mental representations)으로 간주될 수 있다(Bishop and Whitfield, 1972; Borko, Roberts and Shavelson, 2008; Henze and van Driel, 2015; Shavelson, 1986). RCM의 관점에서, 특정 과학 수업 상황에서 학생들을 가르치는 실제에 참여할 때 단일 교수 스크립트가 가시화된다. 단일 교수 스크립트의 실체화(instantiation)는 과학 교사의 ePCK의 일부로 이해될 수 있는 반면, 과학 교사의 교수 스크립트의 누적량은 pPCK의 일부를 나타낸다.

과학 교사의 cPCK와 pPCK/ePCK가 서로 다른 지식구조에서 어떻게 표현되는지에 대한 가정을 바탕으로, 우리는 cPCK와 pPCK/ePCK 간의 관계를 수업의 계획, 수행, 성찰 과정을 통해 명제적 지식이 절차적 지식으로 전환되는 복잡한 변환 과정으로 개념화하였다(자세한 내용은 Stender et al., 2017 참조). 이러한 개념화를 바탕으로, 우리는 과학 교사가 수업을 시작할 때 pPCK/ePCK가 거의 없고 수업을 계획할 때 주로 cPCK에 의존할 것이라고 가정했다. 수행과 성찰을 통해 계획된 수업의 요소들이 교사의 눈높이에 맞게 잘 이루어지면 강화되고, 그렇지 않으면 조정된다. 따라서 그 요소들은 과학 교사에 의해 점점 더 정교해지고 내면화된다. 즉, 그것들은 교수 스크립트가 된다. 수업 계획의 강화 또는 정교화는 교사의 신념, 동기 및 자기 조절 능력에 달려 있기 때문에(Shavelson and Stern, 1981; Stender et al., 2017), 교사의 성향은 교수 스크립트의 개발 즉, cPCK가 pPCK/ePCK로 각각 변환되는 데 핵심적인 역할을 할 것으로 기대된다. 실제 수업 상황에서 개발되고 검토된 교수 스크립트는 숙련된 과학 교사들이 의미 있는 수업 내용을 인지하고, 그것을 해석하며, 수업 중 문제를 해결하기 위한 대안 전략을 마련하는 데 있어 초보 교사들을 능가할 수 있어야 한다(Berliner, 1986; Borko and Livingston, 1989; Livingston and Borko, 1989). 수업 이외의 영역에서, 이 역량은 쉽게 개선할 수 있고(retrievable), 높은 결정 의존성(high dependency of decisions)과 높은 구체성(high concreteness)을 나타내는 스크립트를 기반으로 한다(Bransford, Brown and Cocking, 2000). 이러한 연구 결과에 기초하여 우리는 교수 스크립트의 형식적 특징(개선 가능성, 결정 의존성 및 구체성)이 교사들이 수업 상황에서 짜여진 대로 행동하는 정도를 예측할 수 있다고 가정한다. 그러나 짜여진 대로 이루어지는 수업이 반드시 양질의 수업을 의미하는 것은 아니다. 더 정확히 말하면, 교수 스크립트는 특정한 기능적 특징을 충족해야 한다. 예를 들어, 선행 조건에 대한 결정의 적절성(appropriateness of decisions)은 수업의 질을 예측하는 특징으로 나타난다(Shavelson and Stern, 1981). 수업에 관한 결정의 정합성(coherence)은 두 번째 특징으로 간주된다(Seidel, Rimmele and Prenszel, 2005). 세 번째 특징은 교실 수업 중에 학생들을 인지적으로 활성화하는 스크립트의 잠재력을 특징짓는 것으로, 이는 수업을 계획할 때도 고려해야 하는 측면이다(Kunter, Klusmann, Baumert, Richter, Voss and Hachfeld, 2013b; Lipowsky et al., 2009). 따라서 이 세 가지 기능적 특징은 교수 스크립트가 양질의 수업으로 이어질 수 있는지 여부를 설명한다고 가정한다.

주어진 상황에서 수업을 위한 (교수) 스크립트의 활성화는 특정 상황에 대한 인식을 통해 촉발될 수 있다(Rumelhart, 1980; Schank and Abelson, 1977; Schnotz, 1994). 따라서 물리 교사들의 교수 스크립트를 포착하기 위해 세 가지 '계획하기 비네트(planning vignettes)'를 기반으로 하는 검사 도구를 개발하였다. 각 비네트는 역학 분야의 수업 순서와 다른 수업을 계획하는 과제를 제시하였는데, 구체적으로 힘 개념과 뉴턴의 법칙(9학년 수준)을 도입하는 과제를 제시하였다. [그림 6.3]은 계획하기 비네트에 관한 예시이다.

계획하기 상황 2: 실험 수업

다음과 같은 상황을 상상해 보시오:

여러분은 계획한 대로 도입 수업을 마쳤다. 여러분은 9학년 수업에서 실험을 사용하면 동기부여가 된다는 것을 알기 때문에 다음 수업 중 하나에서 실험 수업을 하려고 한다. 이에 다음 실험을 하기로 결정하였다.

[그림 6.3] 실험 수업에 대한 계획하기 비네트(Stender et al., 2017)

계획하기 과제에 대한 교사의 수행을 분석하는데 있어 일정 수준의 표준화를 확보하기 위해 교사들에게 반구조화된 면담과 유사한 일련의 질문으로 각 과제를 안내하였다. 질문의 순서와 선택은 질문에 대한 교사들의 반응에 따라 달라졌다. [그림 6.4]에 제시된 흐름도는 질문의 순서와 선택에서의 적응성(adaptivity)을 보여준다(자세한 설명은 Stender et al., 2017 참조). 이러한 적응성 수준을 확인하고 교사들의 반응을 조사하기 위하여 온라인 설문 플랫폼에서 비네트를 구현하였다(Lime Survey Project Team, 2015).

물리 교사들의 교수 스크립트 질을 평가하기 위해, 우리는 교수 스크립트의 형식적 특징(개선 가능성, 높은 의존성 및 구체성)과 기능적 특징(적절성, 정합성 및 활성화)에 초점을 맞추었다. [그림 6.4]와 같이 질문지에는 폐쇄형 응답 형식과 개방형 응답

형식의 두 가지 응답 유형이 사용되었다. 개선 가능성과 결정 의존성을 평가하기 위해 질문 2, 4a 또는 b를 폐쇄형으로 사용했으며, '예' 또는 '아니오'로 답하게 하였다. 구체성, 적절성, 정합성 및 교수 스크립트의 활성화를 평가하기 위하여 개방형 응답 형식(문항 3a, 7, 8)의 질문에 대한 답변을 사용하였다. 답변은 해당 특징에 '적용되지 않음'(0점), '부분 적용됨'(1점), '적용됨'(2점)의 척도로 평가하였다. 채점의 객관성을 확보하기 위해 자료의 20%를 이중으로 코딩하여 검토하였다. 서열 척도 자료는 가중치가 부여된 카파(Kappa)와 스피어만(Spearman)의 ρ를 이용하여 채점자 간 일치도를 확인하였다(구체성(κ=0.64), 적절성(κ=0.71), 정합성(κ=0.66) 및 활성화(κ=0.66). 란디스Landis와 코흐Koch(1977)는 0.75 이상의 카파(Kappa) 값은 매우 우수한 일치를 나타내고, 0.40~0.75의 값은 공정하거나 우수한 일치를 나타낸다고 제시하였는데, 이에 따르면 이 연구에서 사용한 검사 도구는 물리 교사의 단일 교수 스크립트의 질을 평가하기에 신뢰할 수 있는 도구임을 시사한다. 또한 세 개의 비네트 모두에 걸쳐 6가지 특징의 채점 결과에 대한 내적 일치도(internal consistency)는 매우 높은 값을 보였다(개선 가능성: α=0.76, 의존성: α=0.63, 구체성: α=0.62, 적절성: α=0.69, 정합성: α=0.62, 활성화: α=0.70). 이러한 결과는 이 연구에서 사용한 검사 도구가 (역학 영역에서) 교사의 교수 스크립트 질을 평가하는데 신뢰할 수 있는 도구임을 시사한다. RCM의 측면에서 볼 때, 이 연구에서 사용한 검사 도구는 개별 물리 교사의 ePCK(단일 교수 스크립트의 경우)와 물리 교사의 pPCK(여러 교수 스크립트에 걸쳐)를 신뢰성 있게 평가할 수 있다.

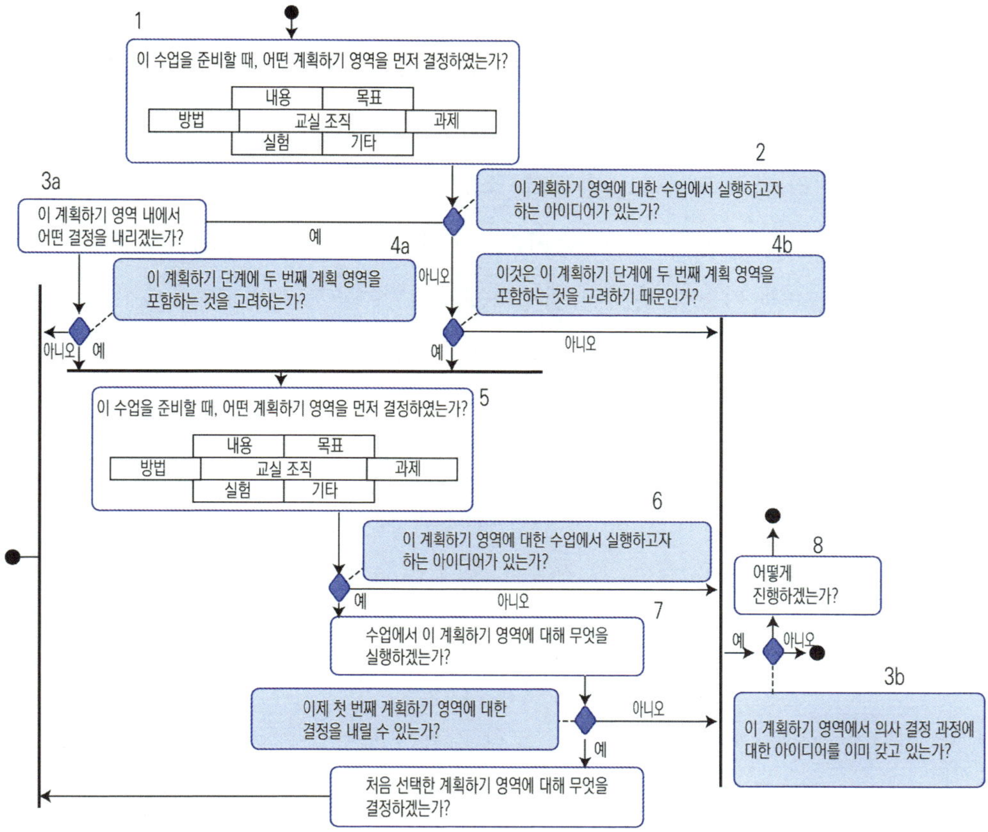

[그림 6.4] 질문지 흐름도(Stender et al., 2017)

cPCK와 pPCK/ePCK 사이의 교환을 살펴보기 위하여, 이전 절에서 제시하였던 연구의 일환으로 개발한 문항들을 이용한 검사 도구를 포함하여 개발한 검사 도구를 서로 다른 교직 경력을 가진 물리 교사(51명의 예비 물리 교사, 48명의 수습 물리 교사, 교직 경험이 10년 이내인 26명의 초급 물리 교사, 교직 경험이 10년 이상인 23명의 고급 물리 교사)에게 투입하였다. 여과기 및 증폭기와 관련된 RCM의 내재된 가정에 따라, 교사의 자기 효능감과 열정(Baumert, 2009), 건설적 신념(Seidel, Prenszel, Duit and Lehrke, 2006) 및 자기조절 능력(Schwarzer and Jereman, 1999)을 조사하였다.

교수 스크립트의 질을 확보하는 것은 과학 교사의 cPCK를 (pPCK/ePCK의 한 측면으로서) 교수 스크립트로 변환하는 것뿐만 아니라 전문성 습득을 뒷받침하므로, 우리는 (1) 교수 스크립트의 질이 과학 교수의 전문성과 함께 발달할 것이고, (2) 과학 교수 전문성이 높을수록 교수 스크립트의 질에 대한 cPCK의 영향이 더 높을 것으로 예상하였다. 첫 번째 예상을 확인하기 위하여 선형 추세를 가정한 변량 분석(ANOVA)를 이용하여 여러 물리 교사 그룹의 교수 스크립트의 질을 분석하였다. 그 결과, 형식적 특징인 개선 가능성($F(2134)=10.71$, $p<0.01$, $\omega=0.24$), 의존성($F(2134)=17.55$, $p<0.01$, $\omega=0.32$)과 기능적 특징인 활성화($F(2117)=5.87$, $p<0.05$, $\omega=0.18$)는 교직 경험이 많을수록 증가하는 것으로 나타났다. 다른 특징에 대해서는 그러한 패턴이 관찰되지 않았다. 두 번째 예상을 확인하기 위하여 경력이 서로 다른 물리 교사 그룹에 대해 다중 그룹-부분 최소 제곱(Multi-Group - Partial Least Square) 구조 방정식 모형을 사용하였다(Hair, Hult, Ringle and Sarstedt, 2014). 그 결과, 예비 물리 교사의 cPCK는 교수 스크립트의 형식적, 기능적 질에 직접적인 영향을 미치지 않는 반면, 경험이 있는 물리 교사의 cPCK는 정합성과 활성화 측면에서 기능적 질에 영향을 미치는 것으로 나타났다(직접 효과: $\gamma=0.48$, $p<0.01$, $f^2=0.07$). cPCK가 교수 스크립트의 질에 미치는 영향은 예상했던 것처럼, 교직 경험이 풍부할수록 더 커질 뿐만 아니라 교직 경험이 있는 물리 교사 집단에서 더 중요했다(자세한 내용은 Stender et al., 2017 참조). 과학 교사의 cPCK와 pPCK/ePCK의 교환에 대한 우리의 이론적 모형에 근거할 때 이러한 결과는 과학 수업을 계획하고 수행하고 성찰하는 과정을 통해 시간이 지남에 따라 cPCK가 교수 스크립트의 질에 영향을 미친다고 해석할 수 있다. 또한 연구 결과는 동기적 측면과 자기 조절 능력이 이러한 영향을 조절한다는 가정도 확인해 주고 있다(상호작용 효과: $\gamma=0.21$, $p<0.01$, $f^2=0.01$). cPCK의 직접 효과와 cPCK와 동기적 측면의 상호작용 효과는 교수 스크립트의 기능적 질에 관한 분산의 26%를 설명하고 있다. 따라서 물리 교사가 교직 경험에 추가하여 더 높은 동기와 더 높은 자기 조절 능력을 가지고 있는 경우, cPCK가 스크립트의 형식적, 기능적 질에 미치는 영향은 더 컸다. 반면 이 연구에서 건설적 신념(constructive beliefs)의 직접 효과나 조절 효과는 없었다(자세한 내용은 Stender et al., 2017 참조).

5. 논의 및 결론

PCK(Gess-Newsome, 2015)를 포함한 교사 전문 지식 및 기술에 대한 합의 모델(Consensus Model, CM)은 과학 교사 PCK의 복잡성을 하나의 구인으로 묘사하고 교사가 갖추어야 할 전문적 역량의 서로 다른 측면을 규명하기 위한 초기 시도였다. RCM은 CM이 발표된 후 연구 커뮤니티 내에서 제기되고 논의된 문제를 해결하는 것을 목표로 한다. 이 중에는 CM이 과학 교사의 전문 지식의 한 가지 특정 영역만을 PCK로, 즉 교사의 개인적 PCK로 파악한다는 문제가 있었다. 그러나 교사 교육에서 교육전문가 공동체가 공유하는 PCK 또는 교실에서 교사의 결정을 이끄는 PCK와 같이 교사의 개인적 PCK의 하위 집합으로 과학 교사가 보유할 수 있는 PCK의 다른 영역이 있다. 과학 교사 교육 및 연구의 맥락에서 RCM은 PCK의 세 가지 다른 영역 즉, cPCK, pPCK, ePCK를 구분하고, CK나 PK와 같이 광범위한 전문 지식 기반을 구분함으로써 이러한 문제를 해결한다. 이 모델은 광범위한 전문 지식 기반과 PCK의 다양한 영역이 특정한 방식으로 상호 연관된다는 것을 보여준다: 과학에서 광범위한 지식 기반은 교사의 cPCK로 양방향 지식 교환을 통해 관련될 것으로 예상되며, 이는 다시 유사한 양방향 지식 교환을 통해 교사의 pPCK와 관련되며, 결국 pPCK와 ePCK 사이의 상보적 관계로 이어진다. 이러한 각각의 지식 교환 관계는 교사들의 신념, 동기적 지향 또는 자기 조절 능력과 같은 증폭기와 여과기에 의해 조절되거나 중재된다.

RCM이 발표된 후 다음 단계는 RCM에서 설정한 가정들을 조사하고, 특히 과학 교사들이 교직 경력 전반에 걸쳐 전문적 역량을 개발함에 따라 지식 기반 사이의 교환에 대한 추가 정보를 얻는 것으로, 이를 통해 과학 교사의 전문적 역량 개발을 더 잘 이해하고 최적화할 수 있다. 이 장에서 우리는 cPCK 개발에서 광범위한 전문 지식 기반의 역할을 알아보기 위하여 모델을 조사하고, 교사 교육의 여러 단계에 있는 예비 물리 교사들의 광범위한 전문 지식 기반인 CK 및 PK와 cPCK 사이의 관계에 대해 더 많은 통찰을 얻고자 하였다. 또한 pPCK/ePCK 개발에서 cPCK의 역할을 알아보기 위해 cPCK와 pPCK/ePCK 사이의 관계에 대해 더 많은 통찰을 얻고자 하였다. 이를 위해 우리는 물리 교사의 전문적 역량과 개발을 살펴보기 위해 수행했던 두 선행연구(예: Sorge et al., 2017; Stender et al., 2017)의 자료를 활용하였다.

우리의 분석은 과학 교수에서 cPCK 개발을 위한 CK 및 PK와 같은 광범위한 지식 기반의 관련성을 확인한다. 보다 구체적으로, 연구 결과는 초급 예비 물리 교사의 경우 cPCK가 PK와 더 강한 연관성을 보인 반면, 고급 예비 물리 교사의 경우 cPCK는 CK와 더 강한 연관성을 보이는 것으로 나타났다. 이러한 결과는 교사 교육 프로그램이 진행됨에 따라 과학 분야에서 예비 중등교사의 cPCK 개발에 CK가 점점 더 많은 역할을 한다는 것을 시사한다. 또한 우리의 분석은 물리 교사의 cPCK와 pPCK/ePCK 사이에 명백한 교환이 있음을 확인하였다. 흥미롭게도 우리는 예비교사의 경우 cPCK와 pPCK/ePCK 사이에 (교수 경험이 무시될 정도로) 관계가 없었지만, 경험이 있는 교사의 경우 주목할 만한 관계가 있었기 때문에 이러한 교환은 주로 교수 경험에 의해 조절된다는 것을 확인하였다. 또한 우리는 그 관계가 동기적 측면과 자기 조절 능력에 의해 조절되지만, 신념에 의해서는 조절되지 않는다는 것을 확인하였다.

연구 결과는 과학 교수 경험(즉, 수업의 계획, 수행, 성찰)을 통해 cPCK가 pPCK/ePCK로 변환되고 이 과정은 교사의 지식이 아닌 교사의 전문적 역량에 의존한다는 우리의 가정과 일치한다. 이러한 결과는 과학 교사의 전문적 역량에 관한 연구에서 지식에 중점을 두는 것은 재고되어야 함을 시사한다(교사의 전문적 역량에 대한 동기적 측면의 중요한 역할에 대한 자세한 증거는 Keller, Neumann and Fischer, 2017 또는 Sorge, Keller, Neumann and Möler, 2018 참조).

요약하면, 이 연구의 결과는 광범위한 전문 지식 기반과 cPCK 사이의 예상되는 관계, 과학 교수를 위한 cPCK와 pPCK/ePCK 사이의 관계를 확인한다는 점에서 과학 교사 교육 및 연구에서 RCM을 지지한다. 또한 교직 경력이 서로 다른 교사들에서 지식 기반 사이의 관계를 비교하는 것은 교사들의 전문적 역량을 개발하는 방법에 대한 몇 가지 지표를 제공한다. 우리는 예비 물리 교사들의 cPCK(의 개발)에 CK가 점점 더 많은 역할을 한다는 것을 발견했고, 교사의 pPCK/ePCK(의 개발)에 대한 cPCK의 역할은 동기적 측면과 자기 조절 능력에 의해 조절된 교사의 교수 경험과 함께 발달한다는 것을 확인하였다. 우리 자료의 특성(예: 정량적 및 횡단적)은 교사의 전문적 역량 개발에서 지식 기반 간 교환의 특성이나 과정에 대해 결론을 도출할 수 없음을 의미한다. 학습 기회에 대한 더 많은 정보를 포함하는 보다 종단적이고 잠재적으로 질적인 접근 방식을 취하는 추가 연구가 필요하다.

참고문헌

Abell, S. K. (2007). Research on science teacher knowledge. In S. K. Abell & N. G. Lederman (Eds.), *Handbook of research on science education* (pp. 1105-1149). Mahwah, NJ: Lawrence Erlbaum.

Alonzo, A. C., Berry, A., & Nilsson, P. (2018). Capturing and representing the complexity of PCK in action. In A. Hume, R. Cooper, & A. Borowski (Eds.), *Repositioning pedagogical content knowledge in teachers' professional knowledge*. New York: Springer.

Anderson, J. R. (1983). *The architecture of cognition*. Cambridge, MA: Harvard University Press.

Baumert, J. (2009). *Professionswissen von Lehrkräften, kognitiv aktivierender Mathematikunterricht und die Entwicklung vonmathematischerKompetenz (COACTIV): Dokumentation der Erhebungsinstrumente*. Berlin: Max-Planck-Institut für Bildungsforschung.

Baumert, J., & Kunter, M. (2013). The COACTIV model of teachers' professional competence. In M. Kunter, J. Baumert, W. Blum, U. Klusmann, S. Krauss, & M. Neubrand (Eds.), *Cognitive activation in the mathematics classroom and professional competence of teachers* (pp. 25-48). Springer US. https://doi.org/10.1007/978-1-4614-5149-5_2.

Berliner, D. C. (1986). In pursuit of the expert pedagogue. *Educational Researcher, 15*(7), 5-13. https://doi.org/10.3102/0013189X015007007.

Bishop, A. J., & Whitfield, R. C. (1972). *Situations in teaching*. McGraw-Hill.

Borko, H., & Livingston, C. (1989). Cognition and improvisation: Differences in mathematics instruction by expert and novice teachers. *American Educational Research Journal, 26*(4), 473-498. https://doi.org/10.3102/00028312026004473.

Borko, H., Roberts, S. A., & Shavelson, R. J. (2008). Teachers' decision making: From Alan J. Boshop to today. In A. J. Bishop, P. C. Clarkson, & N. C. Presmeg (Eds.), *Critical issues in mathematics education. Major contributions of Alan Bishop* (pp. 37-67). Springer.

Bransford, J., Brown, A. L., & Cocking, R. R. (2000). *How people learn: Brain, mind, experience, and school*. Washington, DC: National Academy Press.

Darling-Hammond, L., Banks, J., Zumwalt, K., Gomez, L., Sherin, M. G., Griesdorn, J., et al. (2005).Educational goals and purposes:Developing a curricular vision for teaching. In L. Darling-Hammond&J. Bransford (Eds.), *Preparing teachers for a changing world. What teachers should learn and be able to do* (pp. 169-200). San Francisco, CA:

Jossey-Bass.

Fischer, H. E., Borowski, A., & Tepner, O. (2012). Professional knowledge of science teachers. In B. Fraser, K. Tobin, & C. J. McRobbie (Eds.), *Second international handbook of science education* (pp. 435-448). Dordrecht: Springer.

Gess-Newsome, J. (2015). A model of teacher professional knowledge and skill including PCK. In A. Berry, P. J. Friedrichsen, & J. Loughran (Eds.), *Teaching and learning in science series. Re-examining pedagogical content knowledge in science education* (1st ed., pp. 28-41). New York, NY: Routledge.

Großschedl, J., Harms, U., Kleickmann, T., & Glowinski, I. (2015). Preservice biology teachers' professional knowledge: Structure and learning opportunities. *Journal of Science Teacher Education, 26,* 291-318.

Hair, J. F., Hult, G. M., Ringle, C., & Sarstedt, C. (2014). *A primer on partial least squares structural equation modelling (PLS-SEM)*. Thousand Oaks, CA: Sage.

Henze, I., & van Driel, J. H. (2015). Towards a more comprehensive way to capture PCK in its complexity. InA. Berry, P. J. Friedrichsen, & J. Loughran (Eds.), *Teaching and learning in science series. Re-examining pedagogical content knowledge in science education* (pp. 120-134). New York, NY: Routledge.

Hertel, S., Bruder, S., Jude, N., & Steinert, B. (2013). Parental counselling at secondary schools. *ZEITSCHRIFT FUR PADAGOGIK*, 40-62.

Hohenstein, F., Kleickmann, T., Zimmermann, F., Köller, O., & Möller, J. (2017). Erfassung von pädagogischem und psychologischem Wissen in der Lehramtsausbildung: Entwicklung eines Messinstruments. *Zeitschrift für Pädagogik, H, 1,* 91-113.

Keller, M. M., Neumann, K., & Fischer, H. E. (2017). The impact of physics teachers' pedagogical content knowledge and motivation on students' achievement and interest. *Journal of Research in Science Teaching, 54*(5), 586-614. doi:10.1002/tea.21378

Kind, V. (2009). Pedagogical content knowledge in science education: Perspectives and potential for progress. *Studies in Science Education, 45*(2), 169-204.

Kirschner, S., Borowski, A., Fischer, H. E., Gess-Newsome, J., & von Aufschnaiter, C. (2016). Developing and evaluating a paper-and-pencil test to assess components of physics teachers' pedagogical content knowledge. *International Journal of Science Education, 38*(8), 1343-1372.

Krauss, S., Brunner, M., Kunter, M., Baumert, J., Blum, W., Neubrand, M., et al. (2008). Pedagogical content knowledge and content knowledge of secondary mathematics teachers. *Journal of Educational Psychology, 100,* 716-725.

Kunter, M., Kleickmann, T., Klusmann, U., & Richter, D. (2013a). The development of teachers' professional competence. In M. Kunter, J. Baumert, W. Blum, U. Klusmann, S. Krauss, & M. Neubrand (Eds.), *Cognitive activation in themathematics classroom and professional competence of teachers* (pp. 63-77). US: Springer.

Kunter, M., Klusmann, U., Baumert, J., Richter, D., Voss, T., & Hachfeld, A. (2013b). Professional competence of teachers: Effects on instructional quality and student development. *Journal of Educational Psychology, 105*(3), 805-820. https://doi.org/10.1037/a0032583.

Landis, R., & Koch, G. (1977). The measurement of observer agreement for categorical data. *Biometrics, 33,* 159-174. https://doi.org/10.2307/2529310.

LimeSurvey Project Team. (2015). LimeSurvey: An open source survey tool. Retrieved from http://www.limesurvey.org.

Lipowsky, F., Rakoczy, K., Pauli, C., Drollinger-Vetter, B., Klieme, E., & Reusser, K. (2009). Quality of geometry instruction and its short-term impact on students' understanding of the Pythagorean theorem. *Learning and Instruction, 19*(6), 527-537.

Livingston, C., & Borko, H. (1989). Expert-Novice Differences in Teaching: A Cognitive Analysis and Implications for Teacher Education. *Journal of Teacher Education, 40*(4), 36-42. https://doi.org/10.1177/002248718904000407.

Lortie, D. C. (1975). *Schoolteacher: A sociological study*. Chicago: University of Chicago Press.

Magnusson, S., Krajcik, J., & Borko, H. (1999). Nature, sources, and development of pedagogical content knowledge for science teaching. In J. Gess-Newsome & N. G. Lederman (Eds.), *Examining pedagogical content knowledge* (pp. 95-132). Dordrecht: Kluver.

National Research Council [NRC]. (2014). *Developing assessments for the next generation science standards*. Washington, D. C: The National Academies Press.

Neumann, K., Härtig, H., Harms, U., & Parchmann, I. (2017). Science teacher preparation in Germany. In J. Pedersen, T. Isozaki, & T. Hirano (Eds.), *Model science teacher preparation programs* (pp. 29-52). Charlotte, NC: Information Age Publishing.

Park, S., Jang, J.-Y., Chen, Y.-C., & Jung, J. (2011). Is pedagogical content knowledge (PCK) necessary for reformed science teaching? Evidence from an empirical study. *Research in Science Education, 41,* 245-260.

Park, S., & Oliver, J. S. (2008). Revisiting the conceptualization of pedagogical content knowledge (PCK): PCK as a conceptual tool to understand teachers as professionals. *Research in Science Education, 38*(3), 261-284.

Pedersen, J., Isozaki, T., & Hirano, T. (2017). *Model science teacher preparation programs*. Charlotte, NC: Information Age Publishing.

Riese, J., & Reinhold, P. (2010). Empirische Erkenntnisse zur Struktur professioneller Handlungskompetenz von angehenden Physiklehrkräfte. *Zeitschrift für Didaktik der Naturwissenschaften, 16,* 167-187.

Rollnick, M. (2017). Learning about semi conductors for teaching—The role played by content knowledge in pedagogical content knowledge (PCK) development. *Research in Science Teaching, 47,* 833-868.

Rumelhart, D. (1980). Schemata: The building blocks of cognition. In R. Spiro, B. Bruce, & W. Brewer (Eds.), *Theoretical issues in reading comprehension* (pp. 33-58). Hillsdale, NJ: Erlbaum.

Sadler, P. M., & Tai, R. H. (2001). Success in introductory college physics: The role of high school preparation. *Science Education, 85*(2), 111-136.

Schank, R., & Abelson, R. (1977). *Scripts, plans, goals, and understanding*. Hillsdale, NJ: Erlbaum.

Schnotz, W. (1994). *Aufbau von Wissensstrukturen: Untersuchungen zur Kohärenzbildung beim Wissenserwerb mit Texten [Development of knowledge structures: Studies on the formation of coherence in knowledge acquisition with texts]*. Weinheim: Beltz.

Schwarzer, R., & Jerusalem, M. (1999). *Skalen zur Erfassung von Lehrer- und Schülermerkmalen: Dokumentation der psychometrischen Verfahren im Rahmen der wissenschaftlichen Begleitung des Modellversuchs Selbstwirksame Schulen*. Berlin: Freie Universität Berlin.

Seidel, T., Prenzel, M., Duit, R., & Lehrke, M. (2006). *Technischer Bericht zur Videostudie "Lehr-Lern-Prozesse im Physikunterricht" [Technical report of the IPN video study]*. Kiel: IPN.

Seidel, T., Rimmele, R., & Prenzel, M. (2005). Clarity and coherence of lesson goals as a scaffold for student learning. *Learning and Instruction, 15,* 539-556. https://doi.org/10.1016/j.learninstruc. 2005.08.004.

Shavelson, R. J. (1986). Toma de decision interactiva: Algunas reflexiones sobre los procesos cognoscitivos de los profesores [Interactive decision making: Some thoughts on teacher cognition]. In L. M. V. Angulo (Ed.), *Pensiamentos de los profesores y toma de decisiones* (pp. 164-184). Servicio de Publicaciones.

Shavelson, R. J., & Stern, P. (1981). Research on teachers' pedagogical thoughts, judgments, decisions, and behaviour. *Review of Educational Research, 51*(4), 455-498. https://doi.org/10.3102/00346543051004455.

Shulman, L. S. (1986). Those who understand: Knowledge growth in teaching. *Educational Researcher, 15*(2), 4-14.

Shulman, L. (1987). Knowledge and teaching: Foundations of the newreform. *Harvard Educational Review, 57,* 1-23. https://doi.org/10.17763/haer.57.1.j463w79r56455411.

Sorge, S., Keller, M. M., Neumann, K., & Möller, J. (2018). Investigating the relationship between pre-service physics teachers' professional knowledge, self-concept and interest (Manuscript submitted for publication).

Sorge, S., Kröger, J., Petersen, S., & Neumann, K. (2017). Structure and development of pre-service physics teachers' professional knowledge. *International Journal of Science Education*. Online first https://doi.org/10.1080/09500693.2017.1346326.

Stender, A., Brückmann, M., & Neumann, K. (2017). Transformation of topic-specific professional knowledge into personal pedagogical content knowledge through lesson planning. *International Journal of Science Education, 39*(12), 1690-1714. https://doi.org/10.1080/09500693. 2017.1351645.

van Driel, J. H., de Jong, O., & Verloop, N. (2002). The development of preservice chemistry teachers' PCK. *Science Education, 86*(4), 572-590.

Weinert, F. E. (2001). Concept of competence: A conceptual clarification. In D. S. Rychen & L. H. Salganik (Eds.), *Defining and selecting key competencies* (pp. 45-65). Göttingen: Hogrefe & Huber.

Woolfolk-Hoy, A., Davis, H., & Pape, S. (2006). Teachers' knowledge, beliefs, and thinking. In P. A. Alexander & P. H. Winne (Eds.), *Handbook of educational psychology* (pp. 715-737). Mahwah, USA: Erlbaum.

제7장

학습 연구를 통한 과학 교사 PCK 개발

레베카 슈나이더Rebecca M. Schneider

이 장에서는 RCM에서 설명하는 PCK를 교사 교육자의 관점에서 연구하기 위하여 가르치는 일에 대해 가르치고 배우는 복잡한 활동을 할 때의 교사의 사고를 밝히는 접근법을 탐구한다. RCM에서 PCK는 과학 교사의 교수 활동 중 일어나는 교수적 추론을 지원하는 지식으로 설명된다. 교사 교육자의 관점에서 PCK는 과학 교사들이 교수 실천에서 사용하고 개발한 지식이다. 그러나 가르치는 일의 복잡성은 연구자와 교사 교육자가 과학 교사 PCK의 개발을 이해하고 문서화하는 데 필요한 증거를 수집하는 것을 어렵게 만든다. 학습 연구(learning study)는 계획, 수행, 성찰이라는 교수 활동의 측면에 내재해 있는 과학 교사의 학습을 지원하기 위한 하나의 접근법이다. 학습 연구에서 교사들은 현상 기반 과제를 설명하고, 학생들의 아이디어를 예상하고, 학습을 분석하는 사이클에 참여하게 된다. 학습 연구의 이러한 각 단계는 cPCK의 설명과 유사한 방식으로 과학 교사의 교수적 추론을 기반으로 하며, 개별 교사의 ePCK 사이의 질적인 차이를 구별한다. 이 장에서는 대학원 교사 교육의 맥락에서 연구자와 교사 교육자가 과학 교사의 사고를 수업의 다양한 측면에서 이끌어주는 PCK의 특징에 대한 우리의 생각을 이해하고, 분석하고, 개선하는 것을 가능하게 하는 학습 연구의 잠재력을 설명한다.

1. 도입

PCK는 과학 교사들이 무엇을 배워야 하는지를 설명하는 데 도움을 주는 구인(construct)으로서, 교사 교육자들에게는 흥미로운 아이디어가 될 수 있다. 문제는 PCK에 대한 아이디어를 어떻게 과학 교사 교육 계획에 적용하고, 또 어떻게 교사의 학습을 증명할 수 있는지였다. 제2차 PCK 정상회의에서의 작업은 집단의 사고를 더 잘 설명할 수 있도록 PCK 모델을 개선하고 과학 교사의 PCK에 관한 자료 수집 방법을 탐구하는 것이었다. 실증적 자료로부터 과학 교사의 PCK를 확인하는 연구를 체계화하기 위해 RCM을 어떻게 사용할 것인가는 교사 교육자와 연구자 모두에게 흥미로운 과제이다. 이 장에서 설명하는 연구는 교사 교육자의 관점을 취하고 있다. 이 아이디어는 RCM에서 개념화한 PCK가 과학 교사의 학습을 위한 경험 설계에 도움을 주는 것뿐만 아니라 교사의 PCK를 설명하는 데 얼마나 유용할 수 있는지 조사하는 것이다. 이 장에서는 PCK를 모델링하고 연구하는 방법에 대한 우리의 생각을 알릴 수 있는 방식을 통해, 교사가 개발한 학습 연구가 어떻게 교사의 PCK 개발을 관찰하는 접근법이 될 수 있는가를 설명한다.

2. 과학 교사 교육에서의 PCK 연구

교사 교육자의 관점에서 PCK를 연구한다는 것은 PCK를 교사가 과학을 가르치는 일에 대해 무엇을 배워야 하는지를 설명하는 도구로 간주한다는 것을 의미한다. 가르치는 일은 잘 배우기 위해 시간과 노력이 필요한 매우 복잡하고 역동적인 활동이다(Lampert, 2001). 가르치는 일은 학생의 학습을 위한 과제를 계획하고, 수행하고, 성찰하는 것을 포함하는 다면적인 활동이다. 교사 학습을 지원하기 위해 교사 교육자는 현직 및 예비 교사들이 가르치는 일에 대한 사고를 발달시키고 그들의 발달 과정을 문서화할 수 있는 과제를 설계해야 한다(Grossman, 2005). 과학 교수에 대해 아는 것의 복잡성을 나타내는 과학 교사 지식 모델은 교사 교육자가 교사 교육 과제를 개발하고 교사 학습을 평가하는 데 도움이 될 수 있다.

이 책의 2장에서 설명한 RCM은 교사들이 가르치는 교과에 대해 알고 있는 것을 나타내는 모델을 만드는 중요한 단계이다. 수년간의 사려 깊은 작업과 여러 대화를 거쳐 RCM에 2차 PCK 정상회의 참가자들의 생각을 담아냈다. 이 모델은 과학 교수를 위한 PCK 연구를 자리매김하기 위한 틀을 제공한다. 이제 학생의 성취를 예측하는 교사의 사고를 설명하는 데 도움을 주는 이 모델의 예측력(predictive power)을 검증할 필요가 있다. 교사 교육자들에게 예측하는 능력을 갖춘다는 것은 교과를 가르치는 일에 대해 배우는 것에 있어서 교사들의 발달을 지원하고 평가하는 과제를 설계하는 데 도움이 된다는 것을 의미한다. 이 작업을 잘 수행하기 위해서는 과학 교사의 PCK를 의미 있는 방식으로 설명하는 일련의 증거 수집 방법이 필요하다.

이러한 목표를 염두에 두고 가르치는 일에 대한 학습이라는 틀 안에서 과학 교사의 PCK를 조사하는 방법을 모색해 왔다. 교사 교육에서 PCK는 실천을 통해 사용되고 개발되는 교과(이 연구의 경우, 과학)에 대한 지식을 말한다(Feiman-Nemser, 2008). 따라서 교사 학습을 위한 과제는 교사가 가르치는 일에 대해 학습하면서 교수 활동에 참여하도록 해야 한다(Hammerness et al., 2005). 또한, 교사들이 가르치는 일을 배우는 동안 학생들의 학습에 대해 생각하게 하는 것도 중요하다(Sykes, 1999). 이를 위해서는 학생의 사고를 계획, 수행, 성찰과 관련지어 연구하는 것을 강조하는 교사 교육 과제를 개발할 필요가 있다. 다시 말해, 교사 교육 과제는 과학 교수 행동의 이면에 있는 교사의 교수적 추론을 강조해야 한다는 것이다. 학습 연구는 교사의 사고를 발달시키고 설명할 수 있는 잠재력을 지니며, 과학을 가르치는 복잡한 활동에 내재해 있는 하나의 접근법이다.

3. 교사 학습을 지원하는 학습 연구

학습 연구는 전문성 개발을 위한 접근법으로 잘 알려진 수업 연구(lesson study)를 기반으로 하여 교사 학습을 지원하기 위해 최근에 제안된 것이다(Cheng & Ling, 2013;

Tan & Nashon, 2013). 수업 연구와 달리 학습 연구는 수업 계획 그 자체가 아니라 학습에 대한 학습을 목적으로 학생들의 사고를 참여시키고 발견하기 위한 계획에 초점을 맞추고 있다(Wood, 2015). 계획하기는 몇 주간의 수업 기간 동안 여러 시간 범위에 걸쳐 정교한 사고를 요구하는 복잡한 교육 활동이라는 점에 주목하는 것이 중요하다(Calderhead, 1996). 학습 연구에서 교사는 학생들이 교과를 이해하는 것의 복잡성과 그들의 생각을 표현하는 방식에 주목한다. 교사는 학습할 대상을 선택해야 한다. 즉, 학생들이 탐구하고 설명을 만들어 내는 주변 현상을 교사가 선택하는 것이다. 잘 선택된 대상은 교과적 사고(subject matter thinking)를 필요로 하는 설명으로 이어질 것이다. 학습 연구는 교사가 학생들이 자기 생각을 다양한 방식으로 설명하게 하는 복잡한 과제를 구성하도록 한다. 학생들이 활동 결과물(예: 조사 계획서/보고서, 주석이 달린 도표/모델, 서면 설명, 추론의 구두 발표)을 발전시키고 수정하는 동안 교사는 학생들의 생각을 예측하고 분석한다. 이러한 방식으로 학습 연구는 학생들과 교과 개념들 사이의 상호작용에 대해 교사가 알고 있거나 배우고 있는 것이 무엇인지 보여준다. PCK 연구를 과학 교사 학습을 위한 과제로 포함함으로써, 연구자들은 교사의 PCK 개발을 보여주는 추론을 밝히는 데 더 가까워질 수 있다.

4. 과학 교수를 위한 PCK와 학습 연구

학습 연구와 PCK는 교사의 지식과 기술의 개발을 이해하기 위한 접근법으로, 둘 다 교수 실천과 직접적으로 연관되어 있다. 과학 학습에 관한 구조화된 연구에 참여함으로써 과학 교사들이 PCK를 사용하고 개발할 것으로 생각하는 것은 타당하다. 그리고 과학을 가르치는 일과 마찬가지로 학습 연구 및 PCK 개발 과정 또한 역동적이고 복잡하다. RCM은 과학 교사 및 교육자 집단의 전문 지식(cPCK)에서부터 개별 교사의 전문 지식(pPCK), 실제 수업 장면에서의 행동이나 정보 제공을 위해 사용된 아이디어(ePCK)에 이르기까지 PCK의 세 가지 영역을 설명함으로써 PCK의 이러한 복잡성을 해결하려고 시도한다(2장 참조). 이와 같은 맥락에서, 학습 연구는 교수에 대한 전문가 집단의 지식에 의해 체계화되며 개별 교사가 특정한 상황에서 능숙하게 가르칠 수 있도록 교사의 사고를 개발하는 것을 목표로 한다. 또한 RCM은 PCK 수준 사이의 상호작용을 학습 연구의 역동적인 활동에 따라 설명한다. 교사는 자신의 이해를 심화하기 위해 특정한 상황, 학생, 및 학습 목표를 고려하여 계획하고, 수행하고, 성찰하는 일에 참여해야 하며, 이는 결국 과학 교수·학습에 대한 공동체의 이해에 기여할 수 있다. 이러한 사고방식의 다음 단계는 RCM이 학습 연구 과제의 설계를 어떻게 도와주는지, 그리고 그 과제의 결과물이 RCM에 어떤 정보를 줄 수 있는지를 설명하는 것이다.

교사 교육자의 관점에서, 교사 학습을 위한 과제로서의 학습 연구는 특정 과학 수업 사례 안에서 과학 교수에 관한 보다 넓은 아이디어에 따라 설계되어야 한다. 비록 가르치는 일에 대한 교사의 학습이 계획, 수행, 성찰의 특정 사례에 내재하는 것으로 여겨지지만, 교사는 과학 교수의 많은 사례에 대해 추론할 수 있는 지식과 기술이 필요할 것이다. 교사 교육자들은 다양한 수준의 학생들을 위한 다양한 상황과 학습 목표에 대해 과학 교사를 준비시키는 일을 담당한다. RCM은 이러한 광범위한 지식 또는 집단 기반 지식을 cPCK로 분류한다. 마찬가지로, ePCK는 과학 교사가 특정 상황에서 특정 학습 목표로 특정 학생들을 가르치는 실천에 참여할 때 사용하는 지식과 기술로 설명된다. 과학 교사 교육을 RCM과 연관 짓는 것은 cPCK 영역을 사용하여 교사 학습 과제 설계를 체계화하며, ePCK를 사용하여 교사 학습 과제 결과물의 분석을 체계화하는 것을 의미한다.

학습 연구의 맥락에서 과학 교수·학습에 대한 과학 교사의 생각을 연구하는 것은 과학 교사의 PCK를 개발하고 분석하는 두 가지가 얽히고설킨 작업이다. 이 작업의 단계 중 하나는 교사를 위한 경험을 개발하거나 설명하고, 그 결과로 교사의 학습을 지원하는 것을 목적으로 PCK에 대한 아이디어들을 통합하는 것이다. 또 다른 단계는 교사 사고의 질적 특징을 설명하고 분석하기 위해 교사의 반응을 분석하는 데 PCK에 대한 아이디어를 사용하는 것이다. RCM의 틀을 적용해보자면, 한 단계는 cPCK의 광범위한 틀을 필요로 하는 반면, 다른 단계는 ePCK의 실례를 보여준다. 따라서, 교사 교육에서 PCK를 어떻게 연구할 수 있는가에 관한 연구 문제는 다음과 같다:

첫째, cPCK는 과학 교사 학습을 위한 과제로서 학습 연구 설계를 어떤 방식으로 안내할 수 있는가?

둘째, 교사가 개발한 학습 연구는 과학 교사의 ePCK를 어떤 방식으로 설명하는가?

교사 교육자로서, PCK를 사용하고 연구하기 위한 접근법에 대한 나의 검토는 교사 학습을 위한 작업 중 하나이다. 이 연구에서는 학습 연구 접근법을 사용하여 두 가지 목적을 수행하기 위한 과제를 설계하였다. 하나는 과학 교수에 대한 교사들의 학습을 지원하는 것이었고, 다른 하나는 그 과제가 과학을 가르치는 일에 대한 교사 생각의 개발 과정을 어떻게 밝혀낼 수 있는지 탐구하는 것이었다. 과제를 개발하고 교사의 활동을 검토하는 것은 교육과정 및 수업에 대한 대학원 과정에서 여러 학기에 걸쳐 반복되는 과정이었다. 명확히 하자면, 이 연구는 한 집단의 예를 사용하여 각각 학습 연구를 설계하고 교사의 아이디어를 설명하는 두 가지 단계로 제시된다.

5. 학습 연구 과제 설계하기

학습 연구는 교육과정 및 수업에 대한 대학원 강좌의 과제로 개발되었다. 이 강좌는 교사에게만 필요한 것이 아닌 정규 개설 과정이지만, 교육과정 및 수업의 핵심 과정이기 때문에 수강생의 대부분은 교원자격증을 소지한 교사들이다. 강의 주제는 교과교수법(subject matter for teaching) (Grossman, Schoenfeld, & Lee, 2005), 과학에 대한 학생들의 사고가 시간이 지남에 따라 더욱 정교해지는 학습발달과정(learning progressions) (Corcoran, Mosher, & Rogat, 2009), 모든 학생의 과학적 사고를 발전시키는 데 필수적이라고 생각되는 탐구와 담화를 포함하는 야심찬 교수(ambitious teaching) (Windschitl, 2008, 2013)를 포함한다. 대학원 과제로 수행된 대학원생들의 학습 연구는 이러한 과학 교수·학습에 관한 생각을 바라보는 각각의 관점을 중심으로 독서와 토론을 통해 정보를 얻는다.

6. 학습 연구 계획하기

이 강좌의 학습 연구 과제는 학습 연구의 계획 단계에 초점을 두고 있다. 학습 연구에서 계획을 수립하는 과정은 일반적으로 교과 내용 선택하기, 학습 대상 파악하기, 변이의 패턴(patterns of variation) 고려하기를 포함한다(Wood, 2015). 과제로 생각해 보면, 대학원생들은 학습할 교과 개념(내용)을 선택하고 정당화하며, 현상을 중심으로 한 인지적 과제를 파악하고 설명하며, 목표에 적중하는(on-target) 생각과 적중하지 않은(off-target) 학생의 생각을 묘사해 주는 "예상 길라잡이(anticipation guide)"를 작성한다. 학습 연구는 수업 계획이 아니기 때문에, 자료와 학생 활동에 대한 세부 사항은 강조되지 않는다. 또한, 학습 연구는 "예상 길라잡이"를 이용해 학생의 학습 검토를 계획하는 것보다 한 걸음 더 나아간다는 점도 중요하다. 그리고, 교사는 학생들의 학습을 바탕으로 학생들의 생각에 대한 그들의 생각을 다듬고 향후 학습 과제를 계획한다. 이 학습 연구의 두 번째 단계는 교사들을 위한 후속 대학원 과정의 일부이다.

7. 학습 연구 과제를 위한 cPCK 정의하기

학습 연구 과제의 설계를 알아보기 위하여 과학 교사 PCK에 관한 문헌 고찰 및 과학 교사를 대상으로 한 실증적 연구를 통해 PCK의 구성요소를 파악하였다(Park & Oliver, 2008; Schneider, 2015). 이 과제의 지침으로 사용되는 cPCK의 다섯 가지 구성요소에 대한 설명은 다음과 같다.

- **과학 교수 지향.** (a) 과학 *교수·학습의 본성*, (b) 과학 교육의 *목표(goals)*, (c) 과학 교육의 *목적(purpose)*에 대한 교사들의 생각.
- **과학 교육과정.** (a) 중요하고 배울 가치가 있는 과학 개념의 *범위(scope)*, (b) 계획 및 평가 지침으로서의 *표준(standards)*, (c) 학습을 위해 구조화된 과학 개념의 *순서(sequence)*에 대한 교사들의 생각.

- 과학에 대한 **학생의 생각.** (a) 학생들의 과학 *선*개념과 경험, (b) 학생들의 과학 개념 *발달*, (c) 학생들의 과학 개념 *표현* 방법, (d) 학생들에게 *어려운* 과학 개념과 그 *이유*, (e) 과학 이해의 적절한 *수준*에 대한 교사들의 생각.
- 과학 주제에 대한 **수업 전략.** (a) *자연 현상* 경험, (b) 과학 학습 *평가*에 대한 교사들의 생각.
- 과학 교수의 **프레임워크.** (a) 과학을 특징짓는 과학 *탐구* 학습 환경, (b) 구술 및 서면으로 이루어지는 과학 *담화*에 대한 교사들의 생각.

8. 학습 연구와 cPCK의 연관성

이 연구의 첫 번째 질문은 cPCK가 과학 교사 학습을 위한 과제로서 학습 연구 설계를 어떤 방식으로 안내할 수 있는가이다. 이 질문에 답하기 위해 학습 연구 과제의 개발은 학습 연구의 구성요소와 cPCK의 구성요소 모두에 의해 설명되었다. 학습 연구를 과제로 개발하기 위해서는 교사들이 학습 연구를 정확히 어떻게 계획해야 하는지에 대한 명확하고 유용한 지침을 만들어야 했다. 교사들의 교수적 추론을 밝혀내기 위하여 과학 교수에 대한 교사들의 추론을 촉진하는 과제를 설계하였다. 또한, 학습 연구의 프레임워크는 계획과 일관성을 가질 필요가 있었고 교사의 교수적 추론을 촉진하기 위한 지침은 과제의 목적과 일치해야 했다.

cPCK에 대한 고민은 지침에 대한 세부 설명을 추가함으로써 이 과제의 설명을 실제로 개선했다(부록 1 참조). 예를 들어, 교사들에게 단순히 학습 목표를 파악하도록 요청하는 대신, 지침에서는 교사들에게 "핵심 개념(big idea)"을 파악한 후 학습 목표를 결정하도록 도와주는 방법을 안내한다. 목적, 범위 및 목표에 대한 특정한 cPCK 구성요소에 대한 정보를 바탕으로, 교사들이 학생들에게 가치 있고 의미 있으면서 여러 학년 수준의 학생들에게 적합한, 영향력이 큰 개념을 선택하도록 지침이 개선되었다. 순서에 대한 cPCK 개념(위의 과학 교육과정 구성요소의 (c) 참조)을 기반으로 하는 "핵심 개념"은 학생들이 시간이 지남에 따라 점점 더 정교한 사고를 발전시킬 수 있는 개념이다. 이와 유사하게 탐구, 담론, 아이디어 표현 등을 고려하여 현상을 파악하고 과제를 설명하는 것에 대한 지침이 개선되었고, 학생들의 선개념과 어려워하는 개념을 통해 학생들의 생각을 예측하는 것에 대한 지침이 개선되었다. 학습 연구 과제와 cPCK의 구성요소들 사이의 연관성은 〈표 7.1〉에 요약되어 있다.

〈표 7.1〉 학습 연구 과제와 cPCK 구성요소의 연관성

학습 연구 과제의 요소들	cPCK의 요소들
영향력이 큰 개념: 교사는 학생들의 학습을 위한 개념으로 학생들의 과학 이해에 큰 도움을 주며 여러 학년 수준의 학생들에게 적합한 개념을 선택한다.	**지향**: 과학 교육의 *목적* 과학 교육과정: 계획 및 평가 지침으로서의 기준
개념의 정교화: 교사는 어떻게 학생들이 시간이 지남에 따라 이 과학 개념을 점점 더 정교화할 수 있는지 설명한다.	**과학 교육과정**: 학습을 위해 구조화된 과학 개념의 *순서*
개념의 가치: 교사는 이 과학 개념이 과학에서 얼마나 가치 있는지 설명한다.	**과학 교육과정**: 중요하고 배울 가치가 있는 과학 개념의 *범위*
개념의 의미: 교사는 이 과학 개념이 학업을 넘어 얼마나 가치 있는지 설명한다.	**지향**: 과학을 가르치는 *목표*
인지적 과제: 교사는 학생들이 복잡하고 인지 과정이 요구되는 것에 대해 무엇을 생각하거나 행동해야 하는지 설명한다.	**수업 전략**: *자연 현상* 경험 **프레임워크**: 과학 *탐구* 학습 환경
학생 결과물: 교사는 학생들이 그 과제에 참여하는 동안 만들 결과물(쓰기, 그리기, 발표하기 등)을 설명한다. 프레임워크: 논증과 기능적 글쓰기를 포함한 서면 또는 구두로 이루어지는 과학 *담화*	**수업 전략**: 과학 학습 *평가*
학생의 생각: 교사는 이 과제 또는 결과물이 어떻게 학생들의 사고를 시각화하는지 설명한다.	**학생의 생각**: 과학 개념 *표현* 방법
목표 수준의 결과물 예시: 교사는 성취 수준을 설명하기 위하여 목표 수준의 결과물에 대한 예시를 만든다.	**학생의 생각**: 과학 이해의 적절한 *수준*

〈표 7.1〉 계속

학습 연구 과제의 요소들	cPCK의 요소들
목표에 적중하는 개념 설명: 교사는 학생들의 복잡하고 정교한 생각을 드러낼 것으로 예상되는 말이나 행동, 그림을 설명하거나 정리하거나 묘사한다. 교사는 그 과제에 적합한 체크리스트 또는 기타 방법을 마련한다.	**학생의 생각**: 학생들의 과학 개념 *발달* **학생의 생각**: 과학 개념 *표현* 방법
목표에 적중하지 않는 개념 설명: 교사는 학생들의 선개념 또는 어려움을 드러낼 것으로 예상되는 말이나 행동, 그림을 설명하거나 정리하거나 묘사한다. 교사는 그 과제에 적합한 체크리스트 또는 기타 방법을 마련한다.	**학생의 생각**: 학생들의 과학 *선*개념과 경험 **학생의 생각**: 학생들에게 *어려운* 과학 개념과 그 이유
교사의 역할: 교사는 이 과제 동안 자신의 역할을 설명한다. 그들이 무엇을 하고, 무엇에 주의를 기울이고, 무엇을 기록하고, 조사하고, 해석하고, 수정하는지를 설명한다.	**프레임워크**: 과학 *탐구* 학습 환경 **프레임워크**: 과학 *담론*
이론적 근거: 교사는 자신의 계획이 어떻게 과학 교수·학습에 대한 자기 생각을 드러내는지 설명한다.	**프레임워크**: 과학 *탐구* 학습 환경 **프레임워크**: 과학 *담론*
교사 학습: 교사는 교수·학습에 대해 무엇을 배웠는지 설명한다.	**지향**: 과학 *교수·학습*의 본성

9. 교사의 ePCK 사례

이 특별한 학습 과제는 교원양성과정에서 대학원 입문 수준의 강좌 중 하나였다. 오하이오주의 과학 교사들은 현직 교사들이 고등학교에서 입문 수준의 대학 내용을 가르칠 수 있도록 준비하기 위한 프로그램으로 이 강좌에 등록했다. 연구 집단에는 같은 학기에 여러 강좌를 수강하는 19명의 고등학교 화학 교사가 포함되었으며, 오하이오주 교사들은 모두 주정부가 제공한 동일한 화학과 내용 표준을 사용하고 있었다. 이 교사들은 강좌를 수강하며 학습 연구 계획을 개발했다.

ePCK의 차이를 조사하기 위해 교사들을 경력에 따라 신규(1-3년), 중경력(4-10년), 고경력(11년 이상)으로 구분하였다. 이들의 내용 지식은 매우 우수(영역별 성적이 높은 전공자), 우수(영역별 성적이 낮은 전공자 또는 영역별 성적이 높은 비전공자), 또는 개발 중(영역별 성적이 낮은 비전공자)으로 기술되었다. 이 연구에서는 원자 모형을 주제로 연구한 세 명의 화학 교사들의 예를 선정하였다. 같은 수업 주제를 선택한 것은 ePCK의 질적 차이가 강조될 수 있음을 의미했다. A 교사는 화학 배경지식이 많은 신규 교사였고, B 교사는 화학 배경지식이 많으면서도 교수 경험이 더 많았다(중경력). C 교사는 신규 교사였지만 화학에 대한 풍부한 배경지식을 갖고 있었다. 서로 다른 수준의 경험과 화학 배경지식을 가진 이 세 교사에 대한 연구는 교사의 ePCK 차이를 규명하기 위한 과제로서 학습 연구를 이용한다.

10. ePCK 분석

이 연구의 두 번째 질문은 교사가 개발한 학습 연구는 과학 교사의 ePCK를 어떤 방식으로 설명하는가이다. 이 질문에 답하기 위해 과제의 구성요소에 대한 교사들의 응답을 cPCK의 해당 구성요소와 관련하여 조사하였다. 즉, 학습 연구의 각 구성요소와 가장 일치하는 것으로 판단되는 cPCK의 구성요소(〈표 7.1〉)를 활용하여 교사의 응답을 검토하도록 안내하였다. 이를 통해 교사들의 아이디어에 대한 질적 설명을 개발하고자 하였다. 예를 들어 교사가 선택한 교과 개념이 학업 외 학생들에게 어떤 의미가 있는지 설명할 때, 교사의 응답에서 과학 교육 목표에 대한 그들의 생각을 검토한다. 학습 연구 응답이 교사의 ePCK 차이를 설명하는 데 도움이 되는지 알아보기 위해 경험 수준이 서로 다른 교사의 응답을 비교하였다. 이 연구가 내용 지식과 별개로 ePCK를 설명하고 있는지를 확인하기 위해 다양한 수준의 화학 배경지식을 가진 교사들을 비교했다. ePCK가 어떻게 설명되는지를 입증하기 위해 〈표 7.2〉, 〈표 7.3〉 및 〈표 7.4〉에 이 세 교사의 학습 연구에서 나타난 응답 일부를 제시하였다.

다양한 수준의 교수 경험을 가진 교사들을 위한 ePCK를 설명하기 위해 A 교사(화학 배경지식이 많은 신규 교사)와 B 교사(화학 배경지식이 많은 중경력 교사)의 응답을 비교했다(〈표 7.2〉 참조). 예를 들어, A 교사는 교과 개념(원자 모형)이 의미 있는 이유를 학생들에게 설명할 때 모든 물질이 원자로 구성되어 있기 때문으로 설명한다. 반면, B 교사는 이 개념이 어떻게 의미 있는지를 직접적으로 설명하기보다는 학생들의 관점을 이해할 필요가 있음을 언급한다. 두 응답 모두 과학 교육 목표에 대한 교사들의 생각을 설명한다. 비록 한 응답이 다른 응답보다 더 발전되었거나 정확하다고 판단하는 것은 시기상조이지만, 학생들과의 경험에 따른 차이가 있다고 해석할 수 있다.

B 교사(화학 배경지식이 많은 중경력 교사)와 C 교사(화학 배경지식이 풍부한 신규 교사)의 응답을 비교하여 내용 배경지식 수준이 다른 교사를 대상으로 교수 경험에 기초한 ePCK의 차이를 비교하였다(〈표 7.3〉). 예를 들어, B 교사는 학생들이 움직임을 나타내기 위해 화살표를 사용할 것이라고 말하면서 학생들의 생각을 설명하지만, 이러한 개념들이 학생들에게 어려운 이유에 대한 설명은 명확하지 않다. 반면, C 교사는 학생들의 그림이 학생들의 생각을 보여줄 것이라고 말하면서 학생들의 생각을 설명하는데, 모형이나 요소에 관한 개념을 학생들이 어떻게 잘못 이해하는지에 대한 설명이 더 구체적이다. 이러한 응답에서도 ePCK 차이를 확인할 수 있다.

세 번째 비교에서는 내용 배경지식의 수준이 다르고 교수 경험이 적은 두 명의 신규 교사를 대상으로 하였다. A 교사(화학 배경지식이 많은 신규 교사)와 C 교사(화학 배경지식이 풍부한 신규 교사)는 모두 초보 교사이지만, 한 명이 화학 배경지식을 더 많이 가지고 있다(〈표 7.4〉). 이 경우 두 교사 모두 탐구 또는 담화 상황에서의 교사의 역할을 학생들이 조사하거나 협력하도록 장려하는 것으로 설명하고 있지만, 그 방법에 대한 구체적인 아이디어는 가지고 있지 않다. 이 응답은 신규 교사의 응답으로 합당하다. 또한, A 교사가 피드백을 언급하는 반면 C 교사는 학생들이 설명할 화학 개념에 대해 더 구체적이라는 점에서 두 교사의 응답은 차이를 보였다. 이러한 응답은 두 교사가 내용 지식 측면에서는 차이를 보이지만, ePCK는 유사하다는 것을 말해준다.

〈표 7.2〉 A 교사와 B 교사: 학습 연구 과제 및 ePCK의 구성요소에 대한 응답

A 교사	B 교사
지향, *목적*: 학생들이 화학에서 더 높은 수준의 교육을 받을 수 있도록 준비한다.	**지향,** *목적*: 학생들이 화학을 더 잘 이해할 수 있도록 준비한다.
과학 교육과정, *표준*: 학년 간 표준을 명확하게 연결한다.	**과학 교육과정**, *표준*: 표준에 중점을 두지 않는다.
영향력이 높은 개념: 학습 연구에서 내가 선택한 핵심 개념은 원자 모델이다. 원자 모델은 교육 전반에 걸쳐 다루어지는 핵심 개념이다. 오하이오의 모델 교육과정에서는 모든 물질이 원자로 구성되어 있다는 개념을 초등학교 수준에서 제시하고 있다. 이후, 중학교 수준에서 학생들은 원자가 아원자 입자들로 구성되어 있고 이 원자의 모델이 현재 과학적 증거에 기반하여 만들어질 수 있다는 것을 다룬다. 고등학교 수준에서는 원자의 다양한 모델들을 제시하고 있다.	영향력이 높은 개념: 이 학습 계획은 원자의 안정성을 높이기 위한 이온 형성에 대해 다룬다. 이 개념은 원자 구조에 대한 지식을 기반으로 하며, 결합의 형성과 화학 반응에 대한 이해로 이어진다.
과학 교육과정, *순서*: 원자 모델의 구성요소에 초점을 두고, 그 유용성에 대해 언급한다(아래에 더 자세히 제시되어 있음).	**과학 교육과정**, *순서*: 모델이 결합과 반응을 설명하는 방법에 초점을 둔다.
개념의 정교화: 원자 모델은 교육 전반에 걸쳐 기반을 둔 핵심 개념이다. 오하이오의 모델 교육과정에서는 모든 물질이 원자로 구성되어 있다는 개념이 초등학교 수준에 제시되어 있다. 이후, 중학교 수준에서 학생들은 원자가 아원자 입자들로 구성되어 있고 이 원자 모델이 현재 과학적 증거에 기반하여 만들어질 수 있다는 것을 다룬다. 고등학교 수준에서는 원자의 다양한 모델들이 제시된다. 가장 유용한 두 모델은 보어 모델과 양자 역학 모델이다.	개념의 정교화: 이 개념은 원자 구조에 대한 지식을 기반으로 하며, 결합의 형성과 화학 반응에 대한 이해로 이어진다. 원자의 구조와 안정성을 배운 후 이온화를 다루기 시작한다.
과학 교육과정, *범위*: 이 개념이 학생들이 화학을 이해하는 데 어떻게 도움이 될 것인지에 대한 세부 사항을 설명한다.	**과학 교육과정**, *범위*: 구조와 기능의 관련성을 설명한다.
개념의 가치: 원자 구조를 깊이 이해하는 것은 화학에서 다루는 모든 주제의 핵심이기 때문에 원자 모델을 아는 것은 가치가 있다. 예를	개념의 가치: 이 개념은 원자 구조에 대한 지식을 기반으로 하며, 결합의 형성과 화학 반응에 대한 이해로 이어진다(개념의 가치에 대

〈표 7.2〉 계속

A 교사	B 교사
들어, 주기율표에서 나타나는 규칙은 원자 내의 양성자와 전자가 어떻게 배열되어 있는지에 대한 이해를 통해 설명할 수 있다. 고급 양자 역학 모델은 원소와 화합물의 특성을 결정짓는 전자의 배열을 정확하게 설명하는 데 도움이 된다. 또한, 화학적 결합은 원자의 혼성 궤도로 이루어지며, 이것은 분자 기하학, 분자 극성 및 기타 많은 다른 개념을 만들어 낸다.	한 뚜렷한 응답을 제시하지 않음).
지향, *목표*: 학생들이 교실 밖보다는 가까운 교실에서 속성이나 모델에 대해 생각할 수 있도록 도와준다.	**지향,** *목표*: 학생들의 관점에 맞게, 그러나 그것이 무엇인지에 대한 세부 사항은 없다.
개념의 의미: 이 개념은 모든 물질이 원자로 이루어져 있으므로 의미 있다. 원자의 구조를 이해할 수 있다면, 일상적인 경험에서 마주치는 물질의 물리적, 화학적 특성을 이해할 수 있다. 이 개념은 또한 과학에서 모델 사용의 예를 보여주므로 의미가 있다. 모델은 매우 거시적이거나 매우 미시적인 수준에서 사물을 보여주는 데 사용될 수 있으며 추상적인 개념을 시각화하는 데 사용된다.	개념의 의미: 결과 분석을 통해 학생들의 관점을 더 잘 이해할 수 있기를 바란다(개념의 의미에 대해 응답하지 않음).

〈표 7.3〉 B 교사와 C 교사: 학습 연구 과제 및 ePCK의 구성요소에 대한 응답

B 교사	C 교사
수업 전략, *현상*: 결합과 연결 짓기 위해 하나의 모델에 초점을 두고, 겉으로 드러나지 않은 현상과 연결 짓는다.	**수업 전략**, *현상*: 모델을 사용하여 비교하고 결합과 연결 짓기 위해 두 개의 원자 모델에 초점을 두고, 현상에 명시적으로 연결한다.
프레임워크, *탐구* 학습 환경: 하나의 안내 질문	**프레임워크**, *탐구* 학습 환경: 여러 개의 안내 질문
인지적 과제: 학생들은 표준 원자의 보어 모델을 보고 그것이 어떻게 안정화될 것인지 판단할 것이다. “이것이 이 두 원자가 결합하는 원인이 될까요?”	인지적 과제: 학생들은 프랑슘(Fr) 원자와 불소(F) 원자에 대한 보어 모델을, 그리고 각 원소가 반응성이 있거나 없는지, 왜 그렇게 생각하는지 설명해야 할 것이다. 당신이 그것에 대해 더 많은 것을 추가하면, 학생들은 그 사물의 크기가 어떻게 되는지에 대해 생각하고 모든 종류의 입자의 전하를 고려하게 될 것이다.

〈표 7.3〉 계속

B 교사	C 교사
수업 전략, *평가*: 학생들은 예측하기 위해 모델을 사용한다. 학생들은 그림을 그리고 명칭을 붙이지만, 그림이 무엇을 나타내는지 설명하지 않는다.	**수업 전략,** *평가*: 학생들은 그림을 그리고, 명칭을 붙이고, 그림이 무엇을 나타내는지 설명한다.
프레임워크, *담론*: 표현과 표기에만 초점을 둔다.	**프레임워크,** *담론*: 학생들이 그들 자신의 언어로 표현한 말과 묘사에 초점을 둔다.
결과물: 생성된 원자/이온을 보여주는 두 번째 보어 모델을 그린다. 각 모델의 원자 번호, 질량 번호 및 이온 전하를 표시한다. 마지막으로, 전자가 어떻게 한 원자에서 다른 원자로 이동하는지 보여주기 위해 화살표를 사용한다.	결과물: 학생들은 프랑슘(Fr)과 불소(F) 원자에 대한 원자 구조(보어 모델)를 설명하고 각 원소가 반응성이 있거나 없다고 생각하는 이유를 설명할 것이다. (필요하지 않지만 결과물에 표시된 에너지 준위와 전자의 수)
학생의 생각, 과학 개념 *표현*: 학생들은 생각을 표현하기 위해 글이나 그림을 사용한다.	**학생의 생각**, 과학 개념 *표현*: 학생들의 설명과 그림의 특징들은 학생들의 생각을 드러낸다.
학생의 생각: 그 과제에서 학생들은 전자의 안정성을 판단하고 생성된 이온의 모델을 그린다. 그 결과물은 얼마나 많은 전자와 원자가 얻거나 잃는 경향이 있는지와 같은 일반적인 오개념을 보여줄 것이다	**학생의 생각**: 원자의 반응성에 대한 학생들의 설명을 통해 핵의 인력을 통해 전자를 얻고 잃는 방법과 그것이 원자의 반응성에 미치는 영향에 대한 학생들의 이해를 확인할 수 있다. 학생들이 비슷한 전하가 어디로 끌어당겨지고 밀려나는지를 이해하는지 판단할 수 있을 것이다. 또한, 학생들이 입자 사이의 거리 변화에 따른 전기적 인력과 반발력의 변화와 그 거리가 원소의 반응성과 이온 형성 능력에 미치는 영향을 어떻게 이해하고 있는지를 판단할 수 있을 것이다.
학생의 생각, 적절한 *수준*: 도식을 사용하여 단순 결합을 나타내고 화살표를 사용하여 움직임을 나타낸다.	**학생의 생각**, 적절한 *수준*: 모델을 사용하여 여러 측면에서 구성요소를 대조한다.
목표 수준의 결과물	목표 수준의 결과물
학생의 생각: 과학 개념 *발달*—구성요소를 학습한다.	**학생의 생각**: 과학 개념 *발달*—특징을 대조하여 학습한다.
학생의 생각: 과학 개념 *표현*—구성요소를 그린다.	**학생의 생각**: 과학 개념 *표현*—구성요소를 모델링하고 자신의 언어로 설명한다.

〈표 7.3〉 계속

B 교사	C 교사
목표에 적중하는 개념 설명: 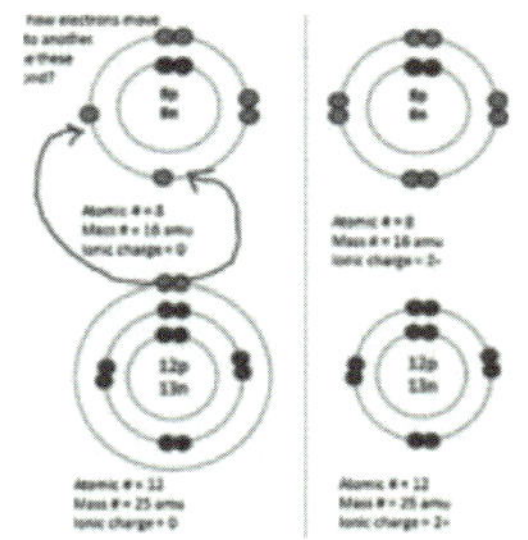	목표에 적중하는 개념 설명: 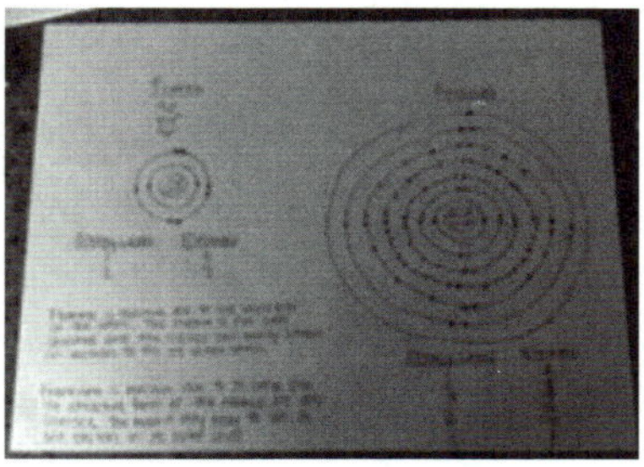
개념: • 겉껍질이 가득 찼다 (8) • 원자 번호(양성자)는 변하지 않는다 • 질량 번호는 변하지 않는다 • 중성자 수는 변하지 않는다 • 전자는 쌍을 이룬다 • 겉껍질만 영향을 받는다 • 양성자의 이온 전하 수 - 전자 수 • 전자가 한 원자에서 다른 원자로 적절한 위치로 이동한다	모델(발췌) 입자 크기의 비율이 정확하다(프랑슘(Fr)이 불소(F)보다 더 큼). 에너지 준위(또는 전자)의 추가로 원자를 계속 더 크게 만들 것이다. 설명(발췌) ___프랑슘(Fr)은 에너지 준위와 전자의 수 때문에 크기가 더 크다. ___불소는 제한된 에너지 준위로 인해 크기가 더 작다. 이는 인력이 전자를 매우 쉽게 끌어당기고 유지할 수 있다는 것을 의미한다.
학생의 생각: *선*개념과 경험—학생들은 구성요소를 모른다.	**학생의 생각:** *선*개념과 경험—상호작용에 관한 오개념
학생의 생각: *어려운* 과학 개념—어려운 개념에 대한 피상적 개념	**학생의 생각:** *어려운* 과학 개념—힘과 크기와 같이 연관성에 관한 오개념
목표에 적중하지 않는 개념	목표에 적중하지 않는 개념
오개념: • 겉껍질은 가득 차지 않는다 • 양성자 수가 변한다 • 중성자 수가 변한다 • 질량수가 변한다 • 안쪽 껍질에서 전자가 추가되거나 제거된다 • 전자를 잃는 대신 전자를 얻는다 (혹은 그 반대의 경우) • 이온 전하가 잘못된 경우 • 전자는 전달되지 않는다	모델(발췌) ___: 크기를 같게 그리거나 불소(F)를 더 크게 그린 모델 보어 모델의 컴퓨터 그림을 보는 데 익숙하고 크기가 모두 같다고 생각한다. 양전하를 띤 핵의 인력이나 에너지 준위를 더 추가하면 원자의 직경이 증가한다는 것을 이해하지 못한다. 설명(발췌) ___다양한 이유로 원소가 반응하지 않는 것으로 설명한다. ___두 원소 중 하나에 대한 설명에 크기가 사용되지 않았거나 올바르게 설명하지 않았다. ___전자에 대한 핵의 인력을 설명에서 정확하게 언급하지 않았다.

〈표 7.4〉 A 교사와 C 교사: 학습 연구 과제 및 ePCK의 구성요소에 대한 응답

A 교사	C 교사
프레임워크, *탐구* 학습 환경: 저조한 탐구 학습 환경, 경험에 대해 불분명함	**프레임워크,** *탐구* 학습 환경: 정보를 수집하고 협력하고, 결론을 도출하고, 설명과 함께 추론한다.
프레임워크, *담론*: 시각적 표현, 교사는 피드백을 제공한다.	**프레임워크,** *담론*: 학생들은 협력하고 생각을 논의하고, 설명한다.
교사의 역할: 교사는 어디서부터 시작할지 결정하기 위해서는 학생들이 어떤 지식을 가지고 있는지를 조사해야 한다. … 그러면 교사는 학생들에게 그들의 사전 지식을 기반으로 하는 경험을 제공할 수 있다. 이 과제에서 사전 지식은 Bohr 모델이 될 것이다. 일단 학생들이 학습에 참여하게 되면, 교사는 학생들이 학습 과정 중에 그들의 이해를 시각적으로 표현하도록 함으로써 어떻게 새로운 자료를 통합하고 있는지 관찰하고 모니터해야 한다. 일단 학생들이 새로운 자료를 어떻게 이해하는지 알게 되면, 교사는 학생들의 활동을 검토하여 그 과제에서 얼마나 성공적이었는지를 알려주는 건설적인 피드백을 제공해야 한다.	교사의 역할: 학생들이 스스로 조사하고 결론을 도출할 수 있도록 할 것이다. 학생들이 주기율표를 사용하여 아원자 입자들이 어디에 위치해야 하는지 결정하기 위해 직접 조사하도록 권장할 것이다. 적절한 재료를 제공하기 때문에 학생들이 원한다면 원자의 크기를 정확하게 나타낼 수 있도록 균일한 원을 만들기 위해 나침반을 사용할 수 있다. 나는 학생들 간의 협력적 학습과 학생들의 아이디어 토론을 장려할 것이다. 나는 그들이 각 원소의 반응성에 대한 결론을 어떻게 도출하는지, 그리고 학생들이 자신의 추론에 크기와 원자가 전자를 사용했는지에 주목할 것이다. 단순히 반응성을 알고 있는지가 아니라 반응성이 높은 이유를 설명할 수 있는 능력을 찾는다.
프레임워크, *탐구* 학습 환경: 더 단순한 모델에서 더 정교한 모델로의 변환, 시각화, 교사 피드백	**프레임워크,** *탐구* 학습 환경: 개념은 이전 개념을 기반으로 한다; 학생들은 창조하고 설명한다; 극단적인 예를 먼저 사용한다.
프레임워크, *담론*: 없음	**프레임워크,** *담론*: 없음
이론적 근거: 이 계획은 학생들이 더 정교한 양자 모델을 이해하도록 돕기 위해 비교적 단순한 원자 모델인 보어 모델을 기반으로 한다. 학생들은 보어 모델을 만드는 것이 쉽다고 생각하는 반면, 양자 모델은 이해하기 더 어려워하는 경향이 있다. 이 두 가지를 연관시킴으로써 학생들이 한 모델에서 다음 모델로의 관계를 더 명확하게 볼 수 있을 것으로 생각한다. 이 과제를 수행하는 동안 학생이 만든 결과물을 통해 교사는 양자 모델에 대한 학생의 이해	이론적 근거: 이 계획은 학생들이 가지고 있는 선지식을 바탕으로 하여 수업할 교과 지식을 설명하고 그 자료를 기반으로 하여 보충할 기회를 제공한다. 이것은 학생들에게 그들의 생각을 설명할 수 있는 무언가를 만들 기회를 준다. 또한, 주기율표에서 가장 반응성이 높은 두 가지 원소이기 때문에 가장 작은 할로겐과 가장 큰 알칼리 금속을 사용했다. 만약 학생들이 이러한 원소들을 이해한다면, 다른 원소들을 더 깊이 탐구할 수 있을 것이고 같

〈표 7.4〉 계속

A 교사	C 교사
를 시각적으로 판단할 수 있다. 그러면 교사는 학생들에게 피드백을 더 쉽게 제공하여 학생들의 학습을 돕고 학생들의 학습에 기초한 교육의 성공 여부를 판단할 수 있다.	은 원리를 이용해 더 복잡한 원소들의 반응성에 대해 논의할 수 있다.
지향, 과학 *교수·학습*의 본성: 교사들은 학습을 모니터할 필요가 있고, 학생들은 그들 자신의 이해에 대해 생각할 필요가 있으며, 사고는 정교화 과정을 통해 발달한다.	**지향**, 과학 *교수·학습*의 본성: 학습은 언어적 의사소통이 필요하다; 질문은 학습할 영역과 오개념을 파악한다; 학생들은 서로 다르게 학습한다.
교사 학습: 나는 사고를 시각화하여 학생들의 학습을 모니터하는 것이 교사가 학생들을 의도한 학습 결과로 인도하고 학생들에게 자신의 이해에 대해 생각할 기회를 주는 강력한 도구가 될 수 있다는 것을 배웠다. 나는 또한 이전의 덜 정교한 지식을 바탕으로 더욱 정교한 사고방식을 개발함으로써 배움의 길에 도움이 될 수 있다는 것도 배웠다.	교사 학습: 이 결과물은 나의 학습에 도움이 될 것이다. 왜냐하면 나는 결과물 그 자체뿐만 아니라 언어적인 의사소통을 통해서도 학생들의 사고 과정을 파악할 수 있을 것이기 때문이다. 학생들이 할 질문들은 내가 그 자료의 취약점을 파악하는 데 도움을 줄 수 있고 그것이 개인적인 약점인지 아니면 수업의 약점인지를 판단하는 데 도움을 줄 수 있다. 만약 그것이 학급의 약점이고, 학생들이 모두 같은 오해를 하고 있다면, 이전의 학습에서 그러한 오해를 만든 경험이 있을 수 있다. 그렇다면 나는 미래의 학생들이 그 오해를 해결하도록 돕기 위해 이전의 교사들과 소통할 수 있다. 학생들의 생각을 통해, 나는 또한 그들에게 정보에 대한 더 확실한 이해를 주기 위해 정보를 처음에 가장 잘 제시하는 방법을 결정할 수 있을 것이다. 각각의 학생은 조금씩 다르게 배우기 때문에 시간이 지남에 따라 다양한 방법을 수집할 수 있고 학생들이 주제를 어떻게 배우고 싶은지 선택할 수 있게 할 수 있다.

11. 논의

이 장에서는 RCM(즉, cPCK, pPCK, ePCK)을 지침으로 사용하여 어떻게 학습 연구를 설계하고 교사의 응답을 조사했는지 설명한다. cPCK는 교사들이 가르치는 교과 내용에 대해 알고 있는 것을 설명하기 위한 구조로서 교사 학습을 위한 과제를 설계하는 데 도움이 될 것이다. 또한, 수업의 결과물(이 경우, 계획)에서 수집된 증거가 교사의 pPCK를 설명할 수 있도록 그들의 생각을 가시화할 수 있다는 점도 의미가 있다. 이것이 실제로 필요한지, 그리고 어떤 방식으로 이루어지는지에 대한 설명이 필요하다. 여기에 제시된 설명은 교사 교육자의 관점에서 교사의 가르치는 일에 대한 학습을 지원하면서 교사의 생각을 설명하는 수단으로서 이러한 접근법의 잠재력을 탐구한 것이다.

12. 교사 교육을 위한 과제 설계

RCM은 세 가지 PCK 영역을 구분하며, 각 영역은 집단의 지식에서부터 개별 교사, 특정 수업 상황에서 사용되는 아이디어와 행동의 하위 집합에 이르기까지 다양한 수준에서 PCK를 설명한다. RCM의 서로 다른 영역들이 다양한 상황에서 PCK를 이해하는 데 유용하다는 점이 밝혀졌다. 교사 학습을 위한 과제를 설계하기 위해, cPCK는 어떤 아이디어로 교수 기반 과제를 만들지 생각하는 데 도움을 주는 틀이었다. RCM 자체에는 계획 과제로서 학습 연구의 설계를 안내하는 데 필요한 세부 사항이 없다. 그러나 집단 기반 지식으로서의 cPCK에 대한 생각은 PCK의 구성요소에 대한 집단적 이해에 관한 기존의 생각과 일치한다. 예를 들어, 과학 교육 연구 집단은 한동안 PCK 구성요소를 파악하기 위한 아이디어를 설명하고 연구해 왔다(Schneider & Plasman, 2011). RCM은 문헌에서 가장 자주 설명되는 PCK 구성요소의 사용 방법을 명확히 하는 데 도움이 된다. 이 연구에서 cPCK의 구성요소는 교사를 위한 과제로서 학습 연구를 개발하는 데 도움이 되었다. 특정 구성요소는 교사들이 그동안 간과했을 수도 있는 학습에 대해 깊이 생각할 수 있도록 구체적인 세부 사항과 안내를 추가하는 지침이었다. RCM의 기본 가설과 교사 학습에 대한 아이디어는 교수와 학습에 대한 동일한 기본 아이디어에 기반하기 때문에 cPCK의 각 구성요소를 학습 연구 과제의 해당 구성요소와 연관짓는 것이 가능했다.

여기에 설명된 학습 연구 과제의 설계는 cPCK가 교사를 위한 교수 기반 과제를 설계하는 데 유용한 지침이 될 수 있음을 시사한다. 이처럼 RCM은 교사 교육을 강화하는 데 도움이 될 수 있다. 교사 교육은 종종 비판의 대상이 되기도 하는데, 일부 개혁자들은 교실 기반 경험에 더 강하게 연계된 보다 강력한 프로그램을 추천하는 한편, 다른 이들은 공식적인 교사 교육을 줄일 것을 주장한다(Darling-Hammond, Holtzman, Gatlin, & Heilig, 2005)[1)]. 학습 연구 과제는 교사가 학생에 대해 생각하는 것을 지원하는 교사 지식에 대한 숙고에 기반하여 신중하게 설계된 과제이다. 더 많은 교사 교육 과제가 교사가 무엇을 어떻게 배우는지에 대한 아이디어를 기반으로 신중하게 구성된다면, 이 실천은 이러한 경험을 강화할 뿐만 아니라 교사 교육의 중요성을 알리고 교사 교육 정책에 영향을 주는 방식으로 교사 교육자에게 도움이 될 수 있을 것이다.

13. ePCK의 관찰

학습 연구는 수업 계획에 대한 교사의 ePCK를 설명하는 데 유용한 접근법으로 보인다. 학습 연구 과제는 계획하기와 연관되어 있으며 특정 학생을 대상으로 특정 교과에 대한 교사의 교수적 추론과 밀접한 관련이 있다. 위의 예는 내용 지식의 정도가 유사한 교사들이 서로 다른 유형의 ePCK를 나타낼 수 있음을 보여준다. 더 깊이 연구할 필요가 있지만, 이러한 발견은 학습 연구가 내용 지식 이상을 보여줄 수 있다는 점에서 의미가 있다. 화학 교사들로부터 관찰된 차이의 특징은 화학 배경(내용)지식의 차이와는 별개로 교수 경험의 차이를 반영하는 것으로 보인다. 이 장에서 제공된 예시에는

1) 역자 주: 반성적 교사 교육 관점에서 이것을 '현실적 접근법(realistic approach)'이라고 한다.

포함되지 않았지만, 전공하지 않은 분야를 가르치는 교사(예: 물리 수업을 계획하는 생물 교사)의 학습 연구는 이러한 교사들이 이 계획 과제에서 더 큰 어려움을 겪고 있음을 보여주었다. 이 학습 연구 과제는 수업의 계획 측면에만 초점을 두었지만, 교사들을 통해 살펴본 ePCK는 이 계획 과제를 설계하는 데 사용된 cPCK의 구성요소를 대표하는 것들이었다. 교사들이 학습 연구의 다음 단계에서 학생들의 결과물을 수집하고 조사할 때, 그들의 ePCK가 더 많이 설명될 것이라 할 수 있다. 아마도 특히 탐구와 담화 상황에 대한 그들의 생각이 더 잘 설명될 것이다.

교사의 아이디어를 포착(즉, 평가)하기 위해 제안된 접근법으로서, 학습 연구가 평가 도구로서 타당한가에 대해 생각하는 것이 중요하다. 학습 연구는 수행평가로 생각할 수 있으므로 수행평가의 타당도 요인을 고려해야 한다(Messick, 1994). 이 학습 연구 과제는 강좌에서 등급(학점)을 결정하는 데 포함되지 않는다는 점에서 상대적으로 낮은 비중을 갖는다. 그러나, 내용의 포함 범위, 인지적 복잡성, 유의미성과 같은 다른 요소들을 고려할 필요가 있다.

cPCK의 구성요소(특히 과학 교육과정, 프레임워크 및 학생의 생각)는 학습 연구 과제의 구성요소로 표현되었다. 학습 연구는 교사가 학생들을 위해 수업 계획을 세우는 과정에 포함되므로 대학원 과제 이상의 의미 있는 작업이 되어야 한다. 이 과제는 또한 가르치는 일과 가르치는 일에 대한 학습의 복잡성을 반영하며, 학습 연구는 평가를 염두에 둔 유용한 경로라 할 수 있다.

14. PCK 발달 경로 매핑

교사의 pPCK를 유추하는 방법으로, ePCK를 평가하는 접근법으로서 교사의 학습 발달과정을 설명하기 위해 '발달 경로 매핑(mapping trajectories)'을 연구하는 것은 흥미롭다. 학습 발달과정은 학습자(이 경우, 교사)가 교육 및 평가와 관련하여 광범위한 시간에 걸쳐 점점 더 정교한 사고방식을 발달시키는 방법을 연구하기 위한 체계이다(Heritage, 2008). 발달과정을 측정하는 것은 구인 매핑(construct mapping) (Wilson, 2009), 즉 구인(이 경우는 cPCK에 해당됨)에 대해 점점 더 정교해지는 아이디어의 계층을 매핑하는 복잡한 작업이다. 섬세하게 계획한 구인 매핑을 기반으로 교사의 사고를 나타내는 결과물을 분석하여 학습 발달의 경로를 제안한다. 수업과 평가는 경로를 발견하는 반복적인 과정이 된다. 이러한 과정에서는 이 장에서 설명한 것과 같이 구인이 수업을 설계하고 학습을 평가하는 데 사용된다. 이러한 유형의 작업은 교사 PCK의 발달 경로를 설명하기 위한 단계이다.

15. 결론

전반적으로 교사의 PCK를 개발하고 드러내기 위한 접근법으로서 학습 연구의 가능성을 확인할 수 있다. PCK를 영역 또는 계층으로 구분하여 연구하기 위한 모델인 RCM은 교사 교육에 관한 설계와 연구를 연관 짓고 분석하는 데 도움이 되었다. 아마도 가장 흥미로운 점은 학습 연구를 통해 PCK의 구인 및 교사 학습의 발달 경로를 매핑할 수 있다는 가능성일 것이다. 학습 연구는 교사에게 복잡하지만 유의미한 작업이다. 또한, 학습 연구는 수업 계획보다 더 효율적이거나 간결한 접근법이다. 이러한 질적 특성은 평가 도구에서 중요하게 고려하는 사항이다. 그러나 학습 연구는 교사가 학습 연구에 대해 배우도록 한다. 교사는 수업 계획을 세우라는 요구를 받는 데는 익숙하지만, 학습 연구를 계획하는 일은 복잡하며 보다 집중력이 요구된다. 또한, 교사들의 생각을 새로이 할 수 있는 일이기도 하다. 이러한 특징들은 학습 연구를 가치 있게 만든다. 결론적으로, 학습 연구는 교사 교육의 수월성을 설계하고 입증하는 방법에 대한 우리의 이해를 증진하는데 필요한 유형의 연구이다.

부록 1: 학습 연구 과제 지침

- **교과 개념 설명**: 학습 연구를 위해 선택한 핵심 개념(big idea) 또는 영향력 있는 개념에 대해 설명하십시오. 이 개념이 학생들에게 어떤 의미가 있는지(학업 이외의 가치), 어떤 가치가 있는지(과학에서의 가치), 그리고 학생들에게 어떤 영향을 주는지(학생들에게 큰 변화를 줄 수 있는 영향력)를 설명하십시오. 시간이 지남에 따라 점점 더 정교한 사고가 필요한 핵심 개념을 파악하십시오. 당신의 일지에 기록한 영향력이 큰 개념에 대한 설명을 이용하고 수정보완 하십시오.
- **인지적 과제 및 결과물 설명**: 학생들의 생각을 확인하는 데 도움이 되는 인지적 과제와 학생 결과물에 대해 설명하십시오. 학생들이 무엇을 생각하고 무엇을 해야 하는지 설명하십시오. 학생들이 무엇을 만들 것인지(쓰기, 그리기, 발표 등) 설명하십시오. 이 과제와 결과물이 학생들의 생각을 당신과 학생들에게 어떻게 보여줄 것인지 설명하십시오. 학생들이 참여하고 아이디어를 개발할 수 있도록 실질적인 과제를 생각해보십시오. 인지적으로 어렵고, 학생들이 참여할 수 있는 여러 가지 방법이 있으며(복잡한 과제), 결과물이 만들어지는 과제를 구성하십시오.
- **결과물 예시**: 학생들이 만들 것으로 기대되는 것의 표본을 만드십시오. 표본은 목표에 부합해야 합니다. 실제 학생들의 작품일 필요는 없습니다. 그것은 결과물의 주요 측면의 일부 또는 표본이 될 수 있습니다. 글, 도표 및 삽화를 포함할 수 있습니다.
- **학생의 생각을 예측하기 위한 과제 지침**: 학생들이 말하거나, 행동하거나, 그림을 그릴 것으로 예상되는 것을 목표에 적중하거나 목표에 적중하지 못한 결과물을 포함하여 설명하거나 정리하거나 기술하십시오. 귀하는 학생이 목표 개념에 대해 무엇을 생각할 것이라고 예상하십니까? 그 생각들을 귀하의 과제에 적합한 체크리스트 또는 다른 방법에 포함하십시오. 예를 들어, 만약 과제가 분자를 그림으로 표현하는 것이라면, 당신은 학생들의 생각을 확인하기 위해 그림에서 어떤 특징을 찾으시겠습니까?
- **학습 연구에 대한 성찰**: (a) 학습자로서 교사의 역할: 이것을 학습에 관한 연구로 만들기 위해 교사(즉, 본인)는 어떤 역할을 맡을 것입니까? 학습 연구를 마무리하면

서 무엇을 하고, 무엇에 주의를 기울이고, 무엇을 기록하고, 검토하고, 해석하고, 수정할 것입니까? 이 과제가 학습을 연구하는 데 어떤 도움을 줍니까? 이 학습 연구 및 학생의 생각에 대한 예측, 결과물에 대해 구체적으로 설명하십시오. (b) 이론적 근거: 귀하의 계획은 교육과정(특히, 학습 발달 과정, 교과 내용 교수 지식(교사 지식; PCK) 및 학습 연구)에 대한 생각을 위한 이론적 근거를 어떻게 반영합니까? 귀하의 계획과 이러한 아이디어를 명확히 연계시키십시오. (c) 학습 계획: 이 계획을 작성하며 무엇을 배웠습니까? 당신은 학습을 연구하기 위한 또 다른 계획을 어떻게 작성하시겠습니까?

참고문헌

Calderhead, J. (1996). Teachers: Beliefs and knowledge. In D. C. Berliner & R. C. Calfee (Eds.), *Handbook of educational psychology* (pp. 709-725). New York: Macmillan.

Cheng, E. C. K., & Ling, L. M. (2013). *The approach of learning study: Its origin and implications*. Retrieved from http://www.oecd.org/edu/ceri/innovativelearningenvironments.htm.

Corcoran, T., Mosher, F. A., & Rogat, A. (2009). *Learning progressions in science: An evidencebased approach to reform*. Retrieved from New York.

Darling-Hammond, L., Holtzman, L., Gatlin, S. J., & Heilig, J. V. (2005). Does teacher preparation matter? Evidence about teacher certification, teach for America, and teacher effectiveness. *Educational Policy Analysis Archives, 13*(42). Retrieved from http://epaa.asu.edu/epaa/v13n42/.

Feiman-Nemser, S. (2008). Teacher learning: How do teachers learn to teach? In M. Cochran-Smith, S. Feiman-Nemser, D. J. McIntyre, & K. Demers (Eds.), *Handbook of research on teacher education: Enduring questions in changing contexts* (pp. 697-705). New York: Routledge.

Grossman, P. (2005). Research on pedagogical approaches in teacher education. In K. Zeichner (Ed.), *Studying teacher education* (pp. 425-476). Mahwah, NJ: Lawrence Erlbaum Associates.

Grossman, P., Schoenfeld, A. H., & Lee, C. (2005). Teaching subject matter. InL. Darling-Hammond & J. D. Bransford (Eds.), *Preparing teachers for a changing world: What teachers should learn and be able to do*. San Francisco, CA: Jossey-Bass.

Hammerness, K., Darling-Hammond, L., Bransford, J., Berliner, D., Cochran-Smith, M., McDonald, M., et al. (2005). How teacher learn and develop. In L. Darling-Hammond & J. Bransford (Eds.), *Preparing teachers for a changing world* (pp. 358-389). Hoboken, NJ: Jossey-Bass.

Heritage, M. (2008). *Learning progressions: Supporting instruction and formative assessment*. Retrieved from Washington, DC.

Lampert, M. (2001). *Teaching problems and the problems of teaching*. New Haven, CT: Yale University Press.

Messick, S. (1994). The interplay of evidence and consequences in the validation of performance assessments. *Educational Researcher, 23*(2), 13-23.

Park, S., & Oliver, J. S. (2008). Revisiting the conceptualization of pedagogical content knowledge (PCK): PCK as a conceptual tool to understand teachers as professionals.

Research in Science Education, 38(3), 261-284.

Schneider, R. M. (2015). Pedagogical content knowledge reconsidered: A teacher educator's perspective. In A. Berry, P. Friedrichsen, & J. Loughran (Eds.), *Re-examining pedagogical content knowledge in science education* (pp. 162-177). London: Routledge.

Schneider, R. M., & Plasman, K. (2011). Science teacher learning progressions: A review of science teachers' pedagogical content knowledge development. *Review of Educational Research, 81*(4), 530-565.

Sykes, G. (1999). Teacher and student learning: Strengthening their connection. In L. Darling-Hammond & G. Sykes (Eds.), *Teaching as the learning profession: Handbook of policy and practice* (pp. 151-179). San Francisco, CA: Jossey-Bass.

Tan, Y. S. M., & Nashon, S. M. (2013). Promoting teacher learning through learning study discourse: The case of science teachers in Singapore. *Journal of Science Teacher Education, 24,* 859-877.

Wilson, M. (2009). Measuring progressions: Assessment structures underlying a learning progression. *Journal of Research in Science Teaching, 46*(6), 716-730.

Windschitl, M. (2008). Hownovice science teachers appropriate epistemic discourses around modelbased inquiry for use in classrooms. *Cognition and Instruction, 26*(3), 310-378.

Windschitl, M. (2013). *The vision of ambitious science teaching*. Retrieved from https://ambitiousscienceteaching.org/get-started/.

Wood, K. (2015). Deepening learning through lesson and learning study. In K. Wood & S. Sithamparam (Eds.), *Realizing learning: Teachers' professional development through lesson and learning study* (pp. 1-24). New York: Routledge.

제8장

과학 교수에서 ePCK의 복잡성과 교수적 추론을 포착하는 PCK 맵 접근법

박순혜Soonhye Park, 서지경Jee Kyung Suh

이 장에서는 RCM이 PCK 연구 방법 중 하나인 "PCK 매핑(mapping)"을 설명하는 데 어떻게 유용한 개념적 틀을 제공하는지에 주목한다. 알려진 바와 같이 PCK 맵 접근법은 본래 시각화 및 정량화를 통해 PCK 구성 요소 간의 상호작용을 파악하고 설명하기 위해 고안되었다. 이 장에서는 먼저 PCK 맵 접근법을 RCM과 연관 지어 다음과 같은 측면에서 설명하고 논의한다. (1) 맵 접근법의 이론적 토대와 가정, (2) 맵 접근법의 단계별 절차, (3) PCK 연구에의 적용과 유용성, (4) PCK 연구 발전에 대한 맵 접근법의 기여. 또한 RCM 내에 PCK 맵 접근법을 다시 자리매김하는 것이 저자가 PCK 맵 접근법을 각기 다른 방식으로 활용한 두 개의 선행연구를 방법론적 측면에서 비평하는 데 어떤 영향을 미쳤는지, 또한 저자가 어떻게 방법론적 이슈를 파악하고 다루었는지를 보여준다. 마지막으로 계획, 수행 및 성찰의 수업 사이클에 걸쳐 과학 교사가 실행하는 PCK(ePCK)의 본질을 포착하는 방법론적 도구로서 PCK 맵 접근법의 잠재력과 pPCK와 ePCK 영역 간에 발생하는 지식 교환을 강조한다.

1. 도입

PCK 맵 접근법은 추상적이고 복잡한 PCK의 구조를 명확하고 구체적인 방식으로 포착하고 표현하며, PCK 구성 요소 간의 상호작용을 정량화하고 시각화하여 분석하기 위해 처음 개발되었다(Park & Chen, 2012). PCK 맵 접근법은 이론적으로 PCK 펜타곤 모델(Park & Oliver, 2008)을 토대로 할 뿐만 아니라, 이 모델을 분석 도구로도 활용한다. 이 장에서는 RCM 맥락에서 PCK 맵 접근법이 어떻게 자리매김하고 활용될 수 있는지 논의한다. 먼저, 맵 접근법의 근간이 되는 이론적 가정을 소개한 후 접근법에서 사용하는 단계별 절차를 설명한다. 다음으로, 맵 접근법을 서로 다른 방식으로 활용한 과학 교사 교육에 관한 두 연구를 비교 대조함으로써, 다양한 연구 목적에 맞게 PCK 맵 접근법을 적용할 수 있는 방법을 설명한다. 또한 RCM 내에 PCK 맵 접근법을 자리매김하여 위의 두 연구의 PCK 맵 접근법과 관련된 방법론적 이슈를 파악하고 다룬다. 마지막으로 RCM이 과학 교사의 교수 행동, 즉 계획, 수행 및 성찰의 전체 수업 사이클에 걸쳐 ePCK 및 pPCK와 ePCK 간 복잡한 상호작용을 포착하는 현실적이고 효과적인 수단으로써 맵 접근법을 자리매김하는 데 있어 어떻게 유용한 개념적 틀을 제공하는지에 관해 탐색한다.

2. PCK 맵 접근법의 토대가 되는 이론적 틀

과학교육 연구에서 PCK 구성 요소 간의 상호작용을 설명하기 위해 다양한 접근법이 사용됐다. 예를 들어, 헨체[Henze]와 동료들(2008)은 두 가지 유형의 교사 성향(A유형 PCK/B유형 PCK), 학습자에 대한 지식, 평가 및 수업 전략이 과학을 가르치는 동안 어떻게 통합되는지 조사하기 위해 구성 요소 간의 관계를 시각화하는 맵을 그렸다. 카야[Kaya](2009)는 예비과학 교사의 PCK 구성 요소 간 관계를 정량적으로 분석하기 위해 PCK 루브릭을 활용하여 채점하였다. 이후 파딜라[Padilla]와 반 드리엘[van Driel](2011)은 정량적 방법과 정성적 방법을 결합하여 화학을 가르치는 대학 강사 6명의 PCK

구성 요소 간의 관계를 분석하기 위해 마그누손Magnusson, 크라직Krajcik 및 보르코Borko(1999)의 PCK 모델을 수정하여 사용했다. PCK 구성 요소 간의 상호작용을 설명하는 PCK 맵 접근법은 구성 요소 간의 상관성과 통합을 포착하는 데이터 분석 방법으로서 그 유용성이 입증되었다(Aydin & Boz, 2013; Park & Chen, 2012).

PCK 맵 접근법은 PCK를 5가지 구성 요소의 통합으로 정의하는 PCK 펜타곤 모델에 기반을 둔다. 5가지 구성 요소는 다음과 같다.: (1) 과학 교수 지향(OTS), (2) 학생의 과학 이해에 대한 지식(KSU), (3) 과학 교육과정에 대한 지식(KSC), (4) 수업 전략과 표상에 대한 지식(KISR), (5) 과학 학습 평가에 대한 지식(KAs)(Park & Oliver, 2008 참고). 펜타곤 모델은 마그누손Magnusson 등(1999)의 PCK 모델과 동일한 5개 구성 요소를 포함한다. 하지만 마그누손Magnusson 등의 모델은 과학 교수 지향과 다른 4개의 구성 요소 간의 위계적 작용을 강조하는 반면, 펜타곤 모델은 구성 요소 간의 상호작용을 강조한다(Park & Chen, 2012). 또한, 펜타곤 모델은 PCK 수준에 영향을 미치는 PCK 구성 요소 간의 정합적(coherent)이면서 시너지적(synergistic) 상호작용을 강조한다. 즉, 더 높은 수준의 PCK로 발전하기 위해서는 교사가 개별 구성 요소를 개선하는 것 외에도 구성 요소 간의 정합성을 강화해야 한다는 것이다. 구성 요소 간 정합적 연결은 RCM에서 "교수적 추론"으로 개념화된 행위 중 성찰과 행위에 대한 성찰을 통해 발생하는 상호보완적이고 지속적인 재조정을 통해 이루어진다(2장; Park & Oliver, 2008 참조).

교사의 PCK 수준이 구성 요소 간 정합성과 통합의 정도에 의해 결정된다고 보는 관점은 많은 PCK 연구자들의 공감을 불러일으켰다(Friedrichsen et al., 2009; Hashweh, 2005; Krauss et al., 2008; van Driel, DeJong, & Verloop, 2002). 이에 따라, PCK의 특성 및 발달에 관한 연구는 PCK의 각 구성 요소를 사일로(silo)[1)]처럼 분리하여 연구하기보다 구성 요소 간의 상호작용에 더 많은 관심을 기울일 필요가 있다. 이러한 초점의 변화는 구성 요소 간의 상호작용을 포착할 수 있는 새롭고 신선한 연구 방법을 필요로 하는데, PCK 맵 접근법이 이를 제공할 수 있다. 예를 들어

1) 역자 주: 곡식, 마초 등을 저장하는 탑 모양의 저장고로, 보통 여러 개로 분리되어 있음. 회사 내 팀이나 부서가 분리되어 연결이 끊어져 있는 것을 '사일로 효과'라고 함

PCK 구성 요소 중 어떤 유형 간의 상호작용이 PCK 전체를 발달시키는지, 또 그러한 상호작용이 어떻게 작동하는지에 대해 불확실한 것들이 많다. 이는 구성 요소 간 상호작용의 역동성을 포착하는 것이 어렵기 때문이다. 따라서, PCK 구성 요소 사이에서 발생하는 상호작용을 명시적으로 파악하고 표상할 수 있는 타당한 분석 방법을 개발하는 것이 필수적이다. 이러한 목표에 따라, 식별된 구성 요소 간 상호작용을 시각적으로 표현하기 위해 PCK 맵 접근법은 오각형으로 제시되었다.

3. PCK 맵 접근법의 단계별 절차

RCM 내에 PCK 맵 접근법을 자리매김함으로써 저자는 과학 교사가 수업을 계획하고, 수행하고, 성찰하는 사이클에 걸쳐 발현되는 ePCK와 교수적 추론에서 드러나는 5가지 PCK 구성 요소의 통합과 상호작용을 포착할 수 있게 되었다. PCK 맵 접근법을 사용하기 위해서는 자료 수집 단계에서 수업 관찰 및 각 관찰과 결합된 교사 인터뷰, 즉 전체 수업 사이클을 포함하는 관찰 전/후 인터뷰가 수집되어야 한다. 관찰 전 인터뷰는 관찰할 수업의 교사 계획에 초점을 맞춘다. 이 인터뷰는 교사가 학습 목표를 정하고, 교육과정상 고려 사항을 파악하고, 수업 활동과 활동에 필요한 것을 준비하고, 평가를 계획하는 것을 포함한다. 수업 관찰 후 진행되는 관찰 후 인터뷰는 교사의 교수적 추론을 이끌어낼 뿐만 아니라 교사가 다양한 교실 사건과 수업 행동에 대해 성찰하도록 한다. 이러한 성찰을 통해 교수적 추론 과정과 다양한 맥락적, 정서적 요인에 의해 영향을 받는 수업 행동 속 교사의 지식과 기능의 복잡한 상호작용을 파악할 수 있다.

PCK 맵 접근법을 사용한 데이터 분석은 다음과 같은 단계를 거친다: (1) 명시적 PCK의 심층 분석, (2) 열거적 접근법, (3) 지속적 비교 방법(Strauss & Corbin, 1990). 각 단계는 [그림 8.1]에 나타나 있으며 아래에 자세히 기술된다.

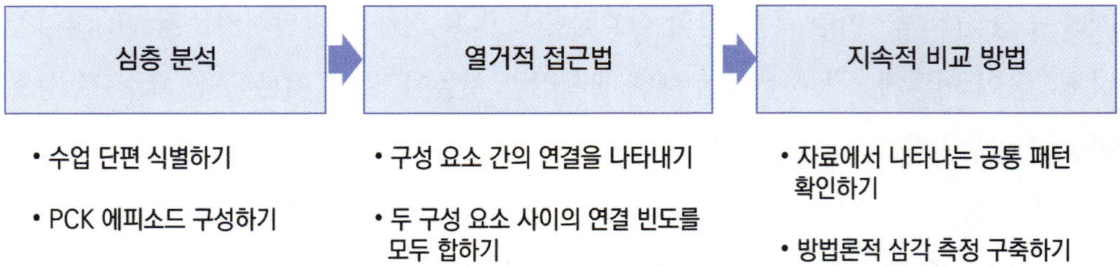

[그림 8.1] PCK 맵 접근법의 단계

1) 명시적 PCK의 심층 분석

심층 분석 단계의 주요 목적은 주어진 맥락 내, 특정 수업 단편(segment)에서 과학 교사의 ePCK로 통합된 PCK 구성 요소를 식별하는 것이다. 이 단계에서는 먼저 비디오로 녹화된 수업 활동에서 ePCK를 나타내는 수업 단편을 식별한다. RCM은 ePCK를 "특정한 환경에서 특정 학생 또는 학생 그룹이 특정한 개념, 개념의 집합 또는 학문의 특정 측면을 학습하도록 개별 교사가 활용하는 특정 지식과 기술"로 정의한다(2장 참조). 그러나 PCK 맵 접근법이 ePCK를 PCK 구성 요소의 상호작용으로 묘사하기 위해서는 RCM이 ePCK를 구성하는 요소를 명시해야 했지만, 그렇지 않았다. 이에 저자는 PCK 맵 접근법을 통해 펜타곤 모델의 5가지 구성 요소로 ePCK를 포착하는 것이 방법론적으로 타당하다고 생각한다. ePCK를 포함하는 수업 단편을 선정하는 것은 PCK의 펜타곤 모델에서 도출된 ePCK의 조작적 정의를 따르는데, 이에 의하면 PCK는 *두 개 이상의* 구성 요소가 통합된 것이다. 과학 수업 단편에서 ePCK 구성 요소가 두 개 이상 확인되면 그 수업 단편은 PCK 에피소드로 분류된다. 그런 다음 PCK 에피소드는 세 가지 측면에서 자세히 기술된다. (1) 교사와 학생이 행한 것, (2) 통합된 PCK 구성 요소들, (3) 구성 요소 존재의 증거. 이 기술은 주로 수업 관찰에서 도출되지만, 인터뷰, 문서 및 PCK 에피소드와 관련된 수업 자료(산출물)로 보완된다.

PCK 에피소드에서 확인된 PCK 구성 요소를 존재를 뒷받침하는 증거	PCK 맵
교사 K는 사후 인터뷰에서 에너지라는 개념이 학생들에게 생소하는 조금 추상적이기 때문에 학생들에게 오개념이 있을 것이라고 했다. [KSU] 또한 그는 아직 학생들은 에너지에 대한 개념을 형성하는 단계이기 때문에 그러한 오개념을 바로 잡기 위해 노력하지 않을 것이라고 했다. [KISR] 그는 "제가 오랜 시간 학생들을 가르치면서 알게 된 것은 학생들이 어떤 것을 이해하지 못할 때 교사가 개입하여 권위적인 태도로 '그게 아니라, 이거야.'라고 말하면, 연결이 이루어지지 못하고 그대로 멈춰버린다는 것입니다. 이런 행동은 학생들이 무언가에 대한 이해를 형성하는 과정에서 성장하지 못하도록 방해하는 것입니다." [OTS]라고 했다.	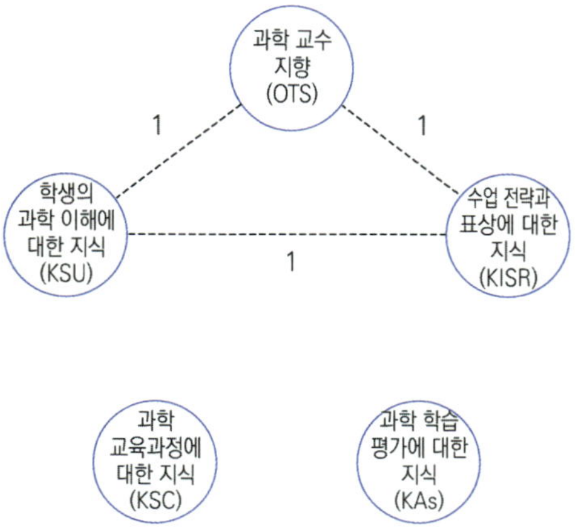

[그림 8.2] 열거적 접근법의 첫 번째 단계 예시

2) 열거적 접근법

이 단계에서는 특정 에피소드에서 식별된 PCK 구성 요소와 구성 요소 간의 연결을 펜타곤 모델에 나타내어 분석하게 되는데, 이것은 PCK 맵을 구성하게 된다. 구체적으로, 에피소드에서 식별된 두 구성 요소 사이의 연결은 두 가지 가정에 기초하여 결정된다. (1) 식별된 두 구성 요소 사이에 적어도 하나의 연결이 있어야 하며, (2) 모든 연결의 강도가 동일하다(Park & Chen, 2012). 예를 들어, 특정 PCK 에피소드에서 OTS(과학 교수 지향), KSU(학생의 과학 이해에 대한 지식), KISR(수업 전략과 표상에 대한 지식)과 같은 세 가지 구성 요소의 연결이 확인되면, [그림 8.2]와 같이 두 요소 사이에 각각 하나의 연결이 기록된다. 두 연결의 강도는 다를 수 있지만, 분석의 편의를 위해 각 연결의 강도가 동일하다고 가정한다. 각 PCK 에피소드는 하나의 PCK 맵을 생성하며, 동일한 수업 세션에서 식별된 다른 PCK 에피소드에 대해서도 똑같은 절차를 반복한다. 그런 다음 두 구성 요소 간의 연결 빈도를 연구 중인 특정 수업 세션의 모든 PCK 에피소드에 걸쳐 합산하여 펜타곤 모델에 표시한다.

3) 지속적 비교 방법[2)]

동일한 자료를 지속적 비교 방법으로 분석하여 구성 요소 간의 상호작용 측면에서 자료에서 나타나는 공통 패턴을 식별한다. 그다음 지속적 비교 방법의 결과를 PCK 맵과 비교 대조한다. 그런 다음 방법론적 삼각검증(methodological triangulation)을 위한 심층 분석 및 열거적 접근법을 통해 맵이 생성된다. PCK 맵 접근법의 모든 단계는 〈표 8.1〉에 요약되어 있다.

〈표 8.1〉 PCK 맵 접근법의 단계 요약

단계	자료 출처	분석 절차	결과
PCK 심층 분석	• 관찰 (비디오로 녹화된 수업 활동)	• 두 개 이상의 PCK 구성 요소가 존재하는 수업 단편 식별하기 • 위 절차를 반복하여 더 많은 수업 단편 식별하기	• 수업 단편
	• 수업 단편 • 관찰, 인터뷰, 문서와 식별된 수업 단편과 관련된 수업 과정 자료	• PCK 에피소드를 자세히 서술하기 • 위 절차를 반복하여 여러 PCK 에피소드를 만들기	• PCK 에피소드
열거적 접근법	• PCK 에피소드	• 특정 PCK 에피소드에서 PCK 구성 요소 간의 연결을 식별하기 • 다른 PCK 에피소드에 대해 위 절차를 반복하기	• PCK 에피소드에서 식별된 PCK의 두 구성 요소 간의 연결 빈도
	• 임의의 두 PCK 구성 요소 사이의 여러 연결	• 두 구성 요소 사이의 연결 빈도 모두 합하기 • PCK 맵 그리기	• 한 구성 요소가 다른 구성 요소와 맺은 연결의 총횟수 • PCK 맵
지속적 비교 방법	• 인터뷰, 관찰, 서류, 그리고 수업 자료 • PCK 에피소드 • PCK 맵	• 데이터에서 공통 패턴 파악하기 • PCK 맵 결과를 비교 및 대조하기	• 공통된 패턴/테마 • 방법론적 삼각검증

2) 역자 주: 두 개 이상의 자료를 지속적으로 비교하여 공통되는 범주의 속성을 찾아내는 방법

4. PCK 맵 접근법을 적용한 두 가지 연구 사례

저자를 포함한 연구진들은 PCK 맵 접근법을 활용하여 PCK에 관한 두 가지 과학 교육 연구 프로젝트를 진행하였다. 후술될 두 연구는 과학 교사의 ePCK에서 식별된 PCK 구성 요소와 교사의 ePCK 활용 이면의 교수적 추론의 상호작용에 대해서만 다루었다. 이 절에서는 PCK 맵 접근법을 각기 다른 방식으로 사용한 두 개의 선행연구를 비교 대조함으로써 맵 접근법의 PCK 연구에 대한 적용과 유용성을 보여주고자 한다. 이 절의 논의를 바탕으로, 다음 절에서는 RCM 내에 PCK 맵 접근법을 자리매김함으로써 맵 접근법과 관련된 방법론적 이슈를 다룬다. 첫 번째로, 박[Park]과 첸[Chen](2012)이 수행한 연구는 고등학교 생물 교사의 수업에 영향을 미치는 5가지 PCK 구성 요소의 통합적 특성을 PCK 맵 접근법을 활용하여 조사한 것이다. 두 번째 연구는 서[Suh]와 박[Park](2017)이 수정된 PCK 맵 접근법을 사용하여 과학 교사가 논증 기반 탐구(ABI) 접근법을 지속적으로 실행하는 것과 관련된 PCK 구성 요소 간 상호작용에서 공통적인 패턴을 조사한 것이다.

두 연구 모두 펜타곤 모델에 기반을 두었지만, 각각의 연구 목적에 맞도록 모델을 약간 수정하였다. 박[Park]과 첸[Chen](2012)은 박[Park]과 올리버[Oliver](2008)가 제안한 펜타곤 모델을 사용했지만, 기존 펜타곤 모델의 구성 요소를 재배치하고 구성 요소에 대한 약어를 추가했다. 반면, 두 번째 연구(Suh & Park, 2017)에서는 박[Park]과 첸[Chen]의 모델을 ABI 접근법의 개념과 더 양립할(compatible) 수 있도록 수정하였다. ABI 접근법에서 학생들은 언어를 사용하여 과학적 주장을 구성하고 비판하는 것을 학습하며 증거와 추론에 기반한 과학적 논쟁에 참여한다. ABI 접근법은 교사들이 학생의 학습 방법, 과학에서의 언어 사용, 그리고 과학이 무엇인지의 측면에서 자신의 인식론적 지향을 이 접근법의 주요 가정에 맞게 조정할 것을 필요로 한다. 2017년 연구에서 저자는 이러한 부분을 인식하여 "과학 교수 지향(OTS)" 구성 요소를 재정의하고 OTS-A(ABI에 특화된 과학 교수 지향)라고 명명했다. 더 구체적으로, 박[Park]과 첸[Chen]의 2012년 모델에서 OTS 구성 요소는 세 가지 주요 하위 구성 요소(과학 학습 목적에 대한 신념, 수업에서의 의사결정, 그리고 과학의 본성에 대한 신념)로 구성된다. 그러나 2017년 연구에서는 ABI 접근법을 수행하기 위한 인식론적 지향의 3가지 핵심적 측면{[그림 8.3]의 학습 이론, 과학의 본질, 과학 수업에서의 언어 사용(Hand, 2008)}을 포함하도록 과학 교수 지향의 구성 요소를 수정하였다.

다음은 두 가지 선행연구를 상세하게 비교한 결과이며, 〈표 8.2〉에는 두 선행연구에서 PCK 맵 접근법을 적용한 내용이 요약되어 있다.

〈표 8.2〉 PCK 맵 접근법을 활용한 두 연구의 비교

연구	박Park과 첸Chen(2012)	서Suh와 박Park(2017)
연구 참여자	고등학교 생물 교사 4명	의도적으로 표집된 숙련된 5학년 교사 3명
주요 자료 출처	(1) 수업 관찰 (2) 교사 인터뷰 (반구조화된 인터뷰 3회) (3) 기타 자료 (수업 계획, 수업 자료, 학생 활동 자료)	(1) 수업 관찰 (2) 교사 인터뷰 (반구조화된 인터뷰 2회, 영상-회상 자극 인터뷰 2회) (3) 기타 자료 (수업 자료, 학생 활동 자료)
수업 주제	광합성, 유전	힘과 운동
자료 분석을 위해 선정된 수업의 수	각 교사는 한 주제에 대해 2차시의 수업 실행 (각 교사당 총 4번의 수업을 선정)	각 교사당 8차시의 수업
각 교사에게서 확인된 PCK 에피소드	12-24개의 에피소드	22-24개의 에피소드
자료 분석을 통해 나타난 PCK 구성 요소의 상호작용 패턴	(1) 구성 요소의 통합(상호작용)이 고유하고 주제-특수적 (2) KSU와 KISR은 통합의 중심에 있음 (3) KSC는 다른 구성 요소와 제한된 연결을 가짐 (4) KAs는 OTS와 KSC보다 KSU와 KISR과 자주 연결됨 (5) OTS는 KISR이 다른 구성 요소와 연결되지 못하도록 억제함	(1) OTS-A, KSU, KISR 간의 상호 연결이 가장 강함. 이러한 삼각관계는 교사들의 ABI 접근법의 지속적인 실행과 밀접한 관련이 있었음 (2) OTS-A는 PCK의 중요한 변화와 교사가 ABI를 실행하도록 하는 강력한 원동력 (3) KSC와 KAs는 다른 구성 요소와의 상호작용이 적었음

박Park과 첸Chen (2012)

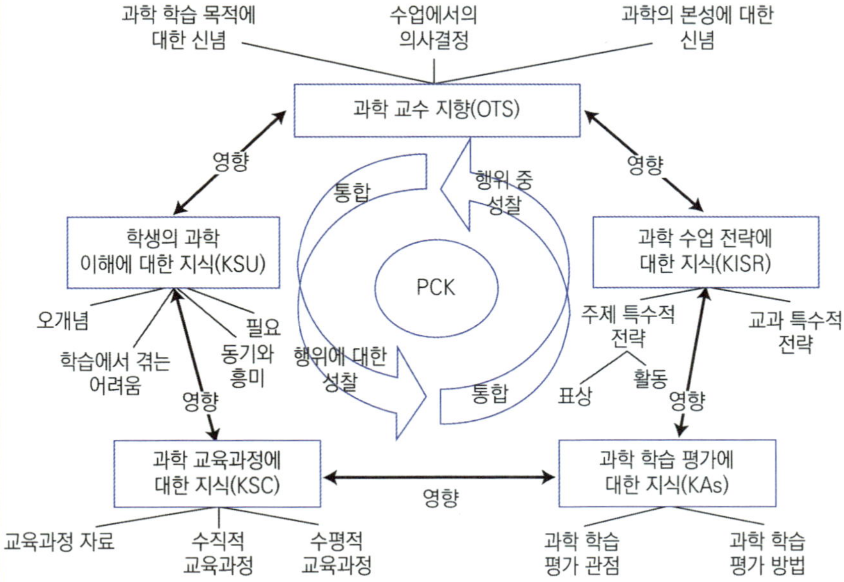

Park과 Oliver(2008) 모델의 구성 요소를 재배치하고 약어를 추가함으로써 수정

서Suh와 박Park (2017)

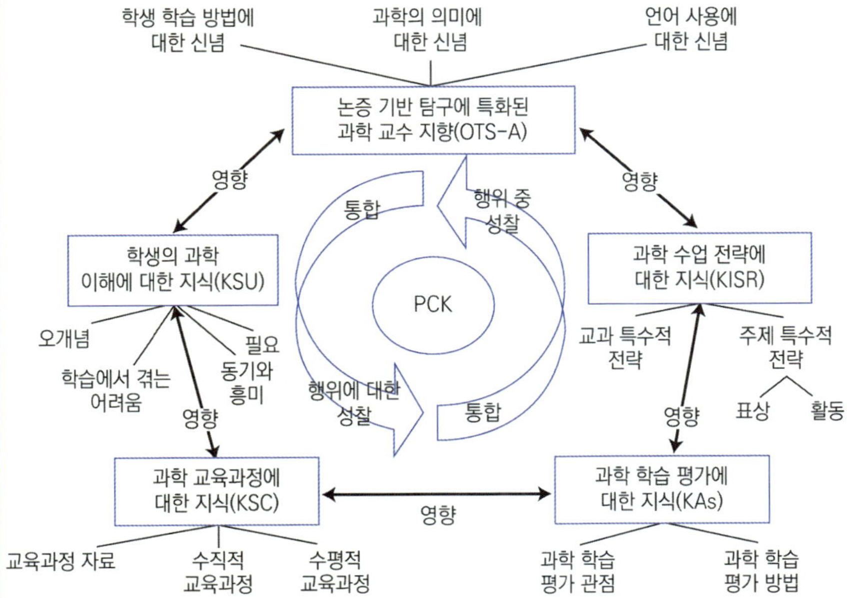

Park과 Chen(2012) 모델의 OTS 요소를 OTS-A로 재정의하고 명명함으로써 수정

[그림 8.3] 두 연구에 이용된 PCK 펜타곤 모델의 비교

1) 두 PCK 연구의 참여자

첫 번째 연구에서는 고등학교 생물 교사 4명이 선정되었으며 두 번째 연구에서는 ABI를 실행하고 있는 5학년 교사 3명이 의도적으로 표집되었다. 두 연구에서 모두 PCK의 주제 특수성과 맥락 특수성이 고려되었다. 첫 번째 연구에서 네 명의 생물 교사들은 같은 고등학교에서 근무하면서 같은 교육과정 자료(curricular materials)로 광합성과 유전에 대한 주제를 가르치고 있었다. 두 번째 연구에서는 세 명의 숙련된 교사가 같은 학년의 학생들에게 같은 과학 주제인 힘과 운동을 가르치고 있었다. 또한 세 명의 교사는 두 가지 기준에 따라 연구 참여자로 선정되었다.: (1) 최근 2년 동안 전문성 개발에 대한 지원 없이 5년 이상 과학 수업에서 ABI 접근법을 실행한 교사 (2) 수정된 수업 관찰 프로토콜(RTOP)(Martin & Hand, 2009; Sawada et al., 2002)로 측정한 결과, ABI 접근법을 높은 수준으로 실행한 교사

2) 주요 자료 출처

두 연구의 주요한 자료 출처는 수업 관찰, 교사 인터뷰 그리고 수업 자료였다. 차이점이 있다면, 두 번째 연구에서 수업 관찰 후 인터뷰를 영상-회상 자극(VSR) 인터뷰로 대체한 것이다. 이러한 인터뷰는 교사의 생각, 결정, 행동의 이유(즉, 교수적 추론)를 조사하는 데 효과적인 방법으로 여겨진다. 인터뷰를 통해 연구자들은 교사들이 자신의 행동에 대해 성찰하고 비평하는 것을 탐색하고 평가할 수 있었고, 교사들은 자신의 사고 과정을 회고하며 정확하게 말로 표현함으로써 과학 교수 에피소드를 상기할 수 있었다(Calderhead, 1981). VSR 인터뷰를 하기 전에, 연구자는 연구 목적에 따라 교사별로 8개의 수업 영상을 선별하였다. 참가자들은 비디오로 녹화된 자신의 수업 에피소드를 보며 당시 자신의 생각과 행동에 대해 회고하여 인터뷰 질문에 답하였다. 수업 영상을 보면서 교사들은 영상을 정지시킬 수 있었으며, 그들이 원할 때 인터뷰를 끝내거나 원하는 만큼 지속할 수 있었다. VSR 인터뷰는 교사의 교육적 결정과 실천 이면에 있는 그들의 교수적 추론에 초점을 맞추는 것으로, 과학 수업 중 ePCK의 활용을 뒷받

침하는 교수적 추론을 연구하기 위한 핵심적인 자료 수집 방법으로 여겨진다.

3) 자료 분석을 통해 드러난 PCK 구성 요소의 상호작용 패턴

각 연구에서는 PCK 구성 요소 간의 상호작용 패턴을 파악하기 위해 생성된 PCK 맵을 계속해서 서로 비교 대조하고 지속적 비교 방법으로 도출된 연구 결과와도 비교 대조하였다. 첫 번째 연구는 구성 요소의 상호작용이 생물학적 주제에 고유하고 특수하다는 사실을 밝혔다. 또한 학생 이해에 대한 지식과 수업 전략 및 표상에 대한 지식이 상호작용의 중심이라는 것을 발견했는데, 이는 ePCK의 안정성과 일관성이 이 두 구성 요소 간의 연결 강도와 관련이 있음을 시사한다. 두 번째 연구는 과학 교수 지향, 학생 이해에 대한 지식, 수업 전략 및 표상에 대한 지식 사이의 상호작용을 강조했다. 이러한 연구 결과는 OTS-A가 ABI를 채택하기 위한 ePCK 및 실천의 중요한 변화에 강력한 원동력이었음을 시사한다. 교육과정과 평가에 대한 지식은 두 연구 모두에서 다른 요소들과의 연관성이 가장 낮았다. PCK 맵 접근법은 구성 요소 간의 복잡한 상호작용을 포착하는 데 효과적인 수단으로 보이지만, 교사의 ePCK에 영향을 미치는 맥락적이고 정서적인 요인과 ePCK와 pPCK 간의 상호작용은 잘 포착하지 못한다. 이러한 한계점에 대해서는 다음 절에서 자세히 다룰 것이다.

5. RCM의 맥락에서 맵 접근법이 PCK 연구 발전에 기여한 것

앞서 언급한 두 연구에서 입증된 바와 같이, 과학교육에서 PCK 맵 접근법은 교수적 추론과 ePCK를 뒷받침하는 PCK 구성 요소 간의 상호작용을 분석하는 효과적인 방법이다. 다양한 연구 목적에 맞게 각 구성 요소를 수정하거나 개선함으로써, 이 접근법은 잠재적으로 pPCK와 ePCK간의 지식 교환과 ePCK에 대한 광범위한 연구 질문에 답하는 데 적용될 것이다. 이 접근법의 중요한 장점은 추상적이고 복잡한 PCK의 구조를 보다 가시적이고 명시적이며 이해하기 쉽게 만든다는 것이다. 이 기능은 특히 RCM

의 맥락에서 중요한데, 맵 접근법은 pPCK와 ePCK 간의 지식 교환을 이끄는 교사의 교수적 추론과 행동을 조사하는 유용한 도구를 제공하기 때문이다. 예를 들어, PCK 맵 접근법은 pPCK를 ePCK로 변환하는 데 필요한 교수적 추론의 과정을 설명할 수 있다. PCK 맵 접근법은 자료 분석 방법뿐만 아니라, 과학 교사를 위한 성찰의 도구로써 사용될 수도 있으며, 그들이 특정 과학 주제를 보다 효과적으로 가르치기 위해 개선해야 할 구성 요소와 연결을 파악하는 데 도움을 줄 수 있다(Park & Chen, 2012).

한편, RCM에서 PCK 접근법을 자리매김함으로써 맵 접근법과 관련된 몇 가지 방법론적 문제를 발견할 수 있었다. 아이딘Aydin과 보즈Boz(2013)가 지적했듯이, PCK 맵 접근법은 분석의 편의를 위해 구성 요소 간의 모든 연결이 동일한 강도를 가진다고 가정하지만, 이는 각 연결의 수준과 강도를 구별하는 것을 어렵게 한다. 그러므로 연결 강도의 차별화는 ePCK를 보다 정확하게 표현하는 데 필수적이라고 볼 수 있다. 이러한 한계를 고려하여, 아이딘Aydin과 보즈Boz(2013)는 각 연결의 강도를 측정하기 위해 루브릭 채점을 사용했고, 이 방법이 PCK 수준을 정량화하는 데 유용하다는 것과 PCK 수준 이외의 더 많은 정량적 분석에도 사용될 수 있음을 발견했다. 이러한 PCK 맵 접근법의 변화는 과학 교사의 PCK 맵에 점수를 매겨 ePCK를 평가할 수 있게 할 것이다. 또한 루브릭으로 PCK 맵을 채점하여 생성된 과학 교사의 PCK 점수를 통해 연구자는 교사의 PCK 점수와 표준화된 시험으로 측정한 학생 성취도 사이의 상관관계를 탐색하여 PCK와 학생 학습과 관련된 변수 간의 관계를 정량적으로 분석할 수 있다. 이러한 연구의 흐름은 결과적으로 RCM 내의 "학생 결과"와 "학생 기여" 측면을 밝히고 명확히 하는 데 기여할 것이다.

또 다른 한계점은 PCK 맵 접근법이 PCK 구성 요소의 상호작용으로 대표되는 과학 교사의 인지적 과정에 초점을 맞추고 있어서 PCK에 영향을 미치는 맥락적 요인에 대해 충분한 주의를 기울이지 않는다는 것이다. RCM은 학습 맥락이 교사의 PCK를 증폭시키거나 여과할 수 있으며, 교사 행동을 중재시킬 수 있다고 보았다. 이는 결과적으로, 매핑 절차와 PCK의 시각적 표현이 과학 교사의 PCK와 관련된 맥락적 요인을 포함하도록 수정되어야 함을 시사한다. 예를 들어, 맵 접근법의 첫 번째 단계인 PCK를 심층 분석하여 생성된 PCK 에피소드 설명 템플릿에, 에피소드에 영향을 미치는 맥락적 요인을 설명하는 하나의 영역을 추가하는 것이 적절한 수정 방법이 될 수 있다. 화살표, 원 또는 사각형을 사용하여 맥락적 요인을 PCK 맵과 연결 지어 표현하는 것은 맵으로 요약된 ePCK를 더 잘 해석하는 데 도움이 될 것이다. 종합하면, PCK 맵 접근법은 확실히 몇 가지 방법론적 이점과 한계를 가지고 있다. 그러나 저자는 RCM의 맥락 내에서 PCK 맵 접근법이 세부적인 조정을 거친다면 과학 교육에서 PCK 연구를 발전시킬 수 있는 큰 잠재력을 가지고 있다고 생각한다.

참고문헌

Aydin, S., & Boz, Y. (2013). The nature of integration among PCK components: A case study of two experienced chemistry teachers. *Chemistry Education Research and Practice, 14*(4), 615-624.

Calderhead, J. (1981). Stimulated recall: A method for research on teaching. *British Journal of Educational Psychology, 51*(2), 211-217.

Friedrichsen, P., Abell, S. K., Pareja, E. M., Brown, P. L., Lankford, D. M., & Volkmann, M. J. (2009). Does teaching experience matter? Examining biology teachers' prior knowledge for teaching in an alternative certification program. *Journal of Research in Science Teaching, 46*(4), 357-383.

Hand, B. (2008). Introducing the science writing heuristic approach. In B. Hand (Ed.), *Science inquiry, argument and language: A case for the science writing heuristic*. Rotterdam, The Netherlands: Sense Publishers.

Hashweh, M. Z. (2005). Teacher pedagogical constructions: A reconfiguration of pedagogical content knowledge. *Teachers and Teaching: Theory and Practice, 11*(3), 273-292.

Henze, I., Van Driel, J. H., & Verloop, N. (2008). The development of experienced science teachers' pedagogical content knowledge of models of the solar system and the universe. *International Journal of Science Education, 30*(10), 1321-1342.

Kaya, O. N. (2009). The nature of relationships among the components of pedagogical content knowledge of preservice science teachers:'Ozone layer depletion'as an example. *International Journal of Science Education, 31*(7), 961-988.

Krauss, S., Brunner, M., Kunter, M., Baumert, J., Blum, W., Neubrand, M., et al. (2008). Pedagogical content knowledge and content knowledge of secondary mathematics teachers. *Journal of Educational Psychology, 100*(3), 716.

Magnusson, S., Krajcik, L., & Borko, H. (1999). Nature, sources and development of pedagogical content knowledge. In J. Gess-Newsome & N. G. Lederman (Eds.), Examining pedagogical content knowledge (pp. 95-132). Dordrecht: Kluwer.

Martin, A. M., & Hand, B. (2009). Factors affecting the implementation of argument in the elementary science classroom. A longitudinal case study. *Research in Science Education, 39*(1), 17-38.

Padilla, K., & Van Driel, J. (2011). The relationships between PCK components: The case of quantum chemistry professors. *Chemistry Education Research and Practice, 12*(3), 367-378.

Park, S., & Chen, Y.-C. (2012). Mapping out the integration of the components of pedagogical content knowledge (PCK) for teaching photosynthesis and heredity. *Journal of Research in Science Teaching, 49*(7), 922-941.

Park, S., & Oliver, J. S. (2008). Revisiting the conceptualisation of pedagogical content knowledge (PCK): PCK as a conceptual tool to understand teachers as professionals. *Research in Science Education, 38*(3), 261-284.

Sawada, D., Piburn, M. D., Judson, E., Turley, J., Falconer, K., Benford, R., et al. (2002). Measuring reform practices in science and mathematics classrooms: The reformed teaching observation protocol. *School Science and Mathematics, 102*(6), 245-253.

Strauss, A., & Corbin, J. (1990). *Basics of qualitative research* (Vol. 15). Newbury Park, CA: Sage.

Suh, J., & Park, S. (2017). Exploring the relationship between pedagogical content knowledge (PCK) and sustainability of an innovative science teaching approach. *Teaching and Teacher Education, 64,* 246-259.

Van Driel, J. H., Jong, O. D., & Verloop, N. (2002). The development of preservice chemistry teachers' pedagogical content knowledge. *Science Education, 86*(4), 572-590.

제3부

과학 교사 PCK 연구의 새로운 접근법

앤 휴Anne Hume

개요

3부에서는 RCM에 묘사된 바와 같이 과학 PCK에 관한 더 넓은 관점을 제공하기 위해 새로운 방법론과 도구, PCK 측정 방법을 제시한다. 이어질 각 장에서는 저자들이 과학 교사 PCK 연구에 대해 진보된 생각을 하고, 그 생각을 설명하는데 RCM을 어떻게 활용했는지 보여준다.

9장에서는 이네케 헨체Ineke Henze와 에릭 바렌슨Erik Barendsen이 예비 과학 교사의 pPCK 개발 메커니즘을 조사하는 자료 수집 도구 및 방법을 소개한다. 교사 교육 프로그램에서 예비 교사는 수업을 계획하고 평가하며 성찰하는 과정에서 연구진이 개발한 PCK 양식을 활용하여 실제적인 수업 산출물을 생성했으며, 이러한 산출물은 교사의 pPCK 개발을 측정하기 위한 자료로 사용되었다. 예비 교사의 pPCK 개발은 개발 단계, pPCK의 구성요소, 개인적 요인의 조절 측면에서 검토되었으며, 저자들은 교사 교육과 관련된 세 가지 모델의 분석 틀을 결합하여 예비 교사의 pPCK 개발 과정에서 나타난 개인차를 유형화하였다. 저자들은 이러한 연구 결과가 예비 교사의 pPCK 개발을 위해 개별 특성에 맞춘 비계를 제공하며, RCM에서 증폭기와 여과기의 특성과 역할에 대한 통찰력을 제공한다고 보았다.

10장에서는 주제-특수적 관점에서 과학 교사의 pPCK와 ePCK 향상을 위한 교내 전문적 학습 공동체에서 연구 도구를 RCM에 기반하여 새로운 방식으로 활용한 방법을 소개한다. 재레드 카펜데일Jared Carpendale과 앤 흄Anne Hume은 개별 교사의 주제-특수적 pPCK가 집단적 형태의 주제-특수적 PCK, 즉 cPCK가 되는 과정에 접근하고, 이를 공유하며 분석하는 데 있어 교내 과학 교사들의 협력적 CoRe(내용 표상) 설계가 어떻게 사용될 수 있는지 설명한다. 연구를 위해 특별히 개발된 관찰 프로토콜을 사용하여 교사들의 수업을 분석한 결과, 학교 내부에서 전문적 지식을 공유하는 것은 특정 주제에 대한 지식이 부족한 과학 교사의 pPCK와 ePCK을 향상시켰음을 알 수 있었다.

11장에서 케네디 찬Kennedy Chan, 마리사 롤닉Marissa Rollnick과 쥴리 게스-뉴섬Julie Gess-Newsome은 RCM에 묘사된 다양한 형태의 과학 교사의 PCK를 측정하기 위한 '그랜드 루브릭'의 가능성을 탐구한다. 저자들은 연구 또는 교사 집단에 의해 생성되고 합의된 PCK가 표준 PCK(cPCK)로 고착되는 방법과 이러한 표준 PCK를 평가하는 루브릭이 PCK 연구에서 어떻게 사용되고 있는지에 대해 소개한다. 저자에 따르면 잘 설계된 루브릭은 주제 일반적인 표준 PCK뿐만 아니라, 특정 주제에 관한 pPCK 및 ePCK를 평가하는 국제적인 기준을 세우는 주춧돌이 될 수 있다. 이 장에서는 현재까지 개발된 루브릭들의 특징을 검토하고 비평하며, 흥미로운 접근법을 사용하여 기존 루브릭에 대한 전문가 토론을 통해 그랜드 루브릭을 구성할 때 고려해야 할 주요 사안을 검토하고 분석한다. 그 결과, 연구 목적에 맞게 다양한 주제에 사용할 수 있으면서 RCM에 묘사된 PCK의 다양한 형태를 측정할 수 있는 그랜드 루브릭을 제안하였다.

마지막으로 12장에서는 아만다 베리Amanda Berry, 퍼닐라 닐슨Pernilla Nilsson과 앨리샤 알론조Alicia Alonzo가 과학 수업에서의 pPCK와 ePCK에 주목하여 이 두 영역 간의 상호 관계를 확대하여 탐구한다. 저자들은 RCM의 중심부에 위치하는 계획-수행-성찰 사이클을 통해 pPCK가 ePCK로 변환되는 (또는 그 반대로 변환되는) 메커니즘이 발생함을 설명하고 강조했다. 과학 교사가 교실 수업에서 사용하는 특정한 지식과 기능을 뒷받침하는 과정을 정교화하는 것은 교실이라는 가장 중요한 공간에서 PCK 연구를 발전시킬 수 있는 RCM의 잠재력을 향상시키고 북돋는다.

제9장

실질적 자료원을 활용한 예비 과학 교사의 PCK 개발과 개인적 요인의 영향 규명

이네케 헨체Ineke Henze, 에릭 바렌슨Erik Barendsen

이 장에서는 교사가 PCK 양식을 사용하여 수업을 계획, 평가 및 성찰한 화학 교사 교육 프로그램에서 예비 과학 교사들의 pPCK 개발을 분석한 방법에 대해 논의한다. 이 장에서는 예비 과학 교사들의 pPCK 개발을 (1) 개발 단계, (2) pPCK의 구성 요소, (3) 개인적 요인의 조절 측면으로 구분하여 규명하였으며, 예비교사들이 교사 교육 프로그램에서 수행한 과제물과 같은 실질적인 자료만을 연구에 포함시켰다. 또한 세 가지 분석 틀을 결합함으로써, 화학 교수를 위한 예비 교사의 pPCK 개발 과정에서 나타난 개인차를 유형화하였다. 이러한 연구 결과는 예비 교사의 개별 특성에 맞춘 비계를 제공하는 새로운 PCK 개발 방법을 제안한다.

1. 도입

교사 교육 프로그램에서 예비 교사들은 수업과 실질적으로 관련된 선행 지식과 경험을 활용할 수 없는 상태에서 수업을 계획하고 수행해야 한다. 이 때문에 예비 교사들은 PCK 연구에 있어 흥미로운 대상이 되었으며, 특히 1980년대부터 대부분의 교육 연구의 기초가 된 지식 개발에 관한 인지주의적-구성주의적 관점(Greeno, Collins, & Resnick, 1996)에서도 예비 교사들은 아주 흥미로운 대상이었다. 연구자들이 예비 교사에 관심을 둔 까닭은, 다양한 영역에 관한 교사의 사전 지식과 신념, 그리고 학생 및 동료와의 상호작용과 같은 실천 경험이 교사 지식(PCK 포함)을 형성한다고 보았기 때문이다(Clark & Hollingsworth, 2002; Van Driel, 2010). 이러한 관점에서 연구자들이 PCK를 교사 고유의 교수적 *구성물(constructions)*의 집합으로 나타낸 것은 자연스러운 일이며, PCK는 '정규적으로 가르치는 수업 주제를 반복적으로 계획하고 수행하며 성찰한 결과로 서서히 형성된다.'(Hashweh, 2005, p. 277)고 보았다.

이러한 PCK의 개인적 특성은 RCM의 지식 영역 중 개인적 PCK(pPCK)로 반영되었다(2장 참조). 이에 지금부터 이 고유하며 개인적인 지식을 pPCK로 지칭하고, 일반적인 지식을 PCK라고 지칭할 것이다(Shulman, 1986). 위에서 언급한 교사의 반복적인 수업 계획, 수행 및 성찰 활동은 PCK 개발에 필수적이며 *수업 사이클*(즉, 계획-수행-성찰 사이클)로 RCM에 나타난다.

예비 교사들은 수업을 계획할 때 필연적으로 개인적 신념, 자신의 학습 경험, 그리고 그들의 일반적인 교육학 지식과 함께 외부적인 지식 자원을 활용한다. 이후 이어지는 수업 수행 및 성찰을 통해 예비 교사들은 pPCK 개발의 첫 번째 사이클을 끝낸다. 이 장의 기반이 되는 연구는 과학 교사 교육의 맥락에서 예비 교사의 초기 PCK 개발 과정을 조사한 것이다.

예비 교사마다 pPCK를 구성하는 교수적 구성물의 개발 정도와 개발의 초점에 상당한 개인차가 있는데, 이는 교사 교육자들에게 널리 알려진 사실이다. 이러한 개인차의 발현은 몇 가지 측면으로 가시화된다. 예를 들어, 일부 예비 교사들은 수업 준비를 피상적으로 하지만, 다른 예비 교사들은 그들이 가르치고자 하는 주제의 교육학적 측면과 내용적 측면을 빠르게 통합한다. 또한, 교사양성과정 동안 예비 교사들의 대부분은 수업 전, 중, 후에 교사 중심 활동에서 학생 중심적인 교수적 추론으로 관심을 전환한다. 그러나 일부 예비 교사들은 이러한 전환이 나타나는 데 시간이 걸리거나 전환이 아예 이루어지지 않는다.

2. 네덜란드 과학 교사 교육 프로그램에서 예비 교사가 겪는 어려움

이 장은 델프트 공과대학교(TU Delft)의 1년 교사 교육 프로그램 중 하반기 교수 방법론 과정에 등록한 7명의 예비 화학 교사를 대상으로 한 탐색적 다중 사례 연구를 기반으로 한다. 네덜란드에서는 일반적으로 학사 및 석사 과정을 마친 예비 교사를 대상으로 교과별로(이 연구에서는 화학 교과) 압축된 프로그램이 진행되고 있어, 예비 교사가 교과 내용에 대해 많은 지식을 가지고 있다고 볼 수 있다. 네덜란드의 이러한 예비 교사 교육의 특징은 PCK 개발에 있어 중요한데, PCK는 내용 지식과 내용 특수적인 교육학적 지식의 교차점이기 때문이다(Shulman, 1986).

이 연구에 참여한 그룹은 교사 교육 프로그램에서 pPCK 개발을 위해 이제 막 발걸음을 뗀 예비 교사들인데, 그들이 겪은 어려움을 4가지로 정리하면 다음과 같다. 첫째, 프로그램을 시작하면 예비 과학 교사들은 갑자기 *사회과학의 '새로운' 분야에 발을 들이게 된다는 것이다.* 예비 교사들은 객관성, 예측 가능성, 정확성을 중시하는 실증주의가 지배적인 자연과학의 연구 배경에서 벗어나서 이와 대조되는 해석주의 패러다임을 통해 인간 상호작용에 대해 학습하게 된다. 이러한 변화는 예비 교사들의 pPCK 형성을 포함한 전문성 개발을 방해하거나 지연시키고, 교사를 초기에 혼란스럽게 하는 경향이 있다.

둘째로, 교사 교육 프로그램의 초기에 예비 교사들이 참여하는 *인턴십은 그들에게 조금 이른 감이 있다.* 실습 경험은 PCK 개발에 중요한 자원이지만, 프로그램 초기 단계의 예비 교사들은 그들의 pPCK를 형성하기 위한 또 다른 중요한 자원인 가르치는 것과 관련된 사전 지식이 부족하기 때문이다.

세 번째는 예비 교사들이 *서로 다른 두 개의 역할을 결합*해야 하는 것이다. 예비 교사들은 프로그램 동안, 일주일의 3~4일은 학교에서 *교생*으로서 지내고 1~2일은 대학교에서 *학생*으로서 지내야 한다. 교생으로서의 교사 역할과 교사 교육을 받는 학생 역할을 결합하여, 그들은 학교의 규칙을 지키면서 교사 교육 프로그램의 요구 사항에 모두 적응해야 한다. 이러한 상황을 잘 다루는 한 가지 방법은 '생존 모드'로 전환하는 것인데, 이 모드에서 예비 교사들은 특정 주제에 대한 교수학적 지식보다는 학급 운영과 교수 전략과 같은 역량 습득에 집중하는 경향이 있다(Wehrmann & Henze, 2016).

네 번째는 pPCK 개발을 위한 교사 교육 프로그램에서 예비 교사가 겪는 가장 결정적인 어려움으로, 예비 교사가 자신의 교수 실천에 대해 비판적인 관점을 취하길 바라는 *교사 교육자의 (높은) 기대와 짧은 교육 기간의 결합이다.* 앞에서 서술한 것과 같이, 수업에 대한 성찰은 pPCK 개발의 핵심이다(참고: Schön, 1983). 그러나 예비 교사들, 특히 그들이 젊은 성인일 경우, 자신의 수업 경험을 발전적으로 이해하기는 어려울 것이다(참고: Kortagen & Vasalos, 2005). 실제로 자신의 전문적 역할에 의미를 부여하는 능력을 나타내는 키건Kegan의 성인 인지 발달 모델은 정신의 복잡성 또는 '마음의 순서'를 5단계로 정의하였는데, 다수의 예비 교사는 3단계에 해당했다(Kegan, 1982, 1994; Whermann & Henze, 2016). 3단계 '사회화된 마음'에 해당하는 예비 교사의 자의식은 학생, 동료, 감독관(supervisor)[1]이 실제로 그들에게 기대하는 바 또는 타인이 기대할 것이라 상상하는 것에 기초하여 *사회적으로 결정*된다. 이 단계에서 그들은 개인적인 발전을 위해 자신이 얼마나 잘하고 있는지 확인하려고 주변으로부터 피드백을 구하는 경향이 있다(Rodgers & Scott, 2008). 결과적으로 예비 교사들은 자신의 개인적인 지식과 신념을 성찰하기보다는, 실제 수업에서 한 *행동을* 성찰하는데, 이는 자신의 *수행이* 학습자로서 '평가'받고 있다고 느끼기 때문이다.

〈표 9.1〉은 교사의 교수 역량과 키건Kegan의 인지 발달 모델을 관련지어 요약한 것이다. 1단계(아동기 관련)와 5단계(보통 중년 또는 그 이후에 달성)는 제외하였다.

1) 역자 주: 우리나라와는 달리 교사 교육을 담당하는 대학 교수 외에 대학과 실습학교 사이에서 교생들을 관리하는 별도의 감독관(주로 교원 출신)가 있음

1년간의 교사 교육 프로그램에서는 예비 교사들이 '내면의 자기 목소리를 찾고', 진로(장래)를 정하는 데 필요한 능력(〈표 9.1〉의 4단계), 즉 경험을 통해 얻은 정보를 특정 관점으로 평가한 다음 *자신의 내적 기준*에 따라 어떻게 행동할지 결정하는 능력을 기를 기회를 거의 제공하지 않는다.

〈표 9.1〉 Kegan(1982, 1994)의 교사 역할과 관련된 성인 인지 발달 단계(Rodgers & Scott, 2008)

인지 발달 단계	자신을 돌아볼 수 있는 교사의 능력 (직업적 역할에 대한 이해)
1단계: 충동적인 마음(아동기에 해당)	-
2단계: 도구적 마음(청소년기, 성인의 6%에 해당)	교사의 역할에 대해 순진하면서도 구체적인 개념을 가지고 있다; 그들은 자신의 경험을 '흑백'논리로 바라본다.
3단계: 사회화된 마음 (성인의 58%에 해당)	시스템(학교 상황 및 교사 교육 프로그램)에 의해 정해진 역할을 수행한다; 교사는 가르치는 것과 관련된 느낌과 감정에 대해 보고할 수 있다.
4단계: 자기주도적 마음 (성인의 35%에 해당)	내면의 목소리에 따라 (교사로서의) 자기 경험을 자기 주도적으로 바라보며, 스스로를 비판한다. 그들은 다른 사람과의 관계가 자신의 교수에 어떤 영향을 미치는지 파악한다.
5단계: 자기변용적 마음 (성인의 1%에 해당)	-

3. 이 장에서는...

이 장에서는 델프트 공과 대학교 예비 교사의 화학 교수에 대한 pPCK 개발 과정에서 개인차를 파악하기 위한 연구의 방법론적 측면에 대해 논의한다. 예비 교사의 수업 전후 pPCK를 비교하여 개발 *결과*를 '측정'하는 대신, 연구자들은 그들의 pPCK 개발 *과정*, 즉 교수적 구성물을 구축하는 계획, 수행 및 성찰 활동을 분석했다(Hashweh, 2005). 본 연구의 연구자이자 저자는 PCK 개발에 대한 자세한 통찰을 제공하고자 연구 방법을 설계할 때 예비 과학 교사의 PCK 개발 과정에서 문제적(또는 긍정적인)

측면을 교사 교육자와 감독관이 확인하여 적절한 개입을 할 수 있도록(또는 개입을 하지 않는 것을 선택하도록) 하였다.

또한, pPCK를 포착하기 위해 기존의 PCK 연구에서 흔히 사용되는 도구를 활용하기보다는 '교사들을 방해하지 않는' 방법을 활용했다. 즉, 짧은 기간 동안 바쁘게 진행되는 프로그램 속의 예비 교사들을 방해하지 않기 위해서 그들이 이미 사용하고 있는 수업 계획 및 성찰 양식 이외에 별도의 새로운 도구를 제시하지 않았다. 다시 말해, *실질적인* 자료만 활용하여 예비 교사들의 pPCK 개발을 분석하고자 한 것이다.

이 장의 뒷부분은 다음과 같이 구성되어 있다. 먼저, 다음 세 가지를 {(1) 과학 교수를 위한 예비 교사의 pPCK 구성 요소, (2) pPCK의 개발 단계 (3) pPCK 개발에 영향을 미치는 개인적 요인}를 밝히는 기틀이 된 세 가지 모델과 그와 관련된 연구의 이론적 기반에 대해 논의한다. 그런 다음 위 분석 틀에 따라 연구 문제를 제시하고 연구에서 실질적인 자료가 된 과제를 설명한다. 그런 다음 어떤 방법으로 자료를 수집하고 분석했는지 명시하고 연구 결과 사례를 통해 연구에서 사용된 분석법의 적용 가능성에 대해 설명한다. 결론에서는 연구와 2차 PCK 정상회의(2016년 네덜란드 라이덴에서 개최)에 대한 몇 가지 반성적 고찰로 연구를 마무리한다.

4. 이론적 배경

1) PCK의 구성 요소

정의에 의하면, 교사의 PCK는 내용 특수적 지식이다. 여기서 '내용'은 다양하게 해석될 수 있다. RCM(2장 참조)은 과학 내용 지식의 입자 크기(또는 수준)를 언급하며 이것을 PCK의 모든 영역에 해당하는 광범위한 아이디어에서 협소한 아이디어까지 연속체를 따라 구체화될 수 있다고 보았다. 따라서 '내용'은 주제나 과학적 개념(참고: Shulman, 1986)을 지칭할 수도 있는데, 저자는 더 넓은 의미에서 특정 문제(예: 사회 과학적 딜레마에 대한 추론에 과학적 지식을 활용하는 것), 실천 분야(예: 설계, 연구)

또는 심지어 과목을 지칭할 수도 있다고 본다.

PCK라는 개념은 일반적으로 교과 내용과 교육학 지식의 통합적 또는 총체적 구인(아말감)으로 간주되지만, 일각에서는 이 지식 영역을 의미 있는 구성 요소로 세분화하여 설명하기도 한다. 이러한 측면에서 과학교육에서 가장 많이 인용되는 PCK 모델은 마그누손Magnusson, 크라젝Krajcik 및 보르코Borko(1999)의 모델로, PCK를 5가지 구성 요소로 정의한다. 이 중 4가지(M1~M4로 지칭)는 내용 특수적 교육학의 다음과 같은 측면에 해당한다: 교육 과정의 특정 내용을 가르치기 위한 목표와 목적(M1), 학습 내용에 대한 학생의 이해(M2), 학습 내용을 고려한 수업 전략(M3) 및 학습 내용에 대한 학생의 이해를 평가하는 방법(M4). 이 네 가지 요소는 여러 논문과 교사 교육 자료에서 다양한 일반 교육학 모델에 등장한다는 점에서 보편적이다(예: Van Gelder, Peters, Oudkerk Pool, & Sixma, 1973). 마그누손 모델이 가진 교육학적 완결성과 단순성에 의해 저자는 모델의 4가지 요소(M1~M4)를 사용하여 PCK 구성 요소와 내용 특수적 교육학의 특성을 밝혔다. 마그누손Magnusson 등(1999)은 PCK의 5번째 구성 요소로 '과학 교수에 대한 교사의 지향'을 제안했지만, 연구자는 교사의 교수적 지향이 다른 구성 요소에 비해 내용 특수적이지 않다고 생각하여 분석에 포함하지 않았다. 게다가, 마그누손 등도 교수 지향을 M1~M4 구성 요소에 잠재적이며 근본적인 영향을 미치는 요소로 나타내었다.

마그누손Magnusson 등(1999)은 PCK 모델에서 서로 다른 구성 요소를 연관시키지 않았지만, 연구자들은 구성 요소 간의 연결(즉, 내적 일관성 및 타당성)을 중요하다고 보았다(참고: Van Driel & Henze, 2012). 실제로, 교사가 학생들의 학습에 효과적인 비계를 제공하기 위해서는 M1부터 M4가 상호 연결되어 있어야 한다(참고: Park & Chen, 2012).

따라서 개별 구성 요소의 범위와는 별개로, 구성 요소 간의 연결 강도는 교사 개인의 교수적 구성(pPCK)의 질을 나타내는 지표이며(Hashweh, 2005), 이는 곧 구성 요소 간의 연결 강도가 pPCK에 영향을 미친다는 것을 알 수 있다. 이러한 점에서 저자는 슐만Shulman(1987, 15쪽)의 *교수적 추론 및 행위 모델*을 선호하는데, 이 모델은 특정 맥락에서 특정 주제에 대한 학생의 이해에 대한 교사의 지식(M2)이 학습 목표, 수업 전략

그리고 학생의 이해를 평가하는 방법과 관련된 교사 선택과 행위의 근거를 제공한다. 또한 숙련된 교사들은 pPCK를 하나의 통합된 지식 자원으로 사용하지만, 위의 네 가지 구성 요소(M1~M4)를 각각 따로 조사할 수도 있다(Henze, Van Driel, & Verloop, 2008).

2) pPCK의 개발 단계

교사들이 pPCK를 개발하는 방식은 다양하다. 클라크Clarke와 홀링스워스Hollingsworth (2002, p. 951)는 경험적 근거를 기반으로 한 비선형적 모델을 설계했는데, 이는 RCM을 보강하고 개선하는 유용한 수단이 되었다. *교사의 전문성 성장을 위한 상호연관적 모델*은 4가지 영역의 상호작용으로 구성된다. 4개의 영역은 다음과 같다: (1) 교사의 지식, 신념 및 태도를 포함하는 개인적 영역, (2) 외부 정보와 자극을 포함하는 외부적 영역, (3) 교사로서의 전문적 수업 수행을 포함하는 실천 영역, (4) 수업 실천과 관련된 주요한 결과를 포함하는 결과 영역. 이 모델은 '*수행*'과 '*성찰*'이라는 구체적인 메커니즘을 통해 일어나는 영역 내 변화로 교사의 전문성 성장을 설명하고 분석한다([그림 9.1] 참조).

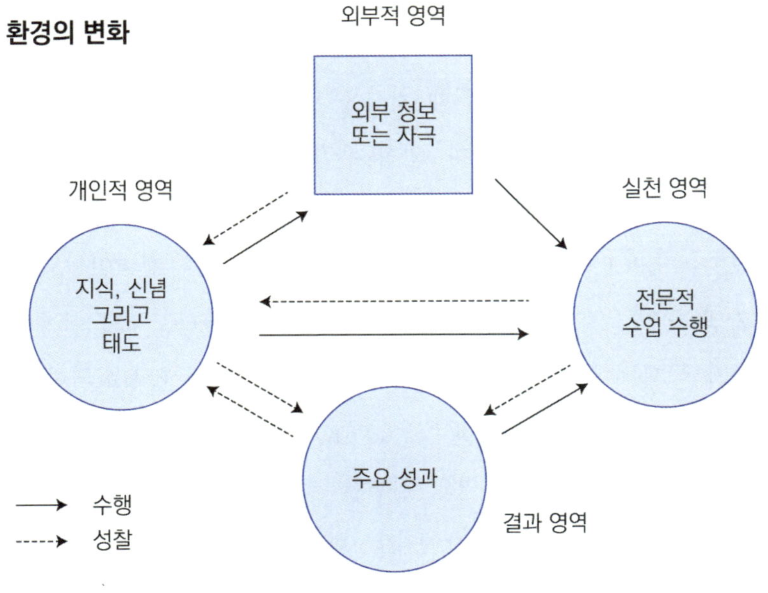

[그림 9.1] 교사의 전문성 성장을 위한 상호연관적 모델(Clarke and Hollingsworth, 2002, p.951)

모델의 상호연관적 구조를 통해 복잡성이 다를 수 있는 수행과 성찰 단계의 순서(경로라고 불리워짐)를 파악할 수 있다. 예를 들어, 교사는 수업 전략에 대한 자신의 아이디어를 시도하고(개인적 영역에서 실천 영역으로 가는 수행 단계), 그 경험을 성찰하여(실천 영역에서 개인적 영역으로 가는 성찰 단계) 자신의 지식(개인적 영역)을 확장한다. 만약 수업 결과를 포함해서 성찰한다면, 결과 영역까지 거치는 성찰이 연쇄적으로 일어나는 것이다.

클라크Clarke와 홀링스워스Hollingsworth의 모델은 RCM(2장 참조) 수업 사이클(계획-수행-성찰)의 수행과 성찰 부분을 세분한 것으로 볼 수 있는데, 왜냐하면 이 모델은 수업 수행 이후와 성찰을 구분하고, 수행 및 성찰 단계와 관련된 영역들(클라크Clarke와 홀링스워스Hollingsworth, 2002에 의해 정의됨)을 구분하기 때문이다. 즉, 교사 전문성 성장을 위한 상호연관적 모델을 사용하여 RCM에 표현된 다양한 유형의 PCK에 대해 논의할 수 있다. 과학 교사의 pPCK는 개인적 영역에 속한다. 교사들은 자신의 pPCK를 개발하기 위해 책, 강좌 또는 동료와 같은 내용 특수적 교육학에 대한 외부 자원(외부적 영역)을 사용할 수 있다. 외부적 자원으로 표현된 지식은 개인적 지식보다는 집단적 지식의 성격을 띰에도 불구하고 PCK의 한 형태로 간주된다. RCM에서는 이러한 유형의 PCK를 *집단적* PCK(cPCK)라고 명시하였다. cPCK와 pPCK가 통합되는 것은 (즉, 지식 교환) pPCK 발달('성장')의 메커니즘 중 하나이다.

과학 교사가 수업을 수행, 성찰할 때 지식을 *활용하고 교환하는* 과정을 살펴봄으로써 pPCK의 개념을 구체화할 수 있다. 과학 수업을 준비할 때 교사는 주로 특정 과학 내용을 가르치기 위한 자신의 전체 레퍼토리라고 볼 수 있는 pPCK를 활용한다. *계획* 단계에서 교사는 pPCK를 사용하여 해당 수업과 관련된 구체적인 부분(학습 목표, 예상되는 학생 요인, 수업 전략 및 평가 방법)을 선택한다. 계획 단계에서 선택된 것들은 교사가 실제 수업에서 수행함으로써 실천 영역에서 활성화된다. RCM에서는 pPCK의 이 '활성화된 부분'을 *실행된* PCK(ePCK)로 본다. 이후 교사는 성찰 단계에서, ePCK 활용을 통해 얻은 실천 영역의 경험을 *성찰*하여 개인적 영역 내의 pPCK를 개선한다. ePCK는 수업의 특정 순간에 '활성화되는' pPCK 일부로, *역동적인* 구인으로 여겨진다. 실제로 교사는 수업 중에 성찰-수행 사이클을 거쳐 의사결정을 하며,

이는 현재 '활용 중'인 pPCK의 일부를 변화시키기도 한다. 즉, RCM에 묘사된 바와 같이 ePCK에서 pPCK 영역으로 다시 돌아가는 지식 교환이 일어나는 것이다. ePCK의 이런 역동적인 특성으로 인해 포착하는 것은 쉽지 않다. 이에 따라 ePCK를 포착할 수 있는 방법으로 제시된 것은 수업 관찰(예: Barrendsen & Henze, 2017)과 수업 상황 기록을 기반으로 한 회상 자극 인터뷰다. 여기서 유의해야 할 점은, 교사 전문성 개발 과정에서 pPCK의 확장과 pPCK와 ePCK 간의 지식 교환이 작동되는 메커니즘은 RCM의 *증폭기와 여과기*라는 요인에 의해 조절된다는 것이다(2장 참조). 경험적 연구를 통해 저자는 과학 *교수와* 교실 실천을 위한 두 가지 PCK를 동시에 개발하기 위해서는 결과 영역을 포함하는 단순한 변화 순서보다는 복잡한 성장 네트워크로서의 변화 순서([그림 9.1] 참조)가 더 중요하다고 결론지었다(Wongsopawiro, Zwart, & Van Driel, 2016).

3) pPCK 개발 과정의 증폭기와 여과기

교사들이 PCK를 개발하고 활용하는 방식에 영향을 주는 것은 개인적 요인뿐만 아니라 개인에게 직접적인 영향을 주는 '개인 외적 요인'이다. 개인적 요인은 교사 개인의 정체성과 직업적 정체성의 일부이다. 개인 외적 요인은 교육 과정, 교실 상황, 학교 분위기 등의 교수 상황적 요소를 포함한다. 저자는 위 요소들을 교사가 수업 전, 중, 후에 내리는 의사결정인 교수적 추론에 영향을 미치며 결과적으로 교사의 행위에도 영향을 미치는 증폭기와 여과기로 보았다.

수업에서 의사결정 과정은 수업 계획과 같은 장기적 의사결정과 계획한 수업의 수행 과정에서 이뤄지는 단기적 의사결정으로 나뉠 수 있다. 후자인 수업 내 의사결정은 때때로 '현장에서의 의사결정'이라고 불린다(참고: Bishop & Whitfield, 1972; Borko, Roberts & Shavelson, 2008). 장기적 의사결정은 pPCK를 활용하는 반면, 단기적 의사결정은 ePCK를 활용한다.

이러한 의사결정은 신념과 가치와 같은 개인적 요인과 상황적 요인의 영향을 함께 받는다(Bishop & Whitfield, 1972; Borko et al., 2008)([그림 9.2] 참조).

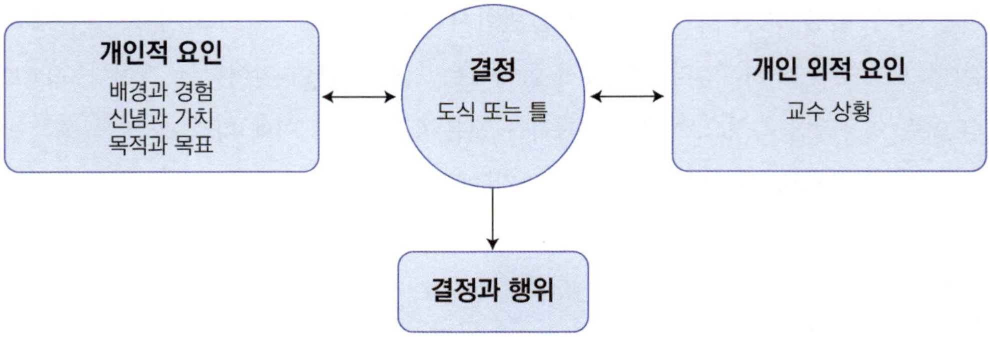

[그림 9.2] 의사결정 모형(Bishop & Whitfield, 1972; Borko et al. 2008에 기반함)

많은 학자들은 개인적 요인과 관련하여, 가르친다는 것은 사람뿐만 아니라 가치와 이상에 의해 자극되며, 지향하는 감정과 깊은 관련이 있다고 주장해왔다. 이와 관련하여 맥커트리McCaughtry(2004)와 젬빌라스Zembylas(2007)는 교수학습에서 PCK와 '정서적 지식'의 상호관계에 주목하였다. 박Park과 올리버Oliver(2008)는 과학 교수를 위한 PCK 헥사곤 모델 *안에* 정서적 요소인 '교사 효능감'을 도입하였다(Park & Oliver, 2008, p. 279). 또한 개리츠Garritz(2010)는 자신의 교수 방식에 대한 교사의 흥미, 태도 그리고 감정과 관련된 정서적 영역을 PCK *안에 통합*할 것을 제안했다. 이러한 정서적 PCK 영역은 교사의 흥미와 가치 신념, 자아 개념, 자기 효능감, 자아 존중감 및 자기 통제력을 포함한다. 그러나 저자는 RCM의 관점처럼 '과학 교수 지향'이 pPCK의 일부가 아니라 PCK 발달에 영향을 미치는 요인, 즉 증폭기와 여과기로 본다.

홍Hong(2010)은 *가치, 효능감, 책임감, 감정, 미시 정치, 지식(PCK 포함)과 신념* 등 개인적 요인이 상호 연관된 모델을 정의하였다. 위의 개인적 요인은 모델에서 다음과 같이 정의된다.:

(1) *가치*: 교사가 어떤 활동을 통해 느끼는 흥미와 즐거움, 그리고 주어진 일을 잘하는 것의 중요성, (2) *자기 효능감*: 자신이 교사로서 성공적으로 능력을 발휘하고 있다고 평가하는 것, (3) *책임감*: 교사가 되거나 교사로 일하기 위한 책임감, (4) *감정*: 학생, 동료 교사 또는 관리자와의 상호작용에서 느끼는 교사의 스트레스와 감정, (5) *지식과 신념*: 교과 내용학 지식, 교과 교육학 지식 그리고 교사 업무에 대한 인지,

(6) *미시 정치*: 학교조직에서 교사의 권한과 통제에 대한 자신감, 관리자와의 적극적인 상호작용, 학교 행정에 대한 참여.

홍Hong은 초임 교사들의 학교에서의 교사 역할 인식과 행복도(well-being)를 연구하기 위해 이 모델을 사용했다. 이를 통해 비협조적인 관리자와 교사에게 막중한 책임감을 강요하는 업무 신조 및 부족한 책임감과 효능감 부족 등의 부정적 인식으로 교사가 정서적 소진(burnout)을 느끼기도 했으며, 심한 경우 일을 그만두기도 하는 것으로 나타났다(Hong, 2010).

저자는 초보 교사의 개인 지식과 신념의 발달에 긍정적 또는 부정적 영향을 미칠 수 있는 (상호연관된) 개인적 요인을 이 모델(Hong, 2010, p. 1540)을 통해 효과적으로 규명할 수 있을 것으로 보았다. 따라서 본 연구에서는 홍Hong의 모델을 적용하여 예비 과학 교사의 pPCK 개발에 영향을 미치는 증폭기와 여과기를 확인했다.

5. 저자의 연구

본 연구의 포괄적 목적은 위에서 설명한 세 가지 이론적 분석 틀을 사용하여 구체적인 연구 질문으로 나타낼 수 있다. 본 연구의 목표는 심층적이고 경험적인 자료를 통해 (예비) 과학 교사의 pPCK 개발을 지원하는 정교한 방법을 제공하는 것이다.

1. 실질적인 자료를 통해 알아본 예비 과학 교사의 pPCK 개발은 *개발 단계, PCK 구성 요소, 그리고 개인적 요인*의 측면에서 어떤 특성을 갖는가?
2. 예비 과학 교사의 pPCK 개발 과정을 유형화하는 과정에서 확인된 일반적인 패턴은 무엇인가?

6. 교사 교육 프로그램 과제

도입에서 논의한 메커니즘에 따르면, 예비 교사가 교수학적 구성물을 계획, 수행 및 성찰하는 과정은 그들의 pPCK 개발을 모니터링하고 분석하기 위한 중요한 자료원이다. 도입에서 언급된 예비 교사들이 겪는 어려움을 고려하여, 연구자들은 짧고 집중적인 교사 교육 프로그램에 예비 교사를 위한 비계를 설정하였다. 비계설정에 대한 자세한 설명은 다음과 같다.

1) 예비 과학 교사의 수업 설계 활동을 위한 비계설정

지난 40년여 동안 반 겔더Van Gelder 등(1973)의 교수적 모델은 네덜란드와 플랑드르 지역의 교육 관련 문헌과 교사 교육 프로그램에서 보편적으로 활용되고 있었다. 모델의 4개 차원(학습 목표, 학습자의 초기 상태, 교수 및 학습 환경, 평가)은 다음과 같은 기본 질문에 대한 답변으로 형성되었다([그림 9.3] 참조):

- 학습자가 도달해야 할 학습 목표는 무엇인가?
  (차원 1: 학습 목표)
- 학습자의 사전 지식과 수업을 어떻게 연결할 수 있는가?
  (차원 2: 학습자의 초기 상태)
- 수업 주제를 어떻게 선정하고 배열할 수 있는가?
  적절한 수업 방법으로 유발된 학습 활동은 무엇인가?
  어떤 매체를 사용하는 것이 적절한가?
  (차원 3: 교수 및 학습 환경)
- 수업 활동의 결과는 무엇인가?
  (차원 4: 평가)

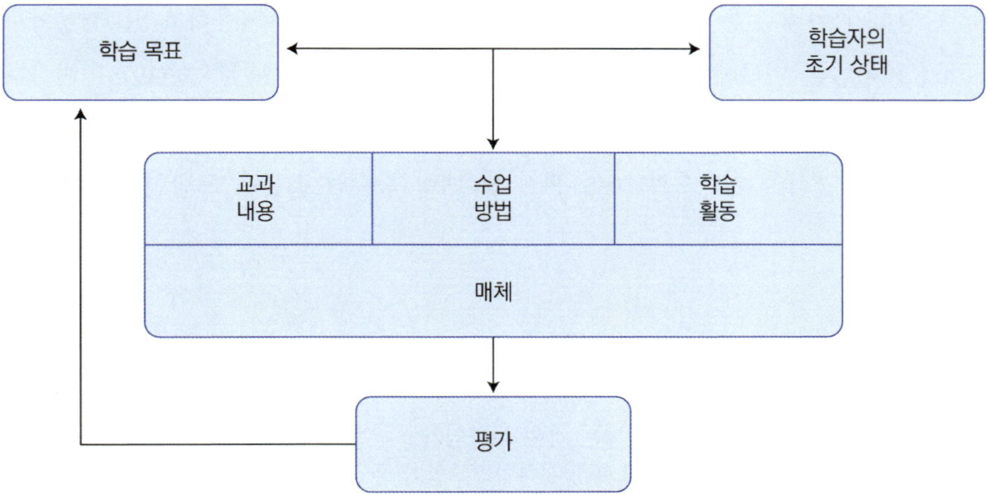

[그림 9.3] Ban Gelder et al.(1973)의 교수적 모델
(저자와 Wolters-Noordhoff, Groningen에 의해 번역)

모델의 기초가 되는 위의 질문들을 통해 예비 교사는 자연스럽게 수업 준비 방법을 떠올릴 수 있다. 이는 예비 교사들의 수업 설계를 돕기 위해 과학 교사 교육 프로그램에 도입된 다양한 수업 준비 양식(form)의 기반이 된다. 위 질문들에 대한 답은 특정 내용과 특정한 교육 환경에 관한 과학 교사의 pPCK 일부로 볼 수 있으며, PCK 모델(Magnusson 등, 1999)의 네 가지 구성 요소(M1~M4) {특정 내용과 관련한 교육 과정 목표와 목적(M1), 학생에 대한 이해(M2), 수업 전략(M3), 평가(M4)}를 쉽게 파악할 수 있도록 한다.

그러나 반 겔더Van Gelder 등의 모델은 마그누손Magnusson 등의 모델과는 달리 1970년대의 행동주의와 인지주의 사상에 착안하여 고안되었으므로 순환적 성격을 띠며 개별 요소들이 서로 연결되어 있다. 그동안 연구자들은 각 차원의 내용에 대해 더 넓은 관점을 가졌다(예: Grossman, 1990; Magnusson et al., 1999; Shulman, 1986). 예를 들어, 두 번째 차원인 학습자의 초기 상태는 학습자가 겪을 것으로 예상되는 어려움, 선호도, 대체 개념 등을 포함했다. 또한, 형성 평가(학습을 위한 평가)는 현대 교육의 필수적인 부분이 되어 M2~M4까지 다루게 되었다. 현재 네덜란드 델프트 공과 대학교의 과학 교사 교육 프로그램에서는 학습과 교수에 대한 현대 구성주의의 상황적 관점을 반영하기 위해 전통적인 수업 준비 양식의 개선된 버전을 사용하고 있다(Greeno et al., 1996). 본 연구에서 사용된 수업 준비 양식은 반 겔더Van Gelder 등(1973), 마그누손Magnusson 등(1999)의 모델 그리고 라우란Lougran, 멀홀Mulhall 및 베리Berry(2004)의 내용 표상(CoRe) 양식을 기반으로 하여 주제 및 맥락 특수적 질문을 포함한다(〈표 9.2〉 참조).

〈표 9.2〉 수업 준비 양식

1. **무엇을, 왜 배워야 하는가?** • 해당 수업에서 학생이 배워야 하는 것은 무엇인가? 학습 목표를 성취해야 할 행동으로 명시하라: "수업이 끝났을 때, 학생들은 ~을 할 수 있다." • 학생이 이것을 배워야 하는 까닭은 무엇인가? (학습 목표 참고)
2. **가능성과 한계** • 수업에 영향을 미치는 학생들의 생각[사전 지식, 인지 발달 수준(피아제)]에 대해 무엇을 알고 있는가? • 이 수업 주제를 가르치는 데 영향을 미칠 다른 요소(예: 교실, 수업 분위기, 학급 특성, 자율성, 학생 간의 개인차, 교사의 능력)는 무엇인가? • 이 수업 주제에서 학생들이 겪을 어려움으로 예상되는 것은 무엇인가?
3. **수업 전략** • 어떤 수업 방법을 적용할 것인가(수업에서 가장 중요한 측면은 무엇인가)? 이 접근법을 선택한 구체적인 이유는 무엇인가? • 학생들에게 의미 있는 수업이 되기 위한 교수학적 연결 짓기를 어떻게 적용할 것인가?
4. **평가** • 이 주제에 대한 학생들의 이해나 혼란을 어떻게 확인할 것인가?

CoRe는 본래 특정 과학 주제를 가르치는 데 필요한 지식에 대한 과학 교사 공동체의 인식을 파악하기 위해 고안된 것이다. 따라서 CoRe를 통해 집단적 PCK(cPCK)를 파악하고자 한 것이다. CoRe 작성은 학습 주제에 대한 '빅 아이디어'를 나타내는 것으로 시작해서, 8개의 항목에 대해 답하는 것으로 이어진다. 질문 항목은 의도된 학습 결과(3문항), 학생의 이해(1문항), 수업 전략(3문항) 및 평가(1문항)로 구성되어있다(Barendsen & Henze, 2017 참조).

2) 예비 과학 교사의 수업 수행과 성찰을 위한 비계설정

클라크Clarke와 홀링스워스Hollingsworth(2002)에 따르면, 수업 수행과 성찰은 교사 전문성 개발을 위한 중간 과정이다([그림 9.2]). 저자는 예비 과학 교사들이 자신의 교수 실천에 대해 성찰하는 것(참고: Kegan, 1982, 1994)을 돕기 위해, 수업 평가 양식(form)과 수업 성찰 양식을 추가했다(〈표 9.3〉 및 〈표 9.4〉 참조). 수업 성찰 양식은 헨체Henze 등(2008)의 3년간의 종단 연구에서 특정 과학 주제에 대한 수업 시리즈를 수행한 과학 교사의 pPCK를 파악하는 데 사용된 반구조적(회고적) 인터뷰 문항에 기반한다. 인터뷰 질문은 PCK 구성 요소 4가지{학습 목표(1문항), 학생의 이해(3문항), 수업 전략(2문항), 평가(2문항)}를 포함한다.

〈표 9.3〉 수업 평가 양식

• 수업을 수행하는 동안 *의미 있는 순간*들은 무엇이었는가?
• 이 수업에서 *성공한 것*은 무엇이고, 개선할 수 있는 것은 무엇인가?
• 정당한 결론: *실용적 관점에서*, 수업에서 얻을 수 있는 교훈은 무엇인가?

〈표 9.4〉 수업 성찰 양식

1. 무엇을, 왜 배워야 하는가? *회고:* • 수업에서 제시된 학습 목표는 무엇인가? *분석:* • 학습 목표와 그것을 전달한 방식에 얼마나 만족하는가(숫자, 서술 등으로 표현)?
2. 가능성과 한계 *회고:* • 예상치 못하게 학생의 사전 지식, 인식 또는 오개념을 마주했는가? 만약 그렇다면, 예를 들어 설명하시오. *분석:* • 학생들은 무엇을 어려워했고 무엇을 쉬워했는가? 그것을 어떻게 알았는가?
3. 수업 전략 *회고:* • 수업 전에 준비하고 계획한 대로 수업을 수행했는가? 무엇이 수행되고 무엇이 생략되었는가?

- 학생들이 학습 활동을 수행할 수 있었는가? 학생들이 성공적으로 수행한 활동은 무엇이고 수행하지 못한 활동은 무엇인가?

분석:

- 수업 중에 만든 교수학적 연결에 어느 정도 만족하는가?
- 학생들을 수업에 참여시킨 방식에 어느 정도 만족하는가?
- 학습 목표 달성에 교수 및 학습 활동이 얼마나 적합했는가?
- 교수 및 학습 활동이 학생과 교실 맥락에 얼마나 적절했는가?

4. **평가**

회고:

- 학생들이 학습 목표에 도달했는가? 그것을 어떻게 알았는가?

분석:

- 학생들이 특정 학습 목표에 도달하지 못했다면, 그 이유에 대한 가능한 설명은 무엇인가?
- 학생들의 이해도를 확인하고 평가한 방식에 어느 정도 만족하는가?

결론

위의 회고와 분석을 바탕으로 수업 준비 양식의 어떤 부분을 수정할 것인가?

3) 예비 과학 교사 수업 활동에 양식의 적용

1년간의 과학 교사 교육 프로그램을 시작할 때, 예비 교사들은 하나의 수업을 위해 수업 준비 양식, 수업 평가 양식 및 수업 성찰 양식을 사용했다. 첫 번째 사용 후, 예비 교사들은 특정 주제에 관한 전체 수업 시리즈(약 6차시 수업)를 위해 양식(즉, 수업 시리즈 *이전에는* 수업 준비 양식, 각 차시 수업 *이후에는* 수업 평가 양식, 수업 시리즈를 마친 *후에는* 수업 성찰 양식)을 사용했다. 예비 교사가 충분한 숙련도를 (특히 평가 및 비판적 성찰에 있어서) 보일 경우, 양식 사용은 선택사항이 되었다. 예를 들어, 예비 교사들은 '새로운' 수업 주제나 교수학적 접근법에 관한 수업 시리즈에만 양식을 적용할 수도 있다. 수업 시리즈가 진행되는 동안 예비 교사의 pPCK 발달을 모니터링하는 형성 평가(자기평가 및 동료평가)를 위한 평가 루브릭이 개발되었으나, 루브릭이 본 연구에 사용되진 않았다.

7. 연구 방법

본 연구의 연구참여자는 7명의 예비 화학 교사들이었다. 연구의 탐색적 성격 때문에 해석주의 접근법을 기본 패러다임으로 삼아 심층 연구를 수행했다. 이 연구는 교차 사례 분석이 포함된 다중 사례 연구로 특징지을 수 있다. 연구참여자들은 교사 교육 프로그램 후반기에 교수 방법론 과정을 수강하였다.

이 강좌 동안, 예비 교사들은 각자 두 개의 수업 시리즈를 개발했다. 구체적인 화학 수업 주제는 연구참여자들이 현재 인턴십을 하는 학급 및 학교의 교육 과정에 의해 결정되었다. 연구 자료는 예비 교사들이 두 시리즈의 수업을 학교에서 가르치기 전, 중, 후에 수집되었다.

8. 자료 수집

예비 교사들은 두 개의 수업 시리즈라는 맥락에서 수업을 계획하고 가르치고 성찰했다. 실질적인 자료를 사용하는 것이 본 연구의 목표였기 때문에, 예비 교사들의 화학 수업 준비, 평가 및 성찰(수업 관련 자료)이 본 연구의 유일한 자료원이었다. 각 예비 교사가 작성한 수업 준비, 수업 평가 및 수업 성찰 양식(〈표 9.2〉, 〈표 9.3〉 및 〈표 9.4〉의 수업 시리즈 버전)이 연구 자료로 분석되었다.

9. 자료 분석

예비 교사들의 수업 산출물을 정성적으로 분석함으로써 화학 교수를 위한 pPCK 개발 과정을 조사했다(도입 참조). 저자는 수업 평가 및 수업 성찰 양식을 통해 외부적 영역, 실천 영역 및 결과 영역에 대한 성찰과 수행 측면에서 예비 교사의 전문적 지식이 단계적으로 발전하는 것을 확인했다(Clarke & Hollingsworth, 2002). ([그림 9.1]

참조). 자료 분석을 위해 저자는 텍스트에서 의미 있고 일관성 있는 부분(텍스트 세그먼트)을 탐색했다. 이는 하나의 문제 또는 상황에 대한 교사의 수행 그리고/또는 성찰을 나타내는 것이며, 질적 데이터 분석 소프트웨어인 Atlas-ti가 코딩 과정에서 활용하는 분석 단위이다(Gibbs, 2007). 코드는 *성찰과 수행*이라는 기본 단위와 관련 영역(*외부, 실천 및 결과*)으로 구성되어 있다. - '*성찰 결과*'는 이렇게 형성 만들어진 코드의 예이다. 또한 *구체적인 행위*('실제로 수행한 것')와 행위를 위한 *계획*이라는 두 가지 형태의 수행을 구분하였다.

평가 및 성찰 양식의 경우 동일한 단위로 분석하여 텍스트에 내재된 pPCK 구성 요소(Magnusson et al., 1999)와 개인적 요인(Hong, 2010)을 파악했다. pPCK 구성 요소의 코드는 M1에서 M4였다. 개인적 요인의 코드는 홍Hong의 요인(*가치, 책임감, 효능감, 미시 정치 그리고 감정*) 중 하나로 구성하였으며, 가능하면 긍정적(+) 인식과 부정적(-) 인식을 구별할 수 있도록 '자기 효능감+'과 같이 나타내었다. 하나의 수업 시리즈와 관련된 자료를 함께 코딩한 다음, 나머지 수업 시리즈의 코딩 작업은 각자 수행하고 그 결과를 비교하여 차이가 있는 경우 논의하여 합의를 이루었다. 그런 다음 성찰 단계, 수행 단계, 성찰-수행 사이클의 조합과 4가지 PCK 구성 요소와 홍Hong의 개인적 요인 발현을 정량화했다. 그런 다음 시간 경과에 따른 빈도수, 조합, 및 진행 상황과 관련하여 패턴을 찾았다(참고: Cohen, Manion, & Morrison, 2013). 이후 귀납적 분석 단계에서, 텍스트의 내용을 더 자세히 분석했다. 분석 결과는 예비 교사들의 pPCK의 내용과 개발을 묘사하기 위해 사용되었다(연구 문제 1).

M3,	구체적 수행	실천,	자기효능감-
pPCK 구성 요소	단계	영역	개인적 영역

또한 예비 교사의 pPCK 개발 과정을 유형화하기 위해 pPCK 개발의 차별적 특징을 파악함으로써 교차 사례 측면을 설명하였다(연구 문제 2).

10. 연구 결과

앨리스, 벤, 신디 그리고 데비라는 가명으로 표시된 4명의 예비 화학 교사를 대상으로 연구 자료를 얻어 질적인 연구를 수행하였다(즉, 4개의 사례). 의미 있고 일관성 있는 텍스트 세그먼트의 개수는 참가자당 91-240개로 상당히 다양했다.

다음은 4가지 사례를 정성적으로 분석한 결과로, 예비 교사로부터 얻은 연구 자료인 텍스트 세그먼트로 연구 결과를 설명한 것이다. 할당된 코드는 세그먼트 아래에 표시되었다.

1) 개발 단계

연구 자료에서 예비 교사가 결과 영역(즉, 학습 결과)에 대한 성찰보다 실천 영역에 대한 성찰을 더 많이 하는 것으로 확인되었다.

> 전 학생들이 실험을 하는 동안에야 실험 조교가 화학 물질의 라벨을 교체했다는 것을 알았습니다. 실험 조교가 그렇게 한 까닭은, 학생들이 어떤 병에 어떤 화학 물질이 들어있는지 알아내는 것을 재밌어할 것으로 생각했기 때문입니다. 그러나 제가 (수업 계획 양식에 작성한 대로 실험 과제를 준비했을 뿐) 학생들에게 자세한 설명을 제공하지 않았기 때문에 학생들은 무엇을 해야 할지 이해하지 못하고 혼란스러워했습니다. 결과적으로, 그들은 해당 수업 세션을 좋아하지 않았습니다.
>
> (데비; M2, M3, 성찰 실천, 미시 정치-)

대부분의 수행 단계는 구체적인 행위보다는 계획에 관한 것이었다.

> 전 정해진 절차에 따라 일하고 싶은데 실험 조교는 항상 제 의도와는 조금 다르게 일하기 때문에 실험 조교와 일의 절차를 다시 조정해야 한다고 느꼈습니다.
>
> (벤; M3, 성찰 실천, 구체적 수행 실천, 미시정치 -)

> 학생들은 특히 산에서 왜 신맛이 나는지 이해하기 어려워했고, 특히 카복실기와 H^+의 관계, H^+가 산에서 떨어질 수 있다는 것을 이해하지 못했습니다. 만약 그 수업이 (탐구 기반이 아닌) '일반적인 수업'이었다면 저는 학생들이 어려워하는 것에 대한 이해를 돕기 위해 즉각적으로 설명했을 것입니다.
>
> (앨리스; M2, M3, 성찰 결과, 계획 수행 실천)

수행 경로(즉, 사이클)의 수는 예비 교사마다 상당히 다양했으며, 앨리스의 경우 26%에서 데비의 경우 5%까지 다양했다. 특히 데비의 진술에는 자신의 수행에 관한 언급 없이 성찰한 '느슨한 성찰'이 많이 포함되어 있었다.

> 학생들은 분명히 실험할 때 좋은 시간을 보내지 못했기 때문에 토론에 흥미를 느끼지 못했습니다. 그들은 토론이 아닌 다른 것을 하고 싶어 했습니다.
>
> (데비; M2, M3, 성찰 실천)

관찰된 사이클은 대부분 수업 행위를 위한 계획과 관련된 것이었다(앨리스 제외).

> [⋯] 저는 학생 N에게 왜 구연산에 염산보다 수산화나트륨을 세배나 더 넣어야 하는지 이해했냐고 물었습니다. 그녀가 모른다고 해서 저는 학생 R에게 그 이유를 다시 한번 친구들에게 설명하게 했습니다. 이제 학생들은 그 이유를 이해할 것입니다.
>
> (앨리스; M2, M3, 성찰 결과, 구체적 수행 실천)

2) pPCK 구성 요소

연구 자료에서 가장 두드러진 PCK 구성 요소는 M2(학생의 이해)와 M3(수업 전략에 대한 지식)였다. 첫 번째와 두 번째 수업 시리즈 결과를 비교했을 때, 예비 교사들이 초반에는 수업 전략(M3)에 대해 많이 설명하고 성찰하는 모습을 보였지만, 나중에는 학생이 학습에서 겪는 어려움과 과정(M2)에 더 많은 관심을 기울이는 것으로 변화했다. 이러한 변화는 교사로서 더 많은 발달을 이룬 숙련된 교사일수록 학생의 학습에 대해 더 많은 관심을 가진다는 일반적인 연구 결과와 일치한다.

3) 개인적 요인

연구 자료에서 관찰된 3가지 개인적 요인은 다음과 같다: 자기 효능감, 감정, 그리고 미시 정치

> 결석한 학생들의 수가 많았기 때문에 수업이 계획대로 진행되지 않았습니다. 저는 현장에서 계획을 수정했고, 계획을 수정해서 더 이상 문제가 발생하지 않았습니다. 하지만 계획을 수정하는 동안 교실이 혼란스러웠고, 예정보다 늦게 수업을 시작했습니다. 저는 사전에 이러한 상황에 대해 보고받지 못하였기 때문에, 저한테 책임이 있다고 생각하지 않습니다.
>
> (신디: M3, 성찰 실천, 수행 실천, 미시 정치-)

개인적 요인은 다양한 빈도와 조합으로 관찰되었다. 예를 들어, 앨리스는 긍정적인 자기 효능감이 가장 많이 관찰되었으며, 앨리스와 벤은 신디와 데비보다 긍정적인 감정이 더 빈번하게 관찰되었다.

> 한 학생 그룹은 수업 중에 다음과 같이 발표했습니다. "유익하고 매우 좋았습니다. 우리는 많은 것을 배웠고 재미있는 시간을 보냈습니다." 이 정도면 말 다 한 거 아닌가요?
>
> (앨리스: M2, M3, 성찰 실천, 감정+)

> 첫 번째 부분을 학생들과 함께 읽은 후, 저는 그들을 몇 개의 그룹으로 나누었습니다. 지난 시간에 그룹 나누기가 어려웠으므로 저는 수업 초반부터 그들에게 과제를 명확하게 설명했습니다. 저는 학생들에게 그룹 과제를 부여하기 위해 인터넷의 '그룹 메이커'라는 프로그램을 사용했습니다: 덕분에 1분도 안 걸려서 학생들을 여러 그룹으로 나누었습니다. 정말 멋졌어요! 학생들은 자신이 속한 그룹을 알고 바로 과제를 시작했습니다. 그동안 저는 칠판에 글을 쓸 수 있었습니다.
>
> (벤: M3, 성찰 실천, 수행 실천, 효능감+, 감정+)

4) 예비 교사 pPCK 개발의 유형화

위에서 언급한 세 가지 모델로 예비 화학 교사의 pPCK 개발을 유형화할 수 있었는데, 다음과 같은 측면들의 조합을 사용하였다.: 성찰-수행 비율 및 연속적인 경로/루프의 출현(클라크Clarke와 홀링스워스Hollingsworth의 전문성 성장 모델), 동시 발현(co-occurrence) 및 화학 내용(마그누손Magnusson의 구성 요소), 그리고 개인적 요인{긍정적이고 부정적인 감정의 존재와 상대적 빈도(Hong의 모델)}.

〈표 9.5〉의 색상은 예비 교사의 pPCK 개발을 유형화한 것으로, 회색은 '상당한' 개발, 진한 회색은 '약간의' 개발, 파랑색은 개발이 '적거나 없음'을 나타낸다.

〈표 9.5〉 예비교사 pPCK 개발의 유형화

	개발 단계	pPCK 구성 요소	개인적 요인
앨리스	경로와 사이클에서 계획보다 수행이 두드러짐	풍부한 설명; 주로 화학 내용 지식을 활용함	긍정적 요인이 두드러지며 증가함
벤	계획이 주를 이루며, 수행이 조금 나타남	화학 내용 지식을 활용함	긍정적 요인과 부정적 요인
신디	수업 결과를 성찰하지만, 수업의 내용을 성찰하진 않음 수행이 조금 나타남	화학 내용 지식을 활용하지 않음	긍정적 요인과 부정적 요인; 미시 정치 감정이 거의 관찰되지 않음
데비	대부분 느슨한 단계 실천에서 수행이 나타나지 않음	화학 내용 지식을 거의 활용하지 않음	대부분 부정적 요인 감정이 관찰되지 않음

11. 결론

세 가지 분석 틀을 통해 분석한 예비 화학 교사의 개별 특징을 바탕으로 교사의 pPCK 개발을 유형화하였다. 그 결과, 이전엔 알 수 없었던 몇 가지 놀라운 측면이 발견되었다. 그중 하나는 화학 내용 지식의 양이 예비 교사의 교수적 추론에 영향을 미친다는 것이다(pPCK 구성 요소, 〈표 9.5〉 참조).

또한 예비 교사의 pPCK 개발 단계를 분석함으로써(〈표 9.5〉 참조), 저자는 예비 교사의 수업 사이클에서 성찰한 것을 적용하는 후속 수업 수행 단계가 없거나 후속 수업 계획에 그치는 성찰 단계만 관찰되는 등 수업 사이클의 순환이 제대로 이루어지지 않음을 보았다. 이러한 결과는 예비 화학 교사 중 3명이 앨리스와 같이 실제로 성찰을 기반으로 계획을 세우고 수행하기보다는, 성찰에 기반하여 행동을 계획하는 것에 머무르는 경향이 있음을 말해준다. 한편 이 결과는 본 연구에서 적용된 과제(수업 준비 양식, 수업 평가 양식 및 수업 성찰 양식)로 ePCK를 통해 pPCK가 향상될 수 있음을 시사한다(이론적 배경에서 pPCK의 단계적 개발 참조). 예비 교사 성찰의 복잡성 또는 깊이와 개인적 요인{증폭기 또는 여과기로서(〈표 9.5〉 참고)}이 나머지 개인차를 정확히 어떻게 설명할 수 있을지는 향후 흥미로운 연구 주제이다. - 예비 교사의 인지 발달 단계와 pPCK 개발 사이의 관계도 마찬가지다(도입 참고). 또한 추가 연구를 통해 RCM의 학습 맥락 측면에서 개인 외적 요인의 역할과 위치를 명료화할 수 있길 기대한다. 마지막으로, 위의 연구 결과를 서론에서 언급한 1년간의 교사 교육 프로그램에서 예비 교사가 느끼는 4가지 어려움과 연관 짓는 것 또한 흥미로운 연구가 될 것이다.

여전히 해결되지 않은 질문과 새롭게 생성된 질문이 많이 존재하지만, 본 연구의 결과는 (예비) 과학 교사의 pPCK 개발을 위한 맞춤형 비계설정에 대한 새로운 방식을 제안한다고 생각한다. 좀 더 이론적인 수준에서, 본 연구는 PCK 개발과 관련된 세 가지 모델을 결합한 횡단적 분석 방법을 사용했다. 〈표 9.5〉의 극단적인 두 사례는 각 모델에서의 서로 다른 특징들이 흥미롭게 공존함을 보여준다. 이러한 발견은 모델 간의 관계가 깊음을 암시하며, 이에 대해 심층적으로 연구할 가치가 있음을 알 수 있다. 본 연구에서 예비 과학 교사의 pPCK 개발을 유형화한 것은 연구와는 별개로 교수 방법론 과정이 끝날 때 진행된 예비 교사들의 교사로서의 자신에 대한 묘사, 자신을 다른 것에 빗대어 은유적으로 표현한 것을 통해 뒷받침되었다(참고: Saban, Kocbecker, & Saban, 2007). 예비 교사들이 스스로 만든 은유는 각각 앨리스-은세공,

벤-백과사전, 신디-강아지, 데비-새끼 사슴이었다. 홍Hong(2002)에 따르면, 이러한 은유는 예비 과학 교사의 개인적인 지식과 신념(PCK 포함)이 직업적 역할에 대한 그들의 인식과 관련이 있다는 견해를 뒷받침한다. 이는 결과적으로, 예비 과학 교사들의 직업적 정체성에 대한 인식과 교사 업무에 대한 사명감을 포함하는 더 깊은 수준의 성찰을 통해 교사의 PCK 개발을 자극하는 추가적인 방법을 떠올리게 한다(참고: CoRe 성찰; Korthagen & Vasalos, 2005).

연구의 방법론적 한계는 불완전한 자료원에 의한 영향인데, 이 때문에 연구 대상 7명 중 3명의 자료가 분석에서 제외되었다. 또 다른 한계는 본 연구에서는 실질적 자료만을 사용하기로 했기 때문에 삼각검증을 실행하지 않았다는 것이다. 그러나 이러한 단점을 (부분적으로) 보완하기 위해, 두 개의 수업 시리즈 자료를 수집하였다(자료의 삼각검증).

2016년 12월의 로렌츠 워크숍은 2012년 콜로라도 스프링스에서 열린 PCK 정상회의의 후속 회의였다. 콜로라도 스프링스에서의 PCK 정상회의는 PCK의 개념에 초점을 맞추어 합의 모델(CM)을 산출한 반면, 로렌츠 워크숍에서는 PCK 연구에 사용된 도구, 이러한 도구로 수집된 자료와 자료에서 PCK를 추론하는 데 사용한 절차에 초점을 맞추었다. 다양한 도구의 장단점과 PCK 자료 수집 및 분석 절차에 관한 논의가 이루어졌으며, 이를 통해 1차 PCK 정상회의로 도출된 CM을 개선할 수 있었다. 개인적으로, PCK 연구자들과의 유익한 토론을 통해 저자는 이 장에서 논의된 연구(특히 예비 교사가 수업 직후 자신의 수업을 평가하는 것의 가치)에 관한 흥미로운 성찰을 할 수 있었다. 수업 평가 양식(〈표 9.2〉)은 예비 과학 교사의 PCK 개발을 분석하는 데 아주 풍부한 자료원인 것으로 나타났다. 수업 직후 평가하는 것의 중요성에 대한 인식으로 저자는 수업 평가 양식을 확장하여, 예비 교사들에게 가장 중요한 학습 경험에 관한 질문과 학습 중에 학생들에게 의미 있는 순간은 무엇이었을지 질문하여 예비 교사에게도 수업이 학습의 기회가 되고 보다 포괄적인 방식으로 수업에 대해 평가하도록 자극했다.

참고문헌

Barendsen, E., & Henze, I. (2017). Relating teacher PCK and teacher practice using classroom observation. *Research in Science Education*. https://doi.org/10.1007/s11165-017-9637-z.

Bishop, A. J., & Whitfield, R. C. (1972). *Situations in teaching*. New York: McGraw-Hill.

Borko, H., Roberts, S. A., & Shavelson, R. (2008). Teachers' decision making: From Alan J. Bishop to today. In P. Clarkson & N. Presmeg (Eds.), *Critical issues in mathematics education* (pp. 37-67). Berlin: Springer.

Clarke, D., & Hollingsworth, H. (2002). Elaborating a model of teacher professional growth. *Teaching and Teacher Education, 18*(8), 947-967.

Cohen, L., Manion, L., & Morrison, K. (2013). *Research methods in education*. London, New York: Routledge.

Garritz, A. (2010). Personal reflection: Pedagogical content knowledge and the affective domain of scholarship of teaching and learning. *International Journal for the Scholarship of Teaching and Learning, 4*(2), 26.

Gibbs, G. R. (2007). *Analysing qualitative data*. Sage.

Greeno, J. G., Collins, A. M., & Resnick, L. B. (1996). Cognition and learning. In D. C. Berliner & R. C. Calfee (Eds.), *Handbook of educational psychology* (pp. 15-46). New York, London: Teachers College Press.

Grossman, P. L. (1990). *The making of a teacher: Teacher knowledge and teacher education*. New York: Teachers College Press.

Hashweh, M. Z. (2005). Teacher pedagogical constructions: A reconfiguration of pedagogical content knowledge. *Teachers and Teaching, 11*(3), 273-292.

Henze, I., Van Driel, J. H., & Verloop, N. (2008). Development of experienced science teachers' pedagogical content knowledge of models of the solar system and the universe. *International Journal of Science Education, 30*(10), 1321-1342.

Hong, J. Y. (2010). Pre-service and beginning teachers' professional identity and its relation to dropping out of the profession. *Teaching and Teacher Education, 26*(8), 1530-1543.

Kegan, R. (1982). *The evolving self* . Harvard University Press.

Kegan, R. (1994). *In over our heads*. Cambridge, MA: Harvard University Press.

Korthagen, F., & Vasalos, A. (2005). Levels in reflection: Core reflection as a means to enhance professional growth. *Teachers and Teaching, 11*(1), 47-71.

Loughran, J., Mulhall, P., & Berry, A. (2004). In search of pedagogical content knowledge in science: Developing ways of articulating and documenting professional practice. *Journal of Research in Science Teaching, 41*(4), 370-391.

Magnusson, S., Krajcik, J., & Borko, H. (1999). Nature, sources, and development of pedagogical content knowledge for science teaching. In J. Gess-Newsome & N. G. Lederman (Eds.), *Examining pedagogical content knowledge* (pp. 95-132). Dordrecht: Kluwer.

McCaughtry, N. (2004). The emotional dimensions of a teacher's pedagogical content knowledge: Influences on content, curriculum, and pedagogy. *Journal of Teaching in Physical Education, 23*(1), 30-47.

Park, S., & Chen, Y.-C. (2012). Mapping out the integration of the components of pedagogical content knowledge (PCK): Examples from high school biology classrooms. *Journal of Research in Science Teaching, 49*(7), 922-941.

Park, S., & Oliver, J. S. (2008). Revisiting the conceptualisation of pedagogical content knowledge (PCK): PCK as a conceptual tool to understand teachers as professionals. *Research in Science Education, 38*(3), 261-284.

Rodgers, C. R., & Scott, K. H. (2008). The development of the personal self and professional identity in learning to teach. In M. Cochran-Smith, S. Feiman-Nemser, D. J. McIntyre, & K. E. Demers (Eds.), *Handbook of research on teacher education: Enduring questions and changing contexts* (3rd ed.). New York: Routledge.

Saban, A., Kocbeker, B. N., & Saban, A. (2007). Prospective teachers' conceptions of teaching and learning revealed through metaphor analysis. *Learning and Instruction, 17*(2), 123-139.

Schön, D. A. (1983). *The reflective practitioner: How professionals think in action*. New York: Basic Books.

Shulman, L. S. (1986). Those who understand: Knowledge growth in teaching. *Educational researcher, 15*(2), 4-14.

Shulman, L. S. (1987). Knowledge and teaching: Foundations of the new reform. *Harvard Educational Review, 57*(1), 1-23.

Van Driel, J. H. (2010). *Model-based development of science teachers' pedagogical content knowledge* (2010, February). Paper presented at the international seminar 'professional reflections', National Science Learning Centre, York.

Van Driel, J. H., & Henze, I. (2012). *Extended paper for PCK Summit, Colorado 2012*. Retrieved from http://pcksummit.bscs.org.

Van Gelder, L., Peters, J. J., Oudkerk Pool, T., & Sixma, J. (1973). *Didactische analyse*. Groningen: Wolters-Noordhoff.

Wehrmann, C. & Henze, I. (2016). A pedagogy to educate novices to professionalize. In M. A. Van der Sanden & M. De Vries (Eds.), *Science and technology education and communication: Seeking energy* (pp. 107-129). Sense Publishers.

Wongsopawiro, D. S., Zwart, R. C., & Van Driel, J. H. (2016). Identifying pathways of teachers' PCK development. *Teachers and Teaching*, 1-20.

Zembylas, M. (2007). Emotional ecology: The intersection of emotional knowledge and pedagogical content knowledge in teaching. *Teaching and Teacher Education, 23*(4), 355-367.

제10장

협력적 CoRe 설계를 통한 과학 교사의 pPCK 및 ePCK 발달

재레드 카펜데일Jared Carpendale과 앤 흄Anne Hume

이 장에서는 협력적 CoRe(내용 표상) 설계가 과학 교사의 pPCK 및 ePCK 발달에 어떻게 활용될 수 있는지 탐색한 교차 사례 연구 중 하나를 다룬다. 이러한 PCK의 개념화(pPCK 및 ePCK)는 RCM의 구성 요소이다(이 책의 2장 참조). 교차 사례 연구는 물리학 경험이 적은 과학 교사들이 참여한 세 가지 사례를 다뤘다. CoRe 설계를 투입하기 전 뉴질랜드의 14세 학생들로 구성된 학급을 대상으로 *전기와 자기(Electricity and Magnetism)*를 가르치기 위한 교사들의 기존 pPCK 및 ePCK를 면담 및 수업 관찰로부터 얻은 데이터를 통해 확인하였다. 그런 다음 이 교사들은 다른 과학 교사 및 경험이 풍부한 물리 교사들과 협력적 CoRe 설계 워크숍에 참여했으며, 개별 교사는 자신의 PCK를 전체 집단과 공유하여 이 주제를 가르치기 위한 합의된 cPCK를 함께 개발했다. 이후 이 교사들이 나이와 능력이 비슷한 학생들을 대상으로 가르친 두 번째 수업을 관찰하고, 협력적 CoRe 설계를 통한 교사들의 pPCK 및 ePCK 발달에 대해 다시 면담을 진행했다. 사례 연구 결과를 통해 CoRe 설계가 교사의 pPCK 및 ePCK에 명백한 영향을 미쳤다는 점을 알 수 있었다. 특히 교사들은 물리학 개념에 대한 더 깊은 이해, 학생들에게 개념을 표현하는 새로운 방법, 그리고 학생들이 수업에서 무엇을 생각하고 있는지에 대한 더 깊은 인식과 고민을 보여주었다.

1. 도입

이 장에서는 협력적 CoRe 설계를 이용해 과학 교사의 PCK 발달을 강화하고 모니터링하는 방법을 연구한 선행 연구에 기반하여 수행된 박사 학위 연구의 일부를 제시하였다. 2장에서 RCM에 묘사된 PCK의 개념화는 이 연구에서 협력적 CoRe 설계 참여를 통한 교사의 pPCK 및 ePCK(14세 뉴질랜드 학생들을 대상으로 *전기와 자기*를 가르치기 위한)의 발달에 관한 정보를 제공했다. 이 연구에서 RCM을 사용한 두 가지 이유는 다음과 같다. 첫째, RCM은 기존의 PCK 개념화 및 틀에서 나온 아이디어와 PCK 연구에서 인정받는 연구자들의 의견을 통합했기 때문이다. 둘째, RCM은 협력적 교사 집단에서 일어나는 지식 교환과 그러한 교환이 교사의 개인적 지식과 실천에 미치는 영향을 관찰하고 연구하는 데 유용한 틀을 제공했기 때문이다.

두 가지 연구 문제는 다음과 같다.

첫째, 뉴질랜드의 물리학 경험이 적은 저경력 중등 과학 교사가 14세 학생들을 대상으로 *전기와 자기*를 가르칠 때의 pPCK 및 ePCK는 어떠한가?

둘째, 숙련된 물리 교사와 저경력 중등 과학 교사가 협업할 때, 협력적 CoRe 설계는 물리학 경험이 적은 중등 과학 교사가 14세 학생들을 대상으로 *전기와 자기*를 가르치기 위한 pPCK 및 ePCK의 발달에 어떠한 영향을 주는가?

2. 맥락

자료 수집은 뉴질랜드의 남자 중등학교 학생(약 2,250명, 13-18세)을 대상으로 하였다. 이 학교의 과학 교사 22명 중 9명이 이 연구에 참여했다. 하급생 과학 프로그램(중등학교에서 처음 2년)은 물리학, 화학, 생물학 및 지구 과학 분야를 포괄하는 반면, 상급 과정(중등학교에서 마지막 2년)에서는 이러한 분야들이 각각 분리된 프로그램으로 다루어진다. 모든 과학 교사들은 자신의 전문 분야와 상관없이 중학교 과학을 가르쳐야 한다. 따라서 일부 교사들이 중학교 과학에서 한정적인 경험(특히 내용 지식 측면에서)을 가지고 주제를 가르치는 것은 매우 일반적이다.

연구자는 학교장과의 회의에서 처음 이 연구를 소개하고 연구 참여가 가능한 교사를 확인했다. 연구의 의도와 연구 참여자들의 역할에 대한 논의 과정에서 학교장은 연구 참여가 가능한 교사들의 특징과 그들이 프로젝트 내의 다양한 역할에 어떻게 부합하는지를 고려하여 연구 참여자를 선정했다. 9명의 교사를 연구 참여자로 선정하고, 3명씩 3개 집단으로 구성했다. 9명의 교사가 모두 연구에 참여한 가운데 집단 1의 교사들이 연구의 주요 초점이었고 각 교사는 pPCK 및 ePCK 발달을 조사하기 위한 개별 사례를 대표했다.

이 연구에서의 주요 성격 및 역할 등 각 집단의 구성원에 대한 세부 정보는 다음과 같다. 〈표 10.1〉은 교사의 개인적 배경 변인을 요약한 것이다. 교사들을 다음과 같이 세 집단으로 구성하였다.

[집단 1] 물리학 경험이 적은 현직 과학 교사. 교장은 이 연구 참여자들을 *전기와 자기*에 대한 PCK의 강화라는 이익을 얻을 교사로 분류했다. 연구에 참여하기 위해 만났을 때, 이 교사들은 이 주제에 대한 PCK 발달에 열정적이었고 기꺼이 자신의 PCK 발달을 연구의 초점으로 삼았다.

[집단 2] 물리학 경험이 없는 숙련된 중등 과학 교사. 교장은 이 교사들을 유능한 중등 과학 교사로 여겼지만, 이들은 물리학 전공 교사는 아니었다. 교장과 연구자는 이러한 교사들의 존재가 CoRe 설계 과정에서 유용한 교육학적 통찰을 제공함으로써 초점 집단 교사들(집단 1)의 PCK 발달에 기여할 것이라고 생각했다.

[집단 3] 숙련된 물리 교사. 교장은 이 교사들을 유능한 중등 물리 교사로 인정했고 이 교사들이 전체 집단의 전문성 개발을 지원하고 향상시키기 위해 자신의 광범위한 전문적 지식과 경험을 활용할 수 있을 것으로 생각했다.

〈표 10.1〉 연구 참여 교사의 배경 정보(집단 구성원, 이름(가명), 전공과목, 연구 대상 학교 근무 기간, 총 교수 경력)

집단	이름 (가명)	전공 과목(들)	연구 대상 학교 근무 기간	교수 경력 (총 경력)
1	토니	생물학	6	6
	데이비드	원예학, 농업	20+	29
	앨런	체육 교육	3	10
2	해리	생물학	20+	35
	케이트	화학	8	8
	루카스	생물학, 원예학	7	10
3	닉	물리학, 전자공학	17	17
	윌리엄	물리학, 전자공학	15+	40+
	크리스	물리학, 전자공학	15	35

3. 연구 설계 및 문헌 연구

이 연구에서는 맥락적으로 연관되는 이론과 설명을 개발하기 위해 해석주의 기반 방법론(interpretivist-based methodology)(Guba & Lincoln, 1989)을 사용하였다(Cohen, Manion, & Morrison, 2011; Treagust, Won, & Duit, 2014). 이 방법론의 핵심은 질적 연구 방법을 사용하는 다중 사례 연구 접근법에 있다(Yin, 2014). 집단 1에 속한 각각의 교사들은 모두 독립적으로 발달된 개별 사례를 대표했다. 사례를 교차 비교하였으며 이를 토대로 결론을 도출하였다.

앞서 언급한 바와 같이, 2장에 제시된 RCM은 이 연구에서 참고할 수 있는 개념적 틀로 사용되었다([그림 10.1] 참조). RCM의 강점은 과학 교사 교육에서 PCK에 대한 여러 연구자의 아이디어와 개념화를 통합하고, pPCK를 통해 PCK의 고유하고 개인적인 특성을 파악하고, 특정 내용을 특정 학생들에게 가르치기 위한 과학 교사의 개인적 전문 지식에 영향을 미치는 자원들을 확인한 데 있다. 또한, RCM은 ePCK를 교실 맥락에 확고히 자리매김하는 PCK의 한 형태로 도입함으로써 과학 교사들이 계획하고,

가르치고, 성찰할 때 PCK를 어떻게 활용하는지 보여준다.

이 연구에서는 RCM에서 양방향 화살표로 표현된 서로 다른 계층(layer) 사이에 발생하는 지식 교환에 주목했다. 특히 cPCK가 pPCK 또는 ePCK로 변환될 때 이러한 지식 교환이 개별 과학 교사 안에서 일어나는 지식의 전환에 미치는 영향에 관심을 두었다. 이러한 PCK의 변환은 교사의 태도와 신념의 증폭 및/또는 여과 효과와 학습 환경의 조절 효과의 영향을 받는다. RCM에서 ePCK는 수업의 계획, 수행, 성찰 사이클을 포함하고 있다. 이 연구의 자료 수집 과정(예: 교사들이 워크숍에 참여하고 수업을 성찰하고 난 후 계획하기 위해 CoRe를 논의하는 과정, CoRe가 향후 수업에 어떠한 영향을 미칠 수 있는지에 관한 최종 면담)을 통해 교사의 계획 및 성찰을 확인할 수 있었지만, 주된 ePCK 탐구는 과학 수업 수행과 교사들의 교실 행동에 초점을 두었다.

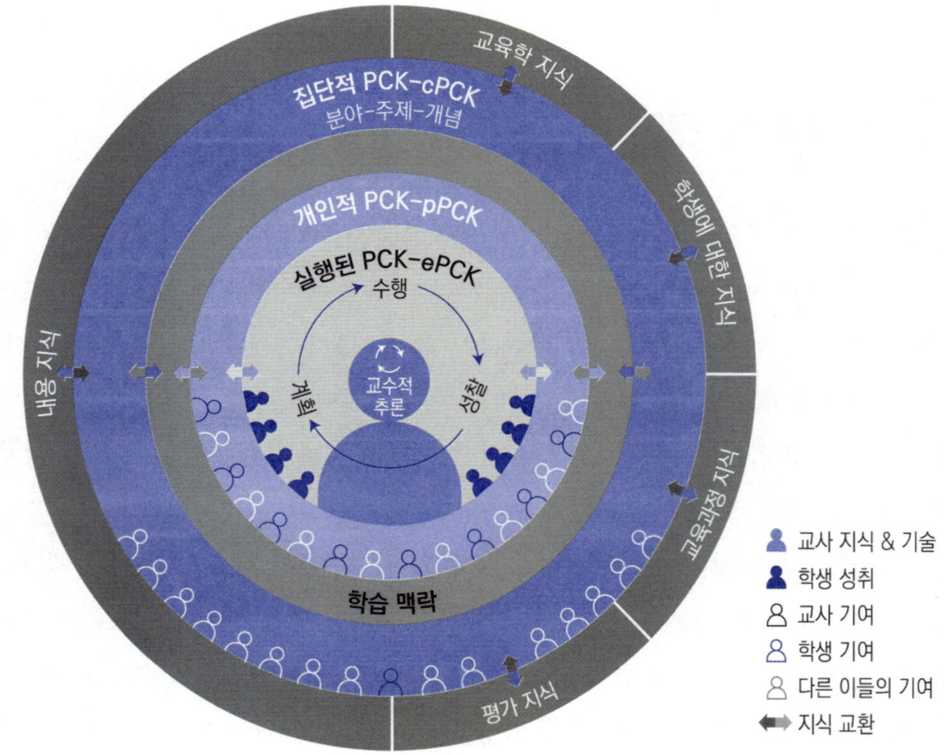

[그림 10.1] PCK의 개선된 합의 모델(RCM) (2장 참조)

PCK의 형태 중 하나인 cPCK는 다양한 과학 교육자들에 의해 공유된 지식으로서, 광범위한 공동체에서 서로 다른 교사들에 의해 문서화되고, 공유되고, 이해될 수 있는 지식이다(2장 참조). 공식적으로 문서화되거나 출판된 cPCK는 RCM에서 묘사된 특정 "학습 맥락"에서 특정 학생에게 특정 과학 내용을 가르치기 위한 표준적인 우수 실천에 대한 전문적이고 교육학적인 정보의 가이드를 제공한다([그림 10.1] 참조). 동료 과학 교사 집단의 CoRe에서 만들어진 것과 같은 정보와 덜 공식적인 지식의 표현들은 잠재적으로 과학 교사 교육에서 전문적 학습 및 연구 목적에 유용한 cPCK의 실천 기반 개념화이다. 개발된 CoRe는 특정 학습 맥락과 관련하여 "국지적(localised)" cPCK를 나타내며, 이는 문서화된 또는 표준적인 cPCK와 대조적일 수도 있고 그렇지 않을 수도 있다.

CoRe는 원래 특정 주제에 대해 유능한 과학 교사 집단이 보유한 PCK의 전체적인 그림을 파악하기 위하여 템플릿 형태(〈표 10.2〉 참조)로 고안되었다(Loughran, Berry, & Mulhall, 2006). 이러한 CoRe는 교사 교육자들에게 가치 있는 교수(학)적 도구임이 입증되었는데, 이는 CoRe가 학생들이 배워야 할 핵심 개념과 학생들의 사전 지식, 학습 곤란 및 가능한 오개념, 적합한 교수적 접근 및 교수 전략, 그리고 적절한 평가를 명확히 드러냄으로써 PCK를 확인할 수 있게 하기 때문이다. 여느 교육 혁신과 마찬가지로, 어떤 이들은 기존의 이 아이디어를 새로운 용도로 사용했다. 예를 들어, 일부 과학 교사 교육자들은 예비 교사나 저경력 교사들이 과학을 가르치기 위해 개발하는 PCK의 특성을 드러내기 위하여, 교사들에게 CoRe 템플릿(〈표 10.2〉 참조)을 사용하여 자신만의 CoRes(예: Hume, 2010; Hume & Berry, 2011, 2013)를 작성하도록 하였다.

개별 교사(pPCK를 나타내기 위한)이든 동료 교사 집단(국지적 cPCK를 나타내기 위한)이든, CoRe 템플릿을 작성할 때 학생들이 학습할 과학 주제의 핵심 개념(big idea) 결정해야 한다. 그리고 CoRe 템플릿에서 일련의 교수(학)적 질문은 학생들이 핵심 과학 개념을 이해하는 데 도움이 되는 행동을 선택하게 하는 교사의 교수적 추론을 질문하고 이끌어내는 역할을 한다. CoRe를 완성하면서 이러한 질문에 대해 고민할 때, "교사는 그들이 가르치는 주제에 대한 표준적인 지식에 접근하고 그것을 수업 계획에 유용한 방식으로 구조화한다"(Gess-Newsome, 2015, p. 33). 또한, cPCK의 발현으로 볼 수 있는 CoRe 결과물은 개별 과학 교사의 PCK 개발을 시작 및/또는 강화하기 위한 플랫폼을 만들 수 있다. CoRe 설계는 특히 숙련된 멘토 교사 또는 내용 전문가와 협력할 때 교사(예비 교사, 저경력 교사, 비전공 교사)의 PCK 개발에 긍정적인 영향을 미치는 것으로 나타났다(예: Hume, 2015; Hume & Berry, 2011, 2013; Hume, Eames, Williams, & Lockley, 2013; Nilsson & Loughran, 2012).

〈표 10.2〉 CoRe 템플릿(Loughran et al., 2006, p. 28)

교수(학)적 질문	핵심 아이디어 1	핵심 아이디어 2	핵심 아이디어 3
학생들이 이 아이디어에 대해 배우길 원하는 것은 무엇입니까?			
학생들이 이 아이디어를 아는 것이 중요한 이유는 무엇입니까?			
이 아이디어에 대해 무엇을 더 알고 있습니까? (아직 학생들이 배우지 않아도 되는 것)			
이 아이디어를 가르치는 것과 관련된 어려움			
이 아이디어를 가르치는 데 영향을 주는 학생 사고에 대한 지식			
이 아이디어를 가르치는 데 영향을 주는 다른 요인			
수업 절차(그리고 이 아이디어를 다루기 위해 그러한 수업 절차를 사용하는 특별한 이유)			
이 아이디어에 대한 학생의 이해나 혼란을 확인하는 방법			

과학 PCK를 개발하기 위한 협력적 CoRe 설계를 탐구한 선행 연구를 바탕으로, 이 연구에서는 학교의 다른 6명의 동료 과학 교사들과 협력하여 CoRe를 개발한 집단 1 교사들의 pPCK와 ePCK의 발달을 조사했다. 협력적 CoRe 결과물은 학교에서 10학년 *전기 및 자기* 과목이라는 학습 맥락 내에서 가르치는 9명의 교사들의 cPCK를 나타낸다. 학교 환경 외부의 인적 지원이 필요하다는 점을 보완하기 위하여(Hume et al.,

2013), 학교 내에서 숙련된 교사들을 통해 교수(학)적 전문성과 내용 전문성을 지원했다(즉, 〈표 10.1〉에 자세히 설명된 다른 이들의 기여).

이 연구는 세 단계로 진행되었다:

1단계: 집단 1 교사들의 pPCK 및 ePCK에 대한 기본 이해 생성

14세 학생들에게 전기와 자기를 가르치기 위한 집단 1 교사들의 기존 PCK의 특징을 조사하기 위하여 집단 1 교사들을 대상으로 면담을 실시한 후, 수업 관찰을 통해 그들의 기존 PCK를 확인했다.

2단계: 전문적 학습을 위한 CoRe 설계 워크숍

9명의 교사들은 모두 두 번의 CoRe 설계 워크숍에 참여했다. 첫 번째 워크숍은 CoRe 설계에 대한 소개로, 참여 교사들은 14세 학생들에게 *과학과 과학 탐구의 본성*(*The Nature of Science and Scientific Inquiry*)을 가르치기 위한 CoRe를 협력하여 만들면서 경험과 전문성을 공유했다. 두 번째 워크숍에서는 9명의 교사가 14세 학생들에게 *전기와 자기*를 가르치기 위한 CoRe를 설계하기 위해 다시 협력했다.

3단계: 협력적 CoRe 설계의 영향 평가

협력적인 *전기와 자기* CoRe의 안내에 따라, 집단 1 교사들은 연구의 1단계에서 이 주제를 나이와 능력이 비슷한 다른 학급을 대상으로 다시 수업을 계획하고 가르쳤다. 집단 1 교사들이 CoRe를 설계하고 나서 이 주제를 다시 가르치기 전에, 그들 스스로 인식하는 pPCK 발달과 협력적 CoRe 설계 경험에 대한 면담을 실시했다. 그런 다음 CoRe 설계 이후의 그들의 ePCK를 확인하기 위하여 수업을 관찰하였다. 집단 1 교사들이 이 주제를 다시 가르친 후, 교사들의 전문적 지식의 변화와 교실에서 무엇을 다르게 했는지에 대한 최종 면담을 실시했다. CoRe 설계 워크숍 이후, 집단 2와 집단 3의 교사들을 대상으로 협력적 CoRe 설계가 교사들의 pPCK를 어떻게 향상시킬 수 있는가에 대한 면담을 실시했다.

4. 자료 수집

〈표 10.3〉은 이 연구에서 수집한 자료를 요약한 것이다. 다음은 자료 수집 방법과 도구 각각에 대한 세부 사항이다.

〈표 10.3〉 이 연구에서 수집한 자료

단계	자료 수집
1	14세 학생들에게 과학과 *전기 및 자기*를 가르치는 것에 대해 집단 1 교사들을 대상으로 반구조화된 개별 면담 및 오디오 녹음
	*전기와 자기*를 가르칠 때 집단 1 교사들의 교실 수업 영상 녹화 (학급 1)
2	*과학과 과학 탐구의 본성* CoRe 설계 워크숍에 참여한 교사들의 현장 노트를 이용한 오디오 녹음 및 관찰
	전기 및 자기 CoRe 설계 워크숍에 참여한 교사들의 현장 노트를 이용한 오디오 녹음 및 관찰
3	CoRe 설계에 대한 인식과 PCK 향상에 대한 효과를 탐구하기 위해 집단 1 교사들을 대상으로 반구조화된 개별 면담 및 오디오 녹음
	CoRe 설계에 대한 인식을 탐구하고 PCK 향상에 대한 효과를 판단하기 위해 집단 2와 집단 3 교사들을 대상으로 반구조화된 포커스 그룹 면담(semi-structured focus group interview) 및 오디오 녹음
	*전기와 자기*를 가르칠 때 집단 1 교사들의 교실 수업 영상 녹화 (학급 2)
	협력적 CoRe 설계를 통해 PCK와 ePCK가 얼마나 발달했는지에 관한 생각을 탐구하기 위해 집단 1 교사들을 대상으로 반구조화된 면담 및 오디오 녹음

1) 면담

이 연구에서 집단 1 교사들은 각각 개별 사례를 대표했기 때문에 반구조화된 면담도 개별적으로 실시했다. 반면, 집단 2와 집단 3 교사들을 대상으로 면담을 실시할 때는 여러 사람이 동시에 면담에 참여할 수 있어 시간 효율을 높이고 풍부한 자료를 얻을 수 있는 반구조화된 포커스 그룹 형식을 사용했는데, 이러한 면담 방식은 참가자들이 서로의 생각을 발전시킬 수 있도록 할 수 있다(Flick, 2014; Patton, 2014; Watts &

Ebutt, 1987). 반구조화된 형식은 사전에 결정된 일련의 질문을 사용하며, 더 많은 응답을 추가로 탐색하거나 명확성을 모색할 수 있는 유연성을 가지고 있다(Bogdan & Biklen, 2007; Kvale, 1996). 집단 1 교사들만 참여한 최종 면담을 제외하고는 모든 면담에 동일한 질문을 사용하였다.

1단계의 집단 1 면담에서, RCM은 마그누손Magnusson, 크라직Krajcik 및 보르코Borko (1999)와 게스-뉴섬Gess-Newsome(2015)과 같은 이전의 PCK 모델과 함께 PCK의 실체에 관한 면담 질문을 개발하는 데 사용되었다. 면담 질문은 면담에 참여한 교사들의 교육과정에 대한 지식, 과학에 대한 학생들의 이해에 대한 지식, 교수 전략에 대한 지식, 그리고 평가 전략에 대한 지식을 알아보기 위한 것이었다.

협력적 CoRe 설계에 참여한 후, 교사들에게 그들이 가치 있다고 생각한 것과 그들이 직면한 한계를 포함하여 협력적 CoRe 설계에 참여하는 과정 동안 겪은 경험을 질문했다. 또한, 협력적 CoRe 설계 과정이 어떻게 과학 교수를 위한 pPCK를 개발할 수 있는지와 그들 자신의 pPCK는 어떤 영향을 받았는지에 대해서도 질문했다. 연구의 마지막 단계에서 두 번째 수업을 한 후, 집단 1 교사들에게 그들이 스스로 인식하는 pPCK 및 ePCK의 발달과 협력적 CoRe 설계의 내용 및/또는 과정 사이의 인과 관계에 대해 질문했다.

2) 수업 관찰

과학 교사의 전문적 지식을 포착하는 것이 복잡한 일임을 고려할 때 인터뷰와 수업 관찰을 모두 사용하는 접근법이 바람직하다고 할 수 있다. 이 연구에 사용된 접근법은 PCK를 포착하고 신뢰할 수 있는 결론을 얻기 위해 문헌에서 얻은 정보와 지침에 기초한다(예: Bryman, 2016; Henze & van Driel, 2015). 그러나 자료 수집 과정에서 개별 참여 교사의 신뢰할 수 있는 분석을 위한 충분한 양의 수업에 연구자가 참석하여 관찰하는 데 어려움이 있었다. 그래서 연구진의 논의를 거쳐 수업 영상 녹화라는 현실적인 결정을 내렸다.

집단 1의 교사들이 가르치는 *전기와 자기* 수업을 대부분 영상으로 녹화하여 나중에 연구자가 관찰할 수 있었다. 수업은 매 차시 1시간 동안 진행되었다. CoRe 설계 이전과 CoRe 설계 이후를 비교 분석하기 위해 각 교사당 4개 차시를 선택했다. 선택된 수업은 워크숍 동안 교사의 논의를 반영한 도입 수업, 실습 수업, 그리고 또 다른 두 개의 수업이다. 4개의 수업은 이 장의 뒷부분에서 논의하는 관찰 프로토콜을 사용하여 분석하였다.

3) CoRe 설계 워크숍 진행

협력적인 CoRe 설계에 참여하는 것은 도전적인 경험이 될 수 있다(Hume & Berry, 2011, 2013). 따라서 워크숍에 참여하는 교사들을 위해 첫 번째 워크숍은 시험 연습으로 결정하였다. CoRe 설계에서 교사들의 역량 개발을 촉진하기 위해, 설계의 요소들이 연구 대상 학교의 기존 과학 주제와 연결될 수 있도록 *과학의 본성과 과학 탐구* CoRe를 첫 번째 워크숍 주제로 선정했다. 따라서, 교사들은 관련 과학 아이디어를 가르치는 것에 대해 다양한 수준의 경험과 이해를 가질 가능성이 있었다. 추가로, 교사들에게 워크숍 전에 *과학의 본성과 과학 탐구*에 관한 논문을 읽도록 하였다(Leaderman, Antink, & Bartos, 2014a 참조). 이 첫 번째 워크숍은 PCK의 구성 요소 및 PCK를 포착하기 위한 CoRe의 사용, 연구에서 CoRe 설계의 목적에 대한 소개로 시작되었다. 추가적인 토론과 연구를 통해 *과학의 본성과 과학 탐구*에 대한 참여 교사들의 다음과 같은 핵심 이해를 확인할 수 있었다: 과학의 본성은 과학 지식을 의미하고, 과학 탐구는 과학의 실천을 의미한다.

한 시간 동안의 첫 토론을 거친 후, 교사들의 과학 탐구의 본성에 대한 관점을 탐구하기 위한 과학 탐구에 관한 관점 설문지(VASI, views about scientific inquiry)를 작성하도록 했다(Lederman et al., 2014b 참조). 그런 다음 아래 〈표 10.4〉에 정리된 바와 같이, 하나의 워킹그룹에 집단 1 교사 1명, 집단 2 교사 1명, 집단 3 교사 1명이 배정되도록 3개의 워킹그룹을 구성하였다.

이 워킹그룹에서, 교사들은 그들이 이해하는 과학과 과학 탐구의 본성을 뒷받침하는 핵심 개념과 기술에 대해 각각 다른 카드에 적어 토론했다. 진행자는 모든 아이디어를 공유하고, 수집하고, 주제를 파악하는 전체 집단 토론을 촉진하였다. 주요 주제는 화이트보드에 기록하여 전체 집단이 주제에 대한 핵심 아이디어(big idea)를 (명제적 진술 형식으로) 개발하는 데 사용했다. 이러한 핵심 아이디어는 교사들이 워킹그룹에서 CoRe를 완료하기 위한 작업을 시작할 수 있는 기반이 되었다. 교사들이 작업하는 동안 진행자는 각 집단과 차례로 상호 작용하며 CoRe 템플릿 내의 교수(학)적 질문들을 다루었다. 3시간 동안 진행된 워크숍의 마지막 단계에서 각 워킹그룹은 그들의 결과물인 부분적으로 완성된 단일 CoRe를 공유하고 분석했는데, 이는 주제에 대한 그 집단의 cPCK를 나타낸다.

〈표 10.4〉 CoRe 설계 워크숍의 워킹 그룹 구성원

원래 집단	워킹그룹 1	워킹그룹 2	워킹그룹 3
집단 1	앨런	토니	데이비드
집단 2	루카스	해리	케이트
집단 3	크리스	닉	윌리엄

일주일 후, 교사들은 동일한 워킹그룹에서 *전기와 자기* 주제를 위한 두 번째 CoRe 설계 워크숍에 참여했다. 그들은 최근에 CoRe 설계 작업을 한 경험이 있었기 때문에 도입 토론은 짧았다. 워크숍 진행자는 주요 PCK 개념을 다시 살펴본 후 화이트보드에 다음과 같은 네 가지 CoRe 관련 사항을 검토했다:

1. 가능한 자원—이 활동에서 유용한 자원은 무엇인가?
2. 개념과 기술 브레인스토밍—모든 주제에서 CoRe 설계의 첫 번째 단계
3. "핵심 아이디어"를 결정하기 위한 개념/기술의 사용
4. CoRe 완성—전문적 지식 공유 (워킹그룹을 이루어 세 개의 별개 CoRe를 작성하거나 하나의 큰 집단으로 협력적 CoRe를 작업함)

도입 토론은 10분 동안 진행되었고, 이후 교사들은 *전기와 자기*에 대한 핵심 개념과

기술을 파악하는 작업을 시작했다. 교사들이 결정을 내리기 위해 사용한 자료에는 뉴질랜드 교육과정(NZC) 사본(Ministry of Education, 2007)과 11학년 주제인 *전기와 자기*에 대한 NCEA 평가 정보(NZQA, 2010)가 포함되어 있다. 30분 뒤, 파악된 모든 개념과 기술을 대집단에서 공유했는데, 이때 교사들은 14세 학생들을 대상으로 가르칠 각각의 개념/기술의 적합성에 대해 차례로 논의하고 그 포함 여부를 함께 결정했다. 그리고 각 집단은 선택된 개념/기술을 사용하여 핵심 아이디어를 찾아 명제적 진술로 작성하는 작업을 했다. 그리고 각 집단의 정보를 공유하여 7개의 핵심 아이디어를 도출하였다. 시간을 고려하여 각 집단은 워킹그룹별 2~3개의 핵심 아이디어를 선정하도록 하고, 이후 각 워킹그룹의 작업을 결합하여 CoRe를 완성했다. 이 워크숍은 3시간 동안 진행되었다.

두 차례의 CoRe 설계 워크숍에서 모든 논의를 녹음했다. 디지털 녹음기를 각 워킹그룹이 작업하는 곳에 배치하여 토론을 녹음했고, 전체 집단 토론도 녹음했다. 또한 연구자는 워크숍 내내 발생한 상호작용에 대한 상세한 현장 노트도 기록했다. 각 워크숍이 끝날 때마다 연구자는 제출된 CoRe 자료를 모두 모아 하나의 CoRe 문서로 엮었다. 이 단일 CoRe는 검증을 위해 모든 참여자에게도 발송되었다.

5. 자료 분석

집단 1에 속한 교사들의 pPCK와 ePCK, 그리고 어떤 발전이 있었는지를 판단하기 위해 자료를 연역적 접근(RCM을 주된 분석틀로 사용)과 귀납적 접근(연구 목표와 관련된 자료로부터 얻을 수 있는 모든 주제를 확인함으로써)으로 주제에 따라 분석했다. pPCK와 ePCK를 분석하기 위한 분석틀을 구성하려면 RCM의 주요 매개변수를 확인할 필요가 있었다. 예를 들어, 면담에서 pPCK를 분석하기 위한 분석적 매개변수로는 교사의 교육과정 지식, 학생의 이해와 학습에 대한 지식, 주제-특수적 교수 전략에 대한 지식, 그리고 평가 전략에 대한 지식이 있다.

영상 녹화된 수업에서 집단 1 교사의 ePCK를 분석하기 위한 관찰 프로토콜을 개발했는데, 여기에는 10개의 질적 지표와 ePCK의 세 가지 구성 요소를 확인하는 루브릭이 포함되어 있다. 각 질적 지표는 미흡, 기초, 숙달, 고급으로 평가되었다. 이 루브릭의 설계는 PCK에 관한 선행 연구(예: Alonzo, Kobarg, & Seidel, 2012; Gardner & Gess-Newsome, 2011; Lee, Brown, Luft and Roehrig, 2007; Park, Jang, Chen & Jung; 2011), CoRe의 교수(학)적 질문(즉, Loughran et al., 2006), 그리고 제2차 PCK 정상회의에서의 "그랜드 루브릭" 개발에 관한 논의 및 그 결과에 근거하고 있다(이 책의 12장에서 자세히 안내).

이 루브릭의 구성 요소와 질적 지표(그리고 약어)는 다음과 같다.

교과 내용 지식

- 개념의 타당성 (적절성)
- 개념설명의 과학적 정확성 (정확성)
- 다른 개념과의 연관 그리고/또는 연결 (개념 연관성)
- 과학의 본성 또는 과학 탐구에 대한 암묵적 또는 명시적 연관성 (NoS/SI 연관성)

학생의 이해에 관한 지식

- 가능한 선지식, 어려운 개념, 또는 오해에 대한 인식 (선지식)
- 수업에 활용되는 학생들의 이해와 학습의 차이 파악 (이해의 차이)
- 학생의 이해를 조사 또는 확장하는 데 사용되는 질문 (질문)

교육 전략에 관한 지식

- 가르치는 개념의 적절한 순서 (개념의 계열성)
- 개념 표현에 교수(학)적으로 효과적인 것으로 보이는 관련된 예시 및/또는 표현의 사용 (예시와 표현)
- 메타인지를 가능하게 하는 전략 (메타인지 전략)

분석에 사용된 루브릭의 전체 사본은 이 장의 부록 1에서 확인할 수 있다.

6. 연구 결과

이 연구는 이 장에서 온전히 보고하기 어려울 정도의 광범위하고 풍부한 데이터베이스를 산출했다. 하지만, 여기에서는 협력적 CoRe 설계가 교사의 pPCK 및 ePCK에 얼마나 영향을 미쳤는지를 나타내기 위해 하나의 사례 연구 결과만을 제시하였다(즉, 집단 1의 교사 한 명). 토니의 사례는 pPCK와 ePCK 향상을 위한 개입의 잠재력을 시사하고 확인시켜 주기 때문에 대상으로 선정하였다.

1) 14세 학생들에게 전기와 자기를 가르치기 위한 토니의 기존 pPCK

처음 면담에서 토니는 학생들이 그들을 둘러싼 세계를 이해하는 데 과학이 도움을 주기 때문에 과학을 중요한 학교 교과로 보았다. 그러나 *전기와 자기* 주제를 가르치는 것에 대해 구체적으로 이야기할 때, "나는 그들[학생들]이 시험에서 잘 치르기를 원한다"고 언급하면서 그의 초점이 바뀌는 것처럼 보였다. 토니는 이 시험이 "우리가 다루어야 할 특정 결과(성취기준)"를 평가하기 위해 중학 과학 담당 부서장이 만든 교과 평가를 의미한다고 설명했다. 토니는 이러한 결과의 출처에 대해 확신하지 못했지만, NZC로부터 온 것일 수 있다고 설명했다. 이러한 결과가 자신의 수업에서 어떠한 역할을 하는지에 대한 추가적인 질문에 대해 토니는 그 결과들이 자신의 최우선 과제라고 느꼈고 "무엇보다도, 나는 그 결과들을 다루는 것을 확실히 할 필요가 있다 … 우리가 가진 시간적 제약 때문에 나는 그 결과들의 범위(scope)를 넘어서지 않고 다루려고 노력한다"고 강조했다.

토니는 과학의 본성이 "어떤 일이 왜 일어나는지를 알아내는 것"이라고 느꼈고, "나는 학생들이 질문하는 것을 좋아한다. 나는 학생들이 무슨 일이 일어나고 있는지 궁금해했으면 한다. 나는 학생들이 그들 주변에 있는 것에 관심을 가졌으면 한다. 나는 학생들이 그들 주변에 있는 것에 관심을 가졌으면 한다. 나는 만약 학생들이 무언가를 알고 싶다면, 시도해보고 알아보도록 격려하는 것을 한다."라고 말했다. 그는 "과학 탐구"라는 단어에 대해서는 확신이 없었지만, 연구자가 과학적 과정(scientific process)을 권유했기 때문에 그는 수업에 과학적 과정이 포함되는 것에 대한 약간의 통찰을 제안했다. 특히, 그는 질문의 사용과 약간의 맥락적인 제약들에 대해 언급했다. 그는 "과학 탐구를 하려면 주제를 시작할 때 더 많은 질문을 해야 한다. 솔직히 시간적 제약으로 다시 돌아가서, 그럼 당신은 그것이(과학적 과정) 얼마나 성공적인지를 어떻게 측정할 수 있는가? 학생들이 무언가를 배웠는지 어떻게 알 수 있는가?"라고 말했다

학생들의 선지식과 관련하여, 토니는 이 단원을 시작하기 전에 몇 가지 기본적인 이해가 필요하다고 느꼈다. 그는 학생들이 다양한 학습 요구와 스타일을 가지고 있다는 것을 알고 있었고, "그들은 모두 다르게 배운다"고 말했다. 그는 학생들의 요구를 수용하기 위해, 처음에는 즐거움을 위한 목적으로 영상을 사용하는 것을 언급했지만, 학생들이 회로(circuits)를 만들어보는 기회를 갖도록 하는 데 중점을 두어 개념에 대한 인지적 연결을 형성할 수 있도록 했다. 그는 "나는 많은 학생이 촉각적인 학습자들이라고 생각한다 - 그들은 무언가를 만드는 것을 좋아한다. 그리고 일단 그들이 볼 수 있다면, 회로에 대해 이해할 수 있기를 바란다. 또는 만들어보는 활동이 회로를 이해하게 할 것이다"라고 주장했다.

그가 이 단원을 가르칠 때, 토니의 수업 전략은 "재미있는 것으로 시작"한 다음, "전기가 무엇인지에 대해 언급하고, 전압과 전류에 대한 정의를 제공하는 것이었다. 나는 학생들에게 가능한 한 빨리 실험실습 활동을 시키려고 노력한다 … 그래서 학생들을 회로를 만드는 활동에 참여할 수 있도록 노력한다". 그는 학생들의 "시험에 통과"하는 능력과 시험 통과를 준비시키기 위한 수업 중 형성 평가라는 접근법으로 학생들의 이해를 측정하였다. 이러한 형성 평가 전략으로부터 얻은 정보를 수업에서 어떻게 사용할 수 있는지에 대한 질문을 받았을 때, 토니는 "나는 그것을 기록하지 않는다. 하지만 활동이 필요하다고 생각하는 학생들을 확인한다. 그래서, 누가 참여하고 있고 누가 그렇지 않은지를 알아낼 수 있다"라고 설명했다.

2) 14세 학생들에게 전기와 자기를 가르치기 위한 토니의 기존 ePCK

토니의 기존 ePCK를 결정하기 위해 CoRe 설계 이전에 선택된 4개의 영상 녹화 수업에는 그의 도입 수업, 직렬 및 병렬 회로에 대한 설명과 토론을 특징으로 하는 3차시 수업, 학생들이 간단한 회로를 만드는 4차시 수업, 그리고 전압, 전류 및 저항에 대한 설명을 개발하는 6차시 수업이 포함되었다. 이 수업들에서 대부분의 학생들은 학습 과제에 참여했는데, 특히 실험실습 활동들에서 그러했다.

토니의 수업 방식은 수업이 실험실습 활동을 포함하지 않는 경우, 미리 만들어진 파워포인트를 특징으로 하는 전형적인 교사 중심의 수업 방식이었다. 그는 학생들에게 파워포인트에서 노트를 복사하도록 지시하고, 시험에 나오는 키워드에 밑줄이 그어진 것으로 관심을 끌었다. 이 파워포인트는 다른 수업에서도 사용되었는데, 프로젝터가 고장났을 때 좌절감을 표출하며 "맞아, 플랜 B… 이걸 판서해야 해. [*귀찮은 일이야.*]"라고 말하기도 했다.

앞서 설명한 루브릭을 사용하여 토니의 수업을 ePCK에 관해 분석하였으며, 〈표 10.5〉는 그 결과를 요약한 것이다.

〈표 10.5〉 이 연구에서 개발한 루브릭을 이용하여 토니의 영상 녹화 수업 4개를 분석한 결과 요약

ePCK 지표	수업			
	1	2	3	4
교과 내용 지식				
적절성	숙달	숙달	고급	고급
정확성	숙달	숙달	숙달	숙달
개념 연관성	기초	기초	기초	숙달
NoS/SI 연관성	미흡	기초	숙달	기초
학생 이해에 대한 지식				
선지식	기초	기초	숙달	미흡
이해의 차이	미흡	미흡	기초	미흡
질문	기초	기초	기초	기초

ePCK 지표	수업			
	1	2	3	4
교수 전략에 대한 지식				
개념의 순서	기초	숙달	기초	숙달
예시와 표현	숙달	숙달	기초	숙달
메타인지 전략	미흡	미흡	미흡	미흡

3) 토니의 기존 pPCK와 ePCK 연결하기

토니의 면담 및 수업 관찰 결과를 비교할 때, 아래에 요약된 것과 같이 그의 기존 pPCK와 ePCK 사이에 6개의 주요 연결고리가 발견되었다:

- 토니의 수업에서 평가의 영향은 그의 pPCK 면담과 교실 행동 전반에 걸쳐 지배적인 주제였다. 그는 면담에서 학생들이 시험을 통과하기를 원한다는 것에 대해 이야기했고, 가르치는 동안 파워포인트의 내용을 필기하고 시험에 나오는 정의를 배우는 것에 대해 자주 언급했다.
- 토니는 면담에서 학생들이 수업 시간에 호기심을 갖고 질문하기를 바라는 것에 대해 말했다. 그러나, 관찰한 바에 따르면 학생들이 수업 시간에 질문을 할 때, 토니는 그들이 질문했던 것에 거의 관여하지 않았고, 때때로 그 질문들을 무시하는 것처럼 보였다.
- 토니는 과학 학습에 대해 얘기했는데, 학생들은 그들 주변 세계를 이해할 수 있었다. 그는 수업에서 예(examples)를 사용하였지만, 그 예들은 대체로 목표 개념을 가르치는 데 효과적이지 못했다.
- 면담에서 드러난 과학의 본성과 과학 탐구에 대한 토니의 부족한 이해는 수업에서도 잘 드러났다. 그는 수업에서 이러한 측면들에 대해 명시적이거나 암묵적인 언급과/또는 연관 짓는 것을 거의 하지 않았다.
- 면담에서 토니는 (비공식적인 방식으로) 학생 이해에 대해 알아보고, 그 정보를

사용하여 수업을 진행하는 것에 대해 이야기했다. 그러나, 이 전략은 그의 파워포인트 노트가 지배하는 빡빡한 일정 때문에 수업에서 거의 사용되지 않았다.

- 면담에서 나타났듯이, 토니는 수업에서 학생들의 이해를 돕기 위해 실험실습 활동을 사용했다. 그러나 학생들이 수행한 실험실습 활동은 목표 개념(들)을 가르치는 데 대체로 효과적이지 않은 것으로 보였다.

4) 토니의 CoRe 설계 기여와 경험

토니는 동료인 닉과 해리와 함께 CoRe 설계 워크숍을 위해 협력했다. 세 명의 교사들은 *전기와 자기*의 교수・학습에서 가르쳐야 할 중요한 개념과 기술에 대해 토론했다. 이 토론에서 닉(경험 많은 물리 교사)은 14세 학생들을 위한 *전기와 자기*의 교육학과 관련이 있다고 믿는 아이디어를 제안하며 자주 토론을 주도했다. 예를 들어, 워크숍 초기에 토니에 의해 비유가 처음 언급되었는데, 닉은 "전기와 자기와 같이 이해하기 어려운 개념을 가르칠 때 교사들은 비유의 사용에서 신중하고 선별적일 필요가 있는데, 왜냐하면 비유의 사용 결과로 학생들이 강한 오개념을 형성할 수 있기 때문이다"라고 설명했다.

토론하는 동안 닉은 이 주제를 가르치기 위해 전하와 에너지 보존을 이해하는 것의 중요성에 대해 동료들에게 자세히 설명하기도 했다. 한 예로, 그는 직렬과 병렬 회로를 보여주는 도식을 그리고 "전하가 어느 방향으로 가는지와 상관없이 에너지를 잃는다"고 설명했다. 토니는 이 개념이 혼동될 수 있다고 언급했고, 닉은 이에 대해 "네, 그렇습니다. 모든 것을 구별해야 합니다 … 그것은 에너지를 얻고 잃는 것에 관한 모든 것이고, 에너지의 흡수와 방출은 같아야 한다는 것입니다"라고 대답했다. 닉이 제공한 설명과 도식화된 표현은 토니가 CoRe 워크숍에서 가져온 핵심 사항임이 분명했다. *전기와 자기* CoRe가 그의 수업 실천에 어떤 영향을 미칠지에 대해 면담했을 때 토니는 이 정보를 회상하며 앞으로 이런 식으로 가르칠 것임을 나타내는 도식을 다시 그렸다.

CoRe의 핵심 아이디어를 결정하기 위한 개념과 기술을 결정짓는 토의에서 토니의 첫 번째 의견은 학생들이 "전류와 전압의 정의"를 배울 필요가 있다는 것이었고, 닉은 이에 대해 "정의가 아닌 (전류와 전압의) 실체에 대한 이해가 필요합니다"라고 대답했다. 워크숍이 진행되면서 토니는 제안된 아이디어 중 일부가 너무 높은 수준으로 설정된 것을 언급하며 "여러분은 학생들을 충분히 이해시킬 필요가 있지만, 혼동을 초래할 수 있으므로 너무 과하지 않아야 합니다"라고 말하기도 했다. 토니의 워킹그룹은 토의 결과로 다음과 같은 여섯 가지 핵심 아이디어를 찾아냈다:

1. 전압은 두 점 사이의 에너지 차이다.
2. 자석은 다른 자석에 힘을 미치는 자기장을 만든다.
3. 재료끼리 문지르면 전하가 분리될 수 있다.
4. 전류는 전하의 흐름이다.
5. 전선은 전하로 가득 차 있고 모두 움직이거나, 아무것도 움직이지 않는다.
6. 전하는 다른 전하에 힘을 미치는 전기장을 만든다.

이들의 핵심 아이디어는 다른 집단의 핵심 아이디어와 공유하고 비교되었으며, 진행자의 안내를 받아 협상과 중재의 과정을 거쳐 참가자 9명 모두의 집단적 사고를 반영한 7가지의 주요 핵심 아이디어가 도출되었다.

집단적인 핵심 아이디어는 다음과 같다:

1. 전하는 다른 전하에 힘을 미치는 전기장을 만든다.
2. 전류는 전하의 흐름이다.
3. 전압은 두 점 사이의 차이다.
4. 옴의 법칙은 폐쇄회로에서 전류, 전압, 저항 사이의 관계이다.
5. 회로도는 전기 회로를 나타낸 것이다.
6. 문제를 해결하기 위해 전기 회로를 구성할 수 있다.
7. 자기력은 전하 이동의 또 다른 효과이다.

CoRe를 시간 내에 완성하기 위해, 워킹그룹 간 위의 7개의 핵심 아이디어를 공유했다. 위에 나열된 처음 3개는 토니의 워킹 그룹에서 다루었으며, 그 기여도는 부록 2에 나와 있다.

CoRe 워크숍 이후 면담에서 토니는 이러한 방식으로 협력적으로 작업하는 것이 유용하고 미래에 이와 같은 방식으로 작업하는 데 관심이 있을 것이라고 말했다. 그는 CoRe 설계 과정이 "주제를 더 작은 부분으로 나눌 수 있도록 하므로 부담이 덜한 것 같다"고 인식했고, *전기와 자기* CoRe 설계 과정에서 "특정 개념을 가르치는 것에 대한 설명과 확인을 얻을 수 있어서 유용했다"고 말했다. 토니는 또한 "자신이 무엇을 하고 있는지 아는 사람이 있으면 명료하게 확인을 받을 수 있고, 혹은 질문이 있으면 바로 물어볼 수 있다… 물리학에 대해 알고 싶다면 물리 전공자에게 가서 물어보라"고 말하며 닉의 전문적 지식으로부터 배울 수 있었기 때문에 자신의 그룹에 닉이 있는 것이 얼마나 유용한지 인정했다.

5) 토니의 pPCK 발달

CoRe 설계 이후에, 토니는 협력적 CoRe 설계가 "사람들에게 무언가를 하는 것에 대한 다른 생각을 제공할 수 있고, 생각지도 못한 해결 방법이 있을 수 있는" 잠재력을 가지고 있다는 점에서 과학 수업에 대한 교사의 PCK를 강화할 수 있다고 느꼈다. 그는 첫 번째 워크숍이 *과학의 본성과 과학 탐구*를 가르치는 것에 대한 pPCK를 강화하지 못했다고 판단한 반면, 두 번째 *전기와 자기* 워크숍은 영향이 있었음을 느꼈다. CoRe 설계 이후 면담에서 토니는 그의 *전기와 자기* PCK를 강화하는 두 가지 영역으로 주제에 대한 지식과 주제별 전략에 대한 지식에 관한 측면을 확인했다. 그는 특히 워크숍에서 배운 직렬 및 병렬 회로 모두에서 학생들에게 에너지와 전하에 대해 가르치는 새로운 방법에 집중했다:

> 닉은 전압의 개념을 어떻게 설명해야 하는지에 관해 이야기했습니다. 왜 전압은 병렬 회로에서는 같고 직렬 회로에서는 다를까요? 그는 그것을 꽤 좋은 방법으로

설명했습니다. 그는 직렬과 병렬 회로를 그리고 어떻게 전압이 공유되는지를 설명했습니다. [닉의 도식을 다시 그린 토니]

그는 이러한 설명이 학생들이 개념을 시각화하고 이해하기 쉽게 만들었기 때문에 그 설명이 그의 이해에 어떻게 도움을 주었는지 그리고 앞으로 학생들에게 그 설명을 어떻게 사용하고 싶은지에 대해 이야기했다. 또한, 그는 데이비드(집단 1에 속한 또 다른 교사)와 자신이 어떻게 완성된 CoRe를 가지고 협력하여 CoRe 설계 이후의 수업 준비를 했는지에 관해 이야기했다.

토니는 학생들의 이해와 학습에 대한 지식 또한 향상되었음을 나타냈지만, 구체적으로 설명하거나 예를 제시하지는 않았다. 이와 유사하게, 그는 CoRe 설계 과정이 평가 전략이 아닌 개념을 가르치는 데 초점이 맞춰져 있다고 느꼈기 때문에, 그의 평가 전략에 대한 지식이 어떻게 발전했을지에 대한 정보도 제공하지 않았다.

6) 토니의 ePCK 발달

ePCK 분석을 위해 CoRe 설계 이후 진행된 수업 중 4개가 선택되었다: 도입 수업; 하전된 입자, 전압, 전류에 대한 설명을 특징으로 하는 2차시 수업; 학생들이 직렬 및 병렬 회로 사이의 차이점과 옴의 법칙 관계를 탐구하는 3차시 수업; 그리고 학생들이 간단한 회로를 만들고 측정을 하는 5차시 수업. 학생들은 대부분 수업에 참여적이었으며, 특히 실험실습 활동에 열심히 참여했다.

토니의 수업 방식은 학생들이 노트를 쓰는 것에 초점을 맞춘 교사 중심이 지배적임이 다시 확인되었다. 그러나 토니의 수업 동안 학생들과 상호작용하며 학생들의 사고에 도전하는 경우가 몇 차례 있었다. 특히, 학생들이 특정한 방식으로 생각하는 이유에 대해 의문을 제기하는 경우가 있었다. 토니는 이 수업을 위한 파워포인트를 가지고 있었는데, 슬라이드들은 이전에 사용된 것들과 달랐다.

ePCK의 향상을 평가하기 위해, CoRe 설계 이후 관찰 자료를 CoRe 설계 이전과 비교했다. 〈표 10.6〉은 루브릭을 활용하여 CoRe 설계 이후를 분석한 것을 요약한 것으로, CoRe 설계 이전 결과와 비교하여 각 ePCK 질적 지표에 대한 향상(또는 그렇지 않음)을 표의 마지막 열에 제시했다. 표에서 "–"는 변화 없음을, "↑"는 발전을 나타낸다.

CoRe 설계 이전과 이후 10학년 수업 모두에서 토니가 가르친 개념들은 그 수준의 학생들에게 적절했다. 암묵적 연결 방식 측면에서 과학의 본성과/또는 과학 탐구와의 연결은 CoRe 설계 이전 수업에서의 연결과 유사했으므로, 그의 pPCK와 ePCK의 이러한 측면은 거의 변화가 없는 것으로 보였다.

아래 요약은 확인된 ePCK의 질적 지표 10개 중 8개에서 나타난 발전을 요약한 것이다:

(1) 교과 내용 지식

정확성

CoRe 설계 워크숍 이후 토니의 설명은 더욱 깊이 있게 되었고, 기본적인 원칙과 규칙 및 정의에 초점을 맞추었다.

개념 연결

토니는 CoRe 설계 이전 수업에서 몇 가지 연결고리를 만들었지만, 개념을 연결한 설명은 더 많은 발전이 필요했다. 워크숍에 참여한 후, 그는 개념 간의 연결고리를 더 만들었고, 학생들에게 연결고리에 대한 잘 숙고된 설명을 제공했다.

(2) 학생 이해에 대한 지식

선지식

토니가 CoRe 설계 이전 수업에서 학생들의 선지식을 찾으려 했으나, 얻은 정보는 종종 매우 제한적으로 사용되었다. 그러나 CoRe 설계에 참여한 후, 그는 학생들의 선지식에 대한 정보를 훨씬 더 많이 의식하고 수업에 더욱 활용하려고 노력하는 것으로 보였다.

이해의 편차

CoRe 설계 이전에는 토니가 수업에서 다루고 싶은 특정 내용이 있음이 분명했고, 그 계획에서 벗어나는 경우가 많지 않았다. 그러나 워크숍 이후 학생들의 요구와 어려움을 겪고 있는 부분에 대해 더 많이 인식하게 되었다. 그 결과, 그는 종종 발생하는 학습 문제를 해결하기 위해 전략을 바꾸고 교수(학)적 접근 방식을 다양화할 수 있었다.

질문하기

CoRe 설계 이전 수업에 비해 토니는 학생들에게 더 많은 질문을 사용했고, 질문은 더 다양해졌다. 예를 들어, 한 단어의 사실적 질문을 넘어 학생들에게 현상을 예측하고 설명하도록 요구하는 질문으로 확장되었다.

(3) 교수 전략에 대한 지식

개념의 계열화

CoRe 설계 이전 토니의 수업에서 개념의 의도된 순서는 대부분 그 수준의 학생들에게 꽤 적합하고 적절했던 것으로 보였다. 그러나 개념의 변화를 연결하는 설명이 부족했고, 이에 따라 학생들은 자신이 무엇을 배우고 있는지 확신할 수 없었다. 이와 대조적으로, CoRe 설계 이후 수업에서 토니는 학생들에게 왜 개념이 변화하였는지, 그리고 개념이 어떻게 연관되어 있는지에 대한 통찰력 있는 설명을 제공했다.

예시와 표상

토니가 CoRe 설계 이전 수업에서 여러 전략을 사용했지만, 그것들은 목표 개념을 묘사하는데 효과적이지 않았고, 그 전략과 연관된 그 개념에 대한 그의 설명은 짧거나, 부정확하거나, 누락된 경우가 종종 있었다. 이와 대조적으로, 그의 CoRe 설계 이후 예시와 표상은 학생 이해를 구축하는 데 더 목표를 둠으로써 학습을 가능하게 하는 데 훨씬 효과적으로 보였다. 그는 워크숍 동안 접했던 닉의 비유와 도식을 사용했다.

메타인지 전략

토니는 메타인지를 자극하는 수업전략을 상당히 개선했다. CoRe 설계 이전 수업에서, 학생들의 메타인지에 대한 의도적인 자극을 나타내는 사례들은 없었다. 그러나 CoRe 설계 이후 수업에서 그는 학생들이 자신의 사고를 생각하고 그들의 생각을 표현하도록 적극적으로 장려했다.

〈표 10.6〉 이 연구를 위해 개발된 루브릭을 이용하여 토니의 영상 녹화 수업 4개(CoRe 설계 이후)를 분석한 결과 요약 및 향상 지표

ePCK 지표	수업				향상 지표
	1	2	3	4	
교과 내용 지식					
적절성	고급	고급	숙달	고급	-
정확성	고급	고급	고급	고급	↑
개념 연결	고급	고급	고급	숙달	↑
NoS/SI 연결	기초	기초	기초	숙달	-
학생 이해에 대한 지식					
선지식	숙달	기초	숙달	숙달	↑
이해의 편차	기초	숙달	고급	숙달	↑
질문하기	기초	기초	숙달	고급	↑
교수 전략에 대한 지식					
개념의 계열화	고급	기초	숙달	숙달	↑
예시와 표상	고급	숙달	고급	숙달	↑
메타인지 전략	기초	기초	기초	숙달	↑

7. 논의 및 결론

이 절에서는 토니의 사례 연구를 통해 얻은 결과를 연구 문제 및 관련 문헌과 관련하여 해석, 논의 및 평가하고, 각 연구 문제를 차례로 재진술하여 다룬다.

1) 연구 문제 1

뉴질랜드의 물리학 경험이 적은 저경력 중등 과학 교사가 14세 학생들을 대상으로 전기와 자기를 가르칠 때의 pPCK 및 ePCK는 어떠한가?

위에서 제시한 연구 결과는 토니의 기존 pPCK와 ePCK가 네 가지로 특징지어졌음을 나타낸다: 한 가지는 그가 *무엇*을 가르치는지와 관련이 있고, 세 가지는 그가 가르치는 *방법*과 관련이 있다. *어떤* 개념을 가르치고 있는지에 관한 토니의 결정은 교과 지침에서 제공하는 결과를 따랐는데, 그는 자신의 수업 계획과 수행에서 이러한 결과를 고수하였다. 잘 발달된 pPCK의 중요한 속성인(Park & Oliver, 2008) 가르칠 적절한 개념을 선택할 때 자율적인 결정을 내렸다는 증거는 거의 없었다. 그의 수업에서 다른 개념과의 연결은 종종 간과되었는데, 이는 pPCK와 ePCK의 기초 수준을 나타낸다(Gardner & Gess-Newsome, 2011).

알론조[Alonzo] 등(2012)은 과학을 가르칠 때 교사들이 개념들을 적절하게 계열화할 필요가 있다고 주장했는데, 이를 통해 학생들은 개념들 사이의 연결을 확인하고 그 개념들에 대한 이해와 다른 개념들과의 관계를 발전시킬 수 있다. 개념들을 다른 개념들과 연결할 때, 학생들이 개념 이해를 적절하게 발전시키도록 보장하기 위해 개념(들)이 어떻게 변화하고 있는지에 대한 교사들의 통찰력 있는 설명이 요구된다. 연구 결과는 토니의 CoRe 설계 이전 수업에서 개념들의 계열화가 pPCK와 ePCK에서 기초-숙달 수준이었다는 점을 보여준다(Alonzo et al., 2012; Gardner & Gess-Newsome, 2011).

토니가 이 개념들을 *어떻게* 가르치는지의 관점에서, 세 가지 특징은 다음과 같다: 학생의 이해와 학습에 대한 교수(학)적 반응성(responsiveness); 예시와 표상의 사용 및 메타인지 촉진; 그리고 맥락의 영향.

반응성은 잘 발달된 PCK의 본질적 속성, 즉 학생들의 학습과 이해를 인식하고 교사의 다음 교수(학)적 행동을 변화시킬 수 있는 교사의 능력으로 간주된다(Alonzo et al., 2012; Gardner & Gess-Newsome, 2011). 즉, 교사는 수업 중에 학생의 요구에 교수(학)적으로 반응하고 필요에 따라 교수(학)적 접근 방식을 조정할 필요가 있다. 토니는 제공된 결과(성취기준)에 의존하였기 때문에, 그의 수업은 학생들에게 필요한 정보를 전달하는 것을 중심으로 촘촘하게 조직되는 경향이 있었다. 이러한 접근 방식은 학생들이 학습 지원을 필요로 할 때 교수(학)적으로 적절히 반응하도록 수업을 조정하지 못했다는 것을 의미하며, 이는 ePCK의 기초 수준에 국한됨을 의미한다(Alonzo et al., 2012; Gardner & Gess-Newsome, 2011; Lee et al., 2007).

학생들의 개념적 이해를 발달시키는 것을 돕기 위해, 과학 교수에 대한 PCK가 풍부한 교사들은 예시와 표상을 활용하여 학생들의 이해를 돕고 메타인지를 촉진하는 전략을 구사한다(Alonzo et al., 2012; Gardner & Gess-Newsome, 2011; Lee et al., 2007). 학생들은 이러한 예시와 표상을 활용하여 개념을 설명하고 새로운 지식을 기존의 이해와 연관시키고 자신의 생각에 대해 생각한다. 이에 반해 토니의 교수법은 정보의 전달이라는 특징이 있었다. 예시와 표상을 사용하려고 시도한 경우도 있었지만, 이러한 사례들은 효과적이지 않은 경우가 많았고 메타인지를 촉진하는 사례들이 수업에서 보이지 않았다는 점이 ePCK의 미흡-기초 수준을 나타낸다.

RCM([그림 10.1] 참조)에서는 "학습 맥락"이 교사의 pPCK와 ePCK에 대한 핵심적인 영향으로 간주된다. 이러한 영향은 토니에게도 분명히 나타났는데, 학습 환경 내의 맥락적 제약(즉, 학교의 초점이 국가 검증에서의 평가와 학업 성취에 맞춰져 있음)이 그의 교수 결정의 토대였기 때문이다. 연구 결과는 토니의 pPCK와 ePCK에서 평가에 대한 요구가 두드러지게 나타났음을 보여준다.

2) 연구 문제 2

숙련된 물리 교사와 저경력 중등 과학 교사가 협업할 때, 협력적 CoRe 설계는 물리학 경험이 적은 중등 과학 교사가 뉴질랜드의 14세 학생들을 대상으로 *전기와 자기*를 가르치기 위한 pPCK 및 ePCK의 발달에 어떠한 영향을 주는가?

CoRe 설계가 협력적 과정으로 사용될 때, 특히 예비 및 신규 과학 교사들의 PCK가 향상되는 것으로 나타났다(예: Hume & Berry, 2011, 2013; Nilsson & Loughran, 2012). CoRe 설계 워크숍 동안, 워킹그룹 내에서 지식이 공유된 경우가 많았다. 데시모네[Desimone](2009)와 대흘러[Dahler], 헬러[Heller] 및 웡[Wong](2015)은 이러한 협력적 노력을 통한 지식의 공유는 과학 교사들의 전문적 학습을 지원한다고 예측하고 있으며, 이는 토니의 사례를 통해 확인된 바와 같다. 연구 결과에 따르면, 그의 PCK는 풍부해졌고, 이는 다시 ePCK의 핵심 측면인 교실 실천을 향상시켰다. 이러한 지식 공유는 RCM에서 예측되고 표현된 것처럼 cPCK, pPCK 및 ePCK 사이에 발생한 지식 교환을 뒷받침하며, 토니가 경험한 지식 전이(transition)에서도 입증되었다.

토니의 사례 연구는 교과 내용 지식, 수업 전략에 대한 지식, 학생들의 이해와 학습에 대한 지식을 크게 향상시켜 pPCK와 ePCK를 개발하는 수단으로서 협력적 CoRe 설계의 효과성을 강화한다. pPCK 발달을 탐색하기 위한 CoRe 설계 이후 면담에서, 토니는 개인적 개선의 영역으로 교과 내용 지식과 수업 전략에 대한 지식을 명시적으로 확인하였다. 그는 특히 전압, 전하 및 에너지 개념에 대한 이해와 그 정보를 학생들에게 전달하는 방법을 강화한 것을 높이 평가하였다. 두 세트의 교실 수업 관찰 자료인 CoRe 설계 이전과 이후의 비교를 통해 이러한 향상을 확인하였다. 또한 이 비교 관찰은 토니가 학생들의 학습 요구를 교수(학)적으로 더 잘 인식하고 그 요구에 잘 대응하고 질문을 더 효과적으로 사용함에 따라 학생들의 이해와 학습에 대한 지식 또한 향상되었음을 보여주었다.

결론적으로, 토니의 사례는 학교 공동체 내에서 협력적 CoRe 설계를 사용하여 교사들의 cPCK에 접속하고 대조함으로써 해당 주제에 대한 교과 내용 지식이 적은 과학 교사들의 pPCK 및 ePCK 개발을 촉진한다는 것을 보여준다. 이러한 환경에서 협력적 CoRe 설계의 한 가지 장점은 학교가 학교의 재정 및 조직 자원에 과도한 압력을 가할 수 있는 외부 자원을 찾는 것이 아니라 내부의 전문적 지식을 활용할 수 있다는 것이다. 이러한 협력적 CoRe 설계의 내부적 사용은 대면 협력을 위해 서로 다른 위치의 다양한 교사들(및 내용 전문가)을 조직하고 보급하는 어려움에 대해 흄[Hume] 등(2013)이 제기한 한계를 포함하고 있다.

RCM은 이 연구를 안내하는데 유용하고 적용 가능한 PCK 개념화임이 증명되었다.

특히, 이 연구를 용이하게 해준 RCM 모델에는 다음과 같은 세 가지 특징이 있다:

1. pPCK와 ePCK의 개념화와 이들 간의 상호 작용. 교사가 보유하고 있는 지식(pPCK)과 교사의 교실 행동으로부터 말할 수 있는 지식(ePCK)을 분리하면 pPCK와 ePCK 사이의 비교를 돕는 동시에 둘 사이의 어떠한 시너지 및/또는 불협화음을 파악할 수 있다. 이를 위해, 이러한 형태의 PCK를 조사하고 포착하기 위한 질적 지표를 포함하는 표적 연구 방법이 개발될 수 있다.
2. cPCK의 도입. 이 형태의 PCK는 여러 사람의 기여를 인지하고, 협력적 과정을 통해 개발된 CoRe 문서가 무엇을 나타내는지를 요약해준다.
3. PCK의 다양한 형태를 포함하여 서로 다른 지식 기반 간의 지식 교환에 대한 강조. RCM의 도식에서 양방향 화살표로 표시되는 이러한 지식 교환은 지식이 어떻게 공유될 수 있는지, 그리고 그 과정이 교실 실천과 학습 맥락에 어떻게 영향을 주고 받을 수 있는지를 보여준다. 이 장에서 제시된 논의는 cPCK 영역 내에서 공유되었던 지식이 개별 과학 교사의 지식으로의 전이 및/또는 변환을 통해 pPCK 및 ePCK로 전환되고 향상되었기 때문에 이 과정의 중요성을 강화한다.

이 연구에서 제시한 협력적 CoRe 설계의 활용은 학교 과학 교사, 특히 전문적인 과학내용 지식이 부족한 교사들의 cPCK, pPCK, ePCK 향상을 위한 효과적인 전문성 개발 방안으로 고려할 필요가 있음을 제언한다.

8. 제한점

이 연구의 결과와 결론을 해석할 때 고려해야 할 제한점은 크게 세 가지이다. 이 장에서는 한 교사의 협력적 CoRe 설계 경험과 그 이후의 pPCK 및 ePCK 발달 경험만을 기술하였다. 협력적 CoRe 설계가 그에게 긍정적인 경험이었으며, 특히 그의 전문적인 지식과 실천을 향상시켰다고 보고하였지만, 다른 교사들에게는 이러한 결과로부터 같은 결론이 도출되지 않을 수 있다. 다만, 이 장에서는 다루지 않았던 집단 1의 다른 교사들 모두 pPCK 및 ePCK를 향상되었다는 점에서, 비록 CoRe 설계에 대해 방식과 정도는 다르지만 긍정적인 경험을 했다고 할 수 있다.

RCM과 이전의 PCK 합의 모델(CM, Gess-Newsome, 2015) 모두에서 학생 성취를 포함하고 있지만, 현실적인 이유로 이 연구에서는 학생으로부터 자료를 얻지 못했다. 향후 연구에서는 교사의 PCK 및 ePCK의 변화가 학습에 미칠 수 있는 영향을 보기 위해 교사의 CoRe 설계 이전 및 이후에서 학생의 과학 학습을 비교하는 것이 중요할 것이다. 이러한 유형의 자료는 협력적 CoRe 설계의 영향을 더 많이 규명할 수 있을 것이다.

이 연구에서는 pPCK의 교수(학)적 추론과 ePCK 사이의 연관성을 탐구하지 않았다. 게스-뉴섬Gess-Newsome(2015)이 교사 PCK의 이러한 양상을 조사하기 위해 회상 자극 면담과 같은 자료 수집 방법을 사용하도록 장려했지만, 이 연구에서는 이를 사용하지 않았다(전일제로 가르치는 연구자의 상황을 고려하여 PCK의 이러한 양상을 탐구하지 않기로 결정해야 했다). 협력적 CoRe 설계에 참여한 후, 교수 행동에서 과학 교사의 교수(학)적 추론을 조사하는 것은 협력적 CoRe 설계의 효과에 대한 풍부한 통찰력을 제공할 것이다.

부록 1: ePCK 분석을 위한 루브릭

ePCK 지표	미흡	기초	숙달	고급
교과 내용 지식				
NZC와 관련된 개념의 적절성—물리적 세계 (레벨 5)	NZC와 관련된 개념과 관련이 없음—물리적 세계 (레벨 5)	NZC와 관련된 개념과 관련이 적음—물리적 세계 (레벨 5)	NZC와 관련된 개념과 관련이 충분함—물리적 세계 (레벨 5)	NZC와 관련된 개념과 관련이 밀접함—물리적 세계 (레벨 5)
개념(들)의 설명에 대한 과학적 정확성	설명이 대부분 부정확하고, 개념(들)을 다루지 못함	설명이 다소 부정확하고, 일부 개념만 다루고 있음	설명이 대부분 정확하지만, 약간의 부정확성이 보이거나 너무 간략함	정확한 설명을 통해 개념을 정확하게 설명할 수 있음
다른 개념과 연관 및/또는 연결	가능한 연관 및/또는 연결이 이루어지지 않음	가능한 연관은 거의 만들어지지 않았고, 설명과 연결되지 않음	일부 가능한 연관 및 연결이 이루어짐	가능한 연관 및 연결이 많이 이루어짐
과학의 본성 또는 과학 탐구에 대한 암묵적 또는 명시적 연관성 (NoS/SI 연관성)	NoS/SI와의 연관성이 만들어지지 않음	적은 NoS/SI와의 연관성이 만들어짐	일부 NoS/SI와의 연관성이 만들어짐	많은 NoS/SI와의 연관성이 만들어짐
학생 이해에 대한 지식				
교사는 가능한 학생의 선지식, 어려운 개념, 잘못된 개념을 인식하고 인정함	가능한 학생의 선지식, 어려운 개념 및/또는 오해에 대한 인식 또는 인정하지 못함	가능한 학생의 선지식, 어려운 개념 및/또는 오해에 대해 일부 인식함	가능한 학생의 선지식, 어려운 개념 및/또는 오해에 대해 일부 인식하고 인정함	대부분/모든 학생의 가능한 선지식, 어려운 개념 및/또는 오개념을 인식하고 인정함
교사는 학생의 이해와 학습의 편차에 대한 인식을 사용하여 지도함	학생의 이해와 학습의 편차를 인식 및/또는 사용하여 지도하지 않음	학생의 이해나 학습의 편차를 인식하지만, 이를 사용하여 지도하지 않음	학생 이해나 학습의 편차에 대한 약간의 인식이 지도하는 데 사용됨	교사가 학생의 이해나 학습의 편차를 인식하고 이를 활용하여 지도한 사례가 많음
교사는 학생의 이해를 조사하고 확장하기 위해 질문을 사용함	학생의 이해를 조사하거나 확장하기 위해 질문을 사용하지 않음	학생의 이해를 조사하거나 확장하기 위해 몇 개의 질문을 사용함	학생의 이해를 조사하거나 확장하기 위해 충분한 범위의 질문을 사용함	학생의 이해를 조사하거나 확장하기 위해 다양하고 많은 질문을 사용함

ePCK 지표	미흡	기초	숙달	고급
교수 전략에 대한 지식				
가르치는 개념의 적절한 순서	개념과 순서 사이에 전체적인 흐름이 없으며 학생들을 혼란스럽게 함	개념과 순서 사이의 흐름이 일부 개념구성을 가능하게 함	개념과 순서 사이의 적절한 흐름이 만족스러운 개념구성을 가능하게 함	개념과 순서 사이의 명료한 흐름이 효과적인 개념구성을 가능하게 함
관련 예시 및/또는 표상이 수업에 사용되며, 이는 교수(학)적으로 개념을 설명하는 데 효과적인 것으로 보임	예시 및/또는 표상이 사용되지 않음	예시 및/또는 표상이 사용되었지만, 교수(학)적으로 효과적이지 않음	사용된 예시 및/또는 표상은 일부 관련성이 있지만, 교수(학)적으로 제한적임	사용된 예시 및/또는 표상이 관련성이 있고 교수(학)적으로 효과적임
메타인지를 가능하게 하는 전략 사용	메타인지를 가능하게 하는 전략을 사용하지 않음	메타인지를 가능하게 하는 전략을 제한적으로 사용함	메타인지를 가능하게 하는 전략을 충분히 사용함	심층적인 메타인지를 가능하게 하는 전략을 많이 사용함

부록 2: 토니 워킹그룹의 CoRe 기여

	핵심 아이디어(토니의 워킹그룹)		
교수(학)적 프롬프트	전하는 다른 전하에 힘을 미치는 전기장을 생성함	전류는 전하의 흐름임	전압은 두 점 사이의 전위 에너지 차이임
학생들이 이 아이디어에 대해 배우길 원하는 것	• 재료끼리 문지르면 전하가 분리될 수 있음 • 같은 전하는 밀어내고 반대 전하는 끌어당김	• 전류가 양극에서 음극으로 흐름 • 전하는 보존됨 • 직렬 회로의 모든 부분에서 전류는 같음 • 병렬 회로에서 전류는 분배됨 • 전류(I)는 암페어(A) 단위로 측정됨 • 전류계는 전류가 모두 흐르도록 직렬로 사용됨	• 에너지가 보존됨 • 직렬 회로의 구성요소에 공급 전압이 분배됨 • 병렬 회로의 각 부분에서 전압은 같음 • 전압(V)은 볼트(V) 단위로 측정됨 • 전압계는 두 점 사이의 차이를 측정하기 위해 병렬로 사용됨
학생들이 이 아이디어를 아는 것이 중요한 이유	• 일상 현상을 설명해주기 때문 -(예) 트램펄린이나 조명에 충격을 주는 것 • 전류 전기의 기초	• 모든 전기 회로의 동작을 이해하기 위한 기본 개념임	
이 아이디어에 대해 더 알고 있는 것(아직 학생들이 배우지 않아도 되는 것)	• 전자기 유도	• 기존 전류 대 전자 흐름	• 볼트(Volts)=줄(jouls)/쿨롱(Coulomb)
이 아이디어를 가르치는 것과 관련된 어려움 및/또는 한계	• 습한 환경은 정전기 실험을 망칠 수 있음	• 볼 수 없음 • 비유는 오해를 불러일으킬 수 있음 • 기존 전류 대 전자 흐름	• 볼 수 없음 • '힘'이라는 용어의 일상적 사용

(계속)

	핵심 아이디어(토니의 워킹그룹)		
교수(학)적 프롬프트	전하는 다른 전하에 힘을 주는 전기장을 생성함	전류는 전하의 흐름임	전압은 두 점 사이의 전위 에너지 차이임
이 아이디어를 가르치는 데 영향을 주는 학생 사고에 대한 지식	• 학생들은 대개 정전기에 대한 선경험을 가지고 있음	• 전선을 가득 채운 전하가 모두 이동하는 것이 아니라 단일 전하 단위로 이동한다는 흔한 오해	• 학생들은 전선 색깔에 얽매임
이 아이디어를 가르치는 데 영향을 주는 다른 요인	• 날씨	• 학생들이 회로를 만들 수 있어야 함	• 전압은 모델링이 어려움
수업 절차(그리고 이 아이디어를 다루기 위해 그러한 수업 절차를 사용하는 특별한 이유)	• 정전기 충전을 설명하기 위한 막대와 옷—종이 줍기와 검전기(electroscopes) • 반데그라프(Van der Graaf) 발전기 • 유튜브(YouTube) 영상	• 정의 • 직렬 및 병렬 회로에서 전류 측정 및 규칙 제정 • 규칙이 적용되는 이유에 대한 논의 • 단일/다중 경로를 이동하는 전하 모델로 학생들의 모델을 사용할 수 있는가	• 정의 • 직렬 및 병렬 회로에서 전압 측정 및 규칙 제정 • 규칙이 적용되는 이유에 대한 논의
이 아이디어에 대한 학생들의 이해나 혼란을 확인하는 구체적인 방법	• 적용을 설명할 수 있음-(예) 반데그라프 발전기를 만질 때 사람의 머리카락이 일어서는 이유	• 회로의 전류 및 전압을 측정할 수 있음 • 직렬 및 병렬 회로에서 전류 및 전압을 계산할 수 있음	

참고문헌

Alonzo, A. C., Kobarg, M., & Seidel, T. (2012). Pedagogical content knowledge as reflected in teacher-student interactions: Analysis of two video cases. *Journal of Research in Science Teaching, 49*(10), 1211-1239.

Bogdan, R. C., & Biklen, S. K. (2007). *Qualitative research for education: An introduction to theory and methods* (5th ed.). New York, NY: Pearson.

Bryman, A. (2016). *Social research methods* (5th ed.). New York, NY: Oxford University Press.

Cohen, L., Manion, L., & Morrison, K. (2011). *Research methods in education* (7th ed.). New York, NY: Routledge.

Daehler, K. R., Heller, J. I., &Wong, N. (2015). Supporting growth of pedagogical content knowledge in science. In A. Berry, P. Friedrichsen, & J. Loughran (Eds.), *Re-examining pedagogical content knowledge in science education* (pp. 45-59). New York, NY: Routledge.

Desimone, L. M. (2009). Improving impact studies of teachers' professional development: Toward better conceptualizations and measures. *Educational Researcher, 38*(3), 181-199.

Flick, U. (2014). *An introduction to qualitative research* (5th ed.). London, UK: Sage.

Gardner, A. L., & Gess-Newsome, J. (2011, April). *A PCK rubric to measure teachers' knowledge of inquiry-based instruction using three data sources*. Paper presented at the Annual Meeting of the National Association for Research in Science Teaching, Orlando, FL.

Gess-Newsome, J. (2015). A model of teaching professional knowledge and skill including PCK: Results of the thinking from the PCK summit. In A. Berry, P. Friedrichsen, & J. Loughran (Eds.), *Re-examining pedagogical content knowledge in science education* (pp. 28-42). New York, NY: Routledge.

Guba, E. G., & Lincoln, Y. S. (1989). *Fourth generation evaluation*. Newbury Park, CA: Sage.

Henze, I., & van Driel, J. H. (2015). Toward a more comprehensive way to capture PCK in its complexity. InA. Berry, P. Friedrichsen, & J. Loughran (Eds.), *Re-examining pedagogical content knowledge in science education* (pp. 120-134). New York, NY: Routledge.

Hume, A. (2010). CoRes as tools for promoting pedagogical content knowledge (PCK) of novice chemistry teachers. *Chemistry Education in New Zealand, 119,* 13-19.

Hume, A. (2015). Getting to the core of the matter: Developing a primary school's science plan. *New Zealand Science Teacher, 134,* 18-22.

Hume, A., & Berry, A. (2011). Constructing CoRes—A strategy for building PCK in pre-service science teacher education. *Research in Science Education, 41*(3), 341-355. https://doi.org/10.1007/s11165-010-9168-3.

Hume, A., & Berry, A. (2013). Enhancing the practicum experience for pre-service chemistry teachers through collaborativeCoRe designwith mentor teachers. *Research in Science Education, 43*(5), 2107-2136.

Hume, A., Eames, C., Williams, J., & Lockley, J. (2013). The benefits of collaborative content representation (CoRe) design. *SET: Information for Teachers, 2,* 35-43.

Kvale, S. (1996). *Interviews: An introduction to qualitative research interviewing*. Thousand Oaks, CA: Sage.

Lederman, N. G., Antink, A., & Bartos, S. (2014a). Nature of science, scientific inquiry, and socioscientific issues arising from genetics: A pathway to developing a scientifically literate citizenry. *Science & Education, 23*(2), 285-302.

Lederman, J. S., Lederman, N. G., Bartos, S. A., Bartels, S. L., Meyer, A. A., & Schwartz, R. S. (2014b). Meaningful assessment of learners' understandings about scientific inquiry—The views about scientific inquiry (VASI) questionnaire. *Journal of Research in Science Teaching, 51*(1), 65-83.

Lee, E., Brown, M. N., Luft, J. A., & Roehrig, G. H. (2007). Assessing beginning secondary science teachers' PCK: Pilot year results. *School Science and Mathematics, 107*(2), 52-60.

Loughran, J., Berry, A., & Mulhall, P. (2006). *Understanding and developing science teachers' pedagogical content knowledge*. Rotterdam, The Netherlands: Sense Publishers.

Magnusson, S., Krajcik, J., & Borko, H. (1999). Nature, sources, and development of pedagogical content knowledge for science teaching. In J. Gess-Newsome & N. G. Lederman (Eds.), *Examining pedagogical content knowledge* (Vol. 6, pp. 95-132). Dordrecht, The Netherlands: Kluwer Academic.

Ministry of Education. (2007). *The New Zealand curriculum*. Wellington, New Zealand: Learning Media Ltd.

Nilsson, P., & Loughran, J. (2012). Exploring the development of pre-service science elementary teachers' pedagogical content knowledge. *Journal of Science Teacher Education, 23*(7), 699-721.

NZQA. (2010). *Achievement standard physics 1.3: Demonstrate understanding of aspects of electricity and magnetism*. AS90937 version 3. Retrieved August 22, 2016, from http://www.nzqa.govt.nz/nqfdocs/ncea-resource/achievements/2015/as90937.pdf.

Park, S., Jang, J.-Y., Chen, Y.-C., & Jung, J. (2011). Is pedagogical content knowledge (PCK) necessary for reformed science teaching? Evidence from an empirical study. *Research in Science Education, 41*(2), 245-260.

Park, S., & Oliver, J. S. (2008). Revisiting the conceptualisation of pedagogical content knowledge (PCK): PCK as a conceptual tool to understand teachers as professionals. *Research in Science Education, 38*(3), 261-284.

Patton, M. Q. (2014). *Qualitative research and evaluation methods* (4th ed.). Thousand Oaks, CA: Sage.

Treagust, D. F., Won, M., & Duit, R. (2014). Paradigms in science education research. In N. G. Lederman & S. K. Abell (Eds.), *Handbook of research on science education* (Vol. 2, pp. 3-17). New York, NY: Routledge.

Watts, M., & Ebbutt, D. (1987). More than the sum of the parts: Research methods in group interviewing. *British Educational Research Journal, 13*(1), 25-34.

Yin, R. K. (2014). *Case study research: Design and methods* (5th ed.). Thousand Oaks, CA: Sage.

제11장

과학 교사의 PCK 측정을 위한 그랜드 루브릭

케네디 캄 호 찬Kennedy Kam Ho Chan, 마리사 롤닉Marissa Rollnick and
쥴리 게스-뉴섬Julie Gess-Newsome

루브릭은 과학 교사의 PCK의 질을 질적 및 양적으로 구분하기 위해 점점 더 많이 사용되고 있다. 잘 설계된 PCK 루브릭은 유효한 평가를 위해 PCK 질을 판단하는 데 도움이 될 수 있다. 이 장에서는 RCM에 묘사된 다양한 형태(variants)의 PCK를 측정할 수 있는 "그랜드 루브릭(grand rubric)"의 가능성을 고려한다. 이를 위해, 먼저 과학 교육 분야에서 최근 사용되고 있는 루브릭의 특징을 검토한다. 기존의 루브릭에 대한 전문가 토론 그룹의 분석을 통해 그랜드 루브릭을 구성하는 데 있어 중요한 고려사항을 검토한다. 기존의 루브릭에 대한 전문가 분석을 바탕으로 그랜드 루브릭을 제안하고 그 배열과 특징을 설명한다. 그랜드 루브릭은 본질적으로 포괄적이며 다양한 과학 내용 주제와 함께 사용할 수 있을 뿐만 아니라 RCM에서 PCK의 특정 형태(개별 과학 교사의 pPCK 및 ePCK, 과학 교사 집단의 cPCK 등)를 측정하기 위해 맞춤화하여 활용할 수 있다.

1. 도입

교사 지식을 평가하는 것은 수십 년 동안 관심의 대상이 되어 왔다(Gitomer & Zisk, 2015). 교사가 알고 있는 것이 교실 수업의 질과 학생의 학습에 영향을 미친다는 점을 뒷받침하는 다양한 증거가 있기 때문에 교사의 지식은 중요하다(예: Baumert et al., 2010; Kersting, Givvin, Thompson, Santagata, & Stigler, 2012). PCK는 교사의 전문적 기반 내에서 수업과 가장 밀접한 중요한 지식의 영역이다(Shulman, 1986). PCK는 교사가 "학생 성취의 향상을 위해 특정 주제를 특정 목적과 특정 방식으로" 가르치는 데 필요한 지식과 기술을 포함한다(Gess-Newsome, 2015, p. 36). 교사 양성 프로그램 및 전문성 개발 활동에서 교사 지식을 향상시키기 위한 노력의 효과성을 검증하고 교사 자격을 검증하기 위해서는 교사 지식과 기술(PCK 포함)을 측정할 필요가 있다.

2012년 제1차 PCK 정상회의 이후, 특히 과학 교육 분야에서 PCK 연구와 그 측정에 대한 관심이 급증하고 있다(예: Kirschner, Taylor, Rollnick, Borowski, & Mavhunga, 2015; Park & Suh, 2015; Smith & Banilower, 2015). PCK와 관련된 자료가 종종 정성적인 성격을 갖고 있기 때문에(인터뷰, 설문조사와 서면 질문, 수업 산출물, 수업 관찰 등), 채점 기준표(이하, 루브릭)를 사용하는 것이 보편화되었다. 루브릭은 사전에 설정된 수행 기준이 있는 채점 범주로 이루어진 서술적 채점 체계이다(Mertler, 2001). 잘 설계된 PCK 루브릭은 구인의 범위를 구분함으로써 PCK의 주요 차원에 대해 측정을 위한 조작적 정의를 제공한다. 따라서, 잘 설계된 PCK 루브릭은 수업 수행을 분석하는 데 도움을 주며, PCK의 질을 판단하는 것을 지원할 수 있다.

2016년 네덜란드에서 열린 제2차 PCK 정상회의에서 대다수 참가자가 과학 교사의 PCK를 측정하기 위한 "그랜드 루브릭"에 관한 아이디어에 관심이 있었으며, 일부 참가자들은 이러한 가능성을 논의하기 위해 토론 그룹을 구성했다(이하, 루브릭 토론회). 토론의 주된 동기는 그랜드 루브릭이 유효하고, 어디에나 수용되며, 연구자 간 명확하고 모호하지 않은 의사소통을 지원한다는 전제였다. 만약 그랜드 루브릭이 충분히 포괄적인 특성을 가진다면, 그랜드 루브릭은 다양한 과학 내용 주제에 맞춤화될 수 있으며, 자료 간 삼각검증 및 주제 간 PCK 점수 비교를 가능하게 하고, 사전-개입-

사후 설계에서 PCK 성장에 대한 증거를 제공할 수 있다(즉, 개별 교사의 PCK 발달을 밝히는 것). 이러한 루브릭은 일반적으로 가르치는 많은 과학 주제에 대한 PCK를 표현하는 국제 표준을 수립하는 데 상당한 기여를 할 것이다.

이 장에서는 개별 교사의 pPCK 및 ePCK, 과학 교사 집단의 cPCK를 포함하여 RCM에 묘사된 PCK의 모든 형태를 밝히는 데 사용될 수 있는 과학 교사 PCK 측정을 위한 그랜드 루브릭 구성 시 주요 고려사항을 제시한다. 이를 위해, 체계적인 문헌 검토를 통해 최근 사용되고 있는 PCK 루브릭을 확인하고, 그 특징을 검토했다. 검토된 연구에서 저자들이 루브릭을 구성하는 과정에서의 기본적인 근거나 고려사항을 거의 명시하지 않았기 때문에, PCK 측정을 위한 그랜드 루브릭을 만드는 데 필요한 중요한 고려사항을 찾기 위해 제2차 PCK 정상회의에서 열린 루브릭 토론회의 녹취록을 분석했다. 이 정보를 바탕으로, 과학 수업을 위한 PCK의 특정 형태를 측정할 수 있을 뿐만 아니라 다양한 내용과 크기(grain size)로 사용할 수 있도록 맞춤화할 수 있는 포괄적인 그랜드 루브릭을 제안한다.

2. 연구 문제

이 장의 연구 문제는 다음과 같다.

첫째, 기존 문헌에서 과학 교사의 PCK의 질을 구분하기 위해 사용된 루브릭의 특징은 무엇인가?

둘째, 과학 교사의 PCK를 측정하기 위한 그랜드 루브릭 구성 시 중요한 고려사항은 무엇인가?

셋째, 과학 교사의 PCK를 측정하기 위한 그랜드 루브릭은 어떤 모습인가?

3. 연구 방법

이 장에서는 출판된 문헌과 미출판 문헌(즉, 공적으로 공유된 문헌뿐만 아니라 제1, 2차 PCK 정상회의 참가자들이 작성한 연구의 개요), 그리고 PCK 연구에서 루브릭의 사용에 대해 제2차 PCK 정상회의에서 수집한 질적 데이터를 체계적으로 검토했다. 베넷Bennett, 루벤Lubben 및 호가스Hogarth(2007)는 다음과 같은 검토 과정의 특성을 통해 이러한 검토의 장점을 알 수 있다고 설명했다: 검토할 연구를 선정하기 위한 명확한 기준 사용, 발표된 연구에 대한 철저한 검토, 의사결정에 최소 2명 이상 연구자의 참여.

이 장의 저자들은 첫 번째 연구 문제를 위해 체계적인 문헌검색을 통해 PCK 루브릭 사용과 관련된 연구들을 선정했다. 1차 문헌검색에서는 주로 과학 교육 분야에서 11개의 학술지와 교사 교육 분야에서 3개의 학술지를 대상으로 "PCK"와 "rubric"이라는 키워드를 사용하여 검색했다. 문헌검색에 이용된 학술지는 다음과 같다: *African Journal of Research in Mathematics; Science and Technology Education; EURASIA Journal of Mathematics, Science and Technology Education; Chemistry Education Research and Practice; International Journal of Science Education; International Journal of Science and Mathematics Education; Journal of Research in Science Teaching; Journal of Science Teacher Education; Research in Science Education; Research in Science and Technological Education; School Science and Mathematics; Science Education; Teachers and Teaching: Theory and Practices; and Teaching and Teacher Education.*

다음과 같은 선정 기준을 사용하여 각 논문의 포함 여부를 결정했다.

- 영어로 작성된 경험적 연구이며 과학 교사의 영역, 주제 및/또는 개념 특수적 PCK에 초점을 두었다.
- 논문이 루브릭에 대한 충분한 설명과 상세한 내용을 담고 있다.

- 과학 교사 PCK의 질을 구분하기 위해 루브릭을 주로 활용했다.
- 루브릭은 PCK 문헌에 의해 충분히 설명되었다.

위의 선정 기준으로 교사 PCK의 질을 구분하기 위한 루브릭 사용을 밝힌 연구들이 선정되었다. 등급 매뉴얼 또는 코딩 매뉴얼을 사용하거나 채점 절차만을 간단히 설명한 연구들은 채점 방식이 루브릭이 아니기 때문에 분석 대상에 포함하지 않았다. 또한, PCK는 특정 교과에서 다양한 크기의 주제에 관한 수업과 관련이 있는 것이기 때문에, 선정 기준에 따라 논증을 위한 PCK나 탐구 실천을 위한 PCK와 같이 학문(분야) 수준에서 PCK의 질을 구분하기 위해 루브릭을 사용한 논문들은 분석 대상에서 제외했다(2장 참조). 2차 문헌검색에서는 다음과 같이 논문의 출처를 더욱 다양하게 했다:

(1) ERIC 데이터베이스(https://eric.ed.gov/)에서 동일한 키워드로 검색했고,
(2) 두 번의 PCK 정상회의에서의 연구 개요에 포함된 루브릭을 검색했고,
(3) PCK 정상회의 참여자들에게 추가적인 루브릭을 제안할 것을 요청했다.

이 세 가지 과정을 통해 검색된 모든 논문은 앞서 언급한 선정 기준을 사용하여 포함 여부를 결정했다. 그 결과, 제2차 PCK 정상회의에서의 연구 개요 10편, 학술지 논문과 챕터 27편 등 37개 자료가 최종 검토 대상으로 선정되었다. 출처는 *부록 1* (https://www.researchgate.net/project/Grand-Rubric-for-PCK에서 받을 수 있음)에 제시했다.

최근 사용되고 있는 PCK 루브릭의 특징을 분석하기 위하여(연구 문제 1), 먼저 8가지 루브릭 특징을 결정했다.[1] 그런 다음 제1 저자는 이러한 특징에 따라 모든 논문을 분석했고, 제2 저자는 분석된 논문들의 13개 하위 범주를 검증했다. 이 8가지 특징 중 5가지를 이 연구의 목적과 관련된 것으로 간주했다: (1) 루브릭의 구조 및 목적, (2) 조사된 PCK의 형태, (3) PCK 모델 및 구성 요소, (4) PCK 질(수준) 구분 지표,

1) 8가지 특징은 다음과 같다: (1) 논문의 주요 초점, (2) PCK 모델과 그 구성 요소/범주, (3) 조사된 PCK의 형태(들), (4) 자료의 출처, (5) 루브릭 개발 과정, (6) 루브릭의 구조 및 목적, (7) PCK 질 지표, (8) 채점 과정.

(5) 자료의 출처. 두 저자 사이에 광범위한 합의가 이루어졌고 견해의 차이는 논의를 통해 해결되었다. 위의 분석을 바탕으로 루브릭을 서로 다른 몇 개의 그룹으로 분류하고 그 특징을 설명했다.

과학 교사의 PCK 측정을 위한 그랜드 루브릭에서의 주요 고려사항을 파악하기 위해(연구 문제 2), 제2차 PCK 정상회의에서 진행된 루브릭 토론회의 음성 녹음(1시간 10분)을 전사하고 분석하였다. 루브릭 토론회는 8개국 11명의 PCK 연구자[2](이하 PCK 전문가)들로 구성되었다. PCK 전문가들은 토론회에서 과학 교사의 PCK 측정을 위한 그랜드 루브릭의 구성 가능성에 대해 논의하였다. 모든 참여자에게 토론 녹취록과 음성 파일을 보내 녹취록의 정확성과 타당성을 검증하였다. 그랜드 루브릭을 만드는 것과 관련된 문제에서 나타난 주요 주제를 파악, 분류, 탐색하기 위해 표준 질적 연구 기법을 사용하여 녹취록을 귀납적으로 분석하였다(Patton, 2002). 분석 결과, 그랜드 루브릭을 구성하기 위한 몇 가지 중요한 고려사항이 드러났다.

마지막으로, 기존의 루브릭에 대한 분석과 PCK 정상회의에서의 루브릭 토론회를 바탕으로 과학 교사 PCK 측정을 위한 그랜드 루브릭의 잠재적 구조를 개념화했다(연구 문제 3).

자료의 신뢰성을 확보하기 위하여 연구자 삼각검증(Denzin, 1989)을 사용했다. 세 저자는 대면 회의 및 이메일 교환, 스카이프 회의 등을 통해 문헌 검토, 2차 PCK 정상회의의 주제들, 그랜드 루브릭의 시사점, 그리고 샘플 루브릭 및 최종 그랜드 루브릭 템플릿을 분석하는 것과 관련된 주요 의제에 대한 합의에 도달했다.

4. 결과 및 논의

연구 결과 및 논의를 세 가지 연구 문제에 따라 정리했다. 먼저, 문헌에서 찾은

2) 루브릭 토론회에 참여한 11명의 정상회의 참가자들은 Alicia Alonzo, Julie Gess-Newsome (미국), Amanda (만디), Berry (호주), Jared Carpendale (뉴질랜드), Kennedy Chan (홍콩), Sophie Kirschner, Sven Liepertz (독일), Elizabeth Mavhunga, Marissa Rollnick (남아프리카공화국), Pernilla Nilsson (스웨덴), and Christopher (크리스) Wilson (영국, 미국 거주)이다.

루브릭과 그 특징에 대한 상세한 분석 결과를 제시했다. 다음으로, 루브릭 토론회에서 다룬 주요 주제에 대해 논의했다. 마지막으로, 과학 교사의 PCK 측정을 위한 그랜드 루브릭을 제안하고 그 특징을 설명했다.

1) 기존 PCK 루브릭의 특징

체계적인 검토 결과, 학술지 논문 및 챕터, 제2차 PCK 정상회의를 위해 작성된 연구 개요 등 총 37개 자료가 검색 기준에 부합했다. 추가적인 분석 결과, 여러 논문이 서로 다른 과학 주제와 방법을 다루고 있음에도 불구하고 같은 특징을 공유하는 루브릭을 사용한 것을 알 수 있었다. 이들 논문들을 그룹화하여 26개의 루브릭을 추출했다. 논문의 목록과 해당 범주는 *부록 I* 에서 확인할 수 있다(https://www.researchgate.net/project/Grand-Rubric-for-PCK 참조). 26개의 루브릭을 각각 분석하여 과학 교사의 PCK 측정을 위한 그랜드 루브릭을 구성하는 데 가장 밀접한 도움을 주는 다섯 가지 루브릭의 특징을 요약했다.

(1) 루브릭의 구조 및 목적

PCK 루브릭을 구조와 목적에 따라 분류한 결과, 모든 루브릭의 목적이 과학 교사 PCK의 질을 구분하는 것임을 알 수 있었다. 이 중 20개의 루브릭이 과학 교사 PCK를 측정했고, 나머지 6개 루브릭은 질적 분석에 더 적합했다.

기존 루브릭의 목적이 다양하지만, 분명히 루브릭을 사용하여 PCK를 효과적으로 *측정*할 수 있다고 믿는 연구자들이 상당수 있다. 우리는 과학 교사 PCK 측정을 위한 그랜드 루브릭이 연구자, 전문가 및/또는 모범답안적 실천이 정의하고 경험적으로 결정된 규범적 기준에 따라 과학 교사 PCK를 측정할 수 있는 방식으로 설계되어야 한다는 것에 동의한다. 즉, 우리는 PCK가 낮은 것에서부터 높은 것까지 연속체로 존재하며 루브릭을 사용하여 측정할 수 있다고 주장한다.

PCK 루브릭의 구조는 다양하다. PCK 질 지표로 루브릭의 행을 구성하거나, 대안적으로 루브릭의 행에 PCK의 구성 요소를 사용할 수 있다(일부 루브릭은 PCK 구성 요소의 하위 범주들을 루브릭의 행으로 사용하기도 한다). 대부분의 루브릭은 루브릭의 행을 구성하는 PCK의 구성 요소가 포함된 분석적 루브릭(하나 이상의 주요 차원을 구체화하는 루브릭)이다. 보통 2~7개의 수행 수준이 있으며, 가장 일반적인 수행 수준의 개수는 4개이다.

(2) PCK의 형태

베리Berry, 드파페Depaepe 및 반 드리엘van Driel(2016)은 PCK를 정적 또는 동적인 것으로 설명한다. 이 저자들에 따르면, 다른 지식 유형과 상호 작용하고 상황 속에서 발달할 수 있는 동적 PCK와 달리, 정적 PCK는 교사 지식의 고정된 형태이다. 이러한 구분은 실행 스펙트럼의 양극단을 나타내는 두 가지 형태, 즉 (1) "교사의 추론 및 계획 관련 지식"과 (2) "교수 행위"를 설명하는 제1차 PCK 정상회의에서 합의된 정의와 일치한다(Gess-Newsome, 2015, p. 36). 전자는 교사가 교실 안에서 실제로 하는 일(즉, 동적 PCK)을 조사하지 않고 교사가 무엇을 알고 있거나 생각하는지(즉, 정적 PCK) 또는 '그것'을 알고 있는지를 조사하는 것과 관련이 있다. 반면, 후자는 교사가 교실에서 실제로 하는 일(즉, 동적 PCK)과 본질적으로 연관되어 있고 그 안에 내재해 있는 방법에 대한 지식(즉, 기술 및 방법)과 그 순간에 할 수 있는 행위에 대한 지식(Mason & Spence, 1999)을 의미한다. RCM과 연관 지어 살펴보면, 정적 PCK는 cPCK, pPCK 또는 계획 및 성찰 단계(ePCKp, ePCKr)에서의 ePCK에 해당하는 반면, 동적 PCK는 수업의 상호작용적인 단계에서의 PCK(ePCKi)에 해당한다 - (12장 참조)[3].

PCK를 측정하는 20개의 루브릭 중 7개는 동적 PCK(ePCKi)를 대상으로 하였고 나머지는 정적 PCK를 측정했다. 질적 분석에 적합한 6개의 루브릭 중 3개는 정적 PCK를 조사했다. 따라서 양적이든 질적이든 대부분의 루브릭이 정적 PCK에 더 자주 사용되었다고 결론지을 수 있다.

3) 명확한 설명을 위해 이하에서는 정적 PCK 및 동적 PCK라는 용어를 사용한다.

(3) 모델과 구성 요소의 사용

루브릭 개발에 영향을 주는 또 다른 특징은 PCK를 다른 범주의 교사 지식과 관련짓는 일을 안내하는 모델을 선택한 것이다. 4개를 제외한 모든 루브릭은 특정 모델을 따른다. 가장 일반적으로 많이 사용되고 있는 모델은 마그누손의 PCK 모델(Magnusson, Krajcik, & Borko, 1999) 또는 이를 변용한 것이었다. 루브릭 중 3개는 슐만Shulman의 초기 개념화(Shulman, 1986)를, 2개는 제1차 PCK 정상회의의 합의 모델(CM) (Gess-Newsome, 2015)을, 그리고 2개는 마분가 모델(Mavhunga & Rollnick, 2013)을 사용했다.

모델을 사용하여 루브릭을 개발할 때 거의 모든 루브릭은 "학생들의 과학 이해에 대한 지식"과 "수업 전략에 대한 지식"을 중심으로 구성된다. 이는 슐만Shulman이 1986년에 자주 인용한 PCK의 처음 개념화에 사용된 두 가지 요소이다.

루브릭 개발을 위한 특징으로 강조된 다른 구성 요소에는 내용 지식, 표현의 사용, 과학 교수에 대한 지향, 그리고 교수적 추론이 있다. 내용을 고려할 때는 입자 크기(즉, 루브릭이 영역, 주제, 개념 중 어느 수준에서 PCK를 측정하는지) 또한 고려할 필요가 있다. 이 조사에서 다룬 대부분의 루브릭은 힘과 움직임, 광합성, 화학적 평형과 같은 주제 수준의 PCK를 대상으로 삼았다.

기존 모델을 따르지 않은 루브릭은 흥미로운 읽을거리를 제공하는데, 이 중에서 세 가지(Alonzo & Kim, 2016; Gess-Newsome et al., 2017; Lee, Brown, Luft, & Roehrig, 2007)는 문헌에 대한 철저한 검토를 제공한다. 이 세 가지 연구는 특정한 하나의 PCK 모델을 따르지는 않지만, 결국 마그누손 모델과 유사한 경험적으로 도출된 구성 요소를 포함한다.

(4) PCK 질 지표

루브릭에서 제안된 PCK 질 지표를 테마별로 분석한 결과, 교수·학습에 대한 구성주의적 관점에서 나타난 속성이 강조되었다. 가장 일반적인 테마로 개념적 접근, 이해시키기(sense-making), 의미를 위한 교수가 언급되었다(거의 모든 루브릭에서). 그다음으로 학생 사고와 아이디어에 대한 인식, 학생 중심의 접근 방식, 그리고 학생 아이디어와 교수 전략 간 연결에 대한 강조가 그 뒤를 이었다. 위의 테마와 관련이 없는 기준은 내용의 정확성, 완전성 또는 본성과 관련이 있다(최소 9개의 루브릭에서). 일부 루브릭은 내용에 대한 개념적 관점과도 연결되는 빅 아이디어를 언급한다. 또 다른 반복되는 테마는 교수적 추론의 질과 PCK 구성 요소 간 통합의 정도였으나, 두 영역은 루브릭에서 단일 차원/행으로 명확히 확인되지 않았다.

(5) 자료의 출처

과학 교사의 PCK는 주로 단일 유형의 자료원(예: 개방형 서술형 평가)를 사용하여 결정되었다. 7개의 루브릭은 지필형이었고, 이들 루브릭은 모두 정적 PCK를 측정했다(예: Davidowitz & Potgieter, 2016; Jin, Shin, Johnson, Kim, & Anderson, 2015). 정적 PCK를 측정하는 나머지 루브릭은 인터뷰 및 영상과 같은 자료원을 사용했으며, 그중 하나는 CoRe[4](Loughran, Mulhall, & Berry, 2004)를 사용했다. 영상 분석의 경우(예: Alonzo & Kim, 2016), 일반적으로 응답자들(PCK 측정 대상)이 특정 교사의 과학 수업 영상을 분석하도록 했기 때문에, 응답자들의 행위보다는 지식을 요구했다. 동적 PCK(예: $ePCK_i$)를 측정하는 루브릭은 모두 수업 영상이나 교실에서 교사의 교수 행위 관찰을 사용했다.

2) 과학 교사 PCK 측정을 위한 그랜드 루브릭 작성 시 주요 고려사항

앞서 언급한 연구 결과는 최근의 문헌에서 검토된 PCK 루브릭을 분석한 것과 관련된 내용이다. 이제 제2차 PCK 정상회의에서 루브릭 토론회의 자료를 통해 과학 교사의 PCK 측정을 위한 그랜드 루브릭 작성 시 주요 고려사항을 확인한다. 이 토론회는 루브릭을 작성하는 데 필요한 중요한 고려사항을 포함하여, 루브릭 설계 과정을 뒷받침하는 전문가의 생각과 근거에 대한 통찰을 제공했다. 아래는 루브릭 토론회에서

4) CoRe는 Content Representation의 약자로, 주제와 관련된 핵심 아이디어와 주요 교육학적 프롬프트에 대한 응답으로 구성된 PCK를 나타내기 위한 배열(array)이다.

발췌한 몇 가지 인용구이다. 이 인용구들의 명확성을 높이기 위해 일부 편집했다. 루브릭 토론회의 녹취록 분석을 바탕으로 루브릭 작성 시 주요 고려사항에 대한 다섯 가지 테마가 다음과 같이 도출되었다: (1) 내용 지식의 역할, (2) PCK 구성 요소의 통합, (3) 교수적 추론의 위치, (4) 기반 학습이론의 역할, 그리고 (5) PCK의 본질을 나타내는 핵심 구성 요소.

(1) PCK 루브릭에서 내용 지식(CK)을 평가해야 하는가?

논의 초기에 전문가들은 PCK의 구성 요소 내에서 내용의 중요성에 대한 합의에 도달했다. PCK의 구성 요소에서 내용이 중요하게 다루어지지만, 교사의 PCK를 평가할 때 CK를 어떻게 측정할지에 대해서는 전문가들 사이에 명확한 의견이 형성되지 않았다. 예를 들어, 크리스는 CK를 별도의 평가를 통해 측정해야 한다고 제안했다:

> 크리스: CK는 잘 확립된 방식으로 측정할 수 있다고 생각합니다. 만약 이 루브릭에서 PCK를 측정하고 있다면, CK를 같이 측정할 필요는 없습니다.

앨리샤는 CK가 PCK 루브릭에서 평가될 필요가 없다는 크리스의 의견에 동의하며 다음과 같이 덧붙였다:

> 앨리샤: CK는 사람들이 학생들의 생각을 이해하는 방법의 일부입니다. 따라서 만약 학생 이해에 대해 생각할 때, 당신 스스로 오개념을 가지고 있다면 학생의 오개념에 대한 이해도가 낮을 것입니다. … 저는 그것을 구분하고 싶지 않으며, CK를 [루브릭에서] 별개의 요소로 언급하고 싶지 않습니다.

앨리샤는 크리스가 CK를 루브릭의 행으로 추가하는 것에 반대하는 의견에 동의하는 것처럼 보이지만, 그녀의 추론은 다소 달랐다. 앨리샤는 불충분한 CK를 가진 교사는 당연히 학생들의 오개념을 파악할 수 없을 것이라고 믿었다(즉, CK는 PCK의 일부라는 것). 퍼닐라도 이 생각에 동의하며 다음과 같이 덧붙였다:

퍼닐라: 저는 전적으로 동의합니다[즉, 학생의 오해를 파악하는 능력은 관련된 내용을 정확히 이해하는 것에 달려 있습니다]. … 교실에서 내용이 *교육학과 통합되는 방식*(즉, PCK)이 아니라 내용에 지나치게 집중하면 무언가를 잃게 되는 것은 아닌지 모르겠습니다.

퍼닐라는 루브릭이 내용 자체보다는 '내용이 *교육학*과 어떻게 통합되는지'에 초점을 두어야 한다고 생각했다. 이 논쟁은 아래 쥴리의 논평으로 잘 요약되었다:

쥴리: 다음과 같은 논쟁이 있는 것 같습니다. CK를 측정하는 별도의 방법이 있는가? 그리고 그것이 교사들의 PCK를 살펴보기 위한 전제조건이며 정확성까지 확보하는 방법인가? 아니면 CK를 포함하는 PCK의 구성 요소가 있는가?

요약하면, 전문가들은 PCK의 핵심 속성으로 CK를 꼽았지만, 과학 교사 PCK 측정을 위한 그랜드 루브릭에 CK에 대한 평가가 포함되어야 하는지, 포함된다면 어떻게 포함되어야 하는지는 여전히 해결되지 못했다.

(2) PCK 구성 요소 간의 통합을 어떻게 측정할 것인가?

전문가들이 루브릭에 PCK 구성 요소를 어떻게 포함시켜야 하는지 논의하는 과정에서 또 다른 고려사항이 드러났다.

엘리자베스: [PCK 구성 요소]를 개별적으로 살펴보고 싶은가요? 아니면 구성 요소 사이의 상호작용을 살펴보고 싶은가요? … 구성 요소를 찾는 것도 중요하겠지만 다시 루브릭으로 돌아가서, 우리가 루브릭을 융합(amalgam) 관점으로 봐야 하는지 상호작용(interaction) 관점으로 봐야 하는지 잘 모르겠습니다. 각 구성 요소를 [따로] 고려하는 것이 정말 어렵습니다.

만디: 그게 문제인 것 같습니다. 우리는 그 문제를 놓치고 싶지 않습니다. 일단 여러분이 PCK 구인(construct)을 해체하기 시작하면, PCK 구성 요소들은 이들을

다시 통합한 것과 다른 개별적인 가치를 갖게 됩니다.

위에서 전문가들은 PCK 구성 요소들 사이의 상호연결성(interconnection)의 중요성을 강조했다. 이는 PCK 구성 요소들이 복잡하고 역동적인 방식으로 상호작용하여 실천 속에서 시너지 효과를 발휘한다는 생각과 일치한다(Abell, 2008; Magnusson et al., 1999; Park & Chen, 2012). 그러나 PCK 구성 요소 간 통합의 질을 고려하기 위해 루브릭을 어떻게 구성해야 하는지는 여전히 불분명하다. 이 문제와 관련하여 크리스는 측정의 관점에서 다음과 같이 말했다:

> 크리스: 만약 우리가 상호 연결성이라는 전제로 시작한다면 루브릭은 매우 달라질 것입니다. 우리의 루브릭은 아이디어의 네트워크나 사회적 관계, 또는 연결성을 측정하게 될 것입니다.

종합하면, 위의 논의는 PCK 구성 요소 간 통합을 평가할 수 있는 루브릭을 어떻게 설계할 수 있는지에 대해 문제를 제기한다. 루브릭은 한편으로는 PCK의 개별 구성 요소에 대한 평가를, 다른 한편으로는 구성 요소 간 통합에 대한 평가를 어떻게 고려할 수 있는가?

(3) 교수적 추론의 질을 어떻게 측정할 것인가?

논의가 진행되면서 PCK의 또 다른 독특한 특성이 드러났다. 이러한 인식은 다음과 같은 인용문에서 나타난다:

> 쥴리: 여기서 보이지 않는 한 가지는 교수적 추론의 개념입니다.
>
> 스벤: 자신이 특정 전략을 선택하는 이유를 논증할 수 있어야만 [교수 전략의] 선택이 의미를 갖는 것 같습니다. 특히, 교실에서 무슨 일이 일어나고 있는지를 살펴보기보다 교사의 지식과 그 지식을 활용하는 방식에 더 많은 관심을 둘 때는 더욱 그렇습니다.

전문가들은 교사의 지식 기반이 교사의 판단 및 교수 행위와 연결될 때만 유용하다고 주장한 슐만Shulman(1987)의 견해에 동의한 것으로 보인다. 슐만Shulman은 지식을 행동으로 전환하려면 교사가 자신의 판단과 결정에 대해 추론하는 교수적 추론이라는 복잡한 과정이 필요하다고 설명했다. PCK 전문가들은 PCK 구인 내에서 교수적 추론의 역할을 확인했지만, 수준 높은 교수적 추론을 정의하는 방법은 여전히 불분명했다. 퍼닐라의 진술은 이러한 문제를 드러낸다.

> 퍼닐라: 제가 고민하는 것은, 다양한 구성 요소가 상호 작용하고 연결되는 방식에 대한 양질의 추론을 어떻게 찾을 수 있는가입니다. 모든 구성 요소가 실제로 상호 작용하고 상호 연결되어 있다는 것을 알 수 있다면, [그것이 중요합니다]. 제 말은, [행동이] 합리적이고 [그 행동에 대해] 반성적이라면 그게 수준 높은 PCK인가요? … 저는 이것이 구성 요소들이 상호작용하는 것 이상이라고 생각합니다.

또 다른 문제는 다음 대화에서 명백히 알 수 있듯이 교수적 추론의 평가가 루브릭에서 *어떻게* 표현될 수 있는지에 관한 것이다:

> 만디: [교수적 추론은] '*왜*'를 설명하고 성찰하는 것입니다. 그리고 저는 교수적 추론이 PCK의 차원 그 이상일 수도 있다고 생각합니다. 심지어 교수적 추론이 모든 서로 다른 [구성 요소]에 존재하는 것일지도 모릅니다.

> 엘리자베스: 루브릭의 각 구성 요소에 대해 당신이 보고 있는 것에 대한 이유를 설명하는 특정 기준이 있는지 궁금합니다. [PCK 구성 요소]에 대해서도, 다음 단계는 그 [전략들]이 적절한지를 결정하는 것입니다. 당신은 이제 그에 대한 이유를 찾고, 당신이 보고 있는 것에 대한 자신의 이해를 기준으로 판단해야 합니다. 그리고 이것이 다음 단계로서 적절한지에 관한 판단을 내려야 합니다.

이 마지막 의견에서 엘리자베스는 루브릭의 각 행에 교수적 추론의 측정을 포함시키는 것을 제안했다. 이에 대해 앨리샤는 이러한 루브릭 구성 방식의 단점을 빠르게 지적했다:

> 앨리샤: 교수적 추론을 다른 모든 [구성 요소]의 최상위 수준에만 두면 추론의 질이 변화하는 것을 놓치게 된다고 생각합니다. 따라서 당신이 단순히 존재하거나 존재하지 않는다고 말하는 것과는 달리, 추론의 깊이와 질은 다양할 수 있습니다. 추론을 개별적인 것으로 보든 아니면 모든 구성 요소의 맨 위에 있는 것으로 보든 상관없이 [루브릭에 교수적 추론을 어디에 위치시키는지]는 우리가 교수적 추론에 대해 어떻게 생각하는지를 나타내는 것입니다.

요약하면, 전문가들은 PCK 구인의 일부로서 교수적 추론의 중요성을 인정하고 있다. 루브릭에 교수적 추론을 배치해야 한다는 그들의 주장은 구인으로서 교수적 추론의 가치를 드러낸다; 그러나 전문가들 사이에서 교수적 추론의 질을 측정할 수 있는 루브릭을 구성하는 방법에 대한 논의는 더욱 명확하지 않다.

(4) 루브릭을 뒷받침하는 학습이론은 무엇인가?

전문가들이 루브릭의 다양한 수행 수준을 어떻게 설정할지 논의하는 과정에서 또 다른 문제점이 드러났다. 논의의 초반부에 드러났던 이 쟁점에 대해 쥴리가 명확히 지적했다:

> 쥴리: 지속해서 [제기되는] 의견이 있습니다. 이를 뒷받침하는 학습이론이 있나요? 우리의 학습이론에는 적어도 "가르치기는 말하기가 아니다"가 있다고 생각합니다. 불균형을 초래하든, 학생들이 의미를 구성하도록 돕든, 학생의 [학습]을 촉진하기 위해 우리는 무엇을 하고 있습니까?

루브릭에 특정 학습이론을 명시하는 것이 중요한지에 대해 일부 반대 의견이 있었

다. 예를 들어, 크리스는 다음과 같이 설명했다:

> 크리스: 저는 구성주의와 같은 가치 접근 방식을 취하는 것을 우려하고 있습니다. 특히 우리가 국제적인 그룹이기 때문에 걱정이 됩니다. 국가마다 서로 다른 접근 방식을 중요하게 생각합니다. 이 [토론]이 일본의 맥락에서, 독일의 맥락에서, 또는 미국의 맥락에서 어떻게 받아들여질지 궁금합니다.

위 크리스의 의견에는 교육이 문화적 활동이라는 핵심 쟁점이 내포되어 있으며(Stigler & Hiebert, 2009), 이는 하나의 학습이론이 PCK 평가와 관련된 다양한 맥락에서 동등한 가치를 갖는지에 대한 의문을 제기할 수 있다. 또한, 하나의 학습이론만을 제안하는 것은 상황 특수적이라는 PCK의 본성에도 반하는 것이다(Park & Oliver, 2008). 이 문제와 관련하여 앨리샤는 다른 관점을 취했다:

> 앨리샤: 근본적으로는 연관성이 있다고 생각합니다. PCK에서는 당신이 하는 일과 학생들 사이에 연관성이 있어야 합니다. 따라서, 구성주의 같은 명확한 학습이론이 없더라도 높은 PCK를 "그냥 일어나서 얘기할 뿐, 내 앞에 누가 있는지는 신경 쓰지 않을 거야"라는 식으로 설명하기는 어렵지 않겠습니까?

위의 논의는 학습이론이 루브릭의 다양한 수행 수준에서 PCK의 질을 설명하는 데 도움이 될 수 있지만, 루브릭이 실제로 필요한지, 필요하다면 루브릭을 구성할 때 어떤 학습이론을 기초로 삼아야 하는지에 대한 합의가 아직 이루어지지 않았음을 시사한다.

(5) PCK의 핵심 구성 요소는 무엇인가?

전문가들은 제1차 PCK 정상회의(Gess-Newsome, 2015)에서 등장한 CM이 PCK의 구성(composition)을 적절하게 풀어내지 못했다는 점을 인지하고 있었다. PCK의 구성을 확장해야 한다는 필요성에 따라 전문가들은 루브릭에 포함되어야 할 핵심 속성

을 중심으로 논의했다. 쥴리는 다음과 같이 말했다:

> 쥴리: 제가 관찰한 바로는 PCK에 관해 이야기할 때 많은 사람이 마그누손 모델에 머물거나 돌아가는 것 같습니다. 그러나 선행 연구를 살펴보면, 케네디가 지적한 것처럼 평가나 교육과정 [구성 요소]에 대한 연구는 거의 이루어지지 않았습니다. 모두 학생의 이해와 교수 전략을 포함하고 있었습니다. … PCK에서 필수적인 것이 무엇인지 생각해보면, 학생 이해와 교수 전략이 큰 부분을 차지하는 것 같습니다.

기존의 PCK에 관한 연구가 대부분 마그누손의 PCK 모델을 기반으로 했기 때문에 이 모델은 전문가들이 과학 교수를 위한 PCK의 핵심 구성 요소에 대해 합의된 시각으로 생각해보는 데 좋은 출발점을 제공한 것으로 보인다. 논의가 계속되면서 토론회에 참여한 전문가들은 PCK 내에서 몇 가지 핵심 구성 요소를 더 확인했다. 최종적으로 토론회에서 다음과 같은 주요 PCK 구성 요소에 대한 합의에 도달했다:

① ***빅 아이디어의 선정 및 연결***: 선정된 빅 아이디어는 학생들과 관련이 있고 교육학적으로 적합하다. 빅 아이디어들 사이에는 정합성(coherence)이 있다.
② ***교수 전략 및 표상의 선택***: 선택한 교수 전략 및 표현은 학생과 내용에 적합하다. 유의미한 학습을 촉진하는 학생 중심 학습 접근 방식이 사용된다.
③ ***학생 이해의 편차 인식***: 수업에서 학생들이 자기 생각을 드러낼 기회가 있고, 학생들이 자기 생각을 드러낼 수 있는 분위기가 형성되어 있으며, 학생들의 관심과 학생의 오개념/선지식을 사용하는 활동을 포함한다.
④ ***적절한 다음 단계 선택***: 교사는 학생의 개념 학습을 기반으로 교수 행동을 조절한다. 교사는 생산적인 표상을 사용하여 학생의 사고력을 향상시킨다.
⑤ ***교수적 추론***: 위의 구성 요소들은 상호작용하며 교사는 자신의 교수를 정당화할 수 있는 능력을 지니고 있다.

측정의 관점에서 볼 때, PCK를 유효하게 측정하기 위해서는 PCK의 정확한 구성을 명확히 해야 한다. RCM은 PCK의 구성을 상세히 기술하지 않았기 때문에, 이 논의에서는 측정을 위해 PCK의 범위를 전문적 지식과 기술이 특수하게 통합된 형태로 규정한다.

이 절을 요약하면, PCK 전문가들은 논의를 통해 과학 교사의 PCK 측정을 위한 그랜드 루브릭 작성 시 주요 고려사항을 제시했다. 여기에는 다음 내용이 포함된다: PCK의 핵심 구성 요소; 그랜드 루브릭에서 CK의 위치; 루브릭 작성 시 학습이론의 필요 여부; PCK 구성 요소와 교수적 추론의 상호작용을 측정하는 방법.

3) 과학 교사 PCK 측정을 위한 그랜드 루브릭

두 차례의 PCK 정상회의, PCK 루브릭을 사용한 문헌 검토, 그리고 루브릭 토론회의 녹취록을 통해 과학 교사의 PCK 측정을 위한 그랜드 루브릭의 주요 특징에 대한 몇 가지 시사점을 도출할 수 있었다. 가장 중요한 것은 PCK *측정*을 향한 노력과 루브릭이 이를 위한 효과적인 수단이라는 인식이 있었다는 점이다. 문헌 검토 및 루브릭 토론회를 통해 검증된 그랜드 루브릭의 특징과 그 근거를 아래에 제시했다.

4) 과학 교사 PCK 측정을 위한 그랜드 루브릭의 전반적인 특징

- 루브릭이 PCK를 측정하는 유용한 방법인 것처럼 보이지만, 근래의 과학 PCK 연구에서는 PCK 측정을 위해 20개 이상의 서로 다른 루브릭을 사용하고 있어 연구자 간 의사소통이 거의 불가능하다. 그랜드 루브릭을 작성하면 연구 전반에 걸쳐 효과적인 의사소통과 결과 집계가 가능하다.
- 루브릭은 RCM의 다양한 PCK 형태(영역)를 측정할 수 있을 만큼 유연해야 한다: 교사 집단의 cPCK(교사 집단이 알고 있는 것); 교사의 pPCK(교사가 알고 있는 것); 그리고 ePCK(교사가 하는 일); 그리고 교수적 추론(교사의 판단과 행동의 이유). 이러한 유연성은 PCK 연구 및 교육에서 더 다양한 활용을 가능하게 한다.

- 보편적으로 적용하고 변용할 수 있도록 하려면, 그랜드 루브릭은 다양한 내용 및 입자 크기(분야, 주제 또는 개념 수준)에 맞게 맞춤화될 수 있을 만큼 충분히 포괄적이어야 한다. 그랜드 루브릭은 각 연구에 맞게 맞춤화될 수 있지만, 과학 교사에 관한 여러 연구의 자료를 비교하기 위해 기본 구조는 동일하게 유지된다.
- 루브릭은 다양한 자료 유형과 함께 사용할 수 있도록 설계되어 서로 다른 출처의 자료를 삼각검증할 수 있어야 한다. 선행 연구에 따르면 과학 교사의 PCK를 파악하기 위해 사용된 자료원이 다르면 PCK의 질도 다를 수 있다(Gardner & Gess-Newsome, 2011).

5) 과학 교사 PCK 측정을 위한 그랜드 루브릭의 구조와 구성 요소 및 근거

- 우리의 모델에서는 제2차 PCK 정상회의에서 도출된 다섯 가지 구성 요소를 제안한다. 전문가 의견에 기초한 이 구조가 루브릭의 내용 타당성(예: PCK와의 관련성 및 대표성)을 확립한다고 믿는다. 이 다섯 가지 구성 요소는 RCM에 명시적으로 표현되어 있지 않다(2장 참조).
- 루브릭은 5개의 행으로 구성되어 있으며, 각 행은 제2차 PCK 정상회의에서 도출된 5개 구성 요소에 해당한다. 이러한 구성 요소들은 해당 구성 요소를 측정하는 데 사용할 수 있는 평가 기준 유형에 대한 통찰과 함께 아래에 이름이 붙여졌다. [그림 11.1]에서 가장 낮은 수준과 가장 높은 수준 사이의 화살표는 루브릭의 열(column)의 개수를 결정하고 각 평가 기준에 대한 PCK 질 지표를 설정할 필요성을 나타낸다.

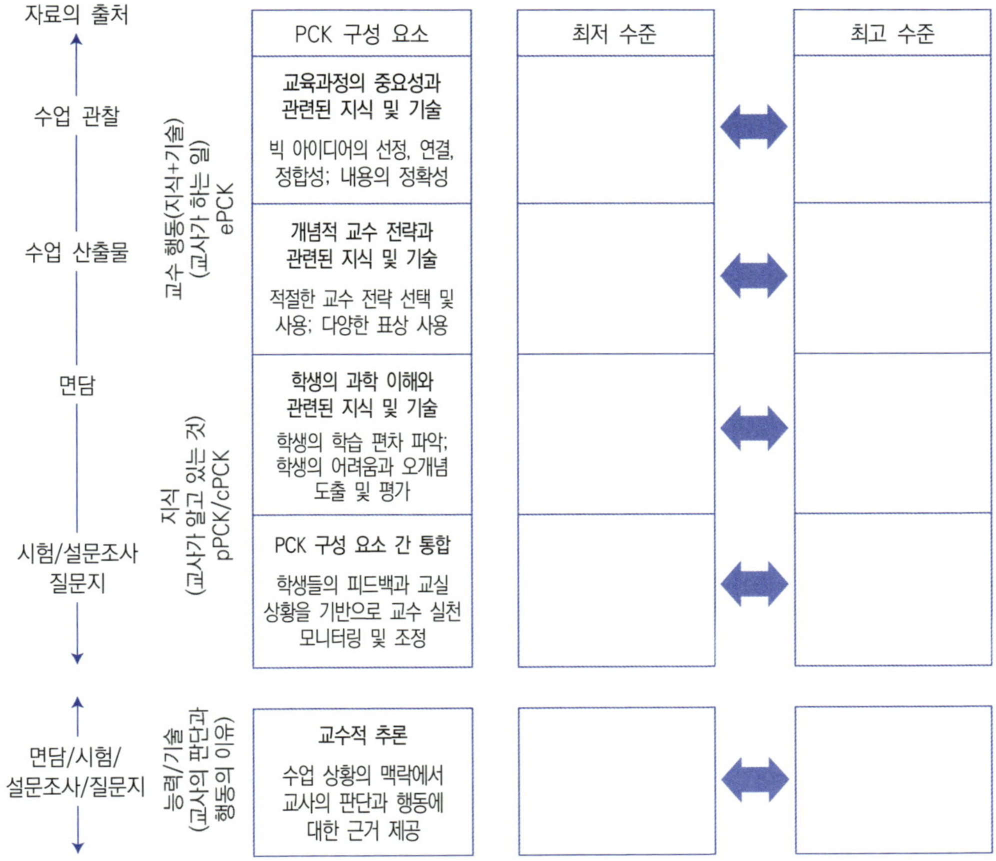

[그림 11.1] 과학 교사의 PCK 측정을 위한 그랜드 루브릭 템플릿

(1) 교육과정의 핵심과 관련된 지식 및 기술: 빅 아이디어의 적절한 선정, 연결 및 정합성; 내용의 정확성;

(2) 개념적 교수 전략과 관련된 지식 및 기술: 적절한 교수 전략의 선택 및 사용; 다양한 표상 사용;

(3) 학생의 과학 이해와 관련된 지식 및 기술: 학생의 학습 편차 파악 및 인식, 학생의 어려움과 오개념 도출 및 평가;

(4) PCK 구성 요소 간 통합: 학생들의 피드백, 빅 아이디어 학습, 교실 상황을 기반으로 교수 실천 모니터링 및 조정;

(5) 교수적 추론: 수업 상황의 맥락에서 교사의 판단과 행동에 대한 근거 제공

- 처음 세 가지 구성 요소는 루브릭 토론회의 논의와 일치하고 문헌 검토에서 발견된 개념과 유사하다(1장 참조).
- PCK 구성 요소 간 통합 (4행)은 최근의 PCK 연구에서 연구의 초점이 되고 있으며(1장 참조), 루브릭 토론회에서도 중요하게 다루어진다. 이러한 측정은 PCK가 부분의 합 그 이상이라는 것을 입증한다.
- 교수적 추론 (5행)은 과학 교사의 행동 이면에 있는 판단의 중요성을 인정하며, RCM에서 이를 필수적인 요소로 간주한다(2장 참조).
- RCM에서 PCK는 CK와 구별되는 지식 범주를 나타낸다(2장 참조). 따라서, 이러한 합의된 관점을 반영하기 위해 루브릭에서 CK에 별도의 역할을 부여하지 않기로 했다. 그러나 CK가 PCK 구성 요소의 질에 영향을 미칠 수 있다는 것은 매우 명백하다.
- PCK 질 지표는 선행 연구에 기반해야 한다. 예를 들어, '학생의 과학 이해'와 관련된 '지식 및 기술'을 고려할 때, 여기에는 학생의 가장 일반적인 오답을 파악하는 교사의 능력이 학생의 학습과 관련이 있다는 연구 증거가 뒷받침된다(Sadler, Sonnert, Coyle, Cook-Smith, & Miller, 2013). 마찬가지로, 내용 지식의 정확성과 계층적 구조는 전문가들이 보유한 지식의 특징으로 인식된다(Bransford, Brown, & Cocking, 1999).
- 루브릭은 다양한 수행 수준(최저 수준에서 최고 수준까지)을 설명한다. 스펙트럼의 각 범주의 끝은 과학 교사의 특정 집단이 달성할 수 있는 수행 수준을 나타낸다.
- 근거가 되는 학습이론의 중요성에 대해서는 합의를 얻지 못했지만, 학습이론이 PCK의 질 지표 구성에 영향을 미칠 것이라는 점에 대해서는 동의했다. 우리는 여기에 제공된 지표가 광범위한 구성주의적 틀에 기초하고 있음을 인정한다. 지표를 선택하는 데 도움이 되는 연구를 인용함으로써, 루브릭의 이론적 특징이 더욱 명확해지고 분명하게 받아들여져야 한다.

6) 자료의 출처

- 첫 번째 열은 측정에 적합한 자료의 유형을 강조한다.
- 처음 네 가지 구성 요소는 과학 교사의 지식 및/또는 행동을 측정하는 데 사용될 수 있다. 교사 지식은 계획 단계(면담, 시험/설문조사/질문지/수업 계획)에서의 교육학적 결정에 대한 교사 자신의 명확한 표현을 통해 측정할 수 있다. 또한, 교사 지식은 교사의 성찰에 대한 검토를 통해서도 측정할 수 있다. 또 다른 방법으로, 교사 지식은 교수 행위(수업 관찰)나 수업 산출물로부터 추론될 수 있다. 과학 교사의 PCK는 교수(학)적 움직임(pedagogical moves)의 사용을 통해 교수 행위로 드러날 수 있다. PCK 구성 요소 간 상호작용은 교사의 진술, 행동 또는 산출물을 통해 직접 또는 간접적으로 측정할 수 있다.
- 마지막 행(교수적 추론)은 과학 교사가 자신의 행위를 정당화하기 위한 이론적 근거를 제공하는 능력과 관련된다. 교수적 추론은 관찰 자료만으로는 파악할 수 없다.

7) 그랜드 루브릭 템플릿 사용 방법

루브릭 작성을 위한 포괄적인 지침은 이미 존재한다. 예를 들어, 루브릭 작성은 다음 단계 중 하나 이상을 포함하는 반복적인 과정으로 이루어지는 경우가 많다: 관찰 가능한 속성을 명확히 설명한다; 각 속성의 특징을 파악한다; 수행 수준과 해당 기준을 확인한다; 경험적 자료에 기초하여 루브릭을 수정한다(Mertler, 2001). 이 장에서 설명한 그랜드 루브릭 템플릿([그림 11.1])을 사용하여 과학 교육 연구자와 실천자가 특정 맥락에 대한 PCK 루브릭을 만들 수 있을 것으로 기대한다.

그랜드 루브릭은 각 조건에 맞게 맞춤화되도록 설계되었으므로 포괄적인 템플릿으로 사용할 수 있다. 관련된 과학 내용 주제와 그 입자 크기는 물론 학생의 연령 범위도 명시해야 한다. 채점 가이드를 만들거나 사용하려면 연구자 자신이 과학 주제에 대한 강력한 PCK를 갖추고 경험적, 표준적 연구 및 모범답안적 실천 사례로부터 수집된 증거를 사용해야 한다. 개발자는 수행 수준을 설명하는 용어를 제안하여 수행 수준(예: 미흡, 기초, 숙달, 우수)을 더 잘 표현해야 하며, 이를 데이터를 통해 이론적으로 지지해야 한다. 채점 가이드에 각 수행 수준에 대한 자세한 설명/기술과 상세한 예시를 제시하여 다른 연구자가 사용할 수 있도록 해야 한다. 채점 가이드는 다양한 교수 전략이나 표현의 적절성, 잠재적이거나 가장 일반적인 학생 오개념의 범위, 특정 행동에 대한 근거의 타당성을 판단하기 위한 증거 등의 쟁점을 파악해야 한다. 제공된 채점 가이드는 특정 과학 주제에 대한 PCK를 명확히 드러내는 데 도움이 되며 다양한 조건에서 사용할 수 있다. 채점자 교육은 실제 데이터에 채점 가이드를 적용하고 평가자 간 합의하는 과정을 포함해야 하며, 이를 통해 채점 가이드를 개선할 수 있다.

자료 수집 도구는 루브릭에 포함된 아이디어를 도출할 수 있도록 신중하게 설계되어야 한다. 예를 들어, 빅 아이디어의 선정이나 특정 오개념에 대한 의도적인 질문은 해당 주제가 자료원(data source)에서 자연스럽게 발생할 것이라고 가정하기보다는 직접적으로 질문해야 할 수 있다.

마지막으로 루브릭의 검증 및 사용을 고려할 때는 세심한 주의가 필요하다. 어떤 채점 전략을 사용할 것인가? 각 구성 요소의 행에 부여된 점수는 무엇을 의미하는가? 루브릭에 대해 PCK 종합 점수가 있는가? 평가 기준의 개수가 다른 경우 구성 요소 점수는 어떻게 산출되는가? 루브릭은 PCK가 높은 교사와 낮은 교사를 구별하는가? 요인 분석이 PCK의 구성 요소에 대한 증거를 제공하는가?

5. 결론

이 장에서는 과학 교사의 PCK 측정을 위한 그랜드 루브릭 작성 시 고려사항을 살펴보았다. 우리는 PCK 루브릭이 개발되고 사용된 기존의 문헌과 제2차 PCK 정상회의에서 도출된 중요한 고려사항을 조사했다. 과학 교사의 PCK 측정을 위해 제안된 그랜드 루브릭의 특성은 다음과 같이 몇 가지 장점을 제공한다: 다양한 데이터 세트, 내용 및 입자 크기와 함께 사용할 수 있으며, RCM을 기반으로 작성되었으며, PCK 문헌에서 도출된 모범답안적 실천 사례를 활용한다. 이 그랜드 루브릭은 과학 교사의 PCK 측정을 위한 중요한 도구로서 교육 현장에 기여할 수 있다. 우리는 이 장이 과학 교육 연구자 및/또는 실천자에게 자신의 상황에 맞게 그랜드 루브릭 템플릿을 맞춤화하여, 목적에 맞는 루브릭과 자료 수집 도구 및 채점 가이드를 만드는 중요한 작업에 대한 지침을 제공할 수 있을 것으로 기대한다.

참고문헌

Abell, S. K. (2008). Twenty years later: Does pedagogical content knowledge remain a useful idea? *International Journal of Science Education, 30*(10), 1405-1416.

Alonzo, A. C., & Kim, J. (2016). Declarative and dynamic pedagogical content knowledge as elicited through two video-based interview methods. *Journal of Research in Science Teaching, 53*(8), 1259-1286.

Baumert, J., Kunter, M., Blum, W., Brunner, M., Voss, T., Jordan, A., … Tsai, Y.-M. (2010). Teachers' mathematical knowledge, cognitive activation in the classroom, and student progress. *American Educational Research Journal, 47*(1), 133-180.

Bennett, J., Lubben, F., & Hogarth, S. (2007). Bringing science to life: A synthesis of the research evidence on the effects of context-based and STS approaches to science teaching. *Science Education, 91,* 347-370.

Berry, A., Depaepe, F., & van Driel, J. H. (2016). Pedagogical content knowledge in teacher education. In J. Loughran & M. L. Hamilton (Eds.), *International handbook of teacher education* (Vol. 1, pp. 347-386). Singapore: Springer Singapore.

Bransford, J. D., Brown, A. L., & Cocking, R. R. (1999). *How people learn: Brain, mind, experience, and school*. Washington: National Academy Press.

Davidowitz, B., & Potgieter, M. (2016). Use of the Rasch measurement model to explore the relationship between content knowledge and topic-specific pedagogical content knowledge for organic chemistry. *International Journal of Science Education, 38*(9), 1483-1503.

Denzin, N. K. (1989). *The research act: A theoretical introduction to sociological methods* (3rd ed.). Englewood Cliffs, NJ: Prentice Hall.

Gardner, A. L., & Gess-Newsome, J. (2011). *A PCK rubric to measure teachers' knowledge of inquiry-based instruction using three data sources.* Paper presented at the annual meeting of the National Association for Research in Science Teaching (NARST), Orlando, Florida.

Gess-Newsome, J. (2015). A model of teacher professional knowledge and skill including PCK: Results of the thinking from the PCK Summit. In A. Berry, P. J. Friedrichsen, & J. Loughran (Eds.), *Re-examining pedagogical content knowledge in science education* (pp. 28-42). New York: Routledge.

Gess-Newsome, J., Taylor, J. A., Carlson, J., Gardner, A. L., Wilson, C. D., & Stuhlsatz, M. A. M. (2017). Teacher pedagogical content knowledge, practice, and student achievement. *International Journal of Science Education*, 1-20.

Gitomer, D. H., & Zisk, R. C. (2015). Knowing what teachers know. *Review of Research in Education, 39*(1), 1-53.

Jin, H., Shin, H., Johnson, M. E., Kim, J., & Anderson, C. W. (2015). Developing learning progression-based teacher knowledge measures. *Journal of Research in Science Teaching, 52*(9), 1269-1295.

Kersting, N. B., Givvin, K. B., Thompson, B. J., Santagata, R., & Stigler, J. W. (2012). Measuring usable knowledge: Teachers' analyses of mathematics classroom videos predict teaching quality and student learning. *American Educational Research Journal, 49*(3), 568-589.

Kirschner, S., Taylor, J. A., Rollnick, M., Borowski, A., & Mavhunga, E. (2015). Gathering evidence for the validity of PCK measures: Connecting ideas to analytic approaches. In A. Berry, P. J. Friedrichsen, & J. Loughran (Eds.), *Re-examining pedagogical content knowledge in science education* (pp. 229-241). New York: Routledge.

Lee, E., Brown, M. N., Luft, J. A., & Roehrig, G. H. (2007). Assessing beginning secondary science teachers' PCK: Pilot year results. *School Science and Mathematics, 107*(2), 52-60.

Loughran, J., Mulhall, P., & Berry, A. (2004). In search of pedagogical content knowledge in science: Developing ways of articulating and documenting professional practice. *Journal of Research in Science Teaching, 41*(4), 370-391.

Magnusson, S., Krajcik, J., & Borko, H. (1999). Nature, sources, and development of pedagogical content knowledge for science teaching. In J. Gess-Newsome & N. G. Lederman (Eds.), *Examining pedagogical content knowledge: The construct and its implications for science education* (pp. 95-132). Dordrecht: Kluwer Academic.

Mason, J., & Spence, M. (1999). Beyond mere knowledge of mathematics: The importance of knowing-to act in the moment. *Educational Studies in Mathematics, 38*(1-3), 135-161.

Mavhunga, E., & Rollnick, M. (2013). Improving PCK of chemical equilibrium in pre-service teachers. *African Journal of Research in Mathematics, Science and Technology Education, 17*(1-2), 113-125.

Mertler, C. A. (2001). Designing scoring rubrics for your classroom. *Practical Assessment, Research & Evaluation, 1-7*.

Park, S., & Chen, Y.-C. (2012). Mapping out the integration of the components of pedagogical content knowledge (PCK): Examples from high school biology classrooms. *Journal of Research in Science Teaching, 49*(7), 922-941.

Park, S., & Oliver, J. S. (2008). Revisiting the conceptualisation of pedagogical content knowledge (PCK): PCK as a conceptual tool to understand teachers as professionals. *Research in Science Education, 38*(3), 261-284.

Park, S., & Suh, J. (2015). From portraying toward assessing PCK. In A. Berry, P. J. Friedrichsen, & J. Loughran (Eds.), *Re-examining pedagogical content knowledge in science education* (pp. 104-119). New York: Routledge.

Patton, M. Q. (2002). *Qualitative research & evaluation methods* (3rd ed.). Thousand Oaks, California: Sage Publications.

Sadler, P. M., Sonnert, G., Coyle, H. P., Cook-Smith, N., & Miller, J. L. (2013). The Influence of teachers' knowledge on student learning in middle school physical science classrooms. *American Educational Research Journal, 50*(5), 1020-1049.

Shulman, L. S. (1986). Those who understand: Knowledge growth in teaching. *Educational Researcher, 15*(2), 4-14.

Shulman, L. S. (1987). Knowledge and teaching: Foundations of the new reform. *Harvard Educational Review, 57*(1), 1-22.

Smith, S. P., & Banilower, E. R. (2015). Assessing PCK: A new application of the uncertainty principle. In A. Berry, P. J. Friedrichsen, & J. Loughran (Eds.), *Re-examining pedagogical content knowledge in science education* (pp. 104-119). New York: Routledge.

Stigler, J. W., & Hiebert, J. (2009). *The teaching gap: Best ideas from the world's teachers for improving education in the classroom*. New York: Free Press.

제12장

수업 실천에서 과학 교사 PCK의 복잡성 톺아보기 : ePCK와 pPCK의 관점으로

앨리샤 알론조Alicia C. Alonzo, 아만다 베리Amanda Berry 그리고 퍼닐라 닐슨Pernilla Nilsson

이 장에서는 과학 교사가 특정 교실 맥락 속에서 특정한 내용을 학생들에게 가르칠 때 사용하는 지식과 기술인 ePCK(실행된 PCK)에 중점을 둔다. 저자는 RCM의 관점에서 ePCK를 설명할 때, ePCK의 특성과 ePCK가 PCK의 다른 영역(주로 pPCK)과 상호작용한다는 점을 모두 고려했다. 각 교실 상황은 특수하며 교실에서 일어나는 상호작용이 즉흥적일 수밖에 없으므로 수업 실천은 복잡한 성격을 띤다. 이러한 복잡성을 고려하여 저자는 계획-수행-성찰의 사이클 동안 교사의 pPCK가 ePCK로 변환되는 메커니즘과 그 반대의 변환 메커니즘을 제안하였으며, 과학 교사의 ePCK와 그와 관련된 pPCK를 포착하고 분석한 몇 가지 경험적 사례들을 소개했다. 마지막으로 ePCK의 특성, ePCK와 pPCK의 관계에 대해 설명하고 과학 교사들이 계획, 수행 및 성찰 중에 활용하는 지식을 이해할 수 있는 수단으로써 RCM 활용의 기회, 과제 및 시사점을 논의했다.

1. 도입

PCK의 RCM(개선된 합의 모델)(Carlson, Dahler et al., 본 권의 2장)은 제1차 PCK 정상회의(Gess-Newsome, 2015)에서 개발된 교사 전문 지식과 기술 모델을 기반으로 한다. 이전 모델과 과학 교육의 맥락에서 볼 때, RCM은 PCK와 관련된 다양한 변수, 계층(layer) 및 복잡성을 명시하고 PCK와 수업 실천 간의 관계를 보다 명확한 방식으로 나타내는 데 더 중점을 두었다. RCM은 PCK의 세 가지 "영역"을 뚜렷하게 구분했다: 한 분야의 여러 과학 교육자가 보유한 전문 지식을 나타내는 cPCK(집단적 PCK); 개별 과학 교사가 보유한 개인적 전문 지식과 기능을 나타내는 pPCK(개인적 PCK); 과학 교사가 수업을 계획하고, 수행하고, 성찰할 때 활용하고 발생하는 고유한 지식과 기술의 하위집합인 ePCK(실행된 PCK). 모델 내에서 이러한 영역은 동심원 고리로 표현되며, 외부 고리에는 cPCK, 중간 고리에는 pPCK, 중앙에는 ePCK가 있다(이 책의 2장 [그림 2.3] 참조). 모델의 디자인은 ePCK를 중앙에 놓음으로써 PCK 실천자(교사)의 관점을 강조하고자 했다.

현재까지 과학 교사 PCK에 대한 연구는 대부분 cPCK와 pPCK에 중점을 두고 있었다. 예를 들면, 교사들이 "표준적인" PCK를 알고 있는지 평가하는 cPCK 연구, 특정한 맥락에서 특정 과학 주제를 가르치는 것에 대해 교사가 알고 있는 것을 명료하게 표현하게 하는 pPCK 연구이다. 그러나 ePCK에 초점을 맞춘 연구, 즉 PCK가 교사의 실제 수업 실천에 어떻게 활용되는지에 대한 연구는 상대적으로 거의 없다. 따라서 이 장에서는 ePCK에 초점을 둔다.

> 특정 학생 또는 학생 집단이 특정 개념, 개념의 모음 또는 교과의 특정 측면을 학습하도록 특정 환경에서 개별 과학 교사가 활용하는 특정 지식과 기능. (2장 참조)

저자는 과학 교사들이 실제로 행위 중에 사용하는 지식에 집중하기 위해 RCM의 이러한 측면을 분해하여 ePCK에 대한 해석을 제공한다. 2장의 해석과 일치하게, 저자는 ePCK가 수업을 수행할 때(즉, 학생들과 직접 상호작용할 때)뿐만 아니라 수업을 계획하고 성찰할 때도 발현된다는 점에 주목했다. 따라서 ePCK가 $ePCK_P$(계획), $ePCK_T$(수행), $ePCK_R$(성찰)의 세 가지 형태로 존재한다고 보았다. 저자는 ePCK가 구체적이고 고유한 교실 상황에 초점을 맞추기 때문에 정적이고 선언적인 지식 또는 수업 스크립트와 절차 그 이상을 포함해야 한다고 주장한다. 또한, 저자는 이러한 고유한 교실 상황에 대응하여 끊임없이 발전하는 ePCK가 과학 교사의 pPCK에 어떻게 의존하는지, pPCK의 변화를 어떻게 구동하는지에 대해 탐색한다.

따라서 다음 절에서는 pPCK에 대한 간략한 개요로 시작하여, ePCK를 교사의 수업 행위 중에 활용되는 지식의 한 형태로 해석하여 설명한다. 다음으로, pPCK가 ePCK로 또는 그 반대로 변환되면서 이 두 가지 지식 영역이 계획-수행-성찰 사이클을 통해 상호 작용하고 발전하는 메커니즘을 제안하면서 ePCK와 pPCK를 상호 영향력 있는 관계로 보는 방식을 설명한다. 그런 다음 이러한 아이디어를 설명하기 위해 과학 교사의 ePCK 및 pPCK를 포착하고 분석한 몇 가지 사례를 제시한다. 마지막으로 ePCK, ePCK와 pPCK의 관계에 대한 분석을 통해 과학 교사들이 계획, 수행 및 성찰 중에 활용하는 지식을 이해하는 수단으로써 RCM 활용의 기회, 과제 및 시사점을 논의한다.

2. pPCK의 본성

pPCK는 특정한 과학 주제에 대한 학생들의 학습을 촉진하기 위해 과학 교사가 자기 생각과 행동에 활용하는 지식 자원을 말한다. 개인적 지식의 한 형태로서 pPCK를 이해할 때, 저자는 *개인적 지식*을 다음과 같이 정의한 에라우트[Eraut](2000)의 말을 인용한다.

> 개인적 지식이란, 공공 개념 또는 아이디어의 사용 가능한 개인용 버전으로, ... 절차적 지식 그리고 과정 지식, 경험적 지식과 일화적 기억에 대한 인상과 함께 성문화된 지식을 개인화된 형태로 포함한 것이다. 기능은 이러한 지식의 한 부분으로, 기능의 활용과 명제적 지식이 밀접하게 통합된 역량, 능력 또는 전문성의 표현을 포함한다. (p.114)

따라서 pPCK는 개인적 지식의 전문화된 형태로서, 특정 과학 주제의 교수 및 학습과 관련된 다양한 지식 자원을 포함한다. 기능을 지식의 일부로 간주하는 에라우트 Eraut(2000)의 정의와 마찬가지로, 이 장에서 저자는 지식과 기능을 총체적으로 지식이라고 지칭한다. pPCK는 명시적(즉, 표현할 수 있는) 지식과 암묵적 지식(예: 경험적 지식, 일화적 기억에 대한 인상)을 모두 포함하므로 각 과학 교사는 고유한 pPCK를 가진다. cPCK는 집단이 공적으로 공유하는 성문화된 지식을 의미한다는 점에서 pPCK와 다르다.

3. ePCK의 본성

RCM에서 PCK와 교수 실천을 연결 지음에 따라, 저자는 ePCK를 "행위 중의 암묵적 지식"(Eraut, 2000, p.123), 즉 과학 교사들이 행위 중 사용하는 지식으로 보았다. 여기서 행위는 수업 계획, 수행 또는 수업에 대한 성찰을 포함한다. 이 해석은 두 가지 중요한 의미를 내포한다. 첫째, ePCK는 오직 행위 속에 (암묵적이고 명료화되지 않은 지식의 형태로서) 존재한다. 둘째, ePCK는 유연하며 행위를 통해 발생할 수 있다. 행위는 수업 순간에 발생하기 때문에 ePCK의 기반이 되는 것도 그 순간에 적응하여 생성되고 사용된다. 그러므로 ePCK는 상대적으로 더 선언적이며 정적인 형태의 지식인 pPCK 및 cPCK와 대조된다.[1)2)]

과학 수업은 학생과 학습 맥락에 반응하기 때문에, 교사마다 경험하거나 알고 있는 교실 상황이 조금씩 다르다. 따라서, 각 교실 상황에서 사용되는 ePCK는 고유하며,

1) pPCK와 cPCK가 시간이 지남에 따라 진화하지 않는다는 것을 말하는 것은 아니다. (실제로, 아래에서 자세히 설명한 바와 같이, 저자는 pPCK가 ePCK의 구성을 통해 변화한다고 주장한다) 그러나 pPCK와 cPCK는 모두 이 지식을 명료하게 표현하고 측정하는 것이 (이론적으로) 가능하다는 점에서 정적이지만, ePCK는 (잠재적으로 pPCK로 변환되기 전에) 명료하게 표현될 수 없고 휘발되며 그 순간에만 존재한다. 즉, 저자는 시간이 지남에 따라 교사 PCK의 세 영역 모두에 변화가 있을 것으로 충분히 예상하지만, ePCK의 변화는 훨씬 짧은 시간에 발생한다고 생각한다.

2) 이와 대조적으로 저자는 선언적이지 않고 정적이지 않은 지식에 초점을 맞추고, "선언적 PCK"와 대조되는 "동적인 PCK"(예: Alonzo & Kim, 2016; Schmelzing et al., 2013)를 언급하는 문헌과 연결 짓는다.

과학 교사가 특정 환경에서 특정 학생들에게 특정 주제에 대한 수업을 계획하고, 수행하고, 성찰하는 데 필요한 정확한 ePCK를 이미 보유하고 있을 가능성은 거의 없으며 이는 사실상 불가능에 가깝다. 따라서 교사는 각 수업 에피소드를 위해 ePCK를 새롭게 구성해야 한다. 물론 특정 교실 상황에 대한 ePCK는 다른 유사한 상황에 대한 것과 거의 동일할 수 있지만, 상황 그리고/또는 학생 측면에서 아주 조금이라도 차이가 있으면 그에 맞는 조정이 필요하므로 해당 상황에 맞는 고유한 ePCK가 발생한다. 그러므로, 각 과학 교사가 수업을 계획하고, 수행하고, 성찰하는 모든 행위 동안 새로운 ePCK가 지속적으로 생성된다.

따라서, 저자는 ePCK를 특정 교실 상황에서 과학 교사가 수업을 계획($ePCK_P$), 수행($ePCK_T$) 및 성찰($ePCK_R$)하는 동안 생성되고 가시화되는 행위 중 지식(knowledge in action)으로 보았다. ePCK는 각 행위의 기반이 되는 명료하지 않은 지식이다. $ePCK_T$는 과학 교사가 수업 중에 내리는 교수적 결정의 기반이 되는 지식으로서, 아마 가장 쉽게 상상할 수 있는 지식이다. 교사는 수업하는 동안 학생들에게 피드백, 설명 또는 시연 그리고 질문 등으로 반응하는데 이러한 교수적 결정 뒤에 숨겨진 이유를 (그들 자신에게도) 명확히 밝히진 않는다. 마찬가지로 수업 계획을 세울 때, 교사들은 주어진 교실 상황에 적합할 것이라는 직관적인 감각으로 특정한 수업 활동을 계획할 수 있다($ePCK_P$). 성찰은 수업 활동이 "잘 되지 않았다."거나 특정 학생이 수업의 일부에 대해 혼란스러워했다는 교사의 느낌에서 시작될 수 있다($ePCK_R$). 이러한 성찰은 특정 사례 그리고/또는 특정 학생과 관련이 있으며, 교사 ePCK의 일부로서 사전에 존재했던 것은 아니다. 즉, 교사는 성찰의 근거를 표현할 수 있는 선언적 지식이 없을 수도 있다. 이러한 직관적인 행동(계획, 수행 및 성찰)은 모두 과학 교사의 pPCK에 의해 영향을 받지만, 그 순간에는 ePCK로 존재하는 것이다.

4. pPCK와 ePCK 사이의 관계

이 절에서는 ePCK와 pPCK 간의 상호작용과 ePCK가 지속적으로 생성되는 수업 경험이 과학 교사의 ePCK와 pPCK를 어떻게 변화시키는지 설명한다. 저자는 이 과정을 [그림 12.1]로 나타내었는데, [그림 12.1]은 RCM의 ePCK 및 pPCK 부분을 확장한 것으로(2장 참조), ePCK의 다양한 형태와 pPCK와 ePCK가 서로에게 영향을 미치는 특정 지점을 더 자세히 설명한 것이다. 특히 ePCK와 pPCK 사이의 불분명함(그들의 암묵적 형태)을 설명하기 위해, 저자는 ePCK와 pPCK 사이의 경계면을 흐릿하게 나타냈다.[3)] [그림 12.1]과 RCM에 나온 것처럼, ePCK와 pPCK 사이의 경계면에 있는 양쪽 화살표는 이 두 PCK 영역 사이의 양방향 흐름을 나타낸다. 이는 pPCK가 ePCK에 미치는 영향과 그 반대의 영향을 나타낸다.

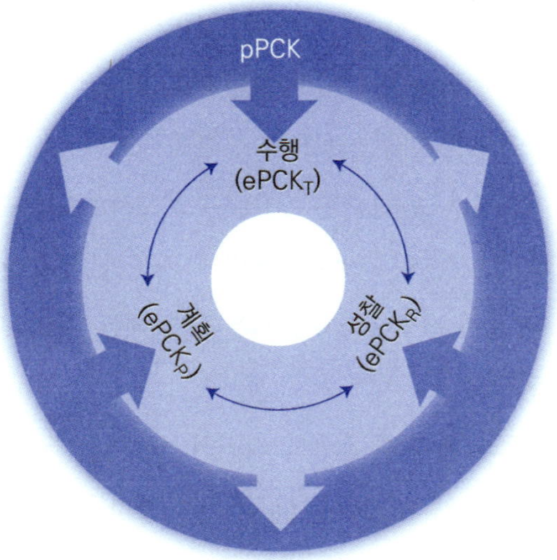

[그림 12.1] ePCK 단계(계획-수행-성찰) 사이의 관계 및 ePCK와 pPCK의 관계

첫째, pPCK는 계획-수행-성찰 사이클의 각 단계에서 ePCK의 기반이 된다. 즉, ePCK는 수업 순간에 생성되는 것으로, 난데없이 생성되는 것이 아니다. 현재와 유사한 교실 상황을 포함한 과거의 교수 학습 경험에서 나온 과학 교사의 모든 지식은 자원으로 사용된다. [그림 12.1]에서 안쪽으로 향한 세 개의 짙은 파란색 화살표는 현재 지식의 원천을 나타낸다.

3) 여기서 논의되지는 않았지만, 유사한 모호성이 pPCK-cPCK 사이의 경계면에도 존재할 것으로 예상한다; 따라서, pPCK 고리의 외부(즉, pPCK와 cPCK의 경계)도 마찬가지로 [그림 12.1]에서 흐리게 나타내었다.

둘째, ePCK는 미래에 계획, 수행 및 성찰에 사용할 수 있는 지식 저장소의 일부인 pPCK로 변환된다. 명시적인 지식과 암묵적인 지식을 모두 포함하는 pPCK의 구성에 따라, ePCK는 pPCK의 명시적인 또는 암묵적인 형태 중 하나로 변환될 수 있다. [그림 12.1]에서 바깥쪽을 가리키는 세 개의 밝은 하늘색 화살표는 계획-수행-성찰 사이클의 각 단계에 따라 ePCK가 명시적이고 암묵적인 형태의 pPCK로 변환됨을 나타낸다. 교사는 명료하게 표현할 수 있는 의식적인 과정을 통해 ePCK를 pPCK로 변환시킬 수 있다. 이러한 변환은 주로 과학 수업 에피소드 중 또는 후에 성찰을 통해 발생하며, 이로 인한 직관과 경험은 미래의 지식 일부가 되어 계획, 수행 및 성찰에 명시적으로 활용될 수 있다. 예를 들어, 교사가 수업 중에 학생이 겪는 어려움을 인지한 뒤 나중에 이 경험을 바탕으로 향후 수업에 명시적으로 활용할 수 있다. 교사가 의식하지 못하는 잠재적인 과정을 통해 ePCK는 바로 pPCK로 변환되기도 한다.[4] 이런 경우, 과학 수업 에피소드(예: 학생의 어려움을 인식하는 것)는 무의식적으로 기억에 통합되어 암묵적 지식 기반의 일부가 되고 이는 향후 수업 행위에 정보를 제공하기 위해 활성화될 수 있다(암묵적 pPCK). ePCK를 pPCK로 변환하는 과정에는 수업 수행뿐만 아니라 계획 및 성찰이 모두 포함된다.

계획-수행-성찰 사이클의 각 단계에서의 이러한 메커니즘을 규명하기 전에, 저자는 이 사이클이 두 종류의 시간규모(timescales)로 발생한다는 것에 주목했다. 하나는 수업과 같은 비교적 긴 교수 단위에 초점을 맞춘 "거시적" 규모이고, 나머지 하나는 수업에서의 다양한 순간과 같은 짧은 교수 단위에 초점을 맞춘 "미시적" 규모이다. 수업에서, 교사는 수업을 계획하고 수행한 다음 수업 중에 교사가 가르친 것과 학생이 학습한 것에 대해 성찰한다. 수업에서 수행(거시적)은 과학 교사가 (계획된 것이든 계획되지 않은 것이든) 한 모든 교수적 행동(미시적)을 포함한다. "거시적" 규모의 성찰이 명시적으로 이루어질 때, ePCK는 명료하게 표현될 수 있는 형태로서의 지식인

4) 유사한 상황을 반복적으로 직면하면 결국 암묵적 지식이 명시적 지식이 될 수 있지만, 명시적 지식이 암묵적 지식이 되는 그 반대 현상도 일어날 수 있다. 예를 들어, 고도로 숙련된 교사의 경우 시간이 지남에 따라 특정한 교수적 행동이 일상화됨으로써 명시적 지식이 암묵적 지식이 될 수도 있다. 따라서 암묵적 형태의 pPCK로 변환된 ePCK는 결국 명시적 pPCK가 될 수 있고, 명시적인 형태의 pPCK로 변환된 ePCK는 결국 암묵적인 pPCK가 될 수 있다.

pPCK로 변환된다.

[그림 12.2]에서 설명한 것처럼, 과학 수업에서 수행이 (교수적 행동의 연속으로서) 어떻게 이루어지는지 "확대(zoom-in)"하여 조사할 수도 있다. 이 수준에서는 "거시적" 사이클의 각 교수적 행동과 관련된 성찰-계획-수행 사이클을 볼 수 있다. 여기서 수행(거시적 사이클 속 "수행")은 교수적 행동(미시적 사이클 속 "수행")의 연속으로 구성된다. 반대로, 미시적 사이클의 일부로 발생하는 계획 및 성찰은 거시적 사이클의 "수행" 중에 발생한다(즉, 수업 전후에 발생하는 계획 및 성찰과는 구별됨). 미시적 사이클에서 특정 사례(예: 학생과의 상호작용)는 성찰(예: 학생의 질문 또는 토론 참여의 중요성을 인지하고 식별하는 것), 어떻게 대응할 것인지에 대한 계획과 수행(학생에 대한 후속 질문 또는 수업 계획 수정 등과 같은 대응을 의미)을 촉구한다. 이 전체 사이클이 한 사례에 발생하기 때문에 학생의 참여와 교사의 대응 사이의 짧은 순간에 생성된 ePCK는 암묵적으로 유지될 가능성이 높으며, 따라서 "거시적" 사이클의 일부인 성찰에 포함되지 않는 한 암묵적인 형태의 pPCK로 변환될 가능성이 높다.

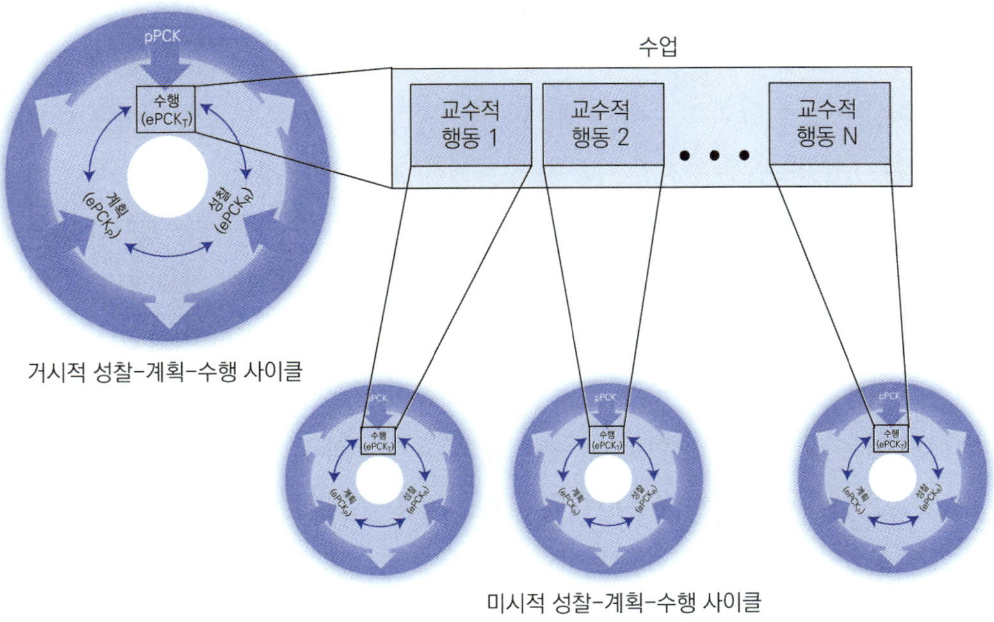

[그림 12.2] 거시적 그리고 미시적 계획-수행-성찰 사이클

위에서 설명한 바와 같이, 대부분의 교수 상황은 과학 교사의 과거 교수 상황 그리고/또는 교사들의 사전 지식과 어느 정도 유사하지만, 각 학생과 각 교실의 맥락이 다소 달라서 기존의 pPCK가 적절하고 유용함에도 특정 맥락에 맞게 ePCK를 새로 생성해야 하는 고유한 상황이 존재한다. 따라서, 과학 교사들은 기존의 pPCK를 활용하여 특정 내용을 가르치는 데 활용할 수 있는 수업 전략과 학생들이 일반적으로 그 내용과 상호 작용하는 방식에 대한 지식을 통해 수업 활동과 순서를 계획한다. 교사들이 교실 맥락과 학생들에게 맞게 수업을 계획하는 데 있어, 기저에 깔린 교수적 추론(예: 학생들이 학습하며 겪는 일반적인 어려움, 특정 교육 전략을 적용하기에 가장 적절한 조건을 아는 지식)을 명시적으로 설명하지 않거나 혹은 스스로도 인지하지 못한 채 학습 순서 그리고/또는 교수적 행동을 제안할 수 있다. 이 과정을 통해, 과학 교사들은 $ePCK_P$를 생성한다.

과학 교수는 복잡하고 불확실하기 때문에 학생들의 학습 요구와 교실 맥락의 특성에 맞는 교사의 순간적인 대응을 지속적으로 필요로 한다. 교사의 pPCK에 특정 교실 조건과 관련된 다양한 교수 전략이 포함될지라도, 교사는 주어진 상황에 딱 맞는 전략을 찾기 어려워할 것이다. 따라서 학생의 학습을 지원하기 위해, 교사들은 그 순간에 적합한 대응을 해야 하는 것이다. 이 과정을 통해, 과학 교사들은 $ePCK_T$를 생성한다.

교사는 수업 중 그리고 수업 후에 자신의 수업 계획($ePCK_P$), 수업 상황에 대응한 것 ($ePCK_T$) 및/또는 두 가지의 기반이 되는 지식(pPCK)을 성찰할 수 있다. 특정 교실 맥락과 특정 상호작용 요인들의 집합인 고유한 상황에서 교수 전략을 실행한 결과에 대해 성찰할 때, 과학 교사는 $ePCK_R$을 생성한다. 교사들은 교실 상황 전반에 걸쳐 적용할 수 있는 pPCK(예: 학생들이 일반적으로 겪는 어려움에 대한 지식 또는 학생들이 일반적으로 내용 이해 과정에서 표현하는 것에 대한 지식)를 활용하면서 특정 사건의 특정한 순간 성찰에 참여한다. 예를 들어, 교사는 특정 순간 학생들이 수업에서 성공(또는 어려움)을 경험했다고 식별하거나, 특정 학생의 참여(발표)를 통해 이전에 접하지 못했던 학생의 선입견을 인식할 수 있다. $ePCK_R$이 교사의 교실 상황에 맥락화되어 있지만, 그것이 생성된 특정 학생과 교실 조건을 벗어나 사용할 수 있는 지식으로 명시적으로 표현 및/또는 축적될 때, 이는 과학 교사의 pPCK 일부가 된다. 이러한 방식으로, 특정 상황에서 얻은 통찰력은 다른 상황에서도 적용될 수 있는 새로운 지식이 될 수 있다.

따라서 과학 교사는 주어진 교실 상황에 적합한 수업 전략($ePCK_P$)을 세우거나, 학생의 생각이 반영된 새로운 증거를 인식하거나($ePCK_T$), 수업 전략의 적용 결과 또는 학생 생각이 반영된 증거에 자신이 대응한 것을 성찰($ePCK_R$)할 때, 기존의 pPCK를 기반으로 새로운 ePCK를 생성한다. 새로운 ePCK가 명시적으로 표현되면 교사의 pPCK에 포함될 수도 있다. 이러한 방식으로, 서로 다른 PCK 영역 간의 상호작용은 양방향으로 작동한다: 즉, ePCK와 pPCK는 서로 정보를 주고받는다.

다음의 사례는 이러한 다양한 형태의 ePCK가 과학 수업 에피소드에 어떻게 작동되는지 설명한다. 생물 교사는 학생들이 자연 선택을 이해하는 데 어려움을 겪었던 것을 떠올리며(pPCK), 학생이 일반적으로 겪는 어려움을 해결하기 위한 활동을 계획했다($ePCK_P$). 수업 중에, 한 학생이 자연 선택에 대한 자신의 이해를 표현했는데, 그것은 교사가 예상치 못한 것이었다. 그때 교사는 학생의 표현에 대응하기 위해 다윈의 갈라파고스의 핀치새 사례를 도입하기로 결심했다($ePCK_T$). 수업 후에, 교사는 학생이 어떻게 그런 사고를 했는지 생각했다($ePCK_R$). 그리고 교사는 학생의 아이디어와 자신의 설명을 기억하였다가 나중에 자연 선택을 또 가르칠 때 오늘과 같은 학생의 반응을 떠올리고 예상할 것이다(pPCK). 이 수업에서 교사의 교수적 대응만을 고려하면 위에서 설명한 미시적 사이클 수준에서 ePCK가 어떻게 작동하는지 확대하여 자세히 볼 수 있다. 수업에서 학생 반응은 교사의 사전 지식과 완벽하게 일치하여 나타날 수도 있지만(pPCK), 대부분의 교실 상황에서 교사는 이전에 접하지 못했던, 예상치 못한 학생의 반응을 인식하고 알아차려야 한다(특정 학생의 표현이 이미 알려진 패턴의 학생 사고인지 아니면 완전히 새로운 학생 사고인지). 따라서, 학생이 자연 선택에 대한 자신의 이해를 표현할 때, 교사는 학생의 사고를 즉시 이해해야 한다(그 표현이 학생의 이해를 어떻게 나타내는지, 학생이 이해한 것과 이해하지 못한 것은 무엇인지를 알아차려야 함; $ePCK_R$ 생성). 수업하는 그 순간에, 교사는 학생에게 어떻게 대응해야 할지 결정해야 하며(교수적 행동을 계획; $ePCK_P$ 생성), 계획한 대응을 실행해야 한다($ePCK_T$ 생성). 이와 같은 순간에 ePCK는 암묵적으로 pPCK로 변환될 가능성이 있지만, 이 결정은 거시적 사이클에서 성찰 단계가 될 수도 있으며, 이는 더 명시적인 pPCK의 발달에 기여할 수 있다.

5. 과학 교사들의 행위 중 PCK의 복잡성을 나타내는 경험적 사례

위 절에서 저자는 ePCK와 pPCK 영역이 계획, 수행, 성찰의 순간에 어떻게 작동하는지 설명하기 위해 ePCK의 개념과 ePCK와 pPCK의 관계를 정리했다. 이 절에서는 PCK에 대한 경험적 사례를 통해 PCK의 개념을 설명하고 ePCK와 pPCK를 명료화함으로써 행위 중 지식의 복잡성을 조명한다. 이 절에서 저자는 먼저 교수적 추론을 통해 pPCK가 ePCK로 변환되는 과정과 ePCK가 pPCK로 변환되는 과정의 사례를 소개할 것이다. 이 사례는 위에서 설명한 ePCK 및 pPCK의 특징을 구체적으로 설명하는 데 도움이 되며, ePCK에서 pPCK로의 변환에 내재된 교수적 추론을 더욱 정교하게 설명한다.

ePCK는 암묵적인 지식이기 때문에, 과학 교사의 ePCK를 포착하기 위한 노력들은 여전히 ePCK 영역에 근사한(approximation) 수준에서 끝났다. 위에서 설명한 사례 다음으로 제시될 두 가지 사례는 이러한 근사의 다양한 방식을 나타내며, 둘 다 수업에 활용되는 ePCK(즉, 계획-수행-성찰의 미시적 사이클)를 이해하고자 한다. 두 사례는 ePCK를 포착하는 것의 복잡성을 설명하며, 합리적 근사가 가능한 지점과 가능하지 않은 지점을 짚어준다.

이러한 세 가지 사례는 과학 교사의 행위 중 PCK를 포착하고/또는 발달시키기 위해 개발된 도구와 접근법을 보여준다. 표준화된 도구는 교사가 특정 cPCK를 습득했는지 그 여부를 평가하는 데 사용될 수 있지만, pPCK와 ePCK의 맥락적 특성은 다양한 종류의 도구와 접근법을 필요로 한다. 아래에서, 저자는 일부 검사 도구와 접근법의 사용과 과학 교사의 ePCK 및/또는 pPCK와 이들 사이의 상호작용에 대한 통찰력을 얻는 데 어디까지 사용될 수 있는지 설명한다.

6. 교수적 추론: 계획-수행-성찰의 미시적 및 거시적 사이클에서 ePCK와 pPCK의 변환

CoRe(내용 표상)는 과학 교사의 성찰을 자극하고 그들의 PCK를 개발하는 데 유용한 교수적 도구로 알려져 있다(Hume & Berry, 2011; Loughran, Berry, & Mulhall, 2006; Nilsson & Loughran, 2012). 또한, 카인드Kind(2009)는 PCK에 대해 리뷰하며 CoRe 도구가 과학 교육 연구에서 교사로부터 직접 PCK를 이끌어내고 포착하기 위한 지금까지 고안된 기술 중 가장 유용한 것이라고 주장했다. CoRe를 구성하기 위해 교사는 학생들의 학습을 증진하기 위해 특정 주제를 어떻게 가르쳐야 할지 성찰해야 한다. 그것은 교사들로 하여금 "빅 아이디어(핵심 개념)"라고 불리는 것을 명확하게 하고 다음과 같은 질문에 답하도록 촉구한다: 학생들이 각각의 빅 아이디어에 대해 배워야 하는 것, 학생들이 이러한 아이디어를 아는 것이 왜 중요한지, 학생이 학습 과정에서 직면할 것으로 예상되는 어려움, 그리고 선생님이 해당 내용에 대해 가지고 있는 지식. 이러한 방식으로 CoRe를 성찰 도구로 사용하면 과학 교사의 암묵적인 pPCK를 명시적인 pPCK로 변환할 수 있을 뿐만 아니라 수업 실천으로 실행될 때 교사의 계획($ePCK_P$), 수행($ePCK_T$) 및 성찰($ePCK_R$) 단계의 ePCK를 나타낼 수 있다. 또한, CoRe는 특정 주제를 가르치기 위한 과학 교사 그룹의 집단적 견해를 나타내기 위해 사용될 수도 있는데, 이 경우 CoRe는 해당 교사 집단의 cPCK를 나타낸다.

닐슨Nilsson과 칼슨Karlsson의 연구(2018)에서, 연구진은 예비 과학 교사들이 특정 중학교 수업 맥락 속에서 특정 학생들에게 맞는 수업을 계획할 때, CoRe를 사용하도록 하여 학습 내용, 수업 및 학생 학습 간 연결을 강화시키고자 하였다. 이에 각 예비 교사들의 pPCK는 CoRe 작성을 통해 수업을 계획, 수행 및 성찰하는 과정에서 ePCK로 변환되었다. 또한 수업을 계획하는 과정에서 예비 교사들은 교육 과정 자료와 교육 연구와 같은 자원을 사용하도록 장려되었으므로, 따라서 cPCK가 pPCK로 변환되는 과정을 지원받았다. 그리고서 예비 교사들은 그들이 만든 CoRe에 기초한 과학 수업을 실행했다. 수업 후에, 예비 교사들은 녹화된 자신의 수업 영상을 보고 CoRe와 관련하여 예상치 못한 순간(중요한 사건으로 표현됨)을 식별함으로써 자신의 수업 수행을 성찰하였다. 각 예비 교사는 약 4-8분 길이의 과학 수업 에피소드를 두 개를 선택했는데, 하나는 (1) CoRe의 빅 아이디어에 일치하게 성공한 중요한 사건, 다른 하나는 (2) CoRe에 표현된 수업 목표를 달성하는 데 어려움을 겪은 중요한 사건을 나타낸다. 예비 교사들은 수업 영상에서 위 두 가지 중요한 사건을 나타내는 부분에, CoRe에 명시된 수업 목표 달성에 성공했다고 느끼는 이유 또는 달성하지 못했다고 생각하는 이유에 대한 근거를 나타내어 각주를 달았다. 이러한 방식으로, 예비 교사의 수업 현장 녹화는 그들의 순간적인 교수적 추론이 명료화되도록 비계를 제공하고 조직화하면서 그들의 $ePCK_T$와 $ePCK_R$을 pPCK로 변환시키는 데 활용되었다.

이 연구의 결과는 수업 전에 CoRe를 설계하는 것이 예비 과학 교사가 특정 과학 내용을 둘러싼 수업 이슈를 인식하게 하며 자신이 수업에서 수행한 의사 결정을 성찰하게 한다는 것이었다. 이처럼, 이 연구는 특정한 실천 사례에 대한 추론을 통해 예비 교사들이 ePCK(수업을 계획하고 수행하며 성찰할 때 교사가 활용하는 지식) 뿐만 아니라 pPCK(내용에 대한 지식과 학생 이해에 대한 지식)의 다양한 측면을 개발할 수 있음을 시사한다. 과학 수업을 계획하기 위한 도구로 CoRe를 사용하는 것은 수업 단위의 거시적 사이클을 보여준다. 동시에, 수업 중 중요한 사건을 강조하며 수업 영상에 각주를 달고 활용하는 것은 미시적 사이클을 나타낸다. 이처럼 예비 교사가 실습 기간에 자신의 수업을 성찰하는 것은 거시적이고 미시적 관점에서 교수적 추론 과정을 통해 pPCK가 ePCK로 변환되고 ePCK에서 더 정교한 형태의 pPCK로 변환됨을 암시한다. 이에 CoRe는 수업 영상의 각주를 활용하는 도구와 함께 예비 교사의 성찰을 도와주고, 구조화하며 변환하는 데 효과적인 것으로 입증되었으며 결과적으로 PCK 발달에 기여한다.

7. 계획-수행-성찰의 미시적 사이클에서 ePCK 근사하기

ePCK의 암묵적 특성 때문에 연구자들은 ePCK를 포착하기 위해 노력한다. 특정 과학 수업 사례에 관한 수업 계획 또는 주석이 달린 비디오와 같은 수업 산출물은

ePCK보다는 pPCK(교사의 추론이 계획 또는 성찰의 거시적 과정의 일부로 명시될 때 나타남)를 포착한다. 왜냐하면 ePCK는 명시적으로 표현될 때 pPCK로 변환되기 때문에 저자는 ePCK의 실체를 포착하는 것은 불가능하다고 본다. 이에 또 다른 접근법은 과학 수업에서 하나의 교수적 행동(즉, 미시적 계획-수행-성찰 사이클)과 관련하여 발생하는 계획, 수행 및 성찰의 증거를 통해 ePCK를 추론하는 것이다. 이 절에서는 이러한 접근법의 두 가지 예를 설명할 것이다.

인지 과학 연구에 따르면, 사람들은 특정 활동 후에 오랜 시간이 지나지 않았음에도 그 활동을 할 때 자신이 무슨 생각을 했는지 정확히 기억하지 못한다(예: Ericsson and Simon, 1993; Leighton, 2004). 따라서 특정 교수적 행동과 관련된 ePCK를 추론하기 위해 연구자들은 교사들에게 수업 동안 "발성 사고(thinking aloud)"(Ericsson and Simon, 1993) 할 것을 요구한다(즉, 교수적 행동의 계획, 수행, 성찰과 관련된 교수적 추론을 명확히 표현하기 위해).[5] "발성 사고"는 관찰된 교수적 행동으로부터 $ePCK_T$를 직접적으로 추론할 수 있을 뿐만 아니라, (a) 계획 및 성찰과 관련된 pPCK를 도출할 수 있는 기회($ePCK_P$ 및 $ePCK_R$의 대체제)와 (b) 수업 수행과 관련된 pPCK를 도출할 수 있는 기회(교수 활동으로부터 직접 도출된 $ePCK_T$에 대한 추론을 확인)를 제공한다. 하지만 안타깝게도 이러한 이상은 실제 교실 환경에서는 실현 불가능하다. 따라서, 연구자들은 교실 맥락 밖에서 과학 교사들과 협력하여 수업 중에 순간적으로 발생한 계획-수행-성찰 사이클의 측면을 재확보하거나 모의 실험하려고 노력한다. 다음 절에서는 각 유형의 방법을 설명한다.

1) ePCK 그리고 ePCK와 관련된 pPCK의 증거 문서화하기

PaP-eR(교수적 및 전문적 경험의 레퍼토리)(Loughran, Milroy, Berry, Mulhall, &

5) 영상 회상 자극 인터뷰가 수업 중 교사의 순간적인 추론(예: Akerson, Flick, & Lederman, 2000; Nilsson, 2008)에 대한 기억을 끌어내는 데 자주 사용된다는 것은 인정하지만, 에릭슨Ericsson과 시몬Simon(1993)에 따르면 그러한 노력은 회상 중에 ePCK에서 직접적으로 변환되는 pPCK(즉, ePCK의 직접적인 대체제 역할을 할 수 있는 pPCK)가 아닌 기존의 pPCK(즉, 교사가 특정 교실 사건 이후 그것을 이해한 방식)에 접근하는 것일 수도 있다.

Gunstone, 2001)는 과학 교사의 수업 중 순간적인 교수적 결정과 행동을 나타내는 하나의 방법이다. PaP-eR는 특정 맥락에서 학생들에게 학습 내용의 특정 측면을 가르치는 과정에서 과학 교사가 생각한 것과 행동한 것을 표현하는 짧은 (1-2페이지 정도) 비네트이다. PaP-eR는 수업 맥락에 대한 정보, 학습 내용에 대한 교사의 생각, 학생들의 반응 사례, 그리고 학습 내용을 어떻게 가르치고 학생들은 어떻게 학습했는지, 또 왜 그렇게 했는지에 대한 정보를 포함한다. 연구자는 과학 교사의 특정 수업을 관찰하면서 얻은 자료와 교사가 해당 내용을 가르침으로써 그 내용을 전과 달리 이해하게 된 실천 사례를 인터뷰한 뒤 교사와 협의하여 PaP-eR를 구성한다. 수업 실천의 구성 요소와 이와 관련된 교사 추론을 명시함으로써, PaP-eR는 수업에서 발생하는 교수적 행동의 미시적 사이클 내에서 교사의 $ePCK_P$, $ePCK_T$ 및 $ePCK_R$의 측면을 포착한다. PaP-eR는 교사들이 계획한 수업과 그에 따른 학생 결과를 되돌아봄으로써 수업 후에 구성되므로, 수업의 거시적 사이클에서 $ePCK_R$에 해당한다.

예를 들어, 베르트람Bertram과 라우란Loughran(2012)은 2년 동안 숙련된 중학교 과학 교사의 PCK 발달을 조사하기 위해 PaP-eR와 함께 CoRe를 사용했다. 이 연구에 참여한 교사 6명은 자신이 가르치고자 계획한 과학 주제에 대해 각자 CoRe를 작성한 다음 CoRe를 작성한 과정과 그 과정이 교수와 학습에 대한 자신의 생각에 어떤 영향을 미쳤는지, PCK에 대한 자신의 이해에 어떤 영향을 미쳤는지를 성찰했다. 베르트람Bertram과 라우란Loughran(2012)는 다음과 같이 말했는데,

> CoRe를 작성하는 것은 교사들에게 교수-학습에 대한 그들의 암묵적 지식을 명시적으로 생각하게 하고 연결하도록 하는 것이다. 따라서, CoRe를 작성하는 과정은 연구 참여자들이 그들이 알고 있는 것과 그들이 실천적 지식을 어떻게 개발했는지를 표현하도록 독려했다. (p.1036)

연구 참여자들은 수업을 마친 후 그들의 CoRe를 기반으로 특정 과학 수업 에피소드를 설명하는 PaP-eR를 (연구자와 함께) 개발하도록 요청받았다. 다음은 한 참여자가 언급한 것인데,

"그래서, 제가 느낀 점은, [PaP-eR]가 표현하고, 문서화하고, 명시적으로 만드는 그런 성찰의 과정이라는 것입니다. 그것은 수업과 관련하여 제 머릿속에서 항상 진행되는 과정과 같은 거죠." (p.1040)

베르트람[Bertram]과 라우란[Loughran]의 연구는 CoRe와 PaP-eR 도구의 사용이 수업에 대한 교사의 지식을 명시하고 공유하며, 수업 내용과 목적이 밀접하게 연결되도록 도움으로써 과학 교사의 실천적 지식(즉, ePCK에서 pPCK로의 변환)을 향상시켰다는 것을 보여주었다. 특히, 모든 참여자들은 PaP-eR를 개발함으로써 자신을 둘러싼 맥락과 교수 실천에 대한 자기 성찰과 자기 평가를 할 수 있었으며(pPCK와 ePCK$_{R}$), 자신이 개선할 수 있는 영역(예: 특정 학생과 그들의 학습 요구를 연결하는 것)을 정확히 파악하는 데 도움이 되었다고 말했다.

2) 교실 밖에서 ePCK의 생성 촉진하기

실제 과학 수업 중에 순간적으로 발생하는 계획-수행-성찰 사이클을 교실 밖에서 모의 실험(simulation)하는 것은 실제 교실 상황(PaP-eR에 나타낸 것과 같은)의 실제성은 갖지 못하지만, 실제 교실 상황에서 포착하기 어려운 ePCK에 근사된 것을 포착할 수 있게 한다. 이 방법은 교사의 실제 수업 맥락에 학생들을 참여시키지는 않지만, 종종 실제적인 프롬프트(예: 학생들이 자신의 아이디어를 표현하는 영상) 및 실제적인 반응 형식(예: 섭외된 배우와의 상호작용)과 같은 실제 수업 상황의 요소를 포함한다. 현재까지 이러한 방법은 교사의 즉시적 의사 결정(ePCK$_{P}$ 및 ePCK$_{R}$)이나 연구자가 교사의 교수적 행동을 추론하는 것(ePCK$_{T}$)에 초점을 맞추면서, 세 가지 유형의 ePCK를 한꺼번에 포착하지는 못했다.

과학 교사가 수업 중 예상치 못한 학생의 생각과 마주하는 것을 모의 실험하기 위해 알론조[Alonzo]와 김[Kim](2016)은 교사들에게 학생이 힘과 운동에 대한 생각을 표현하는 영상을 보여주었다. 이 영상들은 모두 연구에 참여한 교사들의 실제 물리학 수업과 유사하게 촬영되었으며, 학생들의 독특한 사고, 즉 "학생의 생각이나 질문이 예상치 못한 것이거나 참신한 것"(p.1268)을 나타냈다. 교사들은 먼저 영상에 나타난 학생의 생각을 설명한 다음 학생에게 어떻게 반응할지 설명했다. 연구자는 교사에게 수업 중 학생이 자신의 교실에서 영상과 동일한 진술이나 질문을 할 경우에 학생에 대한 반응의 근원이 되는 $ePCK_R$과 $ePCK_P$를 각각 명시적으로 나타내도록 (즉, pPCK로 변환) 요청함으로써 교사의 즉시적 추론을 포착하고자 하였다.

이와 대조적으로, 독일의 두 연구 그룹은 과학 수업 상황과 교사가 학생들에게 실제처럼 반응하는 모의실험(즉, $ePCK_T$를 추론할 수 있는 기회)을 고안했지만, 교사들에게 그들의 수업 계획 또는 성찰의 과정을 설명하도록 하지 않았기 때문에, 연구진은 그들의 $ePCK_P$ 또는 $ePCK_R$을 포착하지 못했다. 수학 교육 분야에서 린드마이어[Lindmeier]와 동료들(Knievel, Lindmeier, & Heinze, 2015; Lindmeier, 2011)은 학생들의 생각이 두드러지는 수업 상황 영상 사용했다. 그러나 교사들은 연구자에게 가능한 교수적 행동을 설명하기보단 학생에게 직접 말하는 것처럼 (컴퓨터에) 말하도록 요청받았다. 이 방법을 사용하여 연구자들은 영상에 반응하는 교사의 교수적 행동을 포착하여 그들의 근원적인 $ePCK_T$를 추론하였다. 영상에 녹화된 학생은 교사의 말에 반응할 수 없으므로 이 방법(Alonzo와 Kim이 사용한 방법과 동일)은 일회적인 교수적 행동을 나타낸다.

쿨게마이어[Kulgemeyer]와 쉐커[Schecker](2013)가 사용한 방법은 여러 가지 교수적 행동을 수반한다. 이 방법에서 연구자는 교사들에게 특정 물리학 내용을 어떻게 설명할 것인지 준비할 시간을 주고 "학생"(특별히 훈련된 배우)에게 설명하게 하였다. 학생은 미리 정해진 대본을 사용하여 선생님의 설명에 질문하거나 다른 반응을 했다. 이 방법을 사용하여 연구자는 과학 교사가 상호작용 전반에 걸쳐 수행하는 교수적 행동을 포착하고 여러 번의 계획-수행-반응 사이클에 걸쳐 나타나는 증거로 $ePCK_T$를 추론할 수 있었다.

위에서 설명한 사례에서, 알론조[Alonzo]와 김[Kim]은 $ePCK_P$와 $ePCK_R$을 포착했고, 린드마이어[Lindmeier], 쿨게마이어[Kulgemeyer] 및 동료들은 $ePCK_T$를 포착했다. 세 가지 형태의 ePCK를 모두 포착하기 위해, 과학 교사에게 학생 생각의 증거를 제시하고 (a) 교사에게 학생의 생각에 어떻게 대응할 것인지와 자신이 나타낸 교수적 반응의 기반이 되는 성찰과 계획(즉, $ePCK_R$과 $ePCK_P$를 PCK로 변환)을 표현하도록 요청하거나, (b) 교수적 반응을 직접 실행하도록($ePCK_T$를 추론할 수 있는 증거 제공) 요청하는 식의 혼합적인 방법을 떠올릴 수도 있다.

이 모든 접근법의 장점 중 하나는 교사 간 비교가 가능하다는 것이다. 여러 명의 과학 교사를 똑같은 "실제" 수업 상황에서 관찰하는 것은 불가능하지만, 동일한 비디오를 반복해서 보여줄 수 있고, 배우들은 다양한 교사들과 상호작용할 때 유사하게 행동하도록 훈련될 수 있다. 그러나 이러한 장점은 ePCK의 기반이 되는 pPCK와 마찬가지로, ePCK가 본래 교사 각자의 수업 맥락에 고유하다는 점에서 한계가 있다. 이렇게 교실 밖에서의 모의실험은 교사의 실행과 교사 각자를 둘러싼 수업 맥락을 분리한다. 따라서 교사의 ePCK에 근사하기 위해서는 여러 가지 접근법을 함께 활용하는 것이 필요하다. PaP-eR와 같은 방법은 교사의 실제 수업 맥락을 나타낼 수 있고, 교실 밖의 모의실험은 ePCK에 더 근사된 것을 포착하는 방법이기 때문이다.

8. 결론

현재까지 과학 교육 분야에서 PCK에 대한 연구는 상대적으로 정적인 형태의 명제 지식에 주로 초점을 맞추고 있어서 교사의 cPCK와 pPCK의 구성 요소와 구조, 즉 RCM의 외부 고리에 대한 깊이 있는 이해만을 나타내었다([그림 2.3], 2장 참조). 본 책 3부의 다른 장과 마찬가지로, 저자는 PCK의 영역들을 구분하는 데 RCM이 어떻게 사용될 수 있는지를 보여줌으로써 제시된 연구 또는 교사 교육 노력의 초점을 더 명확하게 설명하고자 했다. [그림 12.1]과 [그림 12.2]에 나타난 바와 같이, 저자는 거시적 및 미시적인 계획-수행-성찰 사이클을 실행하는 데 수반되는 다양한 유형의 ePCK를 식별하는 것이 유용함을 발견했다. 그렇게 함으로써, 저자는 RCM의 중심에 관심을 갖도록 촉구하는 연구들을 소개하고, 과학 교사의 ePCK(즉, 실행 중 발휘되는 PCK) 및 ePCK와 pPCK 사이의 관계를 탐구했다. 저자는 과학 교사들이 무엇을 아는지와 그 지식이 어떻게 학생의 학습 경험으로 변환되는지 이해하려면 이 작업이 필수적이라고 주장한다.

저자는 RCM의 "수업 행위 중" 발생하는 교사 행동에 관한 부분에 강한 관심을 가졌다. RCM은 이 PCK 영역(ePCK)이 존재함을 인정하지만, ePCK는 아직 정교하게 설명되지 못했다. 따라서 이 장에서는 ePCK 자체와 ePCK와 pPCK의 관계를 분석하고자 했다. 저자는 ePCK를 수업 행위 중의 암묵적 지식으로 간주함으로써, 교사와 학생의 상호작용 과정에서 교사의 지식이 명확하게 드러나지 않는 경우가 많다고 주장했다. ePCK와 pPCK의 관계에 대한 저자의 관점은 특정 맥락에서 특정 내용을 특정 학생에게 가르치는 경험에 대한 반응으로 교수적 추론이 어떻게 pPCK의 점진적 성장을 촉진하는지 설명한다. 또한 이 관점은 수업의 특정 순간을 정확히 포착하는 것이 왜 그렇게 어려운지를 설명하는 데 도움이 된다. 그 순간에 일어나는 많은 일들이 암묵적이기 때문이다. 교사들은 수업 전반에 걸쳐 여러 가지 교수적 행동을 보이지만, 그 중 많은 것들은 계획되지 않은 것으로, 주로 그 순간에 생성된 것이다. 교수적 행동의 기반이 되는 지식 자원(예: 지식, 의사 결정)이 수업의 일부로서 명시적으로 나타나는 경우는 극히 드물다. 저자는 우리가 교사의 계획, 수행, 성찰을 포함하는 ePCK를 직접 관찰할 수 없으므로 각 교수적 행동의 궁극적인 원인을 정확히 알 수 없다고 주장한다.

저자는 다른 연구자들이 RCM의 이 중요한 영역(ePCK)을 활용하길 바라면서 ePCK 및 ePCK와 pPCK의 관계에 대한 이러한 해석을 제시한다. 행위 중의 PCK에 더 많은 관심을 가져야 한다는 다른 연구자들의(예: Henze & van Driel, 2015) 요청에 따라, 저자는 연구 목적과 과제를 명확하게 전달하고 행위 중 PCK의 특정 측면을 포착하는 방법을 고안하는 데 있어 ePCK와 pPCK의 구인들(constructs)이 특히 가치 있다고 본다.

참고문헌

Akerson, V. L., Flick, L. B., & Lederman, N. G. (2000). The influence of primary children's ideas in science on teaching practice. *Journal of Research in Science Teaching, 37,* 363-385.

Alonzo, A. C., & Kim, J. (2016). Declarative and dynamic pedagogical content knowledge as elicited through two video-based interview methods. *Journal of Research in Science Teaching, 53,* 1259-1286.

Bertram, A., & Loughran, J. (2012). Science teachers' views on CoRes and PaP-eRs as a framework for articulating and developing pedagogical content knowledge. *Research in Science Education, 42,* 1027-1047.

Eraut, M. (2000). Non-formal learning and tacit knowledge in professional work. *British Journal of Educational Psychology, 70,* 113-136.

Ericsson, K. A., & Simon, H. A. (1993). *Protocol analysis: Verbal reports as data.* Cambridge, MA: MIT Press.

Gess-Newsome, J. (2015). A model of teacher professional knowledge and skill including PCK: Results of the thinking from the PCK summit. In A. Berry, P. Friedrichsen, & J. Loughran (Eds.), *Re-examining pedagogical content knowledge in science education* (pp. 28-42). New York: Routledge.

Henze, I., & Van Driel, J. H. (2015). Toward a more comprehensive way to capture PCK in its complexity. InA. Berry, P. Friedrichsen, & J. Loughran (Eds.), *Re-examining pedagogical content knowledge in science education* (pp. 120-134). New York, London: Routledge.

Hume, A., & Berry, A. (2011). Constructing CoRes—a strategy for building PCK in pre-service science teacher education. *Research in Science Education, 41*(3), 341-355.

Kind, V. (2009). Pedagogical content knowledge in science education: perspectives and potential for progress. *Studies in science education*, *45*(2), 169-204.

Knievel, I., Lindemeier, A. M., & Heinze, A. (2015). Beyond knowledge: Measuring primary teachers' subject-specific competences in and for teaching mathematics with items based on video vignettes. *International Journal of Science & Mathematics Education, 13*(2), 309-329.

Kulgemeyer, C., & Schecker, H. (2013). Students explaining science-assessment of science communication competence. *Research in Science Education, 43,* 2235-2256.

Leighton, J. P. (2004). Avoidingmisconception, misuse, and missed opportunities: The collection of verbal reports in educational achievement testing. *Educational Measurement: Issues and Practice, 23*(4), 6-15.

Lindmeier, A. (2011). *Modeling and measuring knowledge and competencies of teachers: A threefold domain-specific structure model for mathematics*. Münster, Germany: Waxmann.

Loughran, J., Milroy, P., Berry, A., Mulhall, P., & Gunstone, R. (2001). Science cases in action: Documenting science teachers' pedagogical content knowledge through PaP-eRs. *Research in Science Education, 31,* 289-307.

Loughran, J., Berry, A., & Mulhall, P. (2006). *Understanding and developing science teachers' pedagogical content knowledge*. Dordrecht: Sense Publishers.

Nilsson, P. (2008). Teaching for understanding-the complex nature of PCK in pre-service teacher education. *International Journal of Science Education, 30*(10), 1281-1299.

Nilsson, P., & Karlsson. (2018). *Capturing student teachers' pedagogical content knowledge (PCK) using CoRes and digital technology.* Manuscript submitted for publication.

Nilsson, P., & Loughran, J. (2012). Exploring the development of pre-service elementary teachers' pedagogical content knowledge. *Journal of Science Teacher Education, 23*(7), 699-721.

Schmelzing, S., van Driel, J. H., Jüttner, M., Brandenbusch, S., Sandmann, A., & Neuhaus, B. J. (2013). Development, evaluation, and validation of a paper-and-pencil test for measuring two components of biology teachers' pedagogical content knowledge concerning the "cardiovascular system". *International Journal of Science and Mathematics Education, 11,* 1369-1390.

제4부

PCK 연구의 미래

안드레아스 보로프스키Andreas Borowski

개요

국제 학술 회의에서 많은 논의가 이루어지면서 2012년 제1차 PCK 정상회의에서 개발된 PCK - 보다 일반적으로 알려진 PCK의 CM(Consensus Model)을 포함한 교사 전문지식과 기술 모델에 큰 관심을 보이고 있다. 그러나 이 모델을 사용한 구체적인 연구 프로젝트를 상상하기 어렵다는 토론자들의 피드백이 종종 있었다. 이러한 이유로 이 책의 대부분의 장에서는 기존의 다양한 연구에서 2장에 제시된 RCM의 과학에서의 적용 또는 변용에 대해 논의한다. 이 연구들은 대부분 원래 RCM 없이 계획되고 수행되었지만 현재에 소급하여 이 새로운 모델과 관련짓는다. 따라서 이 책의 장들은 RCM이 완전히 새로운 것은 아니며, 연구 공동체에 이미 존재하는 아이디어의 조합이며 자연스럽게 융화됨을 보여준다.

이 책의 마지막 제4부는 앞을 내다보는 것뿐만 아니라 뒤를 돌아보는 것이다. 그래서 공동체로서 우리가 RCM으로 지금 무엇을 할 수 있는지, 또한 지금까지 정상회의에서 무엇을 배웠는지, 그리고 이 학습을 어떻게 계속 활용할 수 있을지 얘기한다.

13장에서는 RCM을 활용하는 것을 넘어 과학 PCK 분야에서의 추가 연구의 가능성을 다루며, 새로운 연구 프로젝트를 계획하는 것에 대해 다양한 질문을 던진다. RCM의 어떤 분야가 아직 그렇게 집중적으로 연구되지 않은 것일까? 어떤 새로운 연구 분야를 설정할 수 있을까? RCM의 복잡성을 조사하기 위해 연구 방법을 어떻게 사용할 수 있을까? 이 장은 RCM을 향후 연구의 기초로 삼는 것의 이점을 찾아내어 홍보하고자 한다. 예를 들어, 많은 연구 프로젝트가 RCM을 참조한다면 연구 결과들이 더욱 밀접하게 연결될 수 있다.

14장에서는 미국 콜로라도 스프링스와 네덜란드 라이덴에서 열린 두 차례의 PCK 정상회의에서 나온 PCK에 대한 연구 전반에 대해 논의한다. 정상회의에서 협력하는 것의 생산성뿐만 아니라 관련된 책임에 대해서도 설명한다. 또한, PCK 연구 분야를 발전시키기 위한 정상회의의 역할에 대해서도 논의한다. 무엇보다 정상회의와 같은 행사를 통해 이 분야의 연구에 참여하고 PCK에 대한 공동연구를 발전시키는 것이 얼마나 재미있을 수 있는지 설명한다!

제13장

과학 교육에서 PCK 연구의 미래 전망, 그리고 그 너머

크리스토퍼 윌슨Christopher D. Wilson, 안드레아스 보로프스키Andreas Borowski,
얀 반 드리엘Jan van Driel

이 책은 PCK가 다양한 의도, 다양한 방법론, 그리고 다양한 맥락에서 연구된다는 것을 보여준다. 그럼에도 불구하고, 과학 교육 연구자들의 두 차례 PCK 정상회의는 PCK를 개념화하는데 상당한 진전을 이루었고, 합의 모델(CM)에서 처음으로 그것을 표현했으며, 기존 모델을 적용한 연구의 성공과 실패에 대응하여 합의 모델을 개선하였다. 과학 교수를 위한 PCK의 개선된 합의 모델(RCM)은 일련의 관련 구성 요소로 구성되어 연구자가 PCK의 특정 구성 요소에서 자신의 연구를 자리매김하고, 구성 요소들뿐만 아니라 더 광범위한 이슈 및 정책과도 자신의 연구를 연결할 수 있다. 분명히 RCM과 PCK 연구는 서로 밀접하게 연관되어 있다. 이 장의 의도는 특히 새로운 PCK 연구자를 염두에 두고 향후 PCK 연구에 가능한 가닥의 윤곽을 그리기 위해 RCM을 이용하는 것이다. RCM을 프레임워크로 사용하여 PCK의 구조, PCK의 개발, PCK의 측정, 그리고 과학 교육 및 다른 영역에서 RCM의 광범위한 영향에 대해 가능한 연구를 기술한다.

1. 도입

국립 학술원 보고서 '교육에서의 과학적 연구'에 따르면, 샤벨슨Shavelson과 토우네Towne(NRC, 2002)는 다음과 같이 교육 연구의 중요성을 강조한다:

> 오늘날의 급변하는 경제 및 기술 환경에서, 학교 교육은 학생들이 어떻게 배우고 어떻게 학교가 조직되어야 하는지에 대한 민간의 지혜에 의존하여 개선될 수 없습니다. 그 누구도 검증되지 않은 예감에 의존하여 달로 가는 로켓을 설계하거나 널리 퍼진 질병을 없애려고 생각하지 않을 것입니다. 마찬가지로, 연구 없이는 교육을 향상시킬 수 없습니다. (NRC, 2002, p. 12)

연구를 통해 교육의 과정(educational process)을 개선할 수 있다는 광범위한 동의가 있지만(미국 교육 연구 협회(AERA)에만 25,000명 이상의 회원이 있음), 교육 연구(educational research)는 때때로 상당한 비판을 받았다. 그중 일부 비판은 다음의 결핍과 같은 불충분한 진전에 초점을 맞추고 있다; (a) 체계적인 지식 축적, (b) 증거에 기반한 이론의 개선 및 대체, (c) 정책 관련 합의 이해. 이들 각각은 의학 및 농업과 같은 다른 과학 연구 분야에서 상당한 개선을 이끌어냈다(Klahr, 2010; Slavin, 2008). 이 문제를 해결하기 위해 제안된 조치에는 구인(constructs), 접근법 및 이론에 대한 합의 및 조작적 정의(operational definition) 개발, 의도된 수업 목표를 더 잘 정의하고 수업 개입과 원하는 결과 사이의 관계를 조사하는 복제가능한 경험적 연구 수행에 대한 요구가 포함된다(BMBF, 2017; Klahr, 2010; NRC, 2012).

PCK 정상회의로 들어가 보자. PCK 정상회의는 2012년과 2016년에 각각 미국 콜로라도와 네덜란드 라이덴에서 개최되었으며, 과학 교육(및 수학 교육) 분야의 전문 연구자들과 신흥 연구자들이 함께 참여하였다. 이 정상회의의 주최자들은 PCK에 대한 연구가 특히 과학 교육 분야에서 중요하고 심지어 매우 일반적이라는 것을 인식했다. 그러나 PCK 구인에 대한 합의된 이해와 조작적 정의를 개발함으로써 실천 및 정책에 미치는 영향은 크게 개선될 수 있다. 또한, 여러 국가의 다양한 연구 전통의 대표자뿐만 아니라, 교사 교육, 학습 이론, 정책, 교육 측정과 같은 영역으로부터 PCK 연구에 대한 다양한 관점을 결합함으로써 두 번의 워크숍(정상회의)은 PCK에 대해 현재 알고 있는 것과 우리가 아직 배워야 할 것을 이해하기 위해 증거 기반 접근법을 취하려고 했다.

2. 앞 장에서 제시한 연구에 대한 시사점 요약

이 책의 모든 장은 PCK에 대한 기존 연구의 한계를 설명하고, PCK에 대한 연구의 미래 방향을 제안하며, 과학 교육의 미래 흐름을 형성하는 데 있어 RCM의 역할에 대해 논의한다. 이와 관련하여 가장 중요한 것은 2장이다. 2장에서는 RCM이 교수 실천의 중심인 과학 교사의 전반적인 전문 지식 기반 내에서 지식과 기술의 세 가지 구별된 영역으로 PCK를 어떻게 재배치하는지 설명한다. 또한 연구를 위한 이 재배치의 의미를 확장한다. 이와 유사하게, PCK 세 영역들, 기타 전문적 지식 형태 및 맥락적 및 정의적 영향 간의 교수(학)적 추론 및 지식 교환에 대한 RCM의 강조로부터 연구에 대한 시사점을 이끌어낸다.

2장 이외의 장들은 RCM과 PCK의 여러 기존 모델 사이의 관계를 탐색한다. 예를 들어, 4장에서 박Park은 PCK 개발에 대한 종단 연구의 필요성, 전문 커뮤니티와의 상호작용을 통해 PCK가 어떻게 발전하는지, PCK와 관련된 맥락적 요인을 검토할 필요성, 그리고 과학 수업에 있어서 '계획-수행-성찰'의 전 사이클에 걸쳐 연구를 위한 권장사항을 제공하는 것을 포함하여 PCK에 대한 연구와 관련된 몇 가지 문제를 강조한다.

6장에서 조르게Sorge, 스텐더Stender 및 노이만Neumann은 과학 교사의 전문적 역량 개발 모델을 RCM과 연결한다. 이 장에서는 특히 PCK의 개발과 관련하여 RCM에서 PCK 구성 요소 간의 복잡한 관계에 대한 향후 연구의 필요성을 지적한다. 그들의 자료는 대체로 양적이지만 그러한 연구를 질적 연구로 보완할 필요가 있다고 지적한다.

7장에서 슈나이더Schneider는 RCM에서 과학 교사의 수업을 표상하는 '계획-수행-성찰'사이클에 기초한 접근 방식으로 과학 교사 PCK를 연구자가 드러내고 특징지을 수 있는 학습 연구(learning study)의 잠재성을 탐색한다. 슈나이더Schneider는 과학 교사의 학습발달과정(learning progression)을 규명하기 위해 향후 PCK 연구에서 학습 연구를 사용할 것을 권장한다.

9장에서 헨체Henze와 바렌슨Barrendsen은 형성적 목적으로 학생, 과학 교사의 PCK 개발 측정에 비개입적(non-intrusive) 기술을 적용하여 교수자(교사)가 추가 외부 도구나 작업 없이 수업할 수 있도록 한다. 그들은 또한 PCK 개발의 패턴을 탐색하고 이러한 경로 모델에 대한 더 많은 연구의 필요성을 지적한다.

10장에서 카펜데일Carpendale과 흄Hume은 협력적 CoRe 설계가 과학 교사의 PCK에 미치는 영향을 조사하고, (a) 여러 교사를 포함하여 일반화가능성을 허용하는, (b) 과학 교사 PCK를 증진시키기 위해 설계된 개입을 더 잘 탐구하기 위해 학생 성취를 조사하는, (c) 과학 수업 행위에서 교사의 추론을 조사하는 더 많은 연구를 장려한다.

11장에서 찬Chan, 롤닉Rollnick 및 게스-뉴섬Gess-Newsome은 PCK를 측정하기 위한 루브릭의 개발을 탐색한다. 이 연구는 측정에 대한 합의 접근 방식을 제안함으로써 PCK의 합의 모델의 가치를 확장하여 연구자가 공통 측정 기준으로 연구 전반을 살펴볼 수 있도록 한다.

12장에서 알론조Alonzo, 베리Berry 그리고 닐슨Nilson은 행위 중 PCK를 밝히고 특징짓는 방법, 즉 교실에서 수업적 결정을 위해 사용된 과학 교사의 개인적 및 실행된 PCK(pPCK와 ePCK)의 상호작용을 조사한다. 그들의 연구는 교사의 전문적인 지식(pPCK)뿐만 아니라 그 지식이 수업에서 어떻게 실행되는지(ePCK)에 대한 연구의 필요성을 지적하는데, 이것은 현장에서 PCK를 측정하는 데 시사점을 준다. 또한, 이들은 RCM 모델에 대해 추가적인 연구의 필요성을 제기한다.

3. 미래 PCK 연구를 위한 프레임워크

위에서 기술한 장들에서 연구 결과와 제안된 향후 방향, 제1차 PCK 정상회의(Berry, Friedrichsen, & Loughran, 2015)에서 제안된 이 분야 및/또는 다른 분야의 연구와 현재의 연구 및 정책 맥락을 살펴볼 때 몇 가지 테마가 등장한다. 다음에서 우리는 이러한 주요 테마 중 일부를 기술하고 이러한 테마의 잠재적인 기여를 다루는 몇 가지 연구 질문을 제안한다. 특정 연구 질문은 특정 연구 방법을 제안하지만, 우리는 다소 불가지론적이고(agnostic) 방법론적으로 열려 있으려고 노력한다. 정보를 제공하는 완전한 이해를 구축하는 것은 융합 연구, 설계 연구, 실험 연구, 복제 연구 및 이론적 성찰뿐만 아니라 양적 및 질적 탐구를 모두 필요로 한다.

1) PCK 구조에 대한 연구

RCM에 대한 증거 기반이 불완전하다는 것을 인식하는 것이 중요하다. 1차 PCK 정상회의 동안 수행된 연구 검토는 PCK가 약한 것에서 강한 것으로 연속체에 존재하고 강한 PCK를 가진 교사가 학생의 학습을 향상시킬 수 있다는 것과 같은 몇 가지 동향에 대해 일치한다는 것을 발견했다. 그러나 대부분의 주장에 대한 증거는 강력하지 않으며, 과학 교육에서 엄격한 연구 설계를 채택하거나 인과적 주장에 대한 높은 신뢰를 제공하는 연구는 매우 적다(1장 참조). RCM은 모델의 개별 구성 요소, 모델의 구성 요소 간의 관계, 그리고 아마도 가장 중요한 것은 이러한 구성 요소가 학생 학습과 어떻게 연관되고 예측되는지에 대한 체계적인 조사와 함께 이러한 추세를 다시 살펴보도록 우리를 초대한다.

RCM은 과학 교수에서 PCK의 세 가지 구성 요소 또는 영역-집단적 PCK(cPCK), 개인적 PCK(PCK), 실행된 PCK(ePCK)-과 궁극적으로 학생들에게 학습 기회를 주는 교수(학)적 추론 과정에서 이들 사이에서 발생하는 지식 교환을 기술한다. RCM의 세 가지 PCK 영역 각각의 내부와 사이에는 수많은 연구 문제가 존재하며, 특히 초보 연구자들에게 풍부하고 접근가능한 연구 기회를 제공한다.

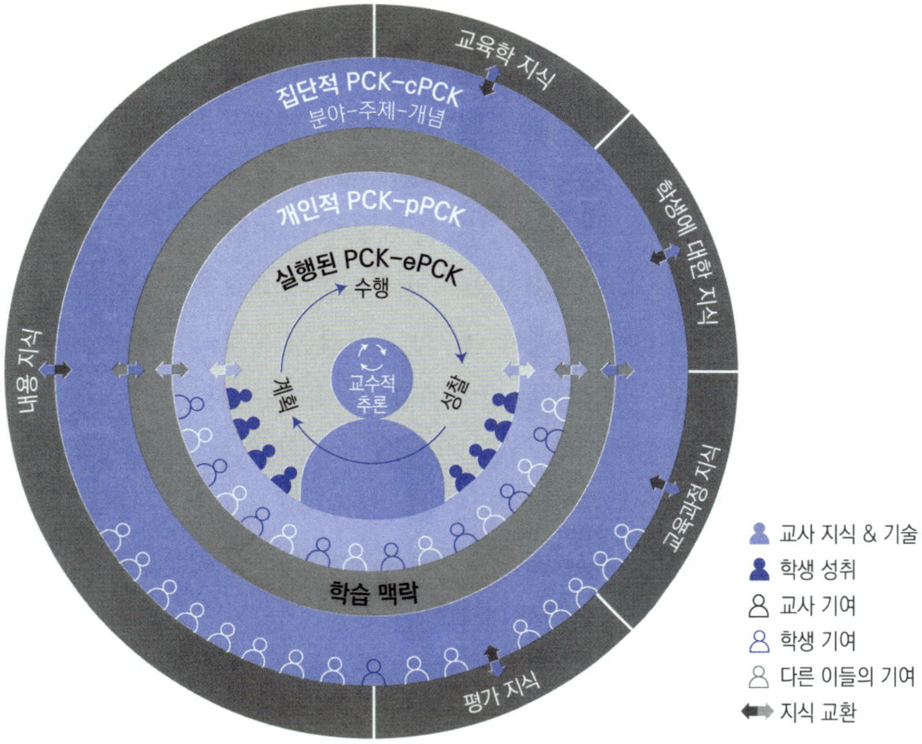

[그림 13.1] 과학 교수를 위한 PCK의 개선된 합의 모델(RCM) (2장 참조)

(1) ePCK

PCK 연구의 미래 연구 방향에 대한 생각에서 이제 우리는 과학 교사가 교수 행위에서 사용하는 지식과 기술을 구성하는 PCK의 영역 또는 구성 요소인 ePCK를 나타내는 RCM 모델(2장 참조)의 중심 원으로 관심을 돌린다. ePCK 내에서는 특히 특정 내용 또는 특정 학생을 대상으로 과학 교사의 수업 결정에 영향을 주는 지식과 자원에 대한 연구가 크게 필요하다. 예를 들어, 교사가 수업 자료를 어떻게 선택, 평가, 적응 및 통합하는지에 대한 연구는 과학 교육에서 강한 역사를 가지고 있지만 이제 과학 교사가 현재 이용가능한 매우 다양한 품질의 풍부한 디지털 자원과 어떻게 상호 작용하는지 탐구해야 한다. 유사하게, 연구는 모든 학생들에게 일관성 있고 효과적인 학습 경험을 제공하면서 과학 교사들이 다양한 수업 자원을 통합하는 것을 지원할 수 있는 도구와 과정을 조사해야 한다. 또한, 연구자들은 '계획-수행-성찰'수업 사이클을 조사할 수도 있다. 예를 들어, 배경이나 경험이 다른 과학 교사들 사이에서 또는 내용 영역이나 주제에 따라 수업 사이클이 어떻게 달라지는지와 같은 연구 질문을 할 수 있다.

마찬가지로, 과학 교사들이 학생의 사고를 어떻게 드러내고 반응하는지, 또는 그들의 수업 실천과 교수(학)적 의사결정에 있어 얼마나 의도적인지를 연구할 수도 있다. 이러한 맥락에서 ePCK에 대한 연구와 교사의 '전문적 알아차림(professional noticing)'에 대한 연구를 연결시키는 것이 관련이 있을 수 있다. 수업 전문성의 핵심 요소로서 교사의 전문적 알아차림의 구인은(수업 중 학생의 사고를 관찰하고 이해하고 반응하는 것) 지난 10년 동안 주목을 받았다(예: Mason, 2002; Scheiner, 2016; Sherin, Russ, & Colestock, 2011). 특히 수학교육 분야에서 교사의 전문적 알아차림에 대한 연구는 교사의 순간적 추론과 의사결정에 초점을 맞추고 있으며, 일반적으로 교실 상황에 대한 비디오 녹화를 활용한다. 개념적으로나 방법론적으로나 교사의 전문적 알아차림과 ePCK는 관련이 있으며, 이러한 영역의 연구는 교사가 특정 주제에 대해 학생들과 상호 작용할 때 어떻게 그리고 왜 특정 교수(학)적 결정을 하는지에 대한 우리의 이해를 향상시키기 위해 서로에게 이익이 될 수 있다.

ePCK와 관련된 가장 중요한 질문들 중 일부는 학생 학습과 연결된다. 2차 PCK 정상회의의 초점이 과학 교사의 PCK가 학생들에게 유의미한 학습 기회를 제공하는 데 중요하다는 믿음에 기반을 두고 있지만, 이 믿음의 근거가 되는 연구의 증거는 매우 취약하다. 이러한 약점에 대한 많은 이유 중 하나는 교사 PCK와 학생 학습에 대해 보고하는 연구가 그것을 드러내기 위해 설계되지 않았기 때문이다. 그 대신 이 연구들은 교사 학습, 교사 실천 및 학생 학습에 대한 전문성 개발 (PD) 개입의 영향을 각각 살펴볼 수 있도록 통계적으로 강력하게 설계되었다. 또 다른 연구에서 학생 학습의 측정치(예: 특정 영역에 걸친 표준화된 시험)는 교사의 PCK 측정치(예: 특정 주제 또는 지식의 적용에 초점)와 잘 맞지 않았다. 따라서 우리 과학 교육 분야는 계획, 교실 실천(수행), 성찰 사이클에서 ePCK가 학생 학습을 초래하거나 기여하는 정도를 밝히도록 설계된 연구가 필요하다(예: Liepertz & Borowski, 2017). 또한 이러한 연구는 학생 학습에서 우리가 가치를 두는 것(예: 사실 회상, 동기, 과학적 소양, 추론)이 중요한 고려 사항이라는 것을 인식하고, 학생들간의 관계도 함께 살펴봐야 한다.

(2) pPCK와 다른 요소들과의 연관성

RCM의 중심에서 바깥쪽으로 점점 더 큰 동심원으로 이동하면 ePCK와 pPCK 및 pPCK 자체를 연결하는 많은 잠재적인 연구 문제들이 등장한다. 2장에서 설명한 바와 같이, pPCK와 ePCK는 서로 정보를 주고 받는데, 이는 pPCK가 어떻게 수업으로 변환되는지(ePCK)에 대한 연구를 제안하고, 반대로 교실에서의 경험(ePCK)이 과학 교사의 전문적인 지식(pPCK)을 어떻게 형성되고 수정하는지에 대한 연구를 제안한다. 예를 들어, 과학 교사들 사이에서 pPCK가 어떻게 달라지는지, 그리고 그 차이가 그들의 교실에서의 실천에 어떻게 영향을 미치는지 연구할 수 있다. 마찬가지로, 우리는 교실에서의 과학 수업 경험과 학생들로부터의 피드백이 과학 교사들의 pPCK에 어떻게 영향을 미치는지, 효과적인 실천에 대한 이해에 어떤 정보를 주는지에 대해 상대적으로 거의 알지 못한다. 이러한 피드백에 대한 연구는 어떻게 과학 교사가 자신의 교수를 형성하고, 동료들과 협력하는데 그들을 어떻게 지원할 것인지 연구하는 것으로 확장될 수 있다.

(3) cPCK

마지막으로, RCM의 바깥쪽 원으로 이동하면 또 다른 중요한 연구 문제가 나타난다. 과학 교사 교육자와 전문성 개발 제공자는 과학 교사의 pPCK가 cPCK와의 상호 작용을 통해 어떻게 발현되는지에 대한 우리의 이해를 진전시키는 연구로부터 큰 혜택을 받을 수 있다. 예를 들어 과학 교사는 이 지식(cPCK)에 어떻게 접근하는가, 또는 cPCK가 교사 개인의 교수 실천에 미치는 영향을 매개하는 요인은 무엇인가? 더 나아가, PCK에 기여하는 다른 형태의 전문적인 지식을 나타내는 가장 바깥쪽 원까지, PCK에 대한 몇 가지 기본적인 질문들은 대체로 풀리지 않은 채로 남아 있다. 내용 지식과 PCK 사이의 관계의 본질은 무엇인가? 과학 교사들은 어떤 내용 지식이 필요한가?

효과적인 수업 전략에 대한 일반적인 지식은 특정 주제의 다른 학문 분야에서 효과적인 수업에 어떻게 기여하는가? 평가는 과학 교사들이 더 학생 중심적인 사고방식을 개발하도록 돕기 위해 어떻게 사용될 수 있는가? 이러한 질문들이 PCK 연구에서 지난 25년 동안 연구되었다는 사실에도 불구하고(Van Driel, Berry, & Meirink, 2014 참조), 여전히 아직 해결되지 않았다. RCM([그림 13.1])에 표시된 바와 같이, 과학 교수를 위한 PCK의 구조는 교사 교육, 전문성 개발 및 수업 자료 개발과 같은 분야에 정보를 제공할 수 있는 연구를 위한 풍부한 통로(vein)를 제공한다.

2) PCK 개발에 대한 연구

교사의 전문적 지식 개발을 고려할 때, 제1차 PCK 정상회의는 수업 경험, 전문성 개발 또는 기타 개입을 통해 PCK를 강화할 수 있지만, 수업 경험이 반드시 PCK를 증가시키는 결과를 초래하는 것은 아니라고 결론 내렸다. 이 책의 장들은 과학 교육 맥락에서 이러한 발견을 바탕으로 하며, PCK 개발을 깊이 연구하며, 이 분야의 향후 연구의 필요성을 강조한다. 여기서는 PCK 개발과 관련된 세 가지 연구 영역을 살펴본다.

(1) 종단 연구

이 책의 많은 연구자들은 과학 교사들이 초보자에서 전문가로 연속체를 따라 이동하면서 발달하는 궤적이나 경로에 대한 더 많은 연구의 필요성을 지적한다. 이러한 연구는 과학 교사 교육과 전문성 학습을 위한 프로그램 개발에 정보를 제공하고, 교육적 결정에 있어 전문성 개발(PD) 리더들을 안내할 수 있는 큰 잠재력을 가지고 있다. 학습 발달과정(learning progression) 연구는 이러한 연구를 위한 하나의 잠재적인 방법이며, 이 접근법의 잠재성과 적용 시 해결해야 할 문제는 제1차 PCK 정상회의 보고서(Friedrichsen & Berry, 2015; Schneider, 7장)에 기술되어 있다.

(2) 개입 연구

교사 PCK를 가장 효과적으로 개발하는 방법을 둘러싼 많은 질문들이 존재한다(Darling-Hammond, Hyler, & Gardner, 2017). 여기서 초점은 교사 교육 및 전문성 개발 프로그램에 맞추어져 있으며, 연구는 어떤 프로그램이 다른 프로그램보다 더 효과적인지, 해당 프로그램의 기능이 PCK 개발을 지원하는 데 어떻게 도움이 되는지를 파악하려고 한다. 이상적으로, 그러한 연구는 다른 변수를 통제하면서 개입이 의도된 결과에 미치는 영향을 비교하는 것인데, 비교 실험 연구는 연구 기반에서 대체로 빠져 있으며, 상관 관계 연구와 교사 자기 보고가 주요 연구 방법론(NASEM, 2015; Yoon et al., 2007)이다. PCK 개입에 대한 인과 연구는 교사 내용 지식에 초점을 맞춘 전문성 학습 프로그램을 교육학에 더 중점을 둔 프로그램(예: Roth et al., 2017)과 비교하거나, 전문성 개발이 있는 경우와 없는 경우 교육 커리큘럼 자료의 영향을 비교하여 교육 자료의 사용을 지원하는 방법에 대한 중요한 정보를 밝힐 수 있다(예: Gess-Newsome et al., 2017).

개입 연구는 교사의 여러 성과(pPCK, cPCK, ePCK, 교실 실천 및 과학 내용 지식)를 조사해야 한다. 교사 학습 경험이 학생 학습에 미치는 영향에 대해서는 아직 거의 알려져 있지 않기 때문에 학생 성취에 미치는 영향에 대한 연구가 특히 중요하다(NASEM, 2015; Wayne, Yoon, Zhu, Cronen, & Garet, 2008; Wilson, 2013). 과학 교사의 전문성 개발에 관한 연구를 체계적으로 검토한 결과, 반 드리엘Van Driel, 메이링크Meirink, 반 빈Van Veen, 즈바르트Zwart(2012)는 "학생의 학습 결과를 평가하기 위한 측정"을 적용한 연구는 6편(조사된 146편 중)만 확인되었다(152쪽). 향후 연구는 교사 성과에 의해 매개되는 학생 학습뿐만 아니라 학생 학습 유형에도 모두 주목해야 한다.

(3) 맥락 연구

과학 교사의 PCK가 시간이 지남에 따라 어떻게 발달하고 어떤 개입이 그 발달을 지원하는 데 효과적인지에 대한 더 강력한 이해를 축적함에 따라 그러한 성장에 영향을 미치는 요인을 조사하는 보완 연구가 필요하다. 이러한 연구 질문은 종단 또는 개입 연구 내에서 탐구될 수 있는데, 예를 들어 학년 수준, 주제, 교사 경험 또는 지역 및 학교 특성에 따른 교사 성과의 매개 효과를 분석하는 연구가 가능하다. 또한 맥락적 요인이 특정 시스템, 문화 또는 맥락에서 PCK가 어떻게 발달하는지를 조사하는 연구의 주요 초점이 될 수도 있다.

3) PCK 측정에 대한 연구

현재 문헌에는 과학 교사 PCK의 다양한 측정에 관한 연구들이 존재한다. PCK는 슐만Shulman이 묘사한 바와 같이 "유일하게 교사의 영역, 그들만의 특별한 전문적 이해 형태"(1987, 페이지 8)이기 때문에 교사의 전문적 업무에서 가장 실제적으로(authentically) 측정된다. 결과적으로, 현재 PCK 평가는 계획-수행-성찰의 수업 사이클에서 그것의 발현을 측정한다. 또 다른 측정은 과학 교사들에게 교실 상황에 대한 서면 응답을 제공하도록 요청하거나 교실 비디오 녹화물을 시청하고 분석하는 데 참여시키는 것과 같은 더 공식적인 지식 평가의 형태를 취한다. 이러한 측정에 대한 작업을 계속하는 연구자는 RCM에서 접근 방식을 명확하게 자리매김하고 PCK의 어떤 구성 요소를 측정하고 측정하지 않는지 설명해야 한다. 또한 교사 PCK의 측정치에 따라 초보자에서 전문가까지 연속체에서 과학 교사 배치가 어떻게 다른지 또는 교사 PCK 측정치 차이가 학생의 성취를 예측하는 정도를 탐구하는 등 측정 전반에 걸친 공인 타당도(concurrent validity) 또한 중요한 연구 분야이다.

교육 측정에서 주요 관심사는 물론 측정의 타당도이며, 이는 새로운 측정과 기존 측정 모두에 대한 향후 연구의 중요한 영역이다. 이 분야의 연구는 평가가 본질적으로 타당한 것이 아니라 특정 용도나 결정에만 타당하다는 것을 인식해야 한다. 이와 같이, 그러한 의도된 용도는 명확하게 정의되어야 하며, 타당도 논증을 뒷받침하기 위해 다양한 형태의 타당도 증거를 수집해야 한다. 타당도 프레임워크는 여기서 도움이 되며, 이는 PCK 측정에 대한 연구를 안내할 수 있다(Kirschner, Taylor, Rollnick, Borowski, & Mavhunga, 2015). 다양한 타당도 프레임워크는 문헌에 존재하며, 일부는 교육 측정에 덜 개입된 연구자들도 쉽게 접근할 수 있다. 예를 들어 펠레그리노

Pellegrino, 디벨로DiBello, 골드만Goldman(2016)은 타당도 프레임워크를 세 가지 요소로 설명한다. 예를 들어, 평가가 의도된 인지 과정을 측정하는 정도를 평가하는 인지적(cognitive) 요소, 평가가 교육의 목표와 일치하고 교육에 정보를 제공할 수 있는 정도를 평가하는 교육적(instructional) 요소, 교사의 성과에 대한 정확한 정보를 제공하는 정도를 탐구하는 추론적(inferential) 요소. PCK 연구에 적용되는 인지적 요소는 평가가 RCM의 특정 요소를 측정하는 정도를 살펴볼 수 있고, 교육적 요소는 PCK 측정과 특정 전문성 개발 프로그램 목표 사이의 일치를 검토할 수 있으며, 추론적 요소는 평가의 정보가 과학 교사 교육자에게 어떻게 교사 학습에 대한 유용한 정보를 제공할 수 있는지 탐구할 수 있다. 펠레그리노Pellegrino 등의 프레임워크는 학생 평가를 위해 설계되었지만, 그러한 작업을 과학 교사 학습의 측정과 PCK 개발로 옮겨오면 측정 도구 개발 연구를 지원하고 안내할 수 있으며 PCK와 그 개발에 대한 연구에서 측정의 질을 향상시킬 수 있다.

마지막으로, PCK 측정에 대한 향후 연구는 다음과 같은 주제를 탐구할 필요가 있다:

(a) 평가의 민감성(sensitivity)—시간 경과에 따른 변화, 개입의 차별적 영향 또는 초보자와 전문가 간의 차이를 측정할 수 있는 정도

(b) 평가의 형성적 가치(formative value)—측정이 교육적 결정에 효과적으로 정보를 제공할 수 있는 정도

(c) 평가의 효율성(efficiency)—측정 방법에 따라 동일한 정보를 더 적은 시간이나 방해 없이 과학 교수 및 학습에 제공하는 정도

(d) 평가의 실제성(authenticity)—과학 교수라는 전문적인 작업에서 측정이 위치하는 정도와 측정의 가치

4) RCM의 영향에 대한 연구

두 차례 PCK 정상회의의 한 가지 목표는 미래 연구를 형성하고 모호성을 줄이고 과학 교육 분야에서 보다 효과적인 지식의 축적을 촉진할 수 있는 공통 프레임워크와 언어를 제공할 수 있는 PCK에 대한 합의된 이해를 구축하는 것이었다. 따라서 우리는

미래의 연구자들이 제2차 PCK 정상회의의 다른 성과뿐만 아니라 RCM의 영향을 탐구하기를 희망한다. 연구자들은 RCM의 흡수(uptake)와 그것이 과학 교육 및 기타 영역의 PCK 연구 또는 실행 및 정책에 널리 퍼지게 되는 정도를 조사할 수 있다. 마찬가지로, 연구 종합 또는 메타 분석 작업을 지원함으로써 지식 축적이 제2차 PCK 정상회의의 결과에 의해 뒷받침되는지 연구할 수 있다. 가스탈도Gastaldo, 카스트로Castro, 호멘-드 멜로Homen-de Mello, 릴Leal(2017)의 연구가 그러한 예 중 하나이다.

4. 결론

여기에 설명된 4가지 테마는 과학 교육 및 그 이외의 분야에서 PCK에 대한 연구를 위한 미래의 필요, 행동 및 영향을 프레임화하려는 하나의 시도이다. 이 장에서 다루는 테마나 주제들은 전부가 아니며, 실제로는 주요한 영역들조차 포함되어 있지 않다(예를 들어, PCK 연구와 정책을 연결하는 것). 정책에 대한 논의는 제1차 PCK 정상회의의 결과물인 이전 책의 전체 장(Sickel, Banilower, Carlson, & Van Driel, 2015)을 채웠고, 교사의 질에 대한 국제적 의제, 학생들의 성취를 재구상하고 있는 다양한 개혁, 학교의 역할에 대한 동시대적 논의를 고려할 때, 아마도 이 책에서 주제가 될 수 있다. 마찬가지로, PCK 연구와 형평성(equity)에 대한 논의도 여기에 빠져 있는데, 이 장에서 우리가 가지고 있었던 것보다 더 철저하게 다루어질 자격이 있다. 정책과 형평성 모두 미래 연구가 다루어야 할 중요한 분야이다.

RCM은 향후 연구를 안내하는 데 큰 잠재성이 있지만, 다른 모델과 마찬가지로 PCK에 대한 우리의 지식이 연구를 통해 발전함에 따라 지속적으로 평가되고 개선되어야 한다. 일부 사람들은 모델이, 특히 과학 교육에서, 매우 빠르게 진화했기 때문에(Gess-Newsome, 2015) 좌절감으로 가지고 반응했을 수 있지만, 이러한 진화는 성공과 실패라는 자연적 상황에서 주도되었다. 모든 과학적 모델은 시간이 지남에 따라 변화하며, 이를 더 효과적으로 만드는 변용(adaptation)이 장려되어야 한다.

마지막으로, 우리는 과학 교육 및 과학 이외의 영역의 새로운 연구자들이 신중하면서도 엄격하게 이 지형을 탐험하도록 장려해야 하며, 또한 그들의 작업이 교수 및 학습을 위한 PCK의 구조, 개발 및 영향에 대한 지식을 구축하는 데 어떻게 도움이 될 수 있는지에 대해 개방적이고 낙관적인 마음으로 장려해야 한다. 샤벨슨Shavelson과 토우네Towne의 '교육에서의 과학적 연구' 해설(NRC, 2002)로 돌아가 보면, 중요한 효과를 발견하는 데 있어 연구의 기여는 이분법적으로 생(生) 아니면 사(死)가 아니라 오히려;

> … 교육과 그 외 분야의 많은 과학적 연구들은 무용(無用)한 것이 없습니다. 연구는 석유탐사와 같습니다. 평균적으로 모든 성공적인 유전에는 많은 마른 구멍(dry hole)[1)]이 있습니다. 이것은 어디를 파야 할지에 대한 초기 결정이 반드시 잘못되었기 때문이 아닙니다. 유능한 과학자들처럼 유능한 석유 탐사가들은 그들의 연구를 수행하기 위해 가능한 최고의 정보를 사용했을 것입니다. 어떤 종류의 탐사에서도 상당한 불확실성이 있기 때문에 마른 구멍은 발견됩니다. 때때로 탐사 회사들은 한 지역의 일련의 마른 구멍으로부터 그것을 폐쇄하기 위한 충분한 지식을 얻습니다. 그리고 많은 경우에, 유전을 찾지 못하더라도 왜 생산적일 것으로 추정했던 구멍이 마른 것으로 드러났는지는 밝힐 수 있습니다. 다시 말해서, 위대한 발견을 위한 실패의 과정도 그 자체가 매우 유익할 수 있다는 것입니다. 과학이 여전히 합리적인 성공의 기회를 제시하기 때문에, 과학자들은 어떤 분야를 끈질기게 추구합니다. 과학적 진보는 거의 이와 같은 방식으로 진행됩니다. (NRC, 2002, 페이지 25)

우리는 과학 교육 및 기타 영역에서 RCM이 PCK에 대한 향후 연구에 미치는 영향을 볼 수 있길 기대한다. 모든 징후가 심층 탐사 및 생산성뿐만 아니라 더 적은 마른 구멍을 가리키고 있다.

---

1) 역자 주: 석유가 나오지 않는 구멍이란 의미로, 헛고생에 해당되는 비유이다.

참고문헌

Berry, A., Friedrichsen, P., & Loughran, J. (2015). *Re-examining pedagogical content knowledge in science education*. New York, London: Routledge.

BMBF (Bundesministerium für Forschung und Bildung) [Federal Ministry for Education and Research]. (2017) Rahmenprogramm empirische Bildungsforschung des Bundesministeriums für Bildung und Forschung [Framework Programme empirical educational research of the Federal Ministry for Education and Research] http://www.empirische-bildungsforschung-bmbf.de/media/content/Rahmenprogramm%20empirische%20Bildungsforschung%20(BITV).pdf.

Darling-Hammond, L., Hyler, M. E., & Gardner, M. (2017). *Effective teacher professional development*. Palo Alto, CA: Learning Policy Institute.

Friedrichsen, P., & Berry, A. (2015). Science teacher PCK learning progressions: Promises and challenges. In A. Berry, P. Friedrichsen, & J. Loughran (Eds.), *Re-examining pedagogical content knowledge in science education* (pp. 214-228). New York, London: Routledge.

Gastaldo, B. C., Castro, P. M., Homen-deMello, P., & Leal, S. H. (2017). *Five years of PCK summit. What has endured? A descending hierarchical classification of the science PCK published papers*. X Congreso Internacional sobre Investigación en la Didáctica de las Ciencias, Sevilla.

Gess-Newsome, J. (2015). A model of teacher professional knowledge and skill including PCK: Results of the thinking from the PCK summit. In A. Berry, P. Friedrichsen, & J. Loughran (Eds.), *Re-examining pedagogical content knowledge in science education* (pp. 28-42). New York, London: Routledge.

Gess-Newsome, J., Taylor, J. A., Carlson, J., Gardner, A. L., Wilson, C. D., & Stuhlsatz, M. A. (2017). Teacher pedagogical content knowledge, practice, and student achievement. *International Journal of Science Education*. https://doi.org/10.1080/09500693.2016.1265158.

Kirschner, S., Taylor, J., Rollnick, M., Borowski, A., & Mavhunga, E. (2015). Gathering evidence for the validity of PCK measures: Connecting ideas to analytic approaches. In A. Berry, P. Friedrichsen, & J. Loughran (Eds.), *Re-examining pedagogical content knowledge in science education* (pp. 229-241). New York, London: Routledge.

Klahr, D. (2010). Coming up for air: But is it oxygen or phlogiston? A response to Taber's review of constructivist instruction: Success or failure. *Education Review, 13*(13), 1-6.

Liepertz, S., & Borowski, A. (2017). Testing the consensusmodel: The relationship between physics teachers' professional knowledge, interconnectedness of content structure and student achievement. *International Journal of Science Education* (Submitted).

Mason, J. (2002). *Researching your own practice: The discipline of noticing*. London: Routledge Falmer.

National Academies of Sciences, Engineering, and Medicine (NASEM). (2015). *Science teachers learning: Enhancing opportunities, creating supportive contexts*. Committee on Strengthening Science Education through a Teacher Learning Continuum. Board on Science Education and Teacher Advisory Council, Division of Behavioral and Social Science and Education. Washington, DC: The National Academies Press.

National Research Council. (2002). *Scientific research in education*. Committee on Scientific Principles for Education Research (R. J. Shavelson&L. Towne, Eds.). Center for Education. Division of Behavioral and Social Sciences and Education. Washington, DC: National Academy Press.

National Research Council. (2012). *A framework for K-12 science education: Practices, crosscutting concepts, and core ideas*. Committee on a Conceptual Framework for New K-12 Science Education Standards. Board on Science Education, Division of Behavioural and Social Sciences and Education. Washington, DC: The National Academies Press.

Pellegrino, J. W., DiBello, L. V., & Goldman, S. R. (2016). A framework for conceptualizing and evaluating the validity of instructionally relevant assessments. *Educational Psychologist, 51*(1), 59-81. https://doi.org/10.1080/00461520.2016.1145550.

Roth, K., Bintz, J., Wickler, N., Hvidsten, C., Taylor, J., Beardsley, P., … Wilson, C. D. (2017). Design principles for effective video-based professional development. *International Journal of STEM Education*, 4-31.

Scheiner, T. (2016). Teacher noticing: Enlightening or blinding? *ZDM Mathematics Education, 48*(1-2), 227-238.

Sherin, M. G., Russ, R. S., & Colestock, A. (2011). Accessing mathematics teachers' in-the-moment noticing. In M. G. Sherin, V. R. Jacobs, & R. Philipp (Eds.), *Mathematics teacher noticing: Seeing through teachers' eyes* (pp. 79-94). New York, NY: Routledge.

Shulman, L. (1987). Knowledge and teaching: Foundations of the newreform. *Harvard educational review*, *57*(1), 1-23.

Sickel, A. J., Banilower, E., Carlson, J., & Van Driel, J. H. (2015). Examining PCK research in the context of current policy initiatives. In A. Berry, P. Friedrichsen, & J. Loughran

(Eds.), *Re-examining pedagogical content knowledge in science education* (pp. 199-213). New York, London: Routledge.

Slavin, R. E. (2008). What works? Issues in synthesizing educational program evaluations. *Educational Researcher, 37,* 5-14.

Van Driel, J. H., Berry, A., & Meirink, J. A. (2014). Research on science teacher knowledge. In N. Lederman & S. K. Abell (Eds.), *Handbook of research on science education* (2nd ed., pp. 848-870). London: Taylor & Francis.

Van Driel, J. H., Meirink, J. A., Van Veen, K., & Zwart, R. C. (2012). Current trends and missing links in studies on teacher professional development in science education: A review of design features and quality of research. *Studies in Science Education, 48,* 129-160.

Wayne, A. J., Yoon, K. S., Zhu, P., Cronen, S., & Garet, M. S. (2008). Experimenting with teacher professional development: Motives and methods. *Educational Researcher, 37,* 469-479. https://doi.org/10.3102/0013189x08327154.

Wilson, S. M. (2013). Professional development for science teachers. *Science, 340,* 310-313.

Yoon, K. S., Duncan, T., Lee, S. W.-Y., Scarloss, B., & Shapley, K. (2007). *Reviewing the evidence on how teacher PD affects student achievement*. Washington, DC: U. S. Department of Education, Institute of Education Sciences, National Center for Education Evaluation and Regional Assistance, Regional Educational Laboratory Southwest. Retrieved from http://ies.ed.gov/ncee/edlabs.

제14장

커뮤니티(공동체)로서 PCK 연구 발전시키기

레베카 쿠퍼Rebecca Cooper, 얀 반 드리엘Jan van Driel

슐만Shulman이 PCK를 도입한 후 그가 이끄는 학자들은 PCK에 대해 다양한 분야의 연구를 수행해왔다. 1990년대 이후 PCK 연구는 과학 교육 연구에서 중요한 줄기가 되었다. 처음에는 이러한 연구의 대부분이 미국에서 이루어졌지만, PCK가 다른 대륙의 과학 교육 연구자들에 의해 채택되면서 PCK의 개념과 모델, 그리고 이를 연구하기 위한 도구가 확산되어 갔다. 이 장에서는 과학 교육 분야의 학자들이 책, 기사, 학회에서의 발표, 그리고 PCK 정상회의를 통해 PCK를 중심으로 서로 소통해온 방식에 대해 서술한다. 이 장은 두 번의 PCK 정상회의에 참여한 학자들 사이에서 PCK의 합의 모델을 개발하는 과정, 정상회의 기간 동안과 이후에 그들이 서로 어떻게 소통했는지, 그리고 PCK에 관심이 있는 더 넓은 연구자 커뮤니티와의 소통에도 함께 초점을 맞출 것이다. 이 장에는 PCK 정상회의의 과정과 결과의 주요 특징을 예시하기 위한 개인적인 성찰 내러티브가 포함되어 있으며, 2차 PCK 정상회의 이후의 영향과 가능한 다음 단계에 대한 통찰을 제공할 것이다.

1. 도입

슐만Shulman이 1986년 미국교육연구협회(AERA)의 학회장 강연에서 PCK를 소개한 후, 그는 언어와 사회학뿐만 아니라 수학과 과학에 이르는 분야까지 PCK에 대한 연구를 수행하는 학자들 그룹을 이끌었다. 1990년대 이후 PCK 연구는 특히 수학과 과학 교육 분야에서 중요한 연구 대상이 되었다. 처음에는 이러한 연구들의 대부분은 미국에서 수행되었지만, PCK가 다른 대륙의 과학 교육 연구자들에 의해 채택되자 PCK의 다양한 개념과 모델, 그리고 이를 연구하기 위한 도구들이 개발되었고 이후 책, 기사, 공동 프로젝트, 세미나 및 컨퍼런스의 발표를 통해 확산되었다.

이 장은 PCK 정상회의로 알려진 두 번의 국제 회의에 참가한 대부분의 과학 교육 학자들이 회의 참가자로서 개인적인 성찰을 포함하여 연구 방법과 결과를 공유하는 과정에 초점을 맞추고 있다. 이 장에서는 참가자들이 PCK 정상회의 동안과 이후에 PCK에 관심이 있는 광범위한 연구자 커뮤니티와 어떻게 소통하여 공유 언어를 개발하고 모델과 방법에 대한 합의에 도달했는지 설명한다.

연구 방법과 결과를 공유하는 과정은 모든 분야가 국제적 사업인 21세기 학술연구의 더 넓은 맥락에서 봐야 한다. 국제 회의, 서적 및 저널의 수는 지난 수십 년 동안 기하급수적으로 증가했다. 출판물과 발표는 연구를 공유하고 새로운 연구 결과가 해당 분야에 어떻게 기여하는지 논의하는 데 필수적이다. 논문의 수용 여부에 대한 결정은 종종 논문 영역의 연구자 커뮤니티가 논문으로부터 무엇을 배울 수 있는지 또는 논문이 기존 지식에 무엇을 추가하는지를 고려하는 것에 기초한다. 동시에 출판물과 발표로 측정되는 연구 성과물은 개별 연구자의 경력과 연구기관의 평가에 매우 중요해졌다.

규모의 증가에는 몇 가지 문제가 따른다. 10,000명이 넘는 참가자가 있는 학술 회의는 발표당 시간을 제한하고(90분 세션에 5개의 발표) 병렬 세션의 수를 늘리는 등 가능한 많은 발표를 수용하기 위해 일정을 구성해야 했다. 분명히, 그러한 조치들은 연구에 대한 논의의 기회를 손상시킨다.

토론 시간이 제한적일 뿐만 아니라, 특정 주제나 테마를 중심으로 시간적으로 평행하게 진행되는 회의 일정을 구성함으로써, 인접 연구 분야의 연구자들을 만날 기회를 최소화한다. 게다가, 연구 저널은 점점 더 특정한 연구 주제에 전문화되는 경향이 있다. 결과적으로, 연구자 그룹은 특정 채널(예: 특수 관심 그룹 및 전문 저널) 내에서 의사소통하는 경향이 있으므로 다른 커뮤니티에서 무슨 일이 일어나는지 항상 알지 못한다. 이러한 의사소통의 좁아짐은 특히 다양한 분야의 전문가 그룹 간의 연결을 통해 촉진되는 다학제적 연구에 장애가 된다. 이러한 문제에 대응하기 위해 연구자들 간의 상호작용은 특정한 (다학제적) 주제를 중심으로 한 여름 학교 또는 장학금과 안식년에 의해 촉진되는 기관 간 교수와 박사과정 학생의 교환과 같은 다양한 방식으로 이루어진다.

2. PCK 연구 커뮤니티: 1986-2010

PCK에 대한 연구의 기원은 잘 문서화되어 있다. 예를 들어, 2007년 슐만과의 인터뷰에서 그는 1980년대 초 '교사 지식 프로젝트(Teacher Knowledge Project)'라고 불렸던 것을 회고했는데, 이는 교육에서 내용(content)의 역할에 대한 우려가 커졌기 때문이다.

이 프로젝트의 첫 번째 질문은 다음과 같다:

> '무언가를 정말 잘 아는 사람이 모르는 사람에게 어떻게 그것을 가르칠 수 있을까요?' 진화론을 정말로 잘 아는 사람이 진화론에 대해 단지 알지 못할 뿐만 아니라, 믿지도 않는 누군가를 가르쳐야 한다면 그들은 무엇을 할까요? 그렇게 생각하는 것은 우리가 과목별로 이러한 연구를 해야 한다는 것을 의미했습니다. 그리고 스탠포드 (대학교)에서는 과학, 수학, 영어, 사회 과목의 중등 교사를 교육시키고, 저는 그 각 분야에 훌륭한 박사과정 학생들을 두었습니다. (Shulman, Berry, Loughran, & Van Driel, 2008, p. 1274에서 인용함)

'교사 지식 프로젝트'에서는 영어, 수학, 역사, 과학, 사회 등 다양한 분야에 걸쳐 약 12개의 연구 프로젝트가 진행되었다. 이후 PCK에 대한 연구는 전 세계로 퍼져나갔지만 1990년대 이후 PCK에 대한 대부분의 연구는 수학과 과학 분야에 집중되었다. 예비 교사 교육의 맥락에서 PCK에 대한 문헌을 최근 검토한 결과(Berry, Depaepe, & Van Driel, 2016), 66개의 경험적 연구가 발견되었으며, 그 중 대다수는 수학(34)과 과학(24)이 차지하였다. 나머지 8개 연구는 체육(3), 언어(2), 역사(1), 지리(1), 드라마 교육(1)의 영역에서 수행되었다. 초·중등 예비교사 교육의 연구 건수는 거의 같았다.

문헌 검토 결과, 수학과 과학 교육 연구자들이 다양한 PCK의 개념 모델과 PCK를 연구하기 위한 방법을 독자적으로 개발했음이 드러났다. 더 문제가 되는 것은, 이러한 연구자들은 일반적으로 수학이나 과학 교육에 초점을 맞추고 서로의 연구를 상호 참조하는 경우가 거의 없다는 것이다.

2000년까지 과학 교육에서 PCK에 대한 연구는 대부분 미국에서 이루어졌으며, 미국 과학 교수 연구 협회(NARST)와 과학 교사 교육 협회(AETS)와 같은 학회에서 발표되었다. 이 연구의 일부는 일반적으로 "보라색 책"이라고 불리는 게스-뉴섬 Gess-Newsome과 레더만 Lederman(1999)이 편집한 책에 모아졌다. 이 책에는 교사 지식의 개념적 모델에 대한 장(chapter)과 PCK에 대한 경험적 연구와 교사 교육 프로그램의 개발에 미치는 영향에 대한 보고서가 있는 섹션인 "The literature"에 포함되어 있다.

마그누손 Magnusson, 크라제 Krajcik 및 보르코 Borko(1999)의 장에서 제시된 PCK 모델은 매우 영향력이 있으며(현재까지 Google Scholar에서 1900개 이상의 도시) 지난 20년 동안 과학 교육에서 많은 PCK 연구에 영향을 주었다(Friedrichsen, Van Driel, & Abell, 2011). 2000년대에 과학 교육에서 PCK에 대한 연구는 전 세계적으로 확산되었고, 특히 호주의 모나시 대학(라우란 Loughran 및 동료들); 미주리 대학교 컬럼비아(아벨 Abell 및 동료); 콜로라도 주 BSCS(칼슨 Carlson 및 동료); 네덜란드 라이덴 대학교(반 드리엘 Van Driel 및 동료); 남아프리카 위트워터스랜드 대학교(롤닉 Rollnick과 동료); UNAMMexico (개리츠 Garritz와 동료), 독일 뒤스부르크에센 대학교(피셔 Fischer와 동료)에 집중되었다. 이 연구자들은 특히 NARST와 유럽과학교육연구협회(ESERA)와 같은 학회에서 만나 공동으로 심포지엄을 조직했다. 또한, 이들 그룹의 연구자들이 서로의 연구소를 방문하여 공동 프로젝트와 출판으로 이어졌다. 2008년에는 베리Berry, 라우란Loughran, 반드리엘Van Driel이 편집한 국제 과학 교육 저널의 특별호가 나왔다. 이 특별호에는 앞서 언급한 연구 그룹의 8건의 연구 논문이 포함되어 있으며, 대부분 ESERA 2005 및 NARST 2006의 심포지엄에서 발표된 내용을 토대로 작성되었다.

3. 제1차 PCK 정상회의: 2012년 10월 미국 콜로라도 스프링스

제1차 PCK 정상회의는 게스-뉴섬Gess-Newsome, 칼슨Carlson, 가드너Gardner가 이끄는 미국 학자들의 계획이었다. 주요 목적은 약 25명의 PCK 연구자들이 며칠 동안 모여 그들의 연구를 공유하고 토론하는 것이었으며, "전문적 학습 공동체(PLC)"를 구성하여 여러 연구 접근법을 통해 이 분야의 과학 교육 연구를 안내하는 PCK의 합의 모델의 가능성을 탐구하고, 이 분야의 연구를 진전시킬 수 있는 구체적인 다음 단계를 파악하는 것을 목표로 했다.

정상회의의 주최 측은 개인보다는 이전 섹션에서 언급한 그룹에서 주로 선후배 연구진을 초청하기로 했다. 또한 수학 교육 분야의 소수 연구자들이 초청되었다. 참가자들은 정상회의 몇 달 전에 그룹 내 PCK 연구를 요약한 요약본을 제출하도록 요청받았으며, 이 요약은 정상회의를 위해 특별히 만들어진 웹사이트에 게시되었다. 어느 정도 후에, 각 그룹은 특정 템플릿을 따라 그들의 요약에 대한 정교한 버전을 작성하도록 요청받았다. 정상회의를 준비하기 위해, 참가자들은 모든 그룹의 확장된 요약본을 읽도록 요청받았다. 처음에는 참가자들만 접속할 수 있었던 웹사이트(http://pcksummit.bscs.org/)는 정상회의 이후 공개되었으며, 정상회의 의제(논문과 발표 포함), 온라인 학습 모듈 및 토론 포럼에 액세스할 수 있게 하였다.

정상회의는 슐만이 스카이프(Skype)를 통해 PCK가 소개된 맥락과 PCK 연구의 역사를 성찰하고 오늘날 PCK 연구의 관련성에 대한 의견을 제시하는 것으로 시작되었다. 다음으로 참가자들의 짧은 그룹 발표가 이어졌는데, 각각의 그룹은 자신들의 (과거) 연구에 대해 이야기하기보다는 특정 주제를 다루도록 요청받았다. 발표는 기본적으로 주제에 대한 모든 참가자들과의 토론의 틀(framework) 역할을 했다. 이 토론은 2명의 진행자(테일러와 세틀리지)에 의해 주도되었는데, 이들은 PCK 전문가가 아닌 과학 교육 연구자들이었다.

정상회의 후반부 대부분의 시간은 정책 및 실무에 대한 PCK 연구의 관련성과 같은 특정 문제를 심도 있게 탐구한 4-5명의 참가자로 구성된 하위 그룹에 할애되었다. 마지막으로, 모든 그룹에게 PCK의 개념적 모델을 생성하도록 요청했다. 마지막 세션에는, 이러한 모델들은 최종 결과물인 PCK의 합의 모델(CM)을 향해 작업하면서 비교되고 논의되었다.

이어지는 개인적인 이야기에서 쿠퍼Cooper(본 장의 저자 중 한 명)는 제1차 PCK 정상회의에서 초보 연구자 중 한 명으로서 경험한 일부를 공유한다.

4. 간주곡 1: 초보 연구자의 PCK 여정

제1차 PCK 정상회의는 초보 연구자로서 내[쿠퍼Cooper]에게 흥미롭고 도전적인 기회를 제공했다. 초대를 받았을 때, 나는 막 박사 논문의 초안을 작성하여 지도교수에게 제출한 참이었다. 처음에 나의 연구는 과학 교사 교육자들의 PCK 발달을 조사하는 것을 목표로 했지만, 연구가 진행되면서 PCK에 대한 나의 생각이 수집된 데이터에서 추론하는 것과 일치하지 않는다는 것이 분명해졌다. 나에게 PCK는 교사들이 시간이 지남에 따라 학생들의 학습을 향상시키기 위해 특정 내용을 특정한 방법으로 가르치는 것과 관련된 경험을 통해 발전시키는 지식에 관한 것이었다(Loughran, Berry, & Mulhall, 2012).

그러나 내가 연구 참여자들로부터 수집한 자료는 과학 내용에 초점을 맞춘 것이 아니라, 이러한 실천의 맥락으로 과학을 이용한 교수를 위한 교육학 및 전문성 공유에 초점을 맞춘 것이었다. 따라서, 나는 데이터로부터 교육학 지식(PK)을 추론하는 것이 더 적절하다고 느꼈고, 따라서 틀을 바꾸어 교육학 지식을 위한 모린-더쉬머Morine-Dershimer 및 켄트Kent의 모델을 적용하였다(Morine-Dershimer & Kent, 1999). 돌이켜보면, 이 모델의 여러 국면들(facets)을 통해 참여자들의 경험을 더 잘 표현하고 논문에서 합리적이고 정당화 가능한 통찰력을 제공하는 방식으로 분석할 수 있었기 때문에 이것은 올바른 결정이었다.

제1차 PCK 정상회의의 성과 중 하나는 PCK에 대한 합의된 정의였다. 즉, "PCK는 향상된 학생 성취를 위한 특정한 이유로 특정한 학생들과 특정한 방식으로 특정 주제의 수업에 대한 지식, 추론 및 실행이다."(Carlson et al., 2015).

나는 PCK의 발전을 이끄는 창조적인 과정의 일부였기 때문에, 이 정의는 PCK에 대한 나의 이해에 반향을 불러일으켰고 박사 논문에서 PK로 전환하기로 한 나의 결정에 추가적인 지지를 보냈다. 이러한 경험과 이해는 나의 연구를 명확하게 설명하고 내가 공부하는 것이 왜, 어떻게 PCK가 아닌지 확신할 수 있는 자신감을 주었다. 합의된 정의 외에도 PCK를 포함한 교사의 전문적 지식과 기술, 그리고 교실 실천 및 학생 성취에 미치는 영향에 대한 합의 모델(CM)이 개발되었다.

이러한 공유된 이해에 도달하기 위해 이전 섹션에서 요약한 것처럼 그룹 활동에서 도출되고 다른 참가자의 발표에서 영감을 얻은 심층적인 토론이 많이 있었다. 토론에 적극적으로 참여하기 위해서, 나는 용감해야 했고, 생각을 분명하게 말할 필요가 있었다. 나는 내 연구가 정상회의에서 논의되고 있는 것과 어떻게 일치하는지, 그리고 그것이 나 자신과 다른 참가자들의 생각에 어떻게 영향을 미칠 수 있는지에 대해 생각할 필요가 있었다.

토론 중 하나는 무엇이 PCK이고 무엇이 아닌지 또는 지식이 언제 PCK가 되고 언제 아닌지에 초점을 맞췄다. 이 토론에 참여하면서 나는 내 연구에 대한 입장과 PCK가 아닌 PK를 조사하는 이유에 대해 자세히 설명해야 했다. 정상회의에 이런 식으로 참여해야 하는 것은 내가 학자이자 PCK 연구 커뮤니티의 일원이 되기 위해서는 내 논증에 기여하고, 내 입장을 정당화하고, 다른 사람들의 비판과 논평에 열려 있어야 한다는 것을 인식하는 데 도움이 되었다. 더 나아가, 나는 이 피드백을 가지고 연구를 수행할 수 있는 생산적인 방법을 찾고자 했으며, 그것을 생산적인 숙의로 전환하여 나의 생각과 연구 주제를 발전시키고자 했다.

제1차 PCK 정상회의는 나를 다른 연구자들에게 소개시켜 주었을 뿐만 아니라 그들의 연구를 더 자세히 소개받을 수 있는 기회를 제공해 주었다. 정상회의에 참가한 여러 명의 위대한 연구자들의 연구를 읽었지만, 그들을 만나 그들의 연구를 탐구하고 논의하는 시간을 갖고 나서야 비로소 나는 연구 주제를 학문적으로 추구한다는 것이 진정으로 무엇을 의미하는지 깨달을 수 있었다.

내가 만난 연구자들은 그들의 전문지식을 기꺼이 공유하고 PCK에 대한 그들 연구의 진화와 생각의 진전을 공유했다. 나는 그것이 매우 도움이 되고 영감을 준다고 생각했다. 그것은 내가 어떻게 내 연구를 진행하고, 내 연구 주제를 지속할 뿐만 아니라 PCK 연구 공동체에 중요한 기여가 되도록 할 수 있는지에 대해 생각하게 했다.

또한, 그것은 학자가 되는 것이 더 큰 그림의 일부가 되는 것과 관계가 있고, 따라서 네트워킹, 리뷰, 연구 및 협력을 통해 연구 커뮤니티의 일원이 되는 것을 의미한다는 것을 깨닫게 했다. 이 모든 포럼에 참여하기 위해서, 나는 연구 목표들이 무엇인지, 그리고 그것들이 PCK 연구의 더 큰 그림의 일부가 되는 방법에 대해 명확하게 할 필요가 있었다.

5. 제1차 PCK 정상회의를 마치고

PCK 정상회의와 같은 연구모임을 마치고 모두가 귀국할 때 그 모멘텀(동력)을 유지하는 것이 중요하다는 것이 이 장의 저자들의 경험이었다. 그런 경험을 하고 나면 집에서 일에 몰입하기 쉽다. 앞서 설명한 것처럼 여러 가지 기술(technology)(이메일, 웹사이트 등)은 도움이 될 수 있지만, 계속해서 만남을 지속하는 것은 가치가 있다. 1차 정상회의 참가자들은 주요 국제 과학 교육 회의에 참가하는 동안 정기적으로 만나기로 했다. 이러한 회의는 종종 오후에 열렸고, 짧은 의제에 이어 참가자가 토론을 주재하여 집중적인 대화를 이어가는 저녁식사가 뒤따랐다. 종종, 빠른 진전이 이루어졌고 참가자들은 계속해서 앞으로 나아가기 위해 후속 조치가 필요하거나 수행되어야 하는 것, 언제까지 그리고 어떻게 생각과 토론의 변화를 추적해야 하는지에 대한 명확한 이해를 가지고 떠났다.

제1차 정상회의가 끝난 후, 참가자들은 "과학 교육에서 PCK의 재검토"(Berry, Friedrichsen, & Loughran, 2015)라는 제목의 책(일명 "파란 책"으로 알려져 있음)을 제작하기로 합의했다. 정상회의 워크숍의 일환으로 참가자들은 정상회의 기간 동안 제기된 주제(예: PCK 평가 또는 정책 주도권에서 PCK 연구의 역할)에 초점을 맞춘 소규모 그룹으로 분류되었다.

새롭게 떠오르는 테마(emerging themes)라고 불리는 "파란 책" 3부의 장은 정상회의에서 형성된 소규모 그룹에서 나온 서로 다른 기관의 2~5명의 공동 저자로 구성된 팀에 의해 작성되었다. 팀들은 종종 그들의 글에 대해 논의하고 대화를 계속하고 그들의 생각을 진전시키기 위해 서로 연락하기 위해 스카이프(Skype)를 사용했다. 일부 저술 팀들은 글쓰기 과정을 지속하기 위해 이메일 교환을 이용하기도 했다. 다른 사람들은 구글 독스(Google Docs)를 사용하여 문서 버전을 유지하고 이메일 응답을 기다릴 필요 없이 협업적으로 작성하고 시간을 절약할 수 있었다.

후속 조치로, 컨퍼런스(NARST 2013, ESERA 2013)에서 그룹으로 발표하는 것은 모멘텀을 유지하는 데 도움이 되었고, 정상회의 참가자인 우리가 생각을 명확하게 표현하여 더 광범위한 교육 연구 커뮤니티와 공유할 수 있도록 하는데 도움이 되었다. 또한 컨퍼런스 발표에 참가한 사람들이 제공한 피드백을 향후 작업에 반영할 수 있다는 것을 의미했다. 사실, 이 장은 저자인 우리가 컨퍼런스 발표에서 받은 피드백에서 영감을 받았다. 이러한 컨퍼런스 동안의 논의는 궁극적으로 우리로 하여금 또 다른 정상회의가 필요한지, 그리고 만약 필요하다면, 왜, 그리고 어떤 목적으로 필요한지, 우리가 이미 한 것을 기반으로 같은 일을 계속하지 않도록 하려면 어떻게 해야 하는지에 대해 질문을 제기하게 했다.

6. 제2차 PCK 정상회의: 2016년 12월 네덜란드 라이덴

1) 제2차 PCK 정상회의 준비하기

제2차 정상회의 준비는 반 드리엘Van Driel, 베리Berry, 키르슈너Kirschner, 보로프스키Borowski, 칼슨Carlson (첫 번째 정상회의의 주최자 중 한 명)으로 구성된 팀에 의해 이루어졌다. 많은 논의 끝에, 2차 정상회의의 초점은 연구 데이터와 도구를 공유하는 것이어야 한다는 데 합의했다. 그 아이디어는 서로의 연구에 대한 이해를 쌓고 학자들이 그들의 데이터에서 PCK를 추론하는 방법을 고려하는 것이었다. 준비팀은 PCK 연구 커뮤니티의 더 많은 구성원들과 PCK 정상회의의 경험을 계속 공유하기 위한 노력으로 새로운 정상회의 참가자들을 초빙하는 것을 우선 순위로 삼았다. 그리하여 총 25명의 참가자들이 이번 정상회의에 초대되었다.

2) 제2차 PCK 정상회의

제2차 PCK 정상회의는 공통 과학, 생물학, 화학 및 물리학 교육에서 PCK에 종사하는 국제 연구자들에게 (1) PCK 연구의 데이터가 어떻게 수집되었는지, (2) 이러한 데이터를 수집하는 데 사용되는 다양한 종류의 도구, (3) 이러한 데이터에서 PCK를 추론하는 데 사용되는 절차를 공유할 수 있는 기회를 제공하기 위해 기획되었다. 이 정상회의의 목적은 다음과 같다: 각 도구로 얻은 데이터를 집합적으로 분석하여 PCK를 파악하기 위한 공유 준거 세트를 개발하고, 이러한 도구를 보다 광범위한 PCK 연구 커뮤니티에 접근하고 이해할 수 있도록 한다; 그리고 다양한 본질의 경험적 데이터와 강력하게 연결되고 향후 PCK 연구의 설계를 위한 프레임워크로 사용될 수 있는 PCK 모델에 대한 합의에 도달한다.

정상회의는 참가자들이 소규모 그룹에서 초점 과제들(focused tasks)을 수행하는 세션으로 구성되었으며, 전체 그룹 세션과 교대로 진행되었다. 초점 과제는 정상회의 주최자와 협의하여 두 진행자(라우란Loughran과 쿠퍼Cooper)에 의해 결정되었는데, 이 과제들에는 참가자의 연구 프로젝트에서 데이터 세트를 조회하고, 유사한 도구를 사용하여 수집된 데이터를 비교 및 대조하고, 여러 데이터 세트에 대해 PCK를 추론하는 과정을 분석하는 것이 포함되었다.

이 과제들은 정상회의 과정에서 진전이 이루어지도록 하기 위한 이전 세션의 논의와 결과에 의해 강력하게 추진되었다. 전체 그룹 세션은 정상회의의 전반부 동안 두 진행자에 의해 진행되었지만, 정상회의의 후반부 동안 더 개방적인 형식으로 발전했다. 전체 그룹 세션은 소그룹 세션에서 어떤 일이 일어났는지 논의할 수 있는 기회였고 이러한 세션의 결과에 더 집중했다. 정상회의는 모든 참가자들이 모이는 모델 개발 세션으로 마무리되었다. 소규모 그룹 중 한 팀이 합의 모델을 개발하는 데 집중했고, 나중에 전체 그룹이 이 작업을 계속할 수 있는 기회가 주어졌다. 전체 그룹 모델 개발 세션은 과학 교육에서 PCK 연구를 통합하고 PCK를 묘사하기 위한 공유 언어의 시작을 제공하는 모델에 대한 집단적 사고의 기회를 제공했다는 점에서 강력했다.

모델 개발 세션이 끝난 직후, 포스트-정상회의 회의가 열렸다. 이 회의에서는 대부분 과학 교육이나 다른 분야에서 PCK에 중점을 두고 박사 과정을 밟고 있는 약 20명의 현지 연구자 그룹이 정상회의 참가자들을 만났다. 6명에서 8명의 혼합 그룹으로, 지역 연구자들은 그들의 연구를 발표하고 정상회의 참가자들로부터 피드백을 받았다. 이러한 피드백은 모든 그룹에서 활발한 토론으로 이어졌고, 세션의 마지막에는 발표가 양 당사자가 서로의 연구에 대해 아이디어를 공유하고 배울 수 있는 좋은 기회가 되었다는 공감대가 형성되었다.

다음의 개인적인 이야기에서, 이 장의 다른 저자[반 드리엘Van Driel]는 PCK 정상회의의 영향을 포함하여 자신의 PCK 연구 여정의 일부를 공유한다.

7. 간주곡 2: 선배 연구자의 PCK 여정

화학 교사로 근무한 첫 해에, 나(반 드리엘Van Driel)는 화학 교수-학습에 대한 전문 지식을 아낌없이 공유하는 선배 동료의 지도를 받게 되어 매우 운이 좋았다. 그는 학생들이 특정한 교수법과 학생들이 종종 경험하게 될 개념적인 어려움에 어떻게 반응할 것인지에 대해 매우 상세하게 설명해 주었는데, 이 멘토링은 1980년대 중반에 이루어졌고, 몇 년 후 슐만의 PCK 논문을 읽었을 때, 나는 즉시 이 선배 동료의 멘토링이 PCK로서 개발한 전문 지식이라는 것을 알아보았다. 즉, 특정 주제에 대한 학생 학습에 대한 지식과 이 주제에 대한 지식과 기능을 개발하는 데 잠재적으로 도움이 되는 특정 교수 전략에 대한 지식이었다.

박사과정(1985~1990)에서는 특정 수업 자료를 통해 화학에 대한 학생들의 개념적 이해를 키우는 데 주로 집중했지만, 교사들이 이 자료들을 수업 실천에 사용하는 다양한 방법에 점점 더 관심을 갖게 되었다. PCK는 교사들이 수업 실행을 위해 기초한 실천적 지식을 분석할 수 있는 강력한 프레임워크를 제공했다. 이러한 관심은 PCK 연구자로서 나의 명성을 확립하는 데 도움이 되는 출판물로 이어졌다(Van Driel, Verloop, & DeVos, 1998).

그 후 10년 동안, 나는 동료들, 박사과정 학생들, 박사 후 학생들과 함께 여러 PCK 프로젝트에 참여했다. 이 기간 동안 나는 다양한 형식을 통해 국제 동료들과 소통하는 것의 중요성과 이점을 경험했다. 특히, 학회 발표(동료와의 직접적인 상호작용의 결과) 및 출판물, 그리고 종종 동일한 동료와의 이메일을 통한 소통은 향후 연구를 위한 피드백과 영감을 얻는 데 매우 중요했다. 이러한 상호작용 중 일부는 지속적인 협력(개인적인 우정)으로 이어졌지만, 대부분의 경우 상호작용은 짧고 깊이의 측면에서 제한적이었다. 이메일이라는 한계, 회의의 길이 및 빈도 제한으로 인한 짧은 상호작용이었다.

그래서 나는 쥴리 게스-뉴섬Julie Gess-Newsome이 PCK 정상회의에 대한 아이디어를 소개했을 때 매우 기뻤다. 2012년 콜로라도 정상회의에 참가한 것은 놀라운 경험이었다. 5일 동안 기본적으로 헌신적이고 개방적인 동료 그룹과 "PCK에 대해 항상 알고 싶었던 모든 것"에 대해 이야기하고 생각할 수 있었던 기회가 나의 경력에서 하이라이트로 남을 것이다.

내가 학회에서 발표하고 "파란 책"에 기여하는 것과 같은 후속 작업에 계속 관여하는 것은 당연했고, 2차 정상회의에 대한 아이디어가 제안되자마자, 나는 그 조직에 참여하고 싶었다. 라이덴(로렌츠 센터; http://www.lorentzcenter.nl/))에 있는 시설에 직접 접근할 수 있었기 때문에 이번 정상회의의 물류를 주도하는 것이 수월했다.

(베리Berry, 키르슈너Kirschner, 보르프스키Borowski, 칼슨Carlson과 함께) 대략 1년간의 준비 끝에, 실제 만남이 이루어지는 것을 보는 것은 멋진 일이었다. 비록 조직 관련 문제들이 있었지만, 나는 전체 그룹과 소규모 작업 그룹들과의 토론에 집중할 수 있었다. 나는 우리가 이번 정상회의에서 첫 번째 정상회의와 비교하여 많은 진전을 이루었다고 생각한다. 내가 보기에 성공에 기여한 요소는 (1) 참가자들 대부분이 서로의 연구를 꽤 잘 알고 있었고, (2) 새로운 참가자들이 새로운 관점을 가져왔고, (3) 진행자들은 토론이 어디에서 어떻게 진행되는지 매우 잘 파악하고 종종 현장에서 어떻게 진전이 가장 잘 촉진될 수 있는지 결정하는 훌륭한 일을 했다. 게다가, 시설의 물리적 배치와 직원들의 지원은 모든 사람들이 집중하고 방해를 최소화하는 데 도움이 되었다.

8. 제2차 PCK 정상회의를 마치고

1) 모멘텀 지속하기

제2차 PCK 정상회의 이후 참가자들의 계속된 토론의 초점은 이 책에 발표된 PCK의 개선된 합의 모델(RCM)에 집중되었다! 앞서 언급했듯이 제2차 PCK 정상회의의 마지막 전체 그룹 세션은 모델 개발 세션이었다. 참가자들이 어느 정도 최종적인 지점에 도달했지만, 우리의 대략적인 스케치를 보다 일관성 있는 시각적 표상(visual representation)으로 바꿀 수 있는 그래픽 디자이너가 있는 것이 도움이 될 것이라고 결정했다.

두 명의 참가자(칼슨Carlson과 대흘러Daehler)가 친절하게 이 일을 책임졌다. 시각적 표상은 포괄적인 설명과 함께 구글 독스를 사용하여 제2차 PCK 정상회의의 모든 참가자들과 공유되었으며, 이를 통해 모델 개발을 둘러싼 대화가 지속될 수 있었다. 온라인 소통 외에도, NARST 2017 동안 모델의 수정과 시각적 표상에 대해 논의하기 위한 임시 회의가 열렸다. 이 회의에는 제2차 정상회의 참가자 14명이 참석했다. 이러한 지속적인 개발은 또한 더 많은 학회 발표 준비를 촉진했다(ESERA 2017, ASERA 2017, NARST 2018).

2) 결과 공유하기

PCK 연구의 진전과 관련하여 PCK 정상회의의 결과를 공유하는 것은 정말 중요하며, 2차 정상회의 직후의 시간은 RCM에 대한 논의를 개방하는 데 초점이 맞춰졌다. 이번 토론 기회는 분석을 위한 자료 수집 도구와 과정을 공유하고 PCK를 추론하는 것이기도 했다.

연구에 초점을 둔 결과를 공유하는 것 외에도, 정상회의의 과정과 연구 공동체의 발전에 초점을 맞춘 그것을 말할 수 있는 더 광범위한 이야기를 우리가 가지고 있다는 것이 명백해졌다. 이 이야기의 존재는 청중의 질문이 정상회의의 계획과 진행 이면에 있는 과정을 더 깊이 파고드는 학회 발표(ASERA 2017)의 끝에서 분명해졌다.

9. 영향 및 다음 단계

1) 더 넓은 연구 공동체와 공유하기

두 번의 PCK 정상회의는 모두 초청에 의한 것이었다. 따라서, 처음에는 정상회의의 논의와 제안에 대한 접근이 소수의 참가자에게만 제공되었지만, 이 초청된 참가자들은 더 넓은 PCK 연구 공동체에 접근을 제공할 책임이 있었다. 주최자와 참가자들은 정상회의의 결과와 가능한 한 많은 논의를 공유하는 것이 항상 우선 순위였다.

1차 정상회의는 공개적으로 이용할 수 있는 웹사이트를 만들고 유지함으로써 이러한 아이디어의 보급을 효과적으로 관리했다. 그러나 웹사이트는, 앞서 언급한 바와 같이, 회의에서 일어난 일이 어떻게 추가 연구에 영향을 미쳤는지에 대한 정보를 제공하지는 않는다.

그러므로, 정상회의 참가자들은 정상회의 아이디어가 더 광범위한 PCK 연구 공동체와 공유되고 질문을 받을 수 있도록 다양한 회의에서 정기적으로 발표하는 것을 우선 순위에 두어야 한다. 이러한 아이디어와 질문을 더 확장하면, 정상회의 동안 프로시딩(proceedings)을 발행하진 않았지만 독자들에게 정상회의가 어떻게 방향을 바꿨고, 어떻게 영향을 미쳤는지, 지속적인 PCK 연구를 어떻게 추진해야 하는지에 대한 통찰력을 제공하는 출판물(즉, "파란 책"과 이 국제 과학 교육 저널(IJSE)의 특별호)도 있다. 더 넓은 PCK 연구 커뮤니티와 이야기를 나누면서 PCK 정상회의에 참가한 사람들보다 더 많은 사람들이 아이디어를 공유하고, 토론을 위해 개방하고, 탐구할 수 있게 됨으로써 참가자들의 아이디어 이상으로 명확하게 표현되었다. 이는 다른 PCK 연구자들이 정상회의에서 제기된 아이디어와 이슈를 자신의 연구에 적용할 수 있는 기회를 가졌다는 것을 의미한다.

2) 연구와 저술을 위한 새로운 연결들

두 차례의 정상회의는 개인과 지역사회 연구를 진전시키기 위한 새로운 아이디어를 창출하는 데 영향력을 행사하였다. 그것은 개별 연구자의 계획에 대한 강력한 논의의 기회를 제공했고 그들이 더 야심차고 일관성 있는 방법으로 연구를 진행하는 데 도움이 되었다. 이러한 야심의 확장은 그들의 연구가 시작되기도 전에 더 철저하게 비판되었기 때문에(단지 그들이 정상회의에서 다른 연구자들로부터 의견을 들을 수 있었다는 이유만으로도) 가능하였다. 수행된 연구가 사용된 이론과 모델 측면에서 더 잘 일치된다는 것은 연구에 더 많은 응집력이 생기게 됨을 의미한다. 이러한 일치는 개인 및 지역사회 연구 주제를 강화하고 새로운 이해를 구축하기 위해 연구의 기반을 공유하여 대화를 나눌 수 있는 진정한 연구 커뮤니티를 구축하는 데 중요하다.

3) PCK 연구의 진화 공유하기

두 차례의 정상회의는 과학 PCK 커뮤니티에 새로운 연구자들을 참여시켜 보다 경험이 풍부한 연구자들과 협력하고 네트워킹 및 멘토링 기회를 제공하는 것을 최우선 과제로 삼았다. 정상회의는 새로운 연구자들이 PCK 연구 분야의 계보를 더 잘 이해하고 PCK 연구 환경에 적응하는 데 도움이 되었다. 따라서 이 새로운 연구자들은 진보가 필요한 곳과 왜 필요한지 잘 적응하고 있기 때문에 새로운 지식에 대한 진정한 추구로 과학 교육 분야를 발전시킬 수 있다.

4) PCK 연구 커뮤니티 지속시키기

추가적인 수확으로는 정상회의의 계획 및 수행과 관련된 프로세스의 중요성이 있다. 이러한 프로세스는 연구 커뮤니티의 지속 가능성과 응집력과 관련하여 해당 분야에서 연구의 질, 타당도 및 신뢰도에 대한 일관성을 담보하므로 가치가 있다. 정상회의 참가자 수를 적게 유지하는 것은 정상회의가 잘 작동하게 만든 이유의 하나이므로 결코 큰 행사가 되지 않을 것이다. 그러나 앞서 설명한 바와 같이 프로세스와 그 결과물들은 PCK 연구 커뮤니티 및 그 이상의 모든 사람들과 광범위하게 공유되어야 한다.

이 장에서는 PCK 정상회의의 계획 및 실행을 뒷받침하는 프로세스와 참가자 간의 지속적인 커뮤니케이션을 둘러싼 프로세스와 아이디어가 더 넓은 PCK 연구 커뮤니티에 기여할 수 있는 것과 관련하여 정상회의 이전, 사이(between), 이후의 커뮤니케이션에 대한 논의를 시작하였다. 이는 PCK 분야의 연구와 관련된 미래 사고에 대한 더 큰 응집력뿐만 아니라 명확성을 제공한다. 이러한 접근법은 다른 분야/영역의 연구를 위한 모델 또는 예시로 활용될 수 있는데, 특히 연구자들이 동일한 영역을 탐색하기 위해 다양한 모델과 방법을 사용할 때 그러하다.

두 차례 정상회의 목표의 일환으로, 경험이 풍부한 PCK 연구자와 초기 경력 연구자들을 모두 참가자로 포함시킴으로써 초기 경력 PCK 연구자들이 더 경험이 풍부한 PCK 연구 커뮤니티 구성원들에게 소개될 수 있는 기회를 제공하였다. 국제적인 연구 커뮤니티로서, 과학 교육의 PCK 연구 커뮤니티는 이 분야의 연구의 미래에 대해 전향적으로 생각하고 있으며 초기 경력 연구자들이 이 분야의 연구 경로를 더 잘 계획할 수 있도록 지원하고 있다. 이제, 과학 PCK 연구 커뮤니티는 정상회의 참가자 및 더 넓은 연구 공동체와 이 대화를 어떻게 지속할 것인지에 대해 생각할 필요가 있다. 이러한 지속적인 대화는 해당 분야에서 추가 연구를 하고 PCK 연구 커뮤니티를 유지하는 데 있어 (몇 년 후에) 3차 PCK 정상회의가 필요한지 또는 유용한지 여부를 결정하는 데 도움이 될 것이다.

참고문헌

Berry, A., Depaepe, F., & Van Driel, J. H. (2016). Pedagogical content knowledge in teacher education. In J. Loughran &M. L. Hamilton (Eds.), *International handbook of teacher education* (pp. 347-386). Dordrecht: Springer.

Berry, A., Friedrichsen, P., & Loughran, J. J. (2015). *Re-examining pedagogical content knowledge in science education*. New York, London: Routledge.

Berry, A., Loughran, J. J., & Van Driel, J. H. (2008). Revisiting the roots of pedagogical content knowledge. *International Journal of Science Education, 30,* 1271-1279.

Carlson, J., Stokes, L., Helms, J., Gess-Newsome, J., & Gardner, A. (2015). The PCK summit: A process and structure for challenging current ideas, provoking future work, and considering new directions. In A. Berry, P. Friedrichsen, & J. Loughran (Eds.), *Re-examining pedagogical content knowledge in science education* (pp. 14-27). New York, London: Routledge.

Friedrichsen, P., Van Driel, J. H., & Abell, S. K. (2011). Taking a closer look at science teaching orientations. *Science Education, 95,* 358-376.

Gess-Newsome, J., & Lederman, N. G. (1999). *Examining pedagogical content knowledge. The construct and its implications for science education*. Dordrecht, The Netherlands: Kluwer.

Loughran, J. J., Berry, A., & Mulhall, P. (2012). *Understanding and developing science teachers' pedagogical content knowledge* (2nd ed.). Rotterdam, The Netherlands: Sense Publishers.

Magnusson, S., Krajcik, J., & Borko, H. (1999). Nature, sources and development of pedagogica content knowledge. In J. Gess-Newsome & N. G. Lederman (Eds.), *Examining pedagogical content knowledge* (pp. 95-132). Dordrecht, The Netherlands: Kluwer.

Morine-Dershimer, G., & Kent, T. (1999). The complex nature and sources of teachers' pedagogical knowledge. In J. Gess-Newsome & N. G. Lederman (Eds.), *Examining pedagogical content knowledge* (pp. 21-50). Dordrecht, The Netherlands: Kluwer.

Van Driel, J. H., Verloop, N., & De Vos, W. (1998). Developing science teachers' pedagogical content knowledge. *Journal of Research in Science Teaching, 35,* 673-695.

Baumert, J., & Kunter, M. (2013). The COACTIV model of teachers' professional competence. In M. Kunter, J. Baumert, W. Blum, U. Klusmann, S. Krauss, & M. Neubrand (Eds.), *Mathematics teacher education* (Vol. 8, pp. 25-48)., Cognitive activation in the mathematics classroom and professional competence of teachers: Results from the COACTIV project. New York: Springer.

Berry, A., Friedrichsen, P., & Loughran, J. (Eds.). (2015). *Re-examining pedagogical content knowledge in science education. Teaching and learning in science series*. Hoboken: Taylor and Francis. Retrieved from http://gbv.eblib.com/patron/FullRecord.aspx?p=2001988.

Berry, A., Nilsson, P., & Alonzo, A. (2018). Chapter 12: Unpacking the complexity of PCK in action: Enacted and personal PCK. In A. C. Hume, R. Cooper, & A. Borowski (Eds.), *Repositioning pedagogical content knowledge in teachers' knowledge for teaching science*. Sydney, Australia: Springer.

Blömeke, S., Gustafsson, J.-E., & Shavelson, R. J. (2015). Beyond Dichotomies. *Zeitschrift für Psychologie*, 223(1), 3-13. https://doi.org/10.1027/2151-2604/a000194.

Carlson, J., Cooper, R., Daehler, K., Friedrichsen, P., Heller, J., Kirschner, S., … Wong, N. (2018). Chapter 3: Vignettes illustrating practitioners' and researchers' applications of the refined consensus model of pedagogical content knowledge. In A. C. Hume, R. Cooper, & A. Borowski (Eds.), *Repositioning pedagogical content knowledge in teachers' knowledge for teaching science.* Sydney, Australia: Springer.

Carlson, J., Daehler, K. R., Alonzo, A., Barendsen, E., Berry, A., Boroswki, A., … & Wilson, C. (2018). The Refined Consensus Model of pedagogical content knowledge in science education. *Repositioning pedagogical content knowledge in teachers' knowledge for teaching science.* Sydney: Australia Springer.

Carpendale, J., & Hume, A. C. (2018). Chapter 10: Investigating practising science teachers' pPCK and ePCK development as a result of collaborative CoRe design. In A. C. Hume, R. Cooper, & A. Borowski (Eds.), *Repositioning pedagogical content knowledge in teachers' knowledge for teaching science*. Sydney, Australia: Springer.

Chan, K., & Hume, A. C. (2018). Chapter 1: Towards a consensus model: Literature review of how science teachers' pedagogical content knowledge is investigated in empirical studies. In A. C. Hume, R. Cooper, & A. Borowski (Eds.), *Repositioning pedagogical content knowledge in teachers' knowledge for teaching science*. Sydney, Australia: Springer.

Chan, K., Rollnick, M., & Gess-Newsome, J. (2018). Chapter 11: A grand rubric for measuring science teachers' pedagogical content knowledge. In A. C. Hume, R.

Cooper, & A. Borowski (Eds.), *Repositioning pedagogical content knowledge in teachers' knowledge for teaching science*. Sydney, Australia: Springer.

Clarke, D., & Hollingsworth, H. (2002). Elaborating a model of teacher professional growth. *Teaching and Teacher Education, 18*(8), 947-967. https://doi.org/10.1016/S0742-051X(02)00053-7.

Davidowitz, B., & Potgieter, M. (2016). *Use of the Rasch measurement model to explore the relationship between content knowledge and topic-specific pedagogical content knowledge for organic chemistry*. (Keine Angabe). Retrieved from https://open.uct.ac.za/bitstream/11427/20320/1/Davidowitz2016.pdf.

Depaepe, F., Verschaffel, L., & Kelchtermans, G. (2013). Pedagogical content knowledge: A systematic review of the way in which the concept has pervaded mathematics educational research. *Teaching and Teacher Education, 34*, 12-25. https://doi.org/10.1016/j.tate.2013.03.001.

Gess-Newsome, J. (1999). Pedagogical content knowledge: An introduction and orientation. In J. Gess-Newsome & N. G. Lederman (Eds.), *Examining pedagogical content knowledge* (pp. 3-17). Dordrecht: Kluwer.

Henze, I., & Barendsen, E. (2018). Chapter 9: Unraveling student teachers' pPCK development and the influence of psychological factors using authentic data sources. In A. C. Hume, R. Cooper, & A. Borowski (Eds.), *Repositioning pedagogical content knowledge in teachers' knowledge for teaching science*. Sydney, Australia: Springer.

Hong, J. Y. (2010). Pre-service and beginning teachers' professional identity and its relation to dropping out of the profession. *Teaching and Teacher Education, 26*(8), 1530-1543. https://doi.org/10.1016/j.tate.2010.06.003.

Hume, A., & Berry, A. (2011). Constructing CoRes-A strategy for building PCK in pre-service science teacher education. *Research in Science Education, 41*(3), 341-355. https://doi.org/10.1007/s11165-010-9168-3.

Loughran, J., Berry, A., & Mulhall, P. (2006). *Understanding and developing science teachers' pedagogical content knowledge*. Rotterdam: Sense Publishers.

Loughran, J., Milroy, P., Berry, A., Gunstone, R., & Mulhall, P. (2001). Documenting science teachers' pedagogical content knowledge through PaP-eRs. *Research in Science Education, 31*, 289-307.

Lumpe, A., Czerniak, C., Haney, J., & Beltyukova, S. (2012). Beliefs about Teaching Science: The relationship between elementary teachers' participation in professional development and student achievement. *International Journal of Science Education, 34*(2), 153-166. https://doi.org/10.1080/09500693.2010.551222.

Magnusson, S., Krajcik, J., & Borko, H. (1999). Nature, sources, and development of pedagogical content knowledge. In J. Gess-Newsome & N. G. Lederman (Eds.), *Examining pedagogical content knowledge* (pp. 95-132). Dordrecht: Kluwer.

Mavhunga, E. (2018). Chapter 5: Exposing pathways for developing teacher pedagogical content knowledge at the topic level. In A. C. Hume, R. Cooper, & A. Borowski (Eds.), *Repositioning pedagogical content knowledge in teachers' knowledge for teaching science*. Sydney, Australia: Springer.

Park, S. (2018). Chapter 4: Reconciliation between the refined consensus model of PCK and extant PCK models for advancing PCK research. In A. C. Hume, R. Cooper, & A. Borowski (Eds.), *Repositioning pedagogical content knowledge in teachers' knowledge for teaching science*. Sydney, Australia: Springer.

Park, S., & Chen, Y.-C. (2012). Mapping out the integration of the components of pedagogical content knowledge (PCK): Examples from high school biology classrooms. *Journal of Research in Science Teaching, 49*(7), 922-941. https://doi.org/10.1002/tea.21022.

Park, S., & Suh, J. (2018). Chapter 8: The PCK map approach to capturing the complexity of enacted PCK (ePCK) and pedagogical reasoning. In A. C. Hume, R. Cooper, & A. Borowski (Eds.), *Repositioning pedagogical content knowledge in teachers' knowledge for teaching science*. Sydney, Australia: Springer.

Schneider, R. (2018). Chapter 7: Illustrating and developing teachers' pedagogical content knowledge through learning study. In A. C. Hume, R. Cooper, & A. Borowski (Eds.), *Repositioning pedagogical content knowledge in teachers' knowledge for teaching science*. Sydney, Australia: Springer.

Settlage, J. (2013). On acknowledging PCK's shortcomings. *Journal of Science Teacher Education, 24*(1), 1-12. https://doi.org/10.1007/s10972-012-9332-x.

Sorge, S., Stender, A., & Neumann, K. (2018). Chapter 6: The development of teachers' professional competence. In A. C. Hume, R. Cooper, & A. Borowski (Eds.), *Repositioning pedagogical content knowledge in teachers' knowledge for teaching science*. Sydney, Australia: Springer.

Veal, W. R. (2004). Beliefs and knowledge in chemistry teacher development. *International Journal of Science Education, 26*(3), 329-351.

Wilson, C., Borowski, A., & van Driel, J. H. (2018). Chapter 13: Perspectives on the Future of PCK Research. In A. C. Hume, R. Cooper, & A. Borowski (Eds.), *Repositioning Pedagogical content knowledge in teachers' knowledge for teaching science*. Sydney, Australia: Springer.

후기

외부 관점에서의 고려사항

올리버 테프너Oliver Tepner, 엘크 섬플리스Elke Sumfleth

1. 도입

이 책은 여러 차원에서 과학 교육의 PCK 개념에 대한 독특한 체계적 분석이다. PCK 연구에 대한 최근 문헌, 특히 과학에서 PCK의 개선된 합의 모델(RCM)과 다른 연구 분야에서의 활용에 대한 포괄적인 검토는 과학 교육에서 이 복잡한 개념에 대한 다양한 관점을 보여준다. 대부분의 장은 새로운 모델(RCM)이 구체적인 연구 프로젝트에 얼마나 효과적이고 관련성이 있는지 보여주기 위해 RCM 없이 계획되고 실행된 연구 프로젝트를 RCM과 연관시키는데 할애된다. 이 책은 또한 PCK 연구의 미래에 대한 관점을 제공한다. 제2부에 제시된 RCM에 대한 기존 연구의 회고적 연계 외에도, 이 후기는 PCK의 본성에 대한 현재 진행 중인 논쟁을 이해하는 데 특히 중요한 것으로 보이는 전체적 개념과 일부 엄선된 측면에 대한 개인적 견해를 제공하기 위한 목적으로 쓰여진 것이다.

첫 번째 절에서는 각 장에서 RCM을 참조하고 PCK의 본성을 포착하는 데 사용할 수 있는 가장 관련성이 높은 측면을 강조한다.

두 번째 절에서는 외부 관점에서 RCM을 평가하고, 향후 연구를 위한 RCM의 잠재력을 강조하며, 향후 몇 년 내에 RCM이 한걸음 더 발전하기 위한 제안을 한다.

2. 장별 하이라이트

1장

1장에서는 과학 교사 PCK에 대한 실증적 연구에 사용된 방법론을 규명함으로써 문헌들 사이의 간극을 좁힌다. 연구들의 목표나 통계 데이터 이외에도 체계적 검토를 통해 PCK를 결정하기 위한 다양한 개념화와 접근법에 대한 개요를 제공한다. 이 체계적 검토의 실체적 성과는 PCK 연구를 범주화하기 위한 이론에 의해 구동되는(theory-driven) 시스템이다. "과학 교사의 PCK를 결정하기 위한 다양한 접근법과 서로 다른 형태의 PCK와의 관계(Chan & Hume, 2018, [그림. 1.1])"에 관해 제시된 모델은 지식, 기능, 추론과 같은 RCM의 타당한 측면들을 고려한다. 연구물의 검토 결과를 토대로 5가지 주된 주제(strand)를 도출하였다: 1) 과학 교사 PCK의 본성에 대한 연구, 2) 과학 교사의 PCK 개발, 3) PCK와 다른 변인과의 관계, 4) 과학 교사 PCK의 변화, 5) PCK 검사 도구 개발과 검증. 이 검토에서 3년이 넘는 기간 동안 PCK 개발에 관한 연구가 부족함을 드러냈다. 아직까지 광범위하게 연구되지 못한 두드러진 문제는 한 교사의 PCK 프로파일이 서로 다른 교수 사이클(즉, 계획, 수행, 성찰)의 단계에 따라 변하는지 또는 변하지 않는지에 관한 것이다. PCK 개념(CM 포함)을 둘러싼 생각과 용어의 일치성과 다양성에 관한 몇 가지 논점들이 과학 교육 분야의 PCK 연구 공동체 안에서 발견되었다.

결론: 1장에서는 다양한 방법으로 PCK를 다루는 99개의 연구 논문들에 대한 포괄적이고, 결정적이며, 탁월한 체계적 검토를 제시한다. PCK 분야의 간결한 역사적 개요와 연구 개념을 얻길 희망하는 그 누구도 이 장을 읽어야 한다.

2장

이 책의 2장에서는 1차 PCK 정상회의에서 개발된 PCK를 포함한 교사 전문 지식과 기능에 대한 합의 모델(CM)과 2차 PCK 정상회의에서 개선된 합의 모델(RCM)의 개발 과정에 대한 통찰을 제공한다. 모델 개발 과정의 배경이 소개된다. 2012년 CM 개발과 연관된 연구자들의 경험에 기반하여 모델의 장점과 제한점이 지적되고 진솔하게 소통되었다. 그 결과로 PCK에 대한 최소 정보(minimal information) 제공이라는 모델의 핵심적 한계점이 해소되었다(Carlson et al., 2018). 따라서 PCK의 초점이 CM의 교사 전문 지식과 기능의 일부분에서 PCK 자체로 변하게 되었다. PCK의 본성에 대한 2차 PCK 정상회의의 논쟁을 통해 3가지 구분되는 PCK 영역인 집단적 PCK(cPCK), 개인적 PCK (pPCK), 실행된 PCK (ePCK)가 제기되었다(Carlson et al., 2018). PCK의 한 측면으로서 지식과 기능의 조합이 새로운 모델에서 교수 실천과 ePCK이라는 새로운 영역을 중심에 둠으로써 고려되었다. 2장에서는 RCM의 구성 요소와 이들 간의 상호작용이 상세하게 소개된다.

결론: 2장에서는 2차 PCK 정상회의에서 개발된 RCM의 이해와 1차 PCK 정상 회의와 비교하여 생각이 바뀐 이유에 초점을 둔다. 과학 교육에서 PCK의 본성에 대한 전 세계 선도적 PCK 연구자들의 생각에 대한 깊은 통찰을 제공한다.

3장

3장에서는 RCM이라는 이론(theory)과 과학에서의 연구와 교육 프로젝트에서 드러난 실천(practice)을 결합하는 것을 목표로 한다. RCM이 교사 교육과 연구 목적으로 어떻게 활용될 수 있는지 보여주기 위해 5개의 짧은 비네트(vignette)가 제시되었으며, 이러한 관점은 교수 실천에서 RCM의 적용성에 대한 실마리를 제공한다. 이 장의 핵심적인 결과는 RCM이 많은 실증적 연구들과 다양하게 연결될 수 있는 가능성을 제기한다(Carlson et al., 2018). 예를 들면, 생물 교수법 강좌에서 cPCK, pPCK, ePCK가 어떻게 촉진될 수 있는지와 예비 과학 교사 교육에서 개인적 PCK 개발에 대한 서로 다른 아이디어들을 RCM이 함께 묶어 줄 수 있다. RCM의 시각적 표상은 교사의 전문적 학습 경험 동안 활동 범위를 정하는데 선행조직자와 같이 활용될 수 있다. 과학(물리) 교사의 PCK를 측정하기 위한 기존의 두 측정 도구(지필검사와 인터뷰)의 예를 들어 비네트는 RCM와 독립적으로 개발된 검사 도구에 RCM이 적용될 수 있음을 보여준다. RCM은 검사도구가 어떤 영역을 포함할 수 있고, 어떤 측면을 다루지 못하는지 보여줄 수 있다. 또한 RCM은 기존에 개발된 CoRes와 PaP-sRs(Loughran, Berry, & Mulhall, 2006)와 같은 검사 도구들과도 연결될 수 있다.

결론: 3장에서 제시되는 5개의 서로 다른 비네트의 중요한 의미는 연구자들이 자신의 연구에 RCM을 통합시키는 것과 미래 연구에 RCM이 주는 함의(시사점)에 대한 개인적 관점의 다양성이다. RCM은 연구자와 교사 교육자들의 이론적 및 실제적 요구를 충분히 충족시켜줄 만큼 다용도이며 복합적이다.

4장

4장에서는 박순혜 교수가 과학교육 분야에서 자신의 연구 결과인 펜타곤 모델, 필수(indispensable) 및 고유(idiosyncratic) PCK를 RCM에서 어떻게 자리매김할 수 있는지 설명한다. 또한, 펜타곤 모델과 RCM의 부합성(congruency)에 대해서도 언급한다. 예를 들면, 펜타곤 모델에서 PCK의 실행 차원은 RCM에서 ePCK와 일치하며, PCK의 이해 차원은 pPCK 준거에 해당된다는 것이다. 한편, 두 모델간의 차이점에 대해서도 ePCK와 pPCK간, 이해 차원과 실행 차원간의 관계를 예로 들어 서술하고 있다(Park, 2018). 4장의 돋보이는 부분 중의 하나는 pPCK와 ePCK를 측정하는데 있어 RCM의 활용가능성에 대한 비판적인 시각이다. 저자는 ePCK가 pPCK의 표현이라면 ePCK를 어떻게 측정될 수 있느냐는 의문을 제기한다(Park, 2018). 또한, RCM에서 pPCK와 ePCK간의 지식교환과 cPCK의 의미에 대한 재검토가 있어야 한다고 주장한다.

결론: 이 장에서는 기존 PCK 모델들에 대한 비교적 통찰이 제공되며, ePCK, pPCK, cPCK과 같은 영역들과의 연관지어 RCM의 PCK를 어떻게 실증적으로 측정할 것인가에 대한 방법론적 접근이 제시된다.

5장

5장에서는 주제-특수적 PCK 개념을 RCM과 연결시킨다(Davidowitz & Potgieter, 2016). 주제-특수적 PCK는 “PCK 연속체에서 입자 크기에 해당되는 것으로, 세 가지 PCK(ePCK, pPCK, ePCK) 영역 안에서 발견되며”, 교육과정 핵심, 학습자의 선지식과 표상과 같은 내용-특수적 요소들에 기반하고 있다(Mavhunga, 2018). 주제-특수적 특징은 RCM의 여러 측면들에 자리잡고 있으며 연구 프로젝트에서 RCM의 활용성에 대한 확신을 준다. 개입(intervention) 연구에 기반한 예비 화학 교사의 pPCK와 ePCK 개발을 보여준다. 여기서의 개입이란 예비 교사들의 전기화학에 대한 pPCK를 증진시켜주기 위한 주제-특수적 cPCK에 초점을 둔다. 이 연구에서 예비 화학교사의 pPCK는 지필검사를 통해 평가되었으며, 후속 사례 연구에서는 주제 수준에서 PCK 요소들을 활용하는 수업 계획하기에서의 예비 교사의 ePCK 개발을 증명하였다.

> 결론: 이 장에서는 PCK의 주제-특수적 특성에 관한 기존 개념이 RCM에 어떻게 고려되었는지 포괄적으로 보여준다.

6장

6장은 역량이라는 렌즈와 물리 교과에서 cPCK와 pPCK/ePCK에 모두 영향을 미치는 광범위한 지식 기반에 초점을 맞춰 RCM에 대한 관점을 제시한다(Sorge, Stender, & Neumann, 2018). 지식 기반 CK와 cPCK 간의 교환과 pPCK/ePCK 개발에 cPCK가 주는 영향을 조사한 2개의 연구가 소개된다. 대학 교육의 시작에서는 cPCK가 PK와 보다 강하게 연관되어 있는 반면, 심화된 예비 물리 교사 교육에서는 cPCK가 CK와 더 강하게 연관되어 있다. 두 번째 연구에서는 교사의 cPCK와 pPCK/ePCK 간의 (지식) 교환을 드러내는데, 이 교환은 교사의 신념이 아닌 교수 경험과 동기유발적 측면, 그리고 자기-조절 기능에 의해 주로 조율된다.

> 결론: 이 장에서는 cPCK와 광범위한 전문 지식 기반(CK, PK) 간의 관계를 확인한다. 또한, RCM에서 진술된 cPCK와 pPCK/ePCK 간의 관계를 보여준다. RCM은 과학 교사 PCK 개발의 정착 과정을 위해 이용될 수 있다.

7장

이 장에서는 RCM을 교사 학습 연구(learning study)와 연결짓는다. ePCK의 일부분으로서 수업을 계획하고, 수행하고, 성찰하는 것은 학생들의 생각을 예상하고 교수적 추론의 전형에 해당되는 학습을 분석하는 것을 포함한다(Schneider, 2018). 학습 연구는 교사들의 생각을 보여주고 RCM의 영역들을 증진하기 위해 사용된다. cPCK가 교사들의 교육적 과업을 설계하는 지식 기반인 반면, 학습 연구 과정 그 자체는 pPCK 개발에 영향을 미친다. ePCK는 수업을 계획하고, 수행하고, 성찰하는 학습 연구의 영향을 받는다. 아마도 학습 연구의 가장 중요한 측면은 "PCK 구인들과 교사의 학습 경로"를 매핑하는 잠재력일 것이다.

결론: RCM(특히 cPCK와 ePCK 영역)은 교사의 PCK 개발을 촉진하는 도구로 활용될 수 있는 학습 연구에 적용될 수 있다.

8장

8장에서는 과학 교육 분야에서의 박[Park] & 첸[Chen](2012)의 PCK 맵(map)이 RCM 맥락에 어떻게 자리매김할 수 있는지 토의한다(Park & Suh, 2018). 펜타곤 모델과 같은 PCK 맵은(Park & Chen, 2012) 서로 다른 PCK 요소들을 가시적으로 연결시켜준다. PCK 맵의 기초적인 단계들은(인터뷰를 포함한 심층 분석, 요소들간의 연결 횟수와 같은 수치적 접근, 서로 다른 연구 자료 간의 공통점을 찾기 위한 비교적 방법)은 RCM에 적용된다.

PCK 맵의 탁월한 점은 "PCK 요소들간의 정합적이고 시너지적 상호작용(Park & Suh, 2018)"을 드러내는 능력이다. 예를 들어, 이 장에서는 서로 다른 PCK 요소들이 RCM의 ePCK에 어떻게 통합될 수 있는지 보여준다, PCK 맵은 pPCK와 ePCK간의 지식 교환을 촉진하는 교수적 추론 과정을 규명하는데 이용될 수 있다.

결론: 8장에서는 이전의 연구를 이용하여 추상적이고 복잡한 PCK의 구조를 보다 가시적으로 만들어주는 PCK 맵을 통해 RCM이 보강될 수 있다는 것을 보여준다. 한편, 향후 교사 PCK와 관련된 맥락적 요인들을 고려하도록 RCM은 PCK 맵과 서로 영향을 주고 받는다.

9장

이 장에서는 예비 과학 교사의 pPCK 개발에 관한 연구가 RCM에 어떻게 연결될 수 있는지 보여준다. 수업을 계획하고, 수행하고, 성찰하는 과정이 pPCK 개발을 모니터링하고 분석하는데 이용된다. 또한, pPCK 개발에 영향을 줄 수 있는 3개의 다른 모델들-마그누손의 모델(Magnusson, Krajcik, & Borko, 1999), 전문성 신장 모델(Clarke & Hollingsworth, 2002), 감정과 개인적 요인 모델(Hong, 2010)-과 연결짓는다. 더구나, pPCK의 부분으로 정의되는 역동적 구인(교수 실천의 어느 순간에 '활성화'되는)으로서 ePCK 개념을 명시적으로 제시하며 RCM의 두 PCK 영역들과 연결짓는다. 하나의 흥미로운 점은 pPCK에 기반한 장기간의 의사결정(예, 수업 계획 중의 의사결정)과 ePCK와 관련된 단기간의 의사결정(예, 수업 수행 중의 의사결정)을 구분한다는 것이다.

결론: 9장에서는 RCM(특히 pPCK)을 3개의 이론적 모델로 연결지음으로써 이론적 가치를 더했으며, 예비 교사의 pPCK 개발에 도움주기(scaffolding)를 위한 방법을 보여준다.

10장

이 장에서는 CoRes(내용 표상)(Loughran et al., 2006)가 어떻게 pPCK와 ePCK를 탐색할 수 있는지 설명한다. 특히 협력적 CoRe 설계 워크숍에서 이 두 PCK 영역을 개발하는데 CoRes가 어떻게 이용될 수 있는지 설명한다(Carpendale & Hume, 2018; Hume & Berry, 2011). CoRe 문서는 cPCK가 표상된 것으로 볼 수 있는데, 협력적 과정을 통해 개발될 때 개별 교사가 pPCK를 개발하는 기초가 된다. cPCK, pPCK, ePCK를 포함한 서로 다른 지식 기반들 간의 지식 교환에 영향을 주는 요인으로서의 학습 맥락이 규명되었다. 이 학습 맥락은 cPCK 영역안에서 공유되는 지식이 개별 교사의 pPCK와 ePCK에 전이되고 증진시키는 과정에서 특별히 중요하다(Carpendale & Hume, 2018). 더불어, ePCK 분석을 위한 루브릭 시스템과 몇몇 지표들(예, 메타인지를 허용하는 전략의 이용)이 제시된다.

> 결론: 10장의 특별한 가치는 최근에 완결된 연구를 RCM의 영향을 받는 과학 교사의 PCK 개발에 고려하였다는 것이다. CoRes를 활용해 수행된 질적 연구를 RCM과 연관지으며, CoRes가 어떻게 RCM의 두 영역인 pPCK와 ePCK를 향상시키는 도구로 사용될 수 있는지 보여준다.

11장

11장에서는 과학 교사 PCK의 질을 변별하기 위한 PCK 루브릭을 제공한다. 이 루브릭의 보편적 본성은 RCM의 서로 다른 영역의 PCK를 측정할 수 있게 하며, "타당하며, 모든 연구자에게 보편적으로 받아들여지며, 명확하고 확실한 소통을 지원한다"(Chan, Rollnick, & Gess-Newsome, 2018). 이 작업은 과학 PCK 분야의 많은 연구자들이 관여하여 매우 체계적으로 이루어졌다. 그 결과 과학 PCK에 관한 다양한 질적 및 양적 연구에 활용될 수 있는 루브릭이 개발되었다. 5개 PCK 요소를 탐색하는 인터뷰와 수업 관찰과 같은 방법론적 접근이 RCM의 3개 영역(cPCK, pPCK, ePCK)과 연계하여 제안되었다. PCK 영역들(cPCK, pPCK, ePCK)의 정적이자 역동적인 특징에 대한 고려 또한 제시되었는데, 수업을 계획하고 성찰하는 단계는 PCK의 정적인 형태를 포함하는 반면, 수업 수행 시 상호작용 단계의 ePCK는 역동적 PCK에 해당된다.

> 결론: 11장의 돋보이는 성과는 과학 교육에서의 다양한 PCK 연구들에서 산출된 자료를 모으고, 소통하고, 비교하는 것을 촉진하는 PCK 루브릭이다. 이 루브릭은 이론적 및 방법론적 측면에서 RCM을 보완해준다.

12장

12장은 과학 교사의 ePCK와 pPCK와의 관계에 초점을 둔다. 교수적 추론과정을 통해 "pPCK가 ePCK로 변환되고", 반대로 ePCK가 pPCK로 변환된다(Berry, Nilsson, & Alonzo, 2018). 지식의 명시적 및 암묵적 측면들이 직접적으로 언급되는데, ePCK는 표현가능한 지식으로서 pPCK로 변환되기도 하며(예, 수업에 대해 명시적으로 반성할 때), pPCK의 암묵적 형태로 변환될 수 있다. 수업 수준을 변별하기 위해 계획-수행-성찰 사이클에 대한 미시적 및 거시적 관점들이 소개된다. ePCK에서의 수업 경험과 개발 과정의 중요한 역할과 pPCK와 서로 다른 ePCK 단계 간의 상호작용이 설명된다. CoRes와 PaP-eRs(Loughran, Milroy, Berry, Gunstone, & Mulhall, 2001)를 통한 교사의 pPCK와 ePCK를 파악하기 위한 제안들이 제시된다.

결론: 이 장은 ePCK의 구체적 개념화와 pPCK와의 상호 변환 과정을 통해 RCM에 이론적이고 경험적인 가치를 추가적으로 부여한다.

13장

13장에서는 과학교육에서 우선적으로 가능한 연구와 RCM에 자리잡을 수 있는 다른 잠재적 영역들에 대한 체계적인 개요를 제시한다. 이 장에서는 "미래 PCK 연구를 위한 틀"을 제안하고, "PCK의 구조, PCK의 개발, PCK의 측정, 그리고 RCM 모델의 광범위한 영향에 관해 가능한 연구들"을 제안한다(Wilson, Borowski, & van Driel, 2018). PCK의 구조에 대한 가능한 연구에는 cPCK, pPCK, ePCK 간의 관계 탐색과 이 3가지 PCK와 학생들의 학습과 어떻게 관련되는지에 대한 연구가 포함된다. PCK의 개발에는 개입을 통한 과학 교사의 전문성 개발 과정 연구와 cPCK, pPCK, ePCK, CK, 학생 성취에 대한 종단적 연구가 가능하다. 이러한 연구들은 중재나 조정 효과를 통한 PCK의 맥락을 조사하기 위한 통계적 방법이 포함될 수 있다. RCM의 영향에 관해 알아보기 위해서 연구자는 "RCM이 PCK 연구나 실천과 정책에 통용되는 정도"에 초점을 맞출 수 있다. PCK의 측정에 관한 연구는 위에서 언급된 모든 측면들과 밀접하게 연관되어 있으며, 그 자체가 연구 목적이 될 수 있다.

결론: 제안된 미래 PCK 연구를 위한 틀 안에서 가능한 4가지 연구 방향이 제시되었으며, PCK 연구를 안내할 수 있는 연구 문제들이 제안되었다.

14장

이 책의 마지막 장인 14장에서는 과학 교육에서 PCK 연구의 발전에 대한 간략한 역사적 개요를 제공한다. 주로 PCK 정상회의를 중심으로 학회, 논문, 교재 등을 통해 다양한 방법으로 소통된 PCK 개념에 대한 학자들 간의 의사소통이 유의미한 예시들과 함께 제시된다. 또한, 과학에서 PCK의 본성과 PCK 연구에 관한 논쟁의 의미에 대해 문헌 검토와 저자들의 반성적 내러티브를 통해 일반적(집단적) 관점과 개인적 관점으로 설명되는데, 이것은 cPCK, pPCK, ePCK의 측면들과 일맥상통한다. 저자들에게 연구의 의미, 연구를 위한 그들의 개인적 열정, 동료들과의 의사소통과 협업에 대한 인정(appreciation)이 매우 분명하다. 두 번의 PCK 정상회의는 미래 연구가 참조할 수 있는 탁월한 이론적 기초를 제공하는 모임을 위한 수단을 제공한다.

결론: 14장에서는 과학 PCK의 구인과 공동체로서 과학교육에서 PCK 연구의 중요성과 개발 과정을 설명한다.

3. RCM에 대한 외부 관점

RCM에 대해 얘기할 때, PCK의 본성에 대한 역사적 논쟁을 참조하는 것이 유의미할 수 있다. 예를 들어, 이러한 논쟁은 거의 20여 년 전에 쥴리 게스-뉴섬Julie Gess-Newsome이 동료인 레더만N.G. Lederman과 함께 PCK 소개에서 정리한 것인데(Gess-Newsome, 1999). 1999년 PCK 모델에서 그녀가 제기한 의문들이 지금도 여전히 유효하며 CM과 RCM 개발을 위한 좋은 이유가 된다는 것이 주목할 만하다: "관련 영역들과 함께 PCK는 보다 정교한 모델이며, 다른 모델들에 비해 교사의 인지를 보다 더 잘 설명하는가? 또는 PCK에서 제안된 지식 분할(knowledge divisions)은 매우 정교한가? 교사 지식의 3가지 범주(교과 지식, 교육학 지식, 상황 지식)들은 보다 정밀하고 강력한 조합인가?"(Gess-Newsome, 1999. p. 10).

이 3가지 질문들은 PCK의 복잡한 본성에 대한 힌트를 주며, RCM은 수년전에 시작된 논쟁의 결과로 간주될 수 있다. 지금은 서로 다른 PCK(cPCK, pPCK, ePCK)가 언급되고 있으며, 광범위한 전문적 지식 기반으로 내용 지식, 교육학 지식, 교육과정 지식과 더불어 평가 지식, 학생 지식이 포함된다.

역사적으로 볼 때, PCK의 본성에 대한 변환적(transformative) 관점과 통합적(integrative) 관점이 재조명된다. PCK의 변환적 본성은 CM뿐만 아니라 RCM에도 포함되어 있는데, 가장 바깥쪽에 위치한 지식 기반들이 서로 다른 3가지 PCK 형태로 변환된다는 것이 RCM의 가장 두드러진 특징이다(Magnusson et al., 1999). 또한, 교사의 교수 행위(ePCK)를 RCM의 중심에 위치시킴으로써 PCK의 통합적 모델 개념도 고려하였다: "교과 지식, 교육학 지식, 상황 지식은 각각 독립적으로 개발되지만 교수 행위에 통합된다"(Gess-Newsome, 1999. p. 13). 따라서 RCM은 PCK의 특징과 서로 다른 이론적 틀을 함께 고려한다.

RCM이 다양한 해석 방식을 제공한다는 것은 명백하다. "RCM은 과학 교사가 자신의 PCK를 강화하고, 교수 방식을 바꾸고, 여러 가지 지식 기반들을 연결시키는 메커니즘이나 경로를 구체화하진 않는다(Carlson et al., 2018)."는 진술은 정적이면서 동적인 측면을 포함하는 PCK의 본성에 근거한다. 동시에 "...RCM 모델은 또한 예비 교사부터 전문가까지 경력에서 교사의 전문성 개발을 어떻게 지원할 것인가에 대한 생각을 제공한다..."(Carlson et al., 2018). 이 전제는 "...PCK가 무엇인지에서 어떻게 PCK를 개발할 것인가로 초점을 이동시키는 것이다."(Park, 2018).

두 개의 합의 모델을 비교해 보면 흥미있는 측면이 드러난다: "이전의 합의 모델(CM)이 PCK 정의의 합의점을 찾는 것을 목표로 했다면, RCM은 연구자들이 그들의 연구를 교수 실천의 맥락 안에 자리매김하게 함으로써 PCK 연구가 한층 진보할 수 있도록 돕고자 하였다(Carlson et al., 2018)"(Park, 2018). RCM은 단순히 연구나 논쟁의 대상만이 아닌 PCK 연구를 촉진시키는 매개가 되고 있다.

1차 PCK 정상회의에서 CM을 개발한 전문가들 또한 2장에서 칼슨Carlson 등(2018)이 언급한 비슷한 어려움을 겪었다: "2012년 CM은 주제-특수적 전문 지식(topic-specific professional knowledge)과 개인적 PCK&S를 구분하고 있는데, 이 구분이 명확하지 않으며, 예컨대 연구자들이 수업 전략 지식이 PK, TSPK, PCK&S 중 어디에 해당하는지 혼란스러워하였다."(Carlson et al., 2018). 또한, 칼슨[Carlson] 등(2018)은 이전 모델인 CM에서 개인적 PCK와 PCK&S의 역할에 대해서도 혼란스러워 하였다. 이 두 개의 PCK 용어(개인적 PCK와 PCK&S)가 지향하는 것이 -"역량"에 가까운 것은 확실하나- 지식의 맥락인지 역량과 지식의 활용인지 의문이었다. 이런 측면에서 pPCK와 ePCK를 구분한 것은 미래 PCK 연구의 방향을 잡는 유용한 방법으로 보인다.

CM과 비교하여 RCM의 주된 진전은 수업 계획, 수행, 성찰 과정이라는 과학 교사의 교수 실천에 초점을 둔다는 것이다. RCM에서는 ePCK를 중심으로 pPCK, 학습 맥락, cPCK, 그리고 비(non) PCK 지식 기반들이 그 주위를 둘러싸고 있다. PCK 이해를 교사의 지식과 행동을 포함하도록 확장함으로써 PCK의 본성과 개념에서 가능한 결핍에 대한 지속적인 논쟁이 일어났다(Settlage, 2013). ePCK를 도입함으로써 RCM은 일반적인 인지(지식) 관점과 현장 교수 관점을 동시에 고려하였다: "ePCK의 핵심적인 모습은 과학 교사가 주어진 수업에서 자신이 가르치는 학생들의 고유한 요구를 충족시킬 수 있는 그들의 지식에 행동을 얹는(draw on) 방식이라는 것이다."(Carlson et al., 2018). 또한, RCM은 CM과 비교할 때 학습 맥락을 교사 행동의 중재자뿐만 아니라 교사 PCK의 여과와 증폭 기제로서 그 중요성을 강조하고 있다.

ePCK 범주는 과학 교사 행동의 기초가 되는 지식에서 행위 중 지식(knowledge in action)으로, 그리고 교사 역량까지 그 초점을 확장한다. 바우머트[Baumert]와 쿤터[Kunter](2013)에 의하면, 지식은 신념이나 지향과 구분되는 역량의 한 부분으로 볼 수 있다. 역량이라는 용어가 공통적으로 정의된 것이 아니지만, 신념과 지향과 별도로 지식을 탐구하기 위해 새로운 지식 범주로 ePCK를 도입하는 것은 합리적일 수 있다.

cPCK 영역이 내용 지식, 교육학 지식, 학생 지식, 교육과정 지식, 평가 지식과 같은 광범위한 교사 전문 지식 기반에 의해 영향을 받는다는 점에서는 RCM과 CM이 유사하다. 특히 과학 교사 교육자에게 대학생 평가에 대한 대학의 관점을 (중등) 학교에 적용가능한 관점으로 넓히는 것을 고려하는 것은 합리적으로 보인다. 혹자는 평가 지식이 PCK에 영향을 주거나 혹은 cPCK의 일부분이냐고 질문할 수 있다. 이러한 질문은 학생 지식과 교육과정 지식에도 마찬가지로 제기될 수 있다. 두 합의 모델은 제기된 범주들간의 가설적 관계를 증명하는 것을 가능하게 한다.

교수(학)적 추론을 모델의 중심에 위치시켰다는 것은 교수에 있어서 이것의 중요성을 암시한다. 수업 성찰, 계획, 수행의 조합(ePCK)은 교사의 핵심 행동인 추론과 의사결정을 위한 토대가 된다. 자신의 행동에 대해 명시적으로 추론할 수 있는 교사는 암묵적 지식만을 지진 교사들에 비해 성공적일 가능성이 높다. 이 가정을 검증하기 위해서는 명시적 및 암묵적 지식의 효과에 대한 집단 비교 연구가 필요하다. 이해와 지식과 같은 구인(constructs)은 관찰가능하고 측정가능한 행위가 필요하다. 교사(또는 학생)에 대한 추론은 이해와 지식에 대한 중요한 지시자(indicator)이다. RCM에서 "교수(학)적 추론"이 모델의 중심부에 위치하고 있다는 것은 이것이 교과-특수적 PCK의 핵심적인 요소임을 말해준다. 혹시 RCM의 수정 모델에서는 오해를 미연에 방지하기 위해 "교과-특수적 교수(학)적 추론"이라는 용어를 포함하는 것을 고려할 수 있을 것이다.

RCM에서 지식 기반 추론의 중요성은 매우 명확하다. 하지만, 혹자는 교실 상황에서의 인식, 해석, 의사결정과 같은 PCK 지식 요소의 다른 중요한 적용이 있지 않냐는 질문을 제기할 수 있다(Blömeke, Gustafsson, & Shavelson, 2015). 역량을 하나의 연속체로 모형화하는 접근 방식은 인식, 해석, 의사결정 과정(ePCK)에 대한 인지적 및 정의적 동기유발 효과(cPCK/pPCK)를 설명한다. 블뢰메케[Blömeke] 등(2015)의 모델은 보편적으로 형성된 것이므로 과학에서의 RCM은 수학에서의 모델과 연결될 수 있다. RCM이 교수와 학습에 영향을 미칠 수 있는 수많은 영향 범주들에 대한 연구를 허용하지만, "연속체로서의 역량" 모델에서와 같이 직접적인 행위의 연쇄를 제안하지는 않는다(Blömeke et al., 2015).

얼핏 보기에 혹자는 바우머트[Baumert]와 쿤터[Kunter]가 그들의 수학교사 전문 역량 모델에서 제안하였듯이 ePCK가 지식 범주로서는 다소 약하며 역량에 보다 가깝지 않는가라는 주장을 할 수 있다(Baumert & Kunter, 2013). 그 결과로 과학 교육에서 PCK의 RCM은 지식뿐만 아니라 지식을 포함하는 역량에 초점을 맞춰야 한다고 말할 수 있다. 6장에서 RCM이 역량 측면을 포함한다는 생각은 조르게[Sorge] 등(2018)에 의해 명시적으로 만들어진 것으로 진술하고 있다. PCK는 수업을 계획하고, 수행하고, 성찰하는 과정에서 ePCK에서 가시적으로 드러나는 역량의 전제조건으로 볼 수 있다는 것이다. 역량에 대한 이러한 구분이 독일만의 관점일 수도 있지만, 많은 국제적 연구들에서도 PCK의 구인으로 역량의 측면들을 포함하고 있다(Berry, Friedrichsen, & Loughran, 2015). 역량 대신에 ePCK라는 용어를 사용하는 것은 역량의 복잡한 구인들을 피할 수 있으며 PCK의 실행을 포함하는 지식 범주에 초점을 맞출 수 있기 때문에 보다 유의미하며 유용할 수 있다.

교수(학)적 추론과정으로서 지식 교환은 태도나 신념에 영향을 받는 증폭과 여과 기제와 관련되며, RCM에 암묵적으로 포함되어 있으며 동심원 모델 도식의 모든 층 사이에서 양쪽 화살표로 부호화 되어 있다. 향후에는 교사의 인식이나 태도, 신념과 같은 필터를 RCM 도식에 보다 명시적으로 나타내면 의미가 있을 것이다. 왜냐하면, 이것들은 교사의 실행과 학생의 학습 성취에 중대한 영향을 미치기 때문이다(Lumpe, Czerniak, Haney, & Beltyukova, 2012). 어떤 연구자들은 "신념과 PCK는 근원적으로 엮여 있다"(Veal, 2004, p. 346). 따라서 비(non) 지식 측면의 의미가 수정된 RCM에 포함되어야 한다고 주장한다. 위에서 언급된 측면들은 광범위한 PCK 연구 경험을 가지고 있고 CM과 RCM 개발에 참여한 수많은 과학 교육자들이 있음에도 불구하고 PCK 연구 공동체의 아이디어가 RCM에 모두 표상되어 있지 않음을 보여준다. 이것은 RCM이 PCK에 대한 지속적인 논쟁을 위해 탁월한 토대를 구축했음을 말해준다.

종합하면, RCM은 이전의 CM에 비해 실체적인 진전을 이룩해낸 것으로 보인다. ePCK를 모델의 중심에 위치시킨 것은 중요한 결과로서 PCK의 본성에 실천자인 교사의 관점을 고려한 것이다. 과학 교사의 지식은 이제 수업을 계획하고, 수행하고, 성찰하기 위한 전제조건인 것으로 볼 수 있으며, 역으로 수업을 계획하고, 수행하고, 성찰하는 것을 PCK 그 자체로 볼 수도 있다. RCM은 PCK의 본성에 대한 다양한 관점을 허용하며 수많은 다양한 PCK 연구를 촉진시킨다. 이러한 것들은 과학 교육에서 PCK 연구를 선도하는 연구자들을 결집하게 만든 매우 중요한 성과가 될 수 있을 것이다.

4. 요약

이 책은 과학 교육 연구와 실천에서 PCK 개념화와 과학 교사 PCK에 대한 실증적 연구에서 이것의 적용에 대한 총체적 그림을 제공한다. 또한 독자들은 최근 PCK 연구 문헌에 대한 탁월한 리뷰를 얻을 수 있다. 각 장들은 많은 탁월한 연구자들의 생각과 이들의 PCK에 대한 관점을 포함하여 널리 논의된 PCK 모델의 개발 과정에 대한 통찰을 제공한다. RCM와 이 책은 PCK 연구를 촉진할 뿐만 아니라 정확히 연구의 모든 것이라 할 수 있는 PCK의 본성에 관한 논쟁을 이어갈 수 있도록 한다.

찾아보기

인명

내용

『ㄱ』

『 ㄴ 』

『 ㄹ 』

『 ㅁ 』

『 ㅂ 』

『 ㅅ 』

『 ㅇ 』

『 ㅈ 』

『 ㅌ 』

『 ㅍ 』

『 ㅎ 』

『 기타 』

옮긴이 약력

이기영

강원대학교 과학교육학부 교수

저서: 과학교육론(공저), 과학교육론과 지도법(공저), 과학교재연구 및 지도법(공저), 과학교육의 이론과 실제(공저), 과학교육의 이해와 적용(공저), 개념변화: 이론과 실제(공저), 지구과학교육론(공저)

역서: 예비교사와 현장교사를 위한 과학교육 이야기(공역), 중고등학교 과학 수업(공역)

박재용

서울교육대학교 과학교육과 교수

저서: 과학 수행평가

역서: 중고등학교 과학 수업(공역)

김현주

서울아주초등학교 교사
서울교육대학교 교육전문대학원 박사수료

채유정

서울언주초등학교 교사
서울교육대학교 교육전문대학원 박사과정

과학 교사 PCK 재개념화: 개선된 합의 모델(RCM)의 이해와 적용

Repositioning Pedagogical Content Knowledge in Teachers' Knowledge for Teaching Science

2024년 2월 20일 1판 1쇄 인쇄
2024년 2월 25일 1판 1쇄 발행

지은이 : Anne Hume · Rebecca Cooper · Andreas Borowski
옮긴이 : 이기영 박재용 김현주 채유정
펴낸이 : 한 정 주
펴낸곳 : 교육과학사

옮긴이와 협의하에 인지생략

경기도 파주시 광인사길 71
전화 (031)955-6956~8/팩스 (031)955-6037
Home-page: www.kyoyookbook.co.kr
E-mail: kyoyookbook@daum.net, kyoyook@chol.com
등록: 1970년 5월 18일 제2-73호

낙장 · 파본은 교환해 드립니다.
Printed in Korea.

정가 25,000원
ISBN 978-89-254-1866-7

이 역서는 2022년 대한민국 교육부와 한국연구재단의 인문사회분야 중견연구자지원사업의 지원을 받아 수행된 것임(NRF-2022 S1A5A2A01038760)